KB214321

International
Medical
Tourism

국제 의료관광

하 보건의료관광 마케팅
관광서비스 지원관리

김지원 | 배성윤 지음

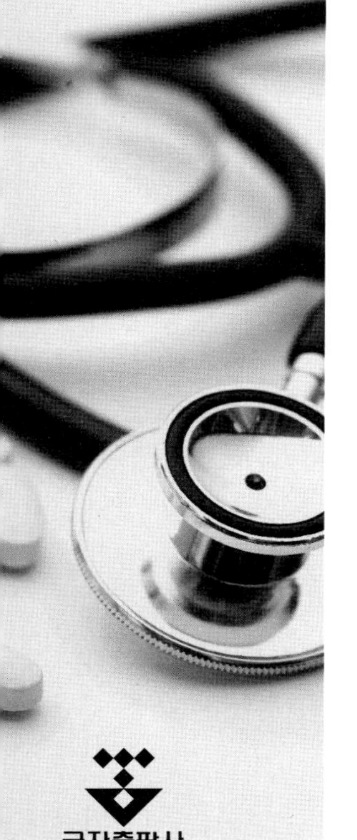

군자출판사

국제의료관광(하)

첫째판 1쇄 인쇄 | 2015년 8월 20일
첫째판 1쇄 발행 | 2015년 8월 30일

지 은 이 김지원 · 배성윤
발 행 인 장주연
출 판 기 획 변연주
편집디자인 박은정
표지디자인 김민경
일 러 스 트 문승호
발 행 처 군자출판사
등록 제 4-139호(1991. 6. 24)
본사 (110-717) 서울특별시 종로구 창경궁로 117 동원회관빌딩 6층
전화 (02) 762-9194/5 팩스 (02) 764-0209
홈페이지 | www.koonja.co.kr

ISBN 978-89-6278-916-4
978-89-6278-914-0(세트)

정가 27,000원

International Medical Tourism

국제의료관광

김지원

- 현, 동부산대학교 국제의료코디네이터과 교수
- 현, 동부산대학교 보건관리센터장
- 현, 부산문화의료관광(협동조합)책임연구이사
- 인제대학교 보건학박사(병원경영전공)
- 보건의료산업학회 학술이사

《 주요 저서 및 연구논문 》
- 국제의료관광(상)(군자출판사, 2014)
- 의료관광론(한올출판사, 2014)
- 종합병원 여성근로자의 조직몰입에 대한 인적자원관리와 성취욕구의 영향: 직무만족의 조절효과(대한경영학회지, 2014) 외 다수

e-mail_miso9974@hanmail.net

배성윤

- 현, 인제대학교 글로벌경영학부 교수
- 서울대학교 보건학박사(보건정책전공)
- 미국 Duke University 경영대학원 MBA(의료경영전공)
- 대한경영학회/한국병원경영학회/보건의료산업학회 이사
- 보건복지부 보건의료기술정책심의위원회 평가관리전문위원
- 국방부 국방정책자문위원

《 주요 저서 및 연구논문 》
- 국제의료관광(상)(군자출판사, 2014)
- 보건의료분야 시장개방 이슈와 대응방안 연구(한국보건사회연구원, 2012)
- 파괴적 의료혁신(번역서, 청년의사, 2010) 외 다수

e-mail_ehealth@inje.ac.kr, blog_www.ilovehealth.net

머 리 말

의료관광(Medical Tourism)을 종합적으로 정의하면 해외여행과 의료서비스 선택의 자유화로 인해 건강 요양, 치료 등의 의료혜택을 체험하기 위한 목적으로 세계 일부 지역을 방문하면서 환자 치료에 필요한 휴식과 기분전환이 될 수 있는 그 지역 주변의 관광, 레저, 문화 등을 동시에 체험하는 관광활동이다.

의료관광의 기원은 사실상 고대 그리스·로마 시대로까지 거슬러 올라가지만 산업으로서 주목을 받은 것은 비교적 최근의 일이다. 해외환자의 유치라는 측면에서 볼 때 초창기의 의료관광 비즈니스는 아무래도 미국에서 시작되었다고 볼 수 있다.

MD Anderson 암센터나 Mayo Clinic과 같이 수준 높은 임상기술로 무장한 미국의 대형병원들은 처음부터 해외환자를 유치할 의도가 있었던 것은 아니지만, 세계적인 수준의 높은 의료기술 덕분에 자국 내에서 질병을 치료할 수 없었던 전 세계의 환자들이 미국으로 몰려들기 시작했다. 그렇지만 미국의 해외환자유치는 대부분 개별 병원에 의해 진행되었기 때문에 국가나 관련단체에 의한 조직적 산업 활동이라고 보기는 어렵다.

반면, 이미 세계적으로 유명한 관광휴양지로서 각광을 받고 있던 남미와 동남아시아 지역의 신흥개발국들은 의료관광 비즈니스를 조직적 산업 활동으로 탈바꿈시킬만한 충분한 잠재력을 가지고 있었다. 남미와 인도, 태국, 싱가포르 등에서 의료관광이 활성화를 띠게 된 것은 결코 우연이 아니다. 자국민을 대상으로 한 보편적 의료보장은 체계화되어 있지 않지만, 덕분에 대부분 미국과 유럽 등지에서 의학교육을 받은 의료전문직이 선진의료기술을 보유하고 있고, 게다가 풍부한 관광 자원과 서비스 인프라를 가지고 있는 이들 국가로서는 의료관광이 산업으로서 새로운 국부(國富)의 창출 기회로 인식되기에 충분했던 것이다. 따라서 산업으로서의 의료관광 비즈니스 조직화는 남미와 아시아 신흥개발국가들에서 시작되었다고 볼 수 있다.

우리나라가 의료관광산업에 본격적으로 뛰어들게 된 것도 큰 틀에서 보면 이들 의료관광 선진국(?)과 크게 다르지는 않지만, 구체적인 상황은 조금 다르다. 그동안 몇몇 병원이나 의료진들의 개별적인 비즈니스로서 진행되어오던 우리나라의 해외환자유치사업이 2009년부터 메디컬 코리아(Medical Korea)라는 브랜드를 중심으로 국가적 차원에서 자원을 집중적으로 투입하고 있는 상황이 된 것은 의료기술의 발전, 한류(韓流)에 힘입은 국가브랜드의 신장과 의료서비스 내수시장의 불황 때문이라고 요약할 수 있다.

의료관광산업에서는 후발주자라고 할 수 있는 우리나라의 해외환자유치사업은 2009년부터 정부 차원에서 해외환자유치사업을 적극적으로 지원하고 있지만, 우수한 의료 기술과 인프라에 비해 국제적인 서비스의 조직화라는 측면에서 아직도 갈 길이 멀다. 국제적인 수준의 서비스를 조직화하고 제공하기 위해서는 의료서비스와 관광서비스 분야의 인프라 구축과 규제 변화가 필수불가결하고, 인적서비스에 따라 그 성과나 만족도가 크게 영향을 받기 때문에 관련분야의 전문인력 양성이 매우 중요하고도 시급한 과제가 되고 있다.

효과적으로 의료관광산업을 지원하기 위해서는 많은 전문인력들이 필요하겠지만, 그 중에서 핵심인력은 해외환자를 대상으로 한 의료상품 개발과 마케팅, 진료 관리, 통역 등을 수행하고 이러한 업무들을 종합적으로 조정할 역량을 갖춘 인재라고 할 수 있다. 바로 이러한 전문성을 갖춘 인재를 양성하기 위한 제도가 2013년부터 시행된 국제의료관광코디네이터 자격증 제도라고 할 수 있다.

국제의료관광코디네이터 자격증은 그동안 민간에서 운영하고 있었지만 전문성을 강화하고 보다 체계적으로 인력을 양성하기 위해 2013년부터 국가기술자격시험으로 시행하고 있다. 한국산업인력공단에서 주관하여 매년 시행되고 있는 자격시험에서는 보건의료, 관광, 마케팅, 의학용어 등 관련 지식을 가지고 의료관광 상담, 진료서비스 지원관리, 리스크 관리, 관광서비스 지원관리, 의료관광 마케팅, 행정절차 관리 등 실무 업무를 수행할 수 있는 능력을 평가하고 있다.

이 책은 바로 국제의료관광코디네이터 자격시험을 준비하고 있는 수험생들과 의료관광산업에 관심을 가지고 있는 분들에게 의료관광의 개념과 산업 현황을 소개하고, 의료관광분야에 종사할 예비인력들이 꼭 알아야 할 핵심 지식을 제공하고자 기획하게 되었다.

'국제의료관광'도서는 총2권으로 구성되어 있다. 국제의료관광코디네이터의 필기시험과목은 5개의 교과목으로 구성되어 있는데, 그 중 이 책의 제1권은 보건의료관광행정과 보건의료서비스지원관리를 중심으로 다루고 있으며, 제2권은 보건의료관광마케팅과 관광서비스지원관리를 다룬다. 나머지 '의학용어 및 질환의 이해'는 이미 시중에 수많은 교재들이 나와 있고 간략하게 다룰 수 없는 부분이므로 별도의 기획을 통하여 독자들에게 선보일 예정이다.

본 도서 '국제의료관광'은 기존의 수험서와 달리 대학교재와 수험생 자습서로서의 역할을 충분히 할 수 있도록 최신 자료를 반영하여 핵심 개념과 함께 풍부한 설명을 담아 학습효과를 높일 수 있도록 하였다.

또한 이 책의 특징은 다른 수험서나 국내 대학교재와 달리, 매 단원 학습목표와 핵심요약을 제공하고 있다는 점이다. 핵심내용을 전달하기 위해 매 단원 첫 머리에 "학습목표"를 제시하여 독자로 하여금 뚜렷한 목표와 학습방향을 이해할 수 있도록 하였고, 매 단원 마지막에는 "핵심요약"을 통해 각 단원에서 반드시 알아야 할 핵심적인 내용을 정리했으며, "알아두면 좋아요"코너를 통해 법령이나 사례 등 추가적인 정보를 제공하였다.

이를 위해 저자들은 2014년도 하반기까지 국내에 출간된 모든 의료관광코디네이터 관련 서적과 수험서의 내용을 분석하여 핵심내용을 간추렸으며, 기타 의료관광분야의 국내외 도서와 각종 정부 발간자료, 세미나 자료집, 학술논문 등의 내용을 검토하였으며, 최신 통계자료를 포함하려고 노력하였다.

그러나 이러한 노력에도 불구하고 저자들은 아직도 이 책에 여러 가지 부족한 부분이 있음을 잘 알고 있고, 이러한 부분들에 대해서는 향후 지속적인 강의와 연구를 통해 보완해나갈 것을 독자들에게 약속드린다.

마지막으로 여러 모로 부족한 원고를 잘 다듬어 책으로 출간될 수 있도록 애써준 군자출판사 장주연 사장님 이하 직원 여러분들께도 진심으로 감사의 말씀을 전한다.

2015년 8월

저자 김지원·배성윤

목 차

제1부 보건의료관광 마케팅

제7장 관광산업의 이해(2)

제8장 항공서비스의 이해

제9장 지상업무 수배서비스의 이해

제 1 부

보건의료관광 마케팅

제 1 장 마케팅의 이해

단원 학습목표

- 관광마케팅의 개념과 의료관광 마케팅의 배경, 정의, 주요 용어 등에 대해 학습한다.
- 환경 분석의 개념과 거시적 환경 분석, 산업분석의 특성과 방법에 대해 학습한다.
- 의료관광 마케팅 전략수립을 위한 시장분석, 고객분석 방법을 학습한다.
- STP 전략과 이에 따른 마케팅 믹스에 대해 개괄적으로 이해한다.

1. 마케팅 개념의 이해

1.1. 관광마케팅의 이해

1) 마케팅의 일반적인 정의

마케팅 분야의 저명한 학자인 필립 코틀러(Philip Kotler)는 "마케팅이란 개인 또는 집단이 필요로 하는 가치 있는 상품을 개발, 제공, 교환함으로써 그들이 원하는 것을 획득할 수 있도록 하는 사회적이며 관리적인 프로세스"라고 정의하였다. 이와 비슷하지만 보다 구체적인 정의로 미국마케팅협회(American Marketing Association, AMA)는 "마케팅이란 고객과 파트너 그리고 포괄적으로는 전체 사회에 유용한 가치를 제공하는 상품들을 창조하여 이를 알리고 전달하며 교환하는 활동과 일련의 제도 및 프로세스"라고 정의하고 있다.

2) 관광마케팅의 정의

넓은 의미에서 관광마케팅은 '시장의 욕구를 최대한 만족시키고 적절한 이윤을 얻기 위하여 공·사기업이 각각의 지방, 지역, 국가와 국제적 수준에 따라서 기업정책을 체계적으로 수행하는 것'으로 정의될 수 있다.

한편, 세계관광기구(World Tourism Organization, 1975년)는 관광마케팅을 '최대한의 이익을 확보하려는 관광기업의 목적에 부합되도록 관광시장의 조사와 예측 그리고 선택을 통하여 자사의 관광 상품을 시장에서 가장 좋은 위치로 선점되도록 노력하는 경영철학'으로 정의하였다. 이는 마케팅을 경영활동이라기보다는 그 기업이 추구하는 경영철학으로 보고, 철학을 바탕으로 경영방침이 정해지고 직원들이 확고한 목표의식을 가지고 고객과 의사소통을 할 수 있고 업무를 수행하는 것이 결국 마케팅 전략 실행으로 연계된다고 보는 시각이다.

관광마케팅은 각 관광조직(국가, 지방자치단체, 지역단체, 사기업 등의 모든 조직집단)이 현재와 잠재 관광객의 필요와 욕구를 탐색하여 이를 관광서비스 기획에 반영하고, 개발한 상품을 홍보하여 고객의 구매력을 유도하는 활동으로서 관광객의 만족을 통해 관광기업의 이윤을 극대화하는 것으로 볼 수 있다.

세계관광기구가 말하는 관광마케팅의 특징을 요약하면 다음과 같다.

- 관광객의 욕구, 관광기업 그리고 관광목적지 각각의 욕구를 만족시켜 균형을 이루게 하려는 사고
- 관광객의 수요와 니즈를 극대화하기 위한 마케팅 조사
- 관광 상품이 잘 팔리기 위한 좋은 지역 선점과 체계적인 관광기업의 정책

3) 관광마케팅의 특성

관광마케팅의 일반적인 특성을 요약하면 다음과 같다.

- 저장될 수 없는 무형적인 경험이 판매되는 것이다.
- 여러 재화와 서비스가 결합된 혼합물이다.
- 관광기업이나 관광목적지의 자원 그리고 관광기반시설 등이 가변적이지 못하다.
- 중간업자가 많은 영향력을 행사할 가능성이 있다.
- 관광수요는 매우 탄력적이며 계절성이 강해 가격 등의 객관적인 요인 뿐 아니라 취향이나 유행과 같은 주관적 요인에 의해서도 많은 영향을 받는다.

4) 관광마케팅 특성에 따른 단점과 극복방안

관광마케팅이 가지는 특성은 무형성, 소멸성, 시한성, 이질성 등 네 가지로, 이러한 특성이 지니는 단점과 이를 극복하기 위한 방안을 요약하면 〈표 1-1〉과 같다.

〈표 1-1〉 관광마케팅의 단점과 극복방안

특징	단점	극복방안(대안)
무형성	• 상품제시의 어려움 • 특허로부터 아이디어 보호 불가 • 체험 전 서비스품질의 사전 평가 불가	• 유형적 단서 강조 • 구전효과 촉진과 평판의 개발 • 선의적인 이미지 구축(사회적 책임) • 의사소통수단의 효율적 활용 • 차별화된 서비스 명칭과 상품화 • 상표명 브랜드화 및 사용 확대
소멸성	• 저장 불가능	• 예약시스템의 선진화 • 외적 마케팅환경의 분석 및 서비스의 차별화 • 패키지 상품의 개발과 관련사업의 운영 • 다양한 네트워크의 구축과 촉진활동의 강화
시한성	• 수요와 공급의 불일치	• 동시적 마케팅의 전개 • 시장 세분화 및 타깃고객의 설정 • 변동적 수요에 대처하기 위한 마케팅 전략 수립
이질성	• 자원가치를 높여 상품화할 수 있는 리스트의 작성	• 기관 및 정부 차원의 홍보 및 상품관련 유관기관과의 협력체계 구축

출처 :정익준(2001), 개정판 최신 관광마케팅, 형설출판사, p65

1.2. 의료관광 마케팅의 이해

1) 의료관광 마케팅의 배경

의료계에 마케팅 개념이 도입된 것은 그리 오래되지 않았다. 세계 경제 불황과 인구 고령화의 가속화로 의료산업에서도 서비스와 마케팅의 개념이 대두되기 시작하였으며, 의료기관들도 다양한 서비스를 개발하고 마케팅 전략을 수립하게 되었다.

이전 환자에게 있어 병원은 아프면 당연히 오는 곳으로 생각되었고 의료기관은 비영리성 또는 공공성에 입각하여 운영되어 왔기에 영리기업과 같이 고객인 환자를 대상으로 마케팅 활동을 한다는 것은 상상할 수 없었다. 그러나 다양한 형태의 병원이 설립되면서 점점 의료기관 간 경쟁이 심화되었고 노동집약적인 특성을 가진 의료기관은 인건비 비중의 증가와 경영난이 지속되면서 경영난을 극복하기 위해 의료에 국한되지 않고 수익성과 고객만족의 측면에서 의료 외 서비스 분야와 다양한 부대시설(장례식장, 카페테리아, 주차장 등)을 개발하고 환자(고객)에게 제공하기 위해 노력하였다. 그로 인해 '의료 외 서비스도 의료기관의 이미지와 브랜드에 영향을 미친다'고 하는 서비스 연관성과 중요성을 인식하게 되었다.

지난 2009년 1월, 정부는 17대 신성장동력 산업을 선정하고 의료법을 개정하여 해외환자 유치사업을 합법화하였다. 이를 기점으로 국내 의료기관은 국외에 거주하는 외국인 환자를 유치하는 해외환자 유치사업을 할 수 있게 되었으며, 이때부터 국내 의료기관은 의료관광산업에 참여하기 위해 본격적인 마케팅 활동을 시작하게 되었다.

2) 의료관광 마케팅의 정의 및 필요성

의료관광 마케팅에 대해 명쾌하게 정의를 내리기는 쉽지 않다. 의료의 특성상 주 고객인 환자를 대상으로 마케팅 활동을 한다는 것은 병원의 설립목적에 위배되는 행위로 인식될 수 있다는 이유로 의료기관은 고객을 대상으로 의료 마케팅 활동을 적극적으로 하지 않았다. 그래서 마케팅과 홍보, 광고를 명확하게 구분하지 못하고 막연하게 중요하다고만 인식해 왔다.

의료관광 마케팅을 정의하면 '중증수술, 미용·성형, 체험의료, 요양 및 재활, 건강증진 등의 분야별 의료관광 상품을 의료기관, 유치기관(에이전시, 보험사, 기업 등)과 정부산하 관련기관 등이 협력하여 개발하고 기획하여 소비자(고객, 환자)를 만족시키고 수익을 창출하기 위한 일체의 활동'이라고 할 수 있다.

이러한 측면에서 볼 때 의료관광 마케팅은 의료기관에서 무엇을 추구해야 하는가에 대해 고민하기 전에 병원에서 제공할 수 있는 의료서비스 상품이 무엇인가의 개념부터 파악해야 할 것이다. 의료관광마케팅을 단순히 의료서비스 판매 활동으로만 인식할 것이 아니라 고객이 원하는 의료관광서비스를 개발하여 만족할 수 있도록 제공해야 한다.

초창기 국내 의료관광시장은 의료기관과 유치기관에서 의료와 관광을 접목한 상품을 개발하고 서로 상생할 수 있는 마케팅 방안을 모색하기 위해 노력하였다. 그러나 유치기관(에이전시 등) 담당자의 의료서비스 이해 부족과 의료의 특성상 환자의 중증도에 따라 관광과 접목할 수 있는 상품개발의 한계를 알게 되면서 의료기관과 에이전시 등은 각자의 역할을 나눠서 해외환자 유치를 위한 의료관광마케팅 활동을 추진하고 있다.

의료관광산업은 국가 간 의료서비스 경쟁이 심화되고 다양한 의료서비스가 개발됨에 따라 소비자를 대상으로 일부 국가는 전략적으로 정부부처 기관과 의료기관들이 협력하여 다양한 프로모션, 광고, 마케팅 등의 노력을 하고 있다.

고령화가 가속화되고 국내 의료기관의 병상 수 증가와 대형화, 집중화가 나타나면서 중소 의료기관은 경영난이 점차 심화되고 있으며 이러한 경영난을 극복하기 위한 전략으로 다양한 의료 외 서비스 개발과 해외환자 유치사업에 참여하고 있다. 해외환자 유치사업을 통해 의료기관은 기존의 경영전략이 아닌 새로운 상품을 개발하고 여건에 맞는 의료관광마케팅 전략을 수립하고 있다.

이러한 측면에서 의료기관은 고객(환자)의 욕구를 파악하고 그것을 충족시킬 수 있는 의료서비스 상품을 개발하여 고객(환자)에게 제공하고 서비스의 질을 측정하여 그것을 의료관광 상품 개발 계획에 반영하고 프로세스를 개선함으로써 고객만족을 추구해야 한다. 국내병원 대부분이 건강보험 환자에 맞도록 시스템이 갖춰져 있어 외국인 환자에 맞춘 인프라 및 시스템이 필요하다.

3) 의료관광 마케팅의 장·단점

가) 장점

첫째, 표적시장의 니즈를 충족시킬 수 있다. 어려운 환경에 처해 있는 의료시장 세분화를 통해 표적시장을 선정하고 이에 적합한 마케팅 전략을 수립하여 고객(환자) 만족을 추구해야 한다.

둘째, 의료관광 마케팅에 필요한 자원(인력, 시설 등)을 증대시킬 수 있다. 의료기관은 표적시장을 선정하고 고객(환자)을 만족시키기 위해 여러 인적 자원들(의사, 간호사, 통역사, 기사, 약사, 조무사, 코디네이터, 마케터, 외국인 간병인 등)을 필요로 한다.

셋째, 의료관광 마케팅 활동의 효율성을 증대시킨다. 표적시장의 고객(환자)이 원하는 욕구 수준을 파악하여 경쟁상품에 대한 마케팅 4P(상품, 가격, 유통경로, 촉진)의 효과적인 조합을 통해 합리적인 의사결정이 이루어진다.

나) 단점

첫째, 의료관광 마케팅은 비용낭비를 초래할 수 있다. 국내외 출장, 홍보물 및 기념품 제작, 광고 선전비, 전시회 참가 등 마케팅 활동 투자에 대한 비용부담이 가중될 수 있다.

둘째, 의료관광 마케팅은 고객(환자)의 비용 지출을 조장할 수 있다. 다양한 의료상품을 접목하고 제공하여 자칫 불필요한 의료의 이용을 조장할 우려가 있다.

셋째, 의료관광 마케팅은 의료서비스의 질을 저하시킬 수 있다. 가령 의료행위에 대한 실질적인 의료관광 마케팅 활동이 의료인에 관한 정보를 고객에게 제공함으로써 서비스 질을 전반적으로 향상시키는 것임에도 불구하고 의료인은 이를 품격을 손상시키는 행위로 간주할 수 있으며, 공개되고 쉽게 평가되는 요소에만 행위를 집중함으로써 중요한 의료활동 중 일부가 소홀히 다루어질 소지도 있다.

4) 의료관광 마케팅의 용어

가) 의료관광 소비자의 필요(Needs)와 욕구(Wants)

의료관광마케팅은 의료기관과 유치기관(에이전시, 보험사 등)이 소비자(고객, 환자)를 위해 의료관광 상품을 개발하여 제공하고 소비자는 필요에 따라 상품을 찾아 선택하고 그 상품에 대한 대가를 지불함으로써 욕구를 충족시킬 수 있는 과정을 의미한다.

소비자의 입장에서 필요(Needs)는 어떠한 기본적인 만족이 결핍된 상태를 말한다. 현존하는 의료지식에 의거하여 의사와 같은 전문 의료인이 판단하기에 소비자가 의료서비스를 이용할 필요가 있다는 판단이 들 때 성립되며, 이것은 소비자의 주관보다는 전문 의료인의 판단에 의존하게 되는 것이다.

욕구(Wants)는 필요를 만족시켜 줄 수 있는 수단에 대한 구체적인 바람이다. 소비자가 신체적 이상을 느끼면서 의료서비스 소비의 필요성을 갖게 될 때 만들어지는 순수한 신체적 반응에 해당하며 개인적 감정이나 판단에 의해 보건의료서비스가 필요하다고 생각되는 부분을 의미한다.

의료관광 마케팅에서는 의료기관이 설정한 목표시장에 따라 해당 국가의 의료제도와 수준, 의료서비스 문화의 차이, 발병률, 경제수준, 접근성 등을 감안하여 타깃국가의 환자의 필요와 욕구를 파악해야 한다.

나) 소비자의 수요(Demand)

수요(Demand)란 일정한 시장가격 하에서 실제로 소비될 수 있는 의료의 양을 의미하며, 행동적 개념으로서 의료의 필요와 욕구를 충족시키기 위해 병·의원을 방문하여 진료비를 지불할 용의와 능력이 있는 상태를 말한다. 만약 소비자가 의료관광 상품에 대한 욕구와 구매능력을 가지고 있다고 해도 소비자의 구매의지가 부족하여 구매결정으로 연결되지 않는다면 수요라고 할 수 없다.

의료관광 마케팅 전략을 수립하고 활동을 하기 위해서는 이를 필요로 하는 소비자의 수요를 파악해야 한다. 소비자로 하여금 의료관광 상품에 대한 구매 욕구와 충동이 생겨 실제로 구매로 연결시킬 수 있어야 성공적인 마케팅이라 할 수 있다. 그러나 수요가 있음에도 불구하고 의료관광은 비자발급 등의 다른 변수에 영향을 받기도 한다.

다) 의료관광시장(Market)

가상적인 개념인 의료관광시장은 의료관광 상품에 대한 강력한 소비자의 욕구와 구매력, 구매의지가 있어 의료관광 상품에 대한 수요를 가지고 있는 소비자가 모여 있는 것을 의미한다. 즉 의료관광시장은 소비자로 구성된 그 자체이다. 특정 의료관광서비스를 구매하고 소비할 수 있는 구매력이 있는 소비자를 말한다. 그러나 모든 소비자가 고객이 될 수는 없다. 의료관광시장에 관심 있는 소비자가 있다 해도 의료관광시장이라고 할 수는 없다. 그것은 의료관광시장의 규모가 구매 소비자의 경제수준에 따라 결정되기 때문이다.

다만, 소비자로 구성된 고객, 구매자 또는 환자들이 의료관광서비스를 필요로 하고 이용하는 실제 소비자시장과, 현재는 이용하고 있지 않으나 어느 정도의 관심을 가지고 있어 미래에 소비자가 될 수 있는 잠재 소비자시장으로 구분될 수 있다.

예를 들어, 소비자가 의료상품인 건강검진프로그램의 필요성을 인지하고 관심을 갖고 구매할 능력을 가지고 있는 경우 실제로 병원을 이용할 가능성이 있다면 의료관광시장이라 할 수 있으며, 이러한 시장의 규모를 파악할 수 있어야 의료관광 마케팅 측면에서 실질적인 의료관광시장의 규모와 성장가능성을 예측할 수 있다.

라) 의료관광 상품(Product)

의료관광 상품은 특성상 무형의 서비스 상품이라 할 수 있다. 소비자 입장에서 의료관광 상품은 소비자가 건강한 삶이라는 욕구 충족을 위해 구매하는 것이며, 의료관광 상품에 국한되기보다는 상품을 구입함으로써 얻게 되는 좋은 점(젊음, 건강, 아름다움)도 포함하여 구매하는 것이라 할 수 있다.

5) 의료관광산업의 마케팅개념의 변화

의료관광산업에서 마케팅은 고령화 및 인구추이 변화, 의료제도 및 환경, 의료기관의 경쟁과열과 산업화, 소비자 요구도와 삶의 패턴 및 문화의 변화 등으로부터 의료서비스가 영향을 받는 것과 마찬가지로 개념이 변화하고 발전해 왔다.

가) 의료서비스의 생산적인 측면

의료서비스를 받고자 하는 수요가 공급을 초과하게 되면 고객의 입장에서 질을 따지기보다는 우선적으로 일단 서비스를 제공받고자 한다. 이에 의료기관은 최대한 생산성을 증대시킬 수 있도록 의료서비스 제공에 있어 진료예약제, 의료IT 개발, 장비 및 시설확충, 의료인력 충원 등의 경영 효율화를 위해 노력해야 한다.

나) 의료서비스의 상품적인 측면

의료기관 수가 증가하고 의료서비스가 다양해지면서 고객은 보다 우수한 서비스 품질을 선호하게 되었고 의료기관에서는 의료서비스 상품인 질 높은 의료기술을 개발하고 제공하는 데 집중하게 되었다. 그리고 의료서비스 상품적인 측면에서의 마케팅으로 다양한 상품을 경쟁적으로 개발하고 제공하게 되었다. 이에 의료기관은 경쟁적으로 상품판매에 집중함으로써 고객의 필요와 욕구를 파악하여 의료상품을 개발하기보다 단기적인 관점에서 '의료상품개발' 자체에 국한하여 경쟁자를 제대로 파악하지 못하는 '마케팅 근시의 오류'를 범하지 않도록 주의해야 한다.

특히 국내 의료기관의 모든 시스템은 국민건강보험을 기반으로 구축되고, 모든 의료서비스 상품은 건강보험 수가체계에 맞춰 설계되어 있다. 그러므로 의료관광산업 추진을 위해 의료관광서비스 상품을 고객의 입장에서 개발했다기보다는 기존 상품의 수가를 별도로 책정하여 국외 고객에게 제공할 수 있는 상품으로 국외 고객을 찾아 마케팅하는 데 주력하고 있다. 이러한 이유에서 충분한 사전조사와 니즈 분석 없이 상품을 개발하고 마케팅을 하다 보니 현지 현황 및 의료문화를 이해하지 못해 국내 실정에 맞는 상품을 권유하게 되는 실수를 하곤 한다.

다) 의료서비스의 판매적인 측면

의료서비스에서 마케팅은 의료의 공공적인 측면을 고려할 때 어려움이 있다. 즉 환자를 대상으로 질환을 치료하기 위한 상품을 판매한다는 것이 고객에게 질병을 권유한다는 오해를 불러일으킬 수 있기 때문이다. 이러한 이유로 판매적인 측면은 의료기관이 소비자에게 경쟁 의료기관의 의료상품보다 더 많이 구매하도록 설득해야 하며 효과적인 판매활동을 위한 촉진도구를 활용해야 한다는 개념으로써 판매 자체를 목적으로 한다. 그 뿐만 아니라 구매 후 고객 만족 등에 비교적 관심이 적어 잠재고객의 필요와 욕구를 파악하기보다는 이미 가지고 있는 의료상품(기술)만 제공하려 한다는 것을 의미한다.

라) 의료서비스의 고객지향적인 측면

의료서비스의 고객지향적인 측면은 고객의 입장에서 필요와 욕구에 초점을 두고 어떻게 고객을 만족시킬 것인가에 대한 활동을 효율적으로 잘했는가와 의료기관의 목표달성 여부에 관심을 가지는 것이다. 즉 고객지향적인 의료서비스는 의료기관이 환자(고객)의 입장에서 고객만족과 가치를 위해 지속적으로 노력하여 이를 통해 의료기관의 이익을 창출하는 것을 의미한다. 시대가 변하면서 의료기관의 관점 변화는 의료기관의 프로세스와 시스템이 의사중심에서 고객중심으로 바뀌는 것에서 알 수 있다.

마) 의료서비스의 사회적 책임 측면

의료서비스의 사회적 책임 측면은 사회가 급속도로 발전하고 경쟁이 심화됨에 따라 의료기관도 사회적 책임기업으로서 역할을 수행해야 하며, 의료기관이 속해 있는 사회, 정치, 환경 등에 의해 책임을 요구받고 있다는 것이다. 의료기관에서도 사회적 책임의 역할을 수행하는 차원에서 무료시술, 의료봉사 등을 수행해 왔다. 의료관광산업이 활성화되기 이전부터 의료기관은 능력에 따라 중앙아시아, 동남아시아, 아프리카 등의 지역에 의료봉사나 심장병수술 또는 무료수술 등의 의료봉사 활동을 수행해 왔다. 의료기관의 사회적 책임 활동은 기업보다 앞서 이뤄졌으며, 이는 의료기관의 마케팅 개념을 넘어 의료기관의 미션수행의 일환으로 이루어졌다. 이러한 활동은 고객만족을 통한 이윤극대화 목표에 초점을 맞춘 것이 아니라 사회기여와 책임을 통해 사회발전에 기여하는 것을 의미한다.

2. 환경 분석

2.1. 거시적 환경 분석

1) 정의

거시적 환경이란 정치적, 법률적, 경제적, 인구적 변화 등과 같이 기업이 속한 산업의 밖에서 발생하여 마케팅 활동에 영향을 미치는 요인들로 대부분 장기간에 걸쳐 발생하고 기업에 영향을 미치게 된다.

거시적 환경 분석은 기업과 같이 의료기관도 처해 있는 환경요인에 의해 영향을 받는 점을 감안하여 급변하는 경영환경에서 의료기관의 기회와 위협 요인을 발견하여 대책을 수립할 수 있게 해준다. 의료관광산업에 진입하고자 하는 의료기관이 장기적인 관점에서 의료관광산업의 시장성을 분석하기 위해 거시적 관점에서 의료 환경을 파악하고 의료기관의 입장에서 통제 불가능한 변수들을 분석하는 것을 의미한다.

2) 목적

의료기관이 진입하고자 하는 의료관광시장을 결정하거나 이미 진입한 의료관광시장에서 장기적 전략과 실행계획을 수립하기 위해 환경 변화로부터 기회와 위협 요인을 찾아내거나 이에 대한 대처 방안을 수립하고 다양한 위협요인으로부터 위기극복 방안 및 관리계획을 수립하는 것이 거시적 환경 분석의 목적이다. 의료와 관광이 접목된 의료관광산업은 처해 있는 다양한 통제 불가능한 환경변수에 의해 영향을 받기 때문에 의료기관은 다양하고 거시적인 측면에서 환경을 분석해야 할 것이다.

3) 거시적 환경요인

거시적 환경요인에는 인구통계학적, 경제적, 기술적, 정치·사회적, 법률적, 문화·자연 환경적 요인 등이 있으며, 이들 각 요인을 고려하여 환경 분석을 통한 마케팅 전략을 수립해야 한다(그림 1-1). 급변하는 환경 속에서 소비자의 필요와 욕구는 매년 환경, 문화와 시대의 흐름에 따라 변하고 있으며, 의료기관에서는 이러한 소비자와 시대변화에 따른 마케팅 전략을 수립하고 반영해야 한다. 이는 소비트렌드가 결국 소비자가 처해 있는 환경요인에 의해 영향을 받고 소비자의 행동이 변하기 때문이며 그런 의미에서 마케팅 전략을 수립하는 데 거시적 환경요인은 매우 중요하다고 할 수 있기 때문이다.

가) 인구통계학적 환경요인

인구통계학적인 요인은 의료분야에서 중요한 환경요인으로, 의료서비스의 변화에 영향을 미친다. 산업화가 가속화되면서 근로여성의 비율 증가, 가족구성원의 변화, 연령 구성의 변화 등으로 인해 저출산, 핵

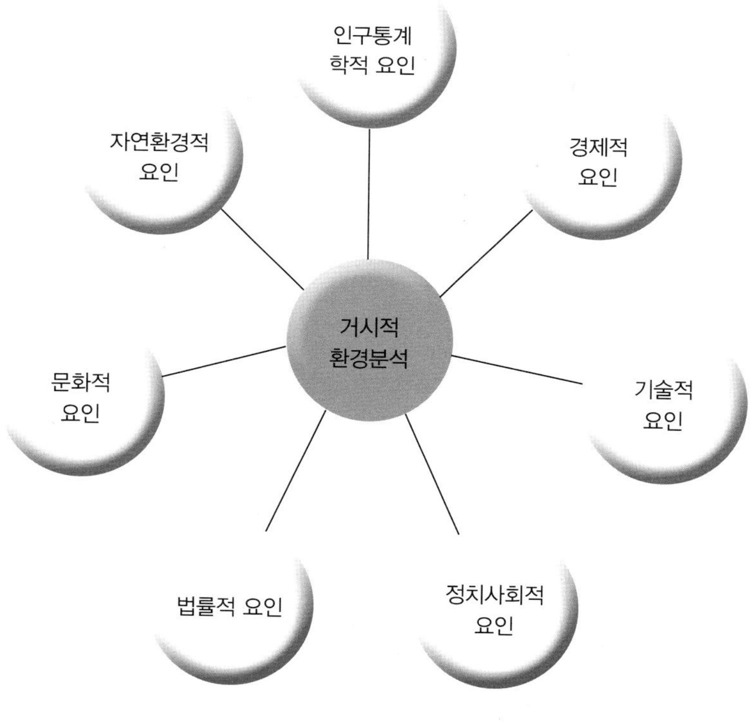

〈그림 1-1〉 거시적 환경요인

가족화, 고령화, 노후 보험 상품 다양화, 연금제도 변화 등의 현상이 나타났다. 그리고 이러한 변화는 소비자의 구매행동과 패턴에 영향을 미쳤으며, 서비스와 상품 개발이 시간절약과 편의성을 중시하는 방향으로 변화하고 있다. 전 세계적인 추세로 고령화가 가속화되면서 건강에 대한 관심이 증가했으며, 건강관리를 위한 다양한 정보와 프로그램 증가, 식생활 개선, 의료보험제도의 변화 등이 이러한 현상을 잘 반영하고 있다.

급변하는 의료 환경 속에서 의료기관은 이러한 소비자들의 건강에 대한 니즈를 반영하여 다양한 정보를 제공할 수 있도록 소통의 통로로 교육프로그램을 개발하여 질병 치료 및 환자 관리뿐만 아니라 질병 예방과 예측을 위해 생활 습관 및 주거 환경 개선, 운동, 식생활 개선 등 평생관리 개념의 의료서비스를 도입하고자 노력하고 있다.

건강에 대한 관심이 높아질수록 인구통계학적 요인 분석이 중요하다. 그러므로 고령화로 인한 중장년층과 저출산으로 인한 1가족 1인 자녀 가정의 청소년층, 건강한 미를 추구하는 젊은 여성층 등을 대상으로 한 다양한 의료관광마케팅 상품 개발과 의료관광시장의 타깃 소비자를 겨냥한 마케팅 전략 수립이 필요하다.

나) 경제적 환경요인

국내 의료계는 병원의 대형화와 병·의원 및 병상 수 증가 등으로 경쟁심화가 가속화되었다. 의료관광산업은 전략적 마케팅 활동 계획에 따라 유치환자 수 증감에 영향을 미친다. 의료관광산업은 그 특성상 국내·외 경제변수(경기변동, 인플레이션, 소득, 경상수지 등)의 영향을 받을 수밖에 없다. 의료서비스의 경우 대부분의 국가는 의료보장제도를 가지고 있어 자국에서 치료받는 국민에게 진료비 혜택이 있으므로 타국에서 의료서비스를 받으려면 경제적인 요인을 간과할 수 없으며 관광서비스도 경제적인 여유가 있어야 가능하기 때문이다.

(1) 경기변동

경기변동은 국민경제의 총 생활수준과 총 경제활동을 크게 생산, 소비, 투자, 고용 분야로 나눌 때 화폐 수요와 공급의 금융부분, 수출과 수입 등 대외부문의 활동을 종합한 거시적 흐름을 의미한다. 장기적인 관점에서 경기는 경제의 성장추이를 중심으로 지속적으로 상승과 하락을 반복하게 되며, 경기가 침체되면 거래의 빈도수와 물량이 줄어들어 소비자의 구매심리가 위축되고 시장에서 수요가 감소하게 된다.

1998년 국제통화기금(IMF) 경제위기로 많은 회사들이 부도 및 경영 위기를 겪었고, 대량 해고와 경기악화로 인해 경제적으로 큰 어려움을 겪었다. 이로 인해 국내 경기는 크게 위축되었고 많은 병원들도 경영난에 시달렸으며, 일부 종합병원은 병원 건립 및 증축 등의 계획을 보류하거나 포기할 수밖에 없었다. 이후 의료계는 경기침체로 인한 경영난 극복을 위해 새로운 선진 경영기법 도입으로 효율적인 조직운영과 경영, 위기관리 시스템을 도입하게 되었다.

경기변화는 이렇듯 해당 산업의 경영방침과 전략을 바꾸는 중요한 요인으로 작용하고 있다. 의료와 경기 침체가 연관성이 없다고 생각할 수 있겠지만 실제로 경기가 침체될 경우 생명에 큰 지장이 없는 의료분야(미용 및 성형, 인공 관절 및 척추 수술, 치과 임플란트 수술, 건강검진)는 선택의 우선순위에서 밀려 환자수의 증감에 영향을 받기도 한다.

(2) 인플레이션

물가상승, 즉 인플레이션은 한 국가의 재화와 용역 등의 전반적인 물가가 지속적으로 상승하는 경제 상태로 해당 국가의 통화가치 하락과 구매력 약화 현상을 가져온다. 가격상승으로 경제흐름이 원활할 때에도 물가상승은 매년 있으며 시장에서는 마케팅 활동에 영향을 끼친다.

물가 상승률에 비해 임금 상승률이 낮을 경우 소비자의 구매력이 감소할 가능성이 높아지며, 소비자의 구매에 많은 변화를 가져오게 된다. 질병치료와 연계성이 적을수록 인플레이션에 영향을 많이 받을 수밖에 없다. 이러한 상품은 건강검진, 미용 및 성형, 인공관절수술 등이 해당되며 이는 당장 치료를 받지 않아도 생명에 지장이 없는 상품들이다.

인플레이션은 통화가치 하락과 연계되기 때문에 의료관광산업에서는 경기변동과 함께 소비자의 구매의사 결정에 영향을 미치는 중요한 경제적 요인이 된다.

(3) 소득

의료관광서비스 상품을 개발할 때 가장 어려운 것이 해당 상품의 적정한 국제수가를 산정하는 것이다. 이는 소비자의 소득수준에 따라 지불 능력 정도가 결정되기 때문이다. 소득은 개인 및 가계가 노동·토지·자본 등의 생산력을 제공하고, 생산 활동 참가로 얻은 재화로 마케팅 활동에 가장 큰 영향을 미치는 변수이다. 소득의 증가는 소비의 증가로 연결되며 소득수준에 따라 소비자의 소비성향이 달라지므로 마케팅에서 소득 수준은 시장 세분화에 중요한 요인이 된다.

(4) 경상수지

국가에서 무역과 서비스 등 거래를 통해 제품이나 서비스를 해외에 사고 판 총액에서 벌어들인 돈과 해외로 지출한 돈의 차액이 경상수지이다. 이는 상품 및 거래를 해외여행, 유학 연수, 운송 서비스 등에 따라 구분하고 지출을 합쳐 계산하게 된다.

경상수지에는 상품, 서비스, 소득, 경상이전 등의 수지가 있다. 상품수지는 국내산을 해외에 수출하여 번 금액에서 외국에서 상품을 구입하면서 지불한 금액을 뺀 것이다. 서비스 수지는 외국과 서비스 거래를 통해 벌어들인 금액과 지불한 금액의 차액을 의미하는데, 대표적인 것이 관광서비스와 운임보험료이다. 소득수지는 한국 기업이 해외투자를 통해 얻은 이자와 외국의 부채로 인한 이자 차액이다. 경상이전수지는 상거래가 아닌 국제송금 등의 수지를 의미하며 의료기관에서 국외 에어전시로 유치수수료를 송금한 경우가 이에 해당된다.

경상수지는 한 국가가 외국과의 거래에서 재화와 용역을 얼마만큼 수출하고 수입하였는가를 나타낸다. 경상수지 적자는 경기나 소득에 영향을 미치고, 이는 소비자의 구매행동에 부정적인 영향을 주게 된다. 이러한 측면에서 의료관광산업을 통해 환자가 국내로 유입되면 의료와 관광서비스를 제공하고 외화를 벌어들이기 때문에 의료관광산업은 경상수지에 큰 영향을 미친다고 볼 수 있다.

다) 기술적 환경요인

의료기술이 발달하고 고도의 정밀한 의료진단기기가 개발되면서 질병이 양적으로 증가했다. 예전에 몰랐던 질병들을 진단함으로써 오히려 현대인은 많은 질병을 발견하게 되었으며, 의료기술과 진단기기의 개발은 의료서비스를 고도화하는 데 많은 영향을 주고 있다. 이러한 측면에서 의료서비스의 범위에는 의료기술뿐만 아니라 의료장비, 시설, 의료진 및 직원의 태도와 유니폼, 통역서비스, 기타 의료서비스 등이 포함되며 의료기술과 더불어 서비스의 질이 중요하게 되었다.

의료관광산업도 마케팅 측면에서 고객으로부터 받는 의료기술에 대한 평가는 정확한 진단과 치료결과에 의해 좌우된다. 의료관광산업의 특성상 진단 오류가 발생할 수 있는 여러 가지 요인에 따라 의료사고와 의료분쟁이 발생할 소지가 높다. 의료관광산업 활성화를 위해서 선진 의료기술과 고객의 욕구를 결합한 다양한 형태, 즉 특수암 전문, 분야별 전문(미용, 성형, 건강검진, 재활, 심장, 노인), 외국인 환자 전문, 아동·여성 전문 등의 분야별 의료기술과 전문성을 기반으로 경쟁력을 갖춰야 한다. 그리고 현지사정을 고려한 다양한 의료기술 개발과 연구를 통해 경쟁력 있는 의료기술 및 서비스 개발이 전략적 마케팅 측면에서 이루어져야 한다.

라) 사회적 환경요인

사회적 환경은 마케팅 활동의 성과에 영향을 미치는 요인으로 사회적 책임, 연령, 인종, 성, 사회계층 등을 말한다. 의료의 특성상 의료기관은 공공성에 기반하여 사회적 책임을 지고 윤리경영을 해야 할 의무가 있다. 의료기관은 미션이 환자를 위해 사회적 책임을 다하는 것이라 사회적 책임을 다하기 위해 노력한다. 다만 의료서비스의 특성상 광고가 허용되지 않고, 의료서비스의 반품이나 회수가 불가능하기 때문에 기업의 방식과는 차별화될 수밖에 없다. 고객과의 신뢰는 기업의 브랜드 인지도와 직결되는데, 의료기관의 경우 브랜드 인지도에 큰 영향을 받을 수밖에 없다.

마) 법률·제도적 환경요인

의료관광 사업을 추진함에 있어서 의료관광 마케터는 의료관광서비스와 관련된 법률 및 제도 등에 관한 지식을 갖고 있어야 한다. 정부가 각종 규제로 통제하는 목적은 소비자 보호, 부당한 경쟁행위로 인한 피해 의료기관의 보호, 고객이익 향상의 도모 등이다.

의료관광 사업은 유치기관 등록을 통해 가능하며, 정부차원에서는 의료관광 유치기관을 관리하고 국제수가 및 수수료 통제 등을 통해 고객의 권익을 보호하려는 것이 보건복지부의 방침이다. 또한 해외환자 유치사업의 일환으로 해외시장에 진출하려는 기관들을 위해 관련국가의 의료 환경 및 의료법 등을 조사해 현지정보 부족으로 인한 국내 의료기관의 문제 발생 소지를 미연에 방지하고자 노력하고 있다.

바) 문화·자연적 환경요인

문화적 환경요인은 사회가 가지고 있는 가치관, 신념, 풍속, 종교, 예술 등이며, 자연적 환경요인은 의료기관이 처해 있고 그로 인해 영향을 받는 자연 및 자원의 변화를 의미한다.

국내 각 기관들이 의료관광산업을 추진하게 되면서 홍보 및 마케팅 활동이 본격화되었고, 의료와 전혀 무관하다고 생각했던 K-POP, 드라마, 영화 등의 한류 열풍을 통해 문화 콘텐츠와 결합한 다양한 프로모션 등의 마케팅 전략을 수립하게 되었다. 인종과 국적이 다른 환자가 한국에 치료를 목적으로 방문함에 따라 마케팅 측면에서 의료기관은 타깃국가의 음식과 문화를 고려한 서비스를 개발하기 시작하였다.

또한 치료가 아닌 요양이 목적인 외국인 환자를 위해 자연친화적인 환경과 웰빙음식 등을 접목한 그린 마케팅 활동은 인종과 국적을 불문하고 건강한 삶과 자연 환경적 요인에 관심이 높아지고 있는 문화·자연적 현상을 보여 준다.

의료기관은 글로벌 의료서비스 마케팅 프로그램을 수립할 때 각 국가의 문화가 고객(환자)의 반응에 어떻게 영향을 미치는지를 검토해야 한다. 또한 그들의 의료서비스 제공 형태 등이 현지문화에 어떻게 영향을 미치는지도 알아야 할 것이다. 문화적 차이를 이해하는 의료기관은 국제적으로 의료상품을 포지셔닝할 때 문화적 차이를 강점으로 이용할 수 있다.

2.2. 산업분석

산업분석은 산업 내의 경쟁자를 분석하기 위해 Michael Porter(1979)가 주장한 경쟁모델(5 Forces Model)을 활용하여 마케팅 전략을 수립하는 것이다(그림 1-2). 의료기관은 의료관광산업을 거시적인 관점에서 신규진입자의 위협(진입장벽), 구매자(고객)의 힘, 공급자(업체, 기관)의 힘, 대체품, 산업 내 경쟁관계(의료기관) 등으로 구분하여 분석할 수 있다.

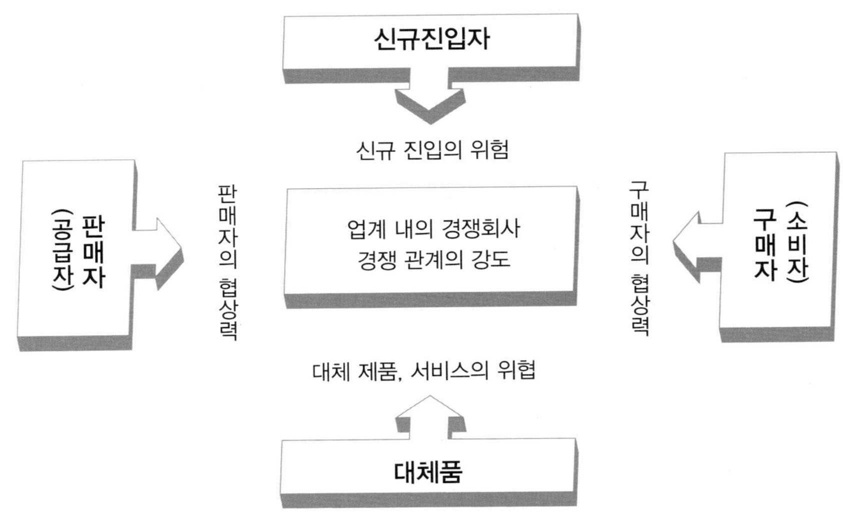

〈그림 1-2〉 마이클 포터의 경쟁모델(5 Forces Model)

1) 신규진입자의 위협(진입장벽)

의료서비스와 같이 진입장벽이 높은 산업일수록 의료산업에 먼저 진입한 의료기관들이 지속적으로 성장할 수 있는 가능성이 높다. 진입장벽이 높다는 것은 후발주자가 그만큼 특정 산업에 진출하기 어렵다는 것을 의미한다. 의료관광산업에서 주요 정부부처(보건복지부, 문화체육관광부, 그리고 법무부 등)는 유치기관과 의료기관을 정책과 규제로 통제하므로 이러한 규제들은 진입장벽의 한 요인이라 할 수 있다.

정부부처의 입장에서는 의료관광산업을 국가적 신 성장 동력산업으로 삼고 미래발전을 위해 전략적으로 육성하고 있지만, 국제경쟁력과 규모의 경제를 위해 과다한 경쟁을 일정부분 제한할 수밖에 없다.

또한 정부는 국외 의료기관과의 경쟁에서 국내 의료기관 보호와 지원 차원에서 여러 각도로 정부지원 정책 등의 전략적 지원사업과 활동 계획을 수립하고 있다. 이를 위해 선발주자에게는 주요 의료기관들과 정부부처 간의 효율적인 공조체계 구축이 필요하며 후발주자에게는 이러한 요인들을 극복하기 위한 네트워크 개발 및 구축, 경쟁력 있는 의료상품과 다양한 서비스 개발, 질 높은 의료서비스 제공 등이 요구된다.

2) 구매자(고객)의 힘

고객 또는 구매자(환자, 에이전시, 유치기관 등)와 공급자(병원, 에이전시 등)의 관계에서 고객은 양질의 의료관광서비스를 저렴한 비용으로 받고 싶어 하고, 의료기관 입장에서는 제공하는 의료관광서비스의 가치를 인정받고 보다 높은 가격에 의료서비스를 제공하려 하기 때문에 이들 서로 간에 서로의 이익을 보장받기 위한 힘이 작용한다.

의료관광산업에서의 고객은 환자, 유치기관, 보험사, 기업 등으로 다양하게 구분되며 이들 고객의 힘은 구매량(유치환자 수)이 많을수록 강해질 수밖에 없다. 구매자의 힘은 향후 의료관광산업의 비즈니스 방향과 마케팅 전략을 바꾸게 만들 수도 있다. 그러므로 유치 수수료 또는 보험사와의 보험계약조건 등은 협상 시 의료기관이 어떻게 이를 대비하고 준비하는가에 따라 앞으로의 의료관광산업에 미치는 영향이 달라질 수밖에 없다.

의료관광산업의 미래는 이러한 고객의 구매형태가 어떠한 대체품으로 바뀔 것인가, 즉 다른 국가와의 경쟁심화 등 외부 환경적 요인에 좌우되기 때문에 일반상품의 대체제품과 다르게 인식하여 의료서비스 특성을 반영한 질 높은 서비스 개발과 의료 이외의 서비스 개발 및 제공에 노력을 기울여야 할 것이다.

3) 공급자(기업, 의료기관)의 힘

의료기관에서는 병원별로 서비스 정도에 따라 건강보험 수가와 별개로 국제(외국인) 수가를 정하여 제공하고 있다. 이는 해외유치 환자의 경우 국민건강보험 미가입자이며 국내인과 차별화된 서비스를 제공받고 마케팅 활동을 통해 유입되기 때문이다.

의료관광산업의 대상자인 외국인 환자의 경우 의료기관에서 결정한 국제(외국인) 수가로 의료서비스를 제공받고 의료기관은 유치기관에 유치수수료를 지급하고 있으나, 정부는 타 국가와 비교했을 때 가격경쟁력 우위 확보와 고객 보호를 위해 국제수가의 적정성을 유지하도록 모니터링을 하고 있다. 마찬가지로 유치수수료 인상에 따른 의료관광 상품의 가격 인상이 발생되지 않도록 지속적으로 관리하고 있다.

의료관광산업은 그 특성상 유치기관(여행사)의 입장에서 고객이 원하고 수익성이 좋은 의료관광 상품을 개발하기 위해 한국이 아닌 다른 국가의 의료기관에서 질 좋은 서비스를 제공한다면 새로운 의료관광 상품을 타 국가의 의료기관과 협력하여 개발하여 제공할 수 있다는 점을 간과해서는 안 되며, 가격 및 상품 경쟁력을 갖기 위해 노력해야 한다.

4) 대체품

의료서비스에서 대체상품은 소비자 입장에서 욕구를 충족시켜 줄 수 있는 모든 상품과 서비스를 의미하는데, 가령 피부과 서비스의 경쟁상품으로는 기능성 화장품, 병원서비스의 경쟁상품으로는 건강기능보조식품과 대체의학 서비스 등이 해당된다. 대체상품의 관점에서 의료기관은 경쟁상대를 병원에 국한하지 말아야 하며, 실제로 고객의 욕구를 대체할 수 있는 다양한 경쟁에 대비함으로써 위기에 대처해야 한다.

건강증진, 미용 및 성형, 중증질환 치료 분야의 의료관광산업은 서비스를 찾아 떠나는 서비스 투어리즘 시대에서 소비자 니즈를 반영한 서비스 산업의 한 분야이다. 이러한 대체상품 개발을 위해서는 요양, 대체의학, 웰빙음식, 유전체 검사, 줄기세포 치료 등의 광의의 건강관리 개념으로 의료시장의 범위를 확대하여 마케팅 전략을 수립해야 한다.

5) 산업 내 경쟁관계

산업 내 경쟁관계는 현재 시장 참여자들의 경쟁 상황을 의미하며 경쟁자의 수가 많고 크기나 자원이 비슷할수록, 성장률이 저조할수록, 차별화가 적을수록, 고정비용이 높고 의료관광 상품 유지가 어려울수록, 시설·장비 등 투자금액이 클수록, 철수 장벽이 높을수록, 경쟁기관과 경쟁국가들이 다양한 전략을 가질수록 산업 내 경쟁이 심화된다.

의료관광산업의 산업 내 경쟁은 건강에 대한 관심이 높아질수록 교통수단이 발달하고 교류가 활발해질수록, 새로운 서비스를 찾아 떠나는 시대와 맞물려서 고객의 니즈가 커질수록 발전할 수밖에 없다.

다양한 의료서비스를 요구하는 고객의 니즈와 의료관광시장의 변화에 따라 산업 내 경쟁은 심화될 것이며, 타 국가와의 경쟁으로 인해 고객의 입장에서 보다 다양한 마케팅 전략수립과 실행계획 수립이 필요하다. 그러나 국내 의료관광시장에서 국내 의료기관 간의 과열된 경쟁은 의료관광산업 발전을 저해하는 요인이며, 장기적 관점에서 국가적인 손실일 수 있음을 국내 의료기관은 인지해야 하며 마케팅 전략 수립 시 산업 내 경쟁 심화를 감안하여 의료기관의 입장에서 진입 가능한 시장선점과 상품개발에 노력을 기울여야 한다.

2.3. 내부 환경 분석

내부 환경 요인으로는 내부고객, 즉 조직에 영향을 미치는 이사회, 원장단 및 경영진, 의료진, 행정직원 등으로 직원들의 생각과 조직문화, 의료기관의 강점과 단점 등이 마케팅 활동에 중요한 요인으로 작용하게 된다.

의료산업은 특성상 전문인으로 구성된 노동집약적인 산업이며, 의료서비스 특성상 영리보다는 비영리적인 성향이 강하다. 그러나 의료관광산업은 외국인 환자 유치에 국한하여 마케팅 활동이 허용되었고 타 기관과의 협력체계를 통해 유치된 환자를 대상으로 기존의 서비스 이상의 의료와 의료 외 서비스를 접목한 상품을 제공하기 때문에 영리적인 성향을 완전히 배제할 수는 없다.

그러나 국내 의료기관은 국민건강보험에 맞춰 병원 내 모든 프로세스와 시스템이 구축되어 있으며 병원 내 직원들의 인식도 의료서비스를 제공하는 서비스 측면보다는 의료진 중심, 처방 중심으로 되어 있다. 의료관광 유치사업이 본격화, 활성화되면서 의료기관마다 다소 차이가 있겠지만 외국인 환자에 대한 배려와 인식 등의 조직 문화가 내부 조직문화로서 정착되어야만 한다. 그것은 의료에서 조직문화는 곧 서비스의 품질과 직결되기 때문이다.

이러한 조직문화와 더불어 내부 환경 분석은 의료관광 사업을 추진함에 있어서 의료기관 입장에서는 의료관광시장에서의 강점, 약점을 파악하여 의료기관에서 제공 가능한 의료서비스 상품을 선정하고 개발하여 전략적 마케팅 계획을 수립해야 한다는 점에서 매우 중요한 활동이 된다.

의료기관의 역량을 감안하여 마케팅 전략과 상품을 개발하는 것이 내부 환경 분석의 핵심이기 때문이며 이러한 전략을 지속적으로 추진하기 위해서는 조직원이 다 같이 합심해서 서비스를 개발하고 제공해야 하므로 조직문화가 중요한 요인인 것이다.

3. 시장 분석

3.1. 시장 크기 분석

1) 의료관광시장의 정의

시장을 정의하는 것은 모든 마케팅 전략을 수립하는 데 기초가 된다. 시장이 정의되어야 사업이 정의되고 그에 따른 제품을 만들 수 있기 때문이다.

의료관광산업에서 의료시장의 규모와 정의를 의료기관에서 어떻게 정하고 마케팅 전략을 수립하는가에 따라 앞으로 의료관광시장에서 의료기관의 입지가 달라질 수 있을 것이다. 예전의 방식을 고수하고 변함없이 의료에 국한한 사업범위로 정의내릴 것인가, 아니면 21세기의 시대 흐름에 따라 혁신적인 의료서비스 개선과 고객의 니즈를 분석하여 새로운 의료서비스를 개발하고 발전하는 데 투자할 것인가의 선택은 의료기관에 달려 있다.

2) 의료관광시장의 성장률

의료관광시장의 규모는 성장률에 따라 크게 영향을 받게 된다. 의료관광시장의 규모가 작더라도 성장률이 높다면 향후 시장규모가 커질 가능성이 높을 것이며, 시장이 크더라도 성장률이 낮다면 점차적으로 시장이 사라질 우려가 발생할 수도 있기 때문이다.

의료관광시장에서 이러한 시장의 성장률을 예측하는 방법은 다양하겠지만 기존 시장이 아닌 신규 시장인 경우 정확한 성장률 예측이 어려울 수밖에 없다. 특히 의료와 관광을 접목한 의료관광시장의 성장률은 그 특성상 인구분포, 고령화, 관광수요, 소비자 행동변화, 정치, 경제, 의료 기술 및 기기의 발달 등을 다차원적으로 고려해야 한다.

의료관광시장의 성장가능성에 대한 인식은 동일하지만 성장률에 대한 견해 및 분석결과는 다양하며, 시장의 성장률이 높을 것으로 추정하지만 그 크기에 대해서는 정확하게 분석되어 있지 않고 다만 추측할 뿐이다. 이는 의료관광시장이 결국 소비자의 경제력과 직결되기 때문이며, 전 세계적인 고령화 추세 등을 고려할 때 중국 등 신흥국가의 경제발전 속도에 따른 관광인구 증가도 그 요인으로 앞으로 미칠 영향이 얼마나 클지 추정하기 어렵기 때문이라 볼 수 있다.

3) 의료관광시장의 수익성

시장의 특성에 따라 수익성은 차이가 있지만 의료관광산업의 경우 노동집약적, 자본집약적 특성을 모두 가지고 있기 때문에 수익성이 높다고 단정 짓기는 어렵다. 특히 외국인 환자를 대상으로 하는 의료서비스는 의료기관 입장에서 기존의 한국인을 대상으로 건강보험에 맞춰져 있는 인프라 및 의료시스템을 외국인 환자에게 맞도록 구축하는 데 많은 시간과 비용이 투자되기 때문이다.

그러므로 한국으로 유입되는 소비가가 증가할수록 다양한 서비스 개발 및 인프라 구축을 위한 투자가 필요하다. 의료기관의 입장에서는 서비스역량과 경영진의 의지 및 목표 등을 고려하여 건강보험 환자 대비 국외에서 유치한 외국인 환자의 수익성이 높은지에 대한 다양한 분석을 토대로 사업을 추진해야 한다.

현재까지는 책정된 국제 수가가 건강보험 수가보다 높게 책정되어 있어 겉으로 보기엔 건강보험 환자에 비해 수익성이 높다고는 하나 의료서비스 제공시간 대비 수익성 분석을 간과해서는 안 된다. 동일시간 동안 진료한 환자의 수익 대비 투자한 비용(통역 인건비, 인프라 구축비, 홍보·마케팅 활동비, 유치수수료, 배상책임보험 가입비, 환자사후관리 시스템 구축 등) 등을 감안해서 수익성을 분석해야 한다는 것이다.

의료관광 사업은 의료기관의 목표와 실정에 따라 수익성에 차이가 발생할 수 있다. 수익성 차이가 큰 시장일수록 의료기관에서 감수해야 할 위험부담은 커질 수밖에 없고, 시장에 대한 매력도 떨어지게 될 것이다. 특히 국내환자의 비중이 큰 의료기관의 유명한 의사의 경우 같은 시간 동안에 한국 환자를 진료하는 것이 의료기관의 입장에서 수익성이 좋을 수밖에 없다. 그렇지만 의료기관이 의료관광산업의 수익성이 낮을 것을 고려하여 수가를 무조건 인상하는 등의 방법을 채택한다면 의료기관은 결국 타 국가와의 경쟁에서 가격경쟁력을 상실하게 되는 문제를 야기할 수 있게 될 것이다.

3.2. 의료관광시장의 잠재성장력 분석

의료기관은 의료관광시장에서 성공적인 마케팅 전략을 수립하기 위해 잠재적인 수요를 파악하고 그 성장력을 분석해야 한다. 잠재수요는 일정기간 의료기관이 타깃으로 하는 의료관광시장에서 같은 종류의 모든 의료관광 상품이 소비자에게 팔릴 수 있는 최대 판매 가능한 규모의 시장을 의미한다.

의료관광시장의 크기는 협의의 의미로 '한 의료기관이 의료관광산업 내에서 실현 가능한 최대 매출규모'를 의미한다. 그러므로 의료관광시장에서의 잠재성장력은 과거의 판매수준에 근거하여 홍보·마케팅 활동, 내·외적 경영 환경 변화 등을 고려했을 때 실제로 예측되는 매출규모를 추정한 것이다.

1) 잠재성장성 추정방법

의료기관은 의료관광시장에서 잠재성장성 추정을 과학적인 분석에 의존하기보다는 다분히 서술적인 방식에 의존해오고 있다. 보통 판단적인 예측기법은 객관적이고 정확도가 높은 방법이기보다는 과거의 경험을 최고경영자, 마케터 또는 담당자, 전문가, 경쟁 의료기관의 사례 등을 판단 근거로 하여 의료관광 상품의 판매 가능성을 예측하는 것이 특징이다. 구체적으로 잠재성장성 추정방법에는 어떤 것들이 있는지 살펴보자.

가) 판단적인 예측기법

(1) 최고경영자의 판단

최고경영자의 판단에 의한 잠재성장력 추정은 최고경영자나 경험이 풍부한 의사결정자에 의해 내려진 판단을 근거로 의료기관에서 판매 예측치를 추정하는 것을 말한다. 이러한 판단은 각종 데이터 분석 자료보다는 최고경영자의 경험에 근거한 판단을 신뢰하여, 신속하게 의사결정을 내릴 수 있는 장점을 가지고 있다.

(2) 마케터(유치기관, 담당자)의 의견 및 판단

유치기관 또는 마케터의 의견 및 판단에 근거하여 의료관광시장의 성장성을 판단하는 방법은 의료기관에 소속된 담당자와 유치기관으로 하여금 타깃지역의 판매예측을 산출하는 방법으로, 마케터의 판단과 성향에 따라 예측치를 과대·과소 평가할 여지가 있어 정확도가 떨어진다. 만약 마케터가 의료관광시장을 과소평가하여 발전가능성에 확신이 없고 구체적인 마케팅 전략을 수립할 수 없다고 판단한다면 성장 잠재력이 있는 시장임에도 불구하고 시장을 선점할 수 없게 된다.

(3) 전문가의 의견(델파이 기법) 및 판단

델파이 기법(Delphi method)은 불확실한 상황에 대해 전문가들의 합의를 도출하는 방법으로 의료관광산업 전문가들의 의견을 통합하여 미래의 시장규모를 예측하는 방법이다. 의료관관시장 전문가의 의견은 시장의 발전 가능성을 현장에서 습득하는 지식과 경험을 토대로 추정하는 방법으로 정확한 데이터에 의한 분석은 아니지만 시장성을 판단하는 데 비교적 적합한 기법이라 할 수 있다.

(4) 사례유추에 근거한 판단

사례유추법은 의료기관이 의료관광시장에 판매하려는 의료관광 상품과 특징이 비슷한 다른 상품의 과거 시장규모와 추이를 비교하여 관련 상품의 매출과 성장패턴을 예측하는 방법이다. 사례유추법은 중장기적 마케팅 전략 수립에 적합하며, 비교 의료관광 상품과 의료관광시장의 요소 차이에 따라 정확도 차이와 예측치가 좌우된다.

나) 시계열 분석 및 예측기법

시계열 분석 및 예측은 의료관광 상품의 매출규모 변화가 특성 시기 또는 기간에 의해 영향을 받게 되는 것을 의미한다. 시계열 분석 및 예측은 유치환자 수 및 매출 실적의 추세를 이해하고 이를 토대로 미래의 추세를 예측하기 위한 것으로 데이터의 추세를 계절적 요인, 단순예측, 추세분석, 평활법 등의 시간의 함수로 분석해내는 것이 일반적이다.

(1) 계절적 변동 분석 및 예측

의료관광객에 대한 과거의 데이터를 1년 단위로 분석하면 계절에 따른 변동추이를 볼 수 있다. 이는 특정 월 또는 시점에서 환자추이와 매출의 두드러진 증감을 발견할 수 있기 때문이다. 특히 여름 휴가철과 연말 및 신정연휴에 유치환자수가 감소하는 성향을 연도별, 월별 추이로 분석하면 1년을 주기로 반복적으로 변동이 발생하는 것을 발견할 수 있다. 이를 근거로 의료관광 타깃국가별 계절적 변동 추이에 따른 마케팅 전략 수립과 적정한 수요 예측 및 프로모션 프로그램 개발 등을 기획해야 한다.

(2) 단순분석 및 예측

단순분석 및 예측은 예측기법 중 가장 간단한 방법으로 미래의 잠재성장 예측을 전기의 매출액과 다음기의 판매 매출액을 비교하여 예측하는 것이다. 가장 많이 활용하는 예측기법으로, 전년 동월대비, 전년 동 분기 대비 당해연도 실적을 같은 기간의 실적으로 비교하는 기법이며, 이를 통해서 미래 매출과 환자수 등 시장규모를 추정하는 방법이다.

(3) 추세분석 및 예측

추세분석 및 예측은 전기에서 현재까지 매출 추세를 이용하는 방법으로, 판매추이를 현재 매출액에 더해서 판매 예측치로 삼는 방법과 전기부터 현재까지의 판매변화율을 이용하여 현재의 판매액에 변화율만큼 변화된 판매 예측치를 구하는 방법이 있다. 마케팅 전략 수립 시 추세분석 및 예측을 기반으로 신규시장 개척을 위한 홍보마케팅 계획과 목표설정 등에 활용할 수 있다.

(4) 평활법(Smoothing Method)

평활법은 시계열 자료의 변화를 찾아내기 위해 과거 데이터에서 불규칙적인 변수를 제거하고 이동평균법을 이용하여 분석한다. 이동평균법을 이용하면 과거 데이터의 추세를 특정기간별로 평균을 계산하여 미래잠재수요를 예측할 수 있다. 평활법을 통한 분석은 불규칙한 변수를 제거함으로써 추세분석의 정확성을 높여 잠재시장의 성장률을 분석하는 데 그 목적이 있다.

다) 인과관계에 근거한 분석기법

인과관계에 근거한 분석기법은 의료관광 시장의 매출규모를 하나의 종속변수로 보고 이에 영향을 미치는 여러 독립변수(환자수, 수진자수, 병상회전율, 재진율, 중증도 등)들을 찾아내어 이들 여러 독립변수와 매출과의 정확한 관계를 규명함으로써 미래의 매출규모를 예측하는 기법이다. 주로 인과관계를 분석하는 회귀분석법, 소비자의 구매 정도를 분석하는 구매의도 조사법 등이 이에 해당한다.

(1) 회귀분석법

경영분석에서 사용되고 있는 인과관계 분석기법 중 가장 대표적인 분석기법으로, 회귀분석은 어떠한 요소들이 의료관광 상품에 영향을 미치고 어떤 요소가 가장 중요한 요소이며, 매출에 얼마나 영향을 미치는지를 파악하여 현재 이들 요소들의 상관관계(독립변수들의 상태)를 측정하여 미래 의료관광시장의 매출 규모와 시장성을 예측하는 방법이다.

의료기관은 유치환자의 건강검진, 외래 및 입원 환자수와 매출의 상관관계 분석을 통해 유치환자의 성향을 파악하고 매출 증대에 영향을 미치는 요인을 분석하여 시장의 성장성을 파악해야 한다.

(2) 소비자의 구매의도 조사법

의료기관은 특화된 의료관광 상품이 타깃시장에서 소비자(고객)들에 의해 구매됨을 인지하고 시장의 크기를 파악하기 위해 고객들로 하여금 특정 의료관광 상품을 구매할 의사가 있는지 알아보는 구매의도 조사를 실시함으로써 판매를 예측할 수 있다. 구매의도 조사법은 시장의 수요도 분석 또는 고객만족도 등의 설문조사를 통해 의료기관의 특화상품의 판매정보를 예측한다. 이러한 조사를 통해 의료기관은 특화상품 가격의 적정성, 고객의 니즈, 서비스 수준 정도, 시장규모 등을 파악하고 마케팅 전략을 수립할 수 있게 된다.

2) 예측의 정확성 및 분석기법의 선택

의료관광시장의 잠재성장력 예측기법들은 각기 장단점을 가지고 있으며, 특정 방법이 언제나 다른 방법에 비해 높은 정확도를 가지고 있는 것은 아니다. 다양한 잠재성장력 예측기법의 종류와 특성을 〈표 1-2〉에 정리하였다.

이와 같은 잠재성장력 분석 시에 유의할 점은 크게 두 가지로 요약될 수 있다. 첫째, 의료관광시장, 의료관광 상품, 의료기관의 브랜드 등 판매예측과 관련된 모든 요소를 전부 고려해야 하고 이들 요소들로 구성된 시스템에 대한 이해가 충분히 반영된 상태에서 분석되어야 한다. 둘째, 예측된 결과의 가능한 범위 내에서 정확도와 범위에 관한 추정이 포함되어야 하며, 마지막으로 마케팅 담당자는 예측기법의 특성과 과정을 잘 이해해야 한다.

잠재성장력 분석은 단순히 데이터를 수학적·통계적 자료로 활용하여 기술적으로 분석하는 것뿐만 아니라 향후 시장의 발전 가능성 예측을 통해 마케팅 전략과 목표수립에서 정확도를 높여 홍보·마케팅 활

〈표 1-2〉 잠재성장력 예측기법 비교

기법	적용기간	적절한 상품 수명주기단계	장점 및 단점
최고경영자의 판단	단 · 중 · 장기	모든 단계	신속한 예측 결정 객관적으로 측정 불가한 요소가 포함됨 경영자 주관에 의한 편파적 판단 가능성이 높음
판매원 의견통합법	단기	모든 단계	담당직원(유치기관)의 동기에 따라 예측이 과소 · 과대 평가될 가능성 있음
델파이 방법	장기	상품개발 및 도입기	다수의 횡포 방지 돌발사건에 대처 용이
사례유추법	장기	상품개발 및 도입기	새로운 의료관광상품의 수요예측에 용이함
단순예측법	단기	성숙기	이익률 예측에 유용
단순 이동평균법	단기	성숙기	평균 산정 결정이 주요한 요인으로 작용함
시계열 확산모델	단기	도입기	과거 자료를 잘 맞추는데 비해 미래예측력은 떨어짐
구매의도 조사법	단 · 중기	성장기	실험 설계에 성패가 좌우됨
회귀분석	단기	성장기	다양한 분석 자료가 필요함 변수 간 상관관계를 정확히 알아야 함. 데이터들이 정규성의 가정에 적합해야 함

출처 : 채서일(2006), Marketing, 4th Edition, 비앤엠북스, p102

동의 실행력을 높일 수 있어야 한다. 이는 의료관광시장의 성장성과 규모를 파악해야 홍보·마케팅 계획과 예산편성, 즉 유치환자수 및 매출목표 설정, 홍보기획 및 예산편성, 인프라 및 시스템 구축, 시설 및 장비 투자 등을 합리적으로 추진할 수 있기 때문이다.

3.3. 의료관광산업에서의 경쟁자 분석

의료관광산업 내에서 경쟁자 분석은 의료기관(또는 유치기관)의 입장에서 어느 시장에서 경쟁하고 있는가, 즉 시장 내에서의 경쟁 상황을 명확히 파악하는 것이 성공의 핵심요인이다.

1) 경쟁자와의 경쟁관계 파악

의료관광시장에서는 경쟁자가 누구인지 파악하기 위해 의료관광서비스의 공급 및 수요 측면과 관리적 관점에서 경쟁자를 확인하는 것이 중요하다. 경쟁 의료기관과의 경쟁관계 파악을 통해 현재 전략과 미래 계획을 예측하여 대안을 마련하는 등 마케팅 전략을 수립하고 실행하여야 한다.

가) 공급 측면(의료기관 등)에서의 경쟁자 확인

의료기관 입장에서 공급 측면의 경쟁자 확인은 의료기술의 수준과 유의성, 의료서비스 질의 경쟁 정도를 파악하는 것이지만, 의료의 특성상 명확하게 측정하여 설명하기 어렵다. 때로는 경쟁 정도 분석에 대해 전문가보다는 고객으로부터 얻는 정보가 현실적으로 더 명확할 때가 있다. 이는 고객이 본인이 느끼고 체험한 대로 좋은 점과 나쁜 점을 비교하여 정보를 제공하기 때문이다. 그러므로 의료기관은 이러한 고객의 정보를 바탕으로 고객이 원하는 것을 파악하고 분석하여 차별화 마케팅 전략을 수립할 수 있다.

물론 의료기관도 이러한 경쟁관계를 파악하기 위해 벤치마킹, 정보수집, 고객만족도 조사(설문조사)등 다양한 방법을 통해 정보를 수집하고 분석하여 경쟁 정도를 파악한다. 의료관광시장에서 가장 중요한 점은 국내 의료기관과의 경쟁이 아닌 국외 의료기관과의 경쟁이라는 점이며, 의료관광산업의 특성상 소비자는 의료를 쇼핑한다는 점을 간과해서는 안 된다. 보다 나은 서비스와 보다 좋은 질의 서비스를 찾아 떠나는 고객을 경쟁시장에서 효과적으로 유치하는 것이 의료관광산업의 성공 요인이라 할 수 있다.

나) 수요 측면에서의 경쟁자 확인

수요 측면(소비자, 고객)에서 경쟁자는 브랜드 인지도, 네트워크, 의사결정 과정 등의 분석으로 파악할 수 있다. 의료기관(또는 유치기관)의 입장에서 고객이 브랜드를 전환할 가능성이 높다는 것은 경쟁이 치열하다는 것을 의미한다.

(1) 브랜드 인지도

브랜드 인지도는 고객이 인식하는 정도를 의미하며, 브랜드 인지도 맵(map)은 이러한 고객의 인식 정도를 다차원적인 방법으로 보여준다. 동일한 상품에 대한 브랜드 인지도 맵에서 동일한 제품영역이 가까이에 표기될 때 경쟁 정도는 높으며, 멀어질수록 경쟁 정도가 낮음을 나타낸다.

(2) 네트워크

해당 의료기관(유치기관)이 가지고 있는 네트워크 정도에 따라 브랜드 인지도와 더불어 고객이 선택할 가능성이 높다는 것을 의미하며, 이를 위해 의료기관은 다양한 방법으로 네트워크 구축을 하고 있다. 대표적인 방법으로 의료기술을 알리기 위한 외국인 의사 초청연수 프로그램을 통한 국내외 의료진 간 글로벌 네트워크 구축이 있다.

(3) 의사결정 과정

고객이 의료관광 상품을 결정하는 의사결정 과정에서 상품가격, 경제수준, 건강정보, 선호국가 등 다양한 변수의 영향을 받고 상품을 선택한 선택기준과 대체상품의 선택정도 등은 명확하게 파악하기 어렵다. 또한 의사결정과정에서 가격은 가장 큰 변수로 작용하는데, 이는 고객이 의료관광 상품의 가격에 따라 최종 의사결정을 하게 되는 것을 의미한다. 이러한 의사결정에 따라 의료기관의 매출과 이익이 변하게 된다.

고객이 브랜드를 전환하거나 가격에 따라 의사결정을 다르게 하는 것은 실제적으로 고객이 어떻게 행동했는가를 측정하고 분석하는 것이기 때문에 마케팅 전략 수립에 중요한 요인으로 작용한다. 다만, 국내 의료관광시장으로 유입되는 소비자 입장에서 의료관광 상품을 선택하는 의사결정 과정에서 유치기관(에이전시)이 중요한 역할을 담당하고 있으나, 결국 최종결정은 고객에 의해 선택되고 결정된다. 이는 초기 의료관광시장에서 의료서비스의 상품과 질을 고객이 가늠하기 어렵기 때문이다. 결국 한국의 의료수준과 서비스 질에 대한 평가는 고객(또는 유치기관)에 의해 고객이 체험한 결과로 고객에게 인식되어지고 브랜드 인지도가 형성되기 때문이라고 할 수 있다.

다) 관리적 판단에 의한 경쟁자 확인

마케팅 담당자는 의료관광산업의 경쟁 정도를 고객들의 다양한 요구사항과 변화, 현장경험, 유치기관(에이전시) 담당자 및 대표자의 견해, 의료기관 관계자 및 정부부처 관계자의 정보 등을 통해 예측하게 된다. 의료관광시장에서 성공적인 마케팅 전략 수립을 위해 마케팅 담당자는 경쟁 의료기관과의 관계와 주력 상품의 경쟁 정도를 파악해야 한다. 경쟁관계의 시장에서 상품을 개발하여 제공할 때 고객이 원하는 상품을 수요에 맞게 개발하여 제공하는 것도 중요하지만 지속적으로 고객에게 신뢰받을 수 있는 상품을 제공할 수 있는 지속성과 관리 시스템이 더 중요하다. 즉 의료는 그 특성상 신뢰가 가장 중요하며 고객에게 지속적으로 높은 질과 서비스의 의료관광 상품을 제공할 수 있는 관리 시스템을 갖추는 것이 경쟁자보다 높은 경쟁력을 갖는 방법이다.

2) 경쟁(정도) 분석

마케팅 전략을 수립하기 이전에 의료관광시장에서 경쟁기관을 정확하게 파악하고, 경쟁기관의 현황과 목표, 수용 능력 등을 파악하여야 경쟁상황에서 위기와 기회 요인을 파악할 수 있다. 이러한 경쟁(정도) 분석을 바탕으로 의료기관은 경쟁전략 수립 및 미래 예측을 할 수 있다.

가) 경쟁기관 현황 분석

경쟁기관 현황분석에서 가장 중요한 것은 해당 의료기관이 목표달성을 위해 어떤 실행계획을 추진하는지 등의 현황을 파악하고 비교하는 것이다. 새로 사업을 추진하거나 확장하고자 할 때 비슷한 규모의 경쟁 의료기관을 벤치마킹하여 현황을 분석한다.

의료관광사업 추진 전에 의료기관에서는 경쟁기관이 타깃시장을 대상으로 무엇을 하는가에 초점을 두기보다는 해당 의료기관의 강점을 파악하여야 한다. 그리고 특화된 의료상품서비스를 개발하여 어느 시장을 대상으로 마케팅 활동을 할 것인가를 염두에 두어야 한다. 이때 경쟁기관은 국내보다는 국외 의료기관의 의료상품, 서비스 질, 가격경쟁력 등을 파악하여 마케팅 홍보 계획을 수립해야 한다. 즉 타깃국가의 고객이 주로 방문하고 있는 경쟁국가의 의료관광 상품과 현지 의료기관의 의료서비스 및 특화상품, 가격, 인프라 등을 사전 조사하여 국내 의료기관이 보유하고 있는 경쟁력과 차별성을 파악하여 경쟁 정도를 분석해야 한다.

나) 경쟁자의 목표 평가

경쟁정도의 분석을 위해서는 먼저 목표수익, 유치환자수, 성장률 등 경쟁자(기관)의 목표를 파악하는 것이 중요하다. 해당 의료기관의 목표가 무엇인지를 명확히 정의내리고 목표시장을 설정하여 어떤 마케팅 전략으로 의료관광 사업을 추진해야 할 것인지에 대한 구체적인 전략을 수립하여야 한다. 또한 의료기관이 처해 있는 상황과 목적에 맞게 실행계획을 추진하는 것이 바람직하다. 가장 바람직한 목표 설정과 평가는 의료기관 스스로 상황(수용능력, 시스템, 인프라, 의료기술, 네트워크, 주력상품 등)에 맞춰 추구하고자 하는 가치를 위해 끊임없이 목표(유치환자 수, 수익, 성장률 등)를 설정하고 추진해 나아가는 것이다.

다) 경쟁자(기관)의 능력 평가

경쟁자(기관)의 능력은 의료기술(상품) 개발 능력 및 수준, 재무 능력, 마케팅 활동 능력, 리더십 등으로 구분하여 강점과 약점을 비교 분석할 수 있다. 경쟁자(기관)의 강점과 약점은 현재 경쟁자(기관)가 추진하는 전략에 대한 당위성을 보여주고, 의료기관은 이러한 분석을 통해 전략적 대안방안을 계획하고 의사결정을 하는 데 중요한 정보를 제공해야 한다. 의료기관 입장에서 의료기술은 의료기관의 주요한 경쟁력이며, 국외 의료기관과의 경쟁에서 국내 의료기관이 국외 기관에 비해 우수한 의료기술과 인프라를 가지고 있다는 것을 강점이라 할 수 있다. 이를 기반으로 해당 의료기관은 의료관광시장에서 우위를 선점할 수 있게 된다. 의료기술은 결국 의료기술을 행하는 의사가 주체이며, 의사가 곧 의료관광 상품이며, 핵심 경쟁력이 될 수 있다.

의료관광분야를 미용·성형, 건강검진, 중증질환의 시술 및 치료, 요양으로 구분할 때 의료기관의 입장에서 타깃국가에 맞는 상품을 개발하는 능력과 서비스 수준을 결정하는 것이 경쟁력이 있는 의료서비스 제공의 핵심이다. 그러나 경쟁력 있는 의료관광 상품을 개발해도 실행력이 없는 경우에는 지속적인 의료서비스를 제공할 수 없게 된다. 또한 경쟁자와 차별화된 서비스 제공을 위한 인프라 구축, 통역 전담 인력 채용, 홍보물 제작, 해외홍보활동 등을 추진할 수 있는 예산 지원과 이를 기반으로 한 마케팅 계획 및 활동이 필요하다.

그리고 무엇보다도 의료관광사업의 중요성을 인지하고 지속적으로 추진할 수 있도록 지원할 수 있는 강력한 리더십이 필요하다. 이는 장기적 관점에서 의료관광사업을 추진할 수 있도록 비전을 제시하고 목표를 설정하고 신속한 의사결정을 통한 정책결정이 뒷받침되어야 하기 때문이다.

4. 고객 분석

4.1. 고객행동 영향요인 분석

고객이 의료관광 상품을 선택하는 과정에서 의사결정에 영향을 미치는 문화적, 사회적, 인구통계학적, 심리적 요인 등의 고객행동 영향요인 분석으로 고객의 행동패턴과 니즈를 파악해 마케팅 전략을 수립할 수 있다. 이는 고객의 행동패턴이 곧 상품의 구매와 연계되며, 이를 바탕으로 고객 니즈에 맞는 다양한 의료관광 상품 개발과 홍보마케팅 계획 등을 할 수 있기 때문이다.

1) 문화적 요인 분석

국가별로 의료서비스 문화에 차이가 있다. 의료서비스의 경우 각 국가의 의료제도, 정책, 보험, 기준 등에 따라 상이할 수밖에 없다. 따라서 외국인 환자의 경우 국내환자에게 비해 의료 접근성에 대한 이해와 치료절차상의 차이, 언어 등의 의료문화 차이를 극복하고 서비스를 제공하여야 하는 어려움이 있다. 이러한 의료 문화적 요인은 고객에 따라 자신이 추구하는 가치를 바탕으로 의료서비스의 구매형태가 달라지며 그로 인한 구매행동에도 결정적인 영향을 미친다.

2) 사회적 요인 분석

가) 사회계층 분석

사회계층은 동일한 사회 속에서 비슷한 수준에 있는 사람들로 구성된 집단으로서 직업, 소득, 교육수준, 재산, 주택의 유형, 주거지역 등에 따라 분류하고 있다. 계층별 서비스의 개발과 차별화는 곧 의료관광 상품의 수준 결정에 영향을 미치며, 의료관광시장 크기에 맞는 고객의 니즈 분석 및 서비스 제공이 연계되어야 한다.

나) 준거집단 분석

준거집단 분석은 소비자의 행동에 직·간접으로 영향을 미치는 소수집단의 분석을 의미한다. 학연·지연이라고 불리는 준거집단은 학교 동기 동창, 종교집단, 동호회 또는 동아리 등 다양하게 분류된다. 준거집단이 고객의 구매행동에 영향을 미치는 이유는 소수집단의 구성원들은 자주 접촉하는 만큼 친분이 두텁고 상호간에 주는 영향력도 크기 때문이다.

의료는 특성상 이러한 준거집단의 영향을 크게 받는다. 의료는 의료행위를 받는 환자와 보호자의 입장에서 의사의 신뢰가 우선이며, 이러한 신뢰는 경험과 체험을 통해 형성되어 결국 의료서비스의 구매에 결정적인 요인이 되기 때문이다. 이들 준거집단은 의료와 같이 전문성이 높을수록 정보의 영향력이 커지며, 고객이 정보를 수집할 때나 의료관광 상품을 선택할 때 모든 영역에서 영향을 미치므로 정보를 활용한 효과적인 마케팅 활동을 추진해야 한다.

다) 가족관계 분석

가족은 한 공간에서 공동용품 사용은 물론 개인용품의 구매에 이르기까지 구성원 상호 간에 영향을 미친다. 특히 공동의 의사결정이 필요한 경우 가족 모두가 상호 간 의사결정에 영향을 미치기 때문에 가족은 중요한 준거집단의 하나로 인식되기도 한다. 의료서비스를 제공하는 의료기관 입장에서 어머니의 역할은 가족의 건강을 책임지는 책임자로서 중요하게 인식되고 있다.

의료관광 상품은 의료와 관광의 접목 상품이라는 특성을 고려할 때 아내와 가족공동의 의사결정에 영향력을 받는다는 것을 감안하여 상품을 구성하고 개발해야 할 것이다.

라) 생활양식 분석

생활양식은 사람이 사는 방식으로 개인의 특성, 가치관, 세계관을 반영한다. 생활양식은 자아를 세우고 개인의 정체성과 조화가 되는 문화적 상징을 나타내는 것이다. 사람들이 살아가는 생활방식과 개인 또는 가족의 가치관 때문에 보여지는 다양한 행동양식·사고양식 등 생활의 모든 측면에서 문화적·심리적 차이의 총괄적인 형태를 의미한다.

마케팅 전략의 전제조건으로 생활양식 분석은 소비자를 동등하게 파악하지 않고 생활주기별로 분석하는데, 이는 마케팅과 소비자의 행동연구 분야에서 그 연관성이 중요함을 인식하였기 때문이다. 의료분야에서 생활양식은 생활습관병과 연계성이 높으며, 가족력 등에도 영향을 미치기 때문에 사람들이 어떻게 시간을 활용하는지에 대한 활동과 주위환경에 중요하게 생각하고 있는 것이 무엇인가에 대한 관심, 그리고 환자(고객) 본인과 주변 환경에 대하여 어떻게 생각하는가에 대한 의견 즉 생활의 활동, 관심, 의견을 파악하고 분석해야 한다.

미래 지향적인 의료기관의 역할은 치료와 예방을 넘어 질병을 예측하여 환자와 가족의 발병률을 낮추기 위한 라이프스타일 분석을 통한 총제적인 개념의 의료서비스로의 전환이 필요하다. 그러기 위해서는 미래지향적인 의료서비스 제공을 위해 의료기관은 고객의 다양한 정보를 활용하여 맞춤형 의료서비스를 개발하고 질병의 발병률을 낮추기 위해 다양한 상품을 개발하고 마케팅 전략을 수립해야 한다. 의료관광 마케팅 측면뿐만 아니라 장기적인 의료서비스 발전의 관점에서 환자정보 관리 및 분석을 통한 생활양식 분석은 중요한 요인이다.

3) 인구통계학적 요인 분석

가) 연령대별 분석

고객은 연령대별로 중요시하고 선호하는 상품과 구매력에 차이를 나타낸다. 이는 연령대별로 가치관, 소비행동에 비슷한 패턴을 보여주기 때문이다. 의료관광 서비스 타깃고객도 연령대별로 지불능력, 건강상태 및 관심분야 등이 상이하며 소비행동에 영향을 미친다. 이러한 연령대별 특성은 연령대가 비슷한 사람들은 동시대에 살고, 교육받고, 보고, 느끼기 때문에 형성된 연령대별 문화와 공감대 차이가 곧 소비행동에 비슷한 패턴으로 나타나기 때문이다.

나) 소득수준별 분석

구매력의 척도로서 소비자 개인과 가족의 소득수준이 주로 활용되었으나, 생활수준이 높아지면서 소득이 적은 소비자일지라도 자신의 가치관 또는 취향에 따라 특정상품에 대해 높은 구매력을 보이는 경향이 나타나고 있다. 그러나 의료서비스의 특성상 소득수준이 낮다고 해서 치료를 포기할 수 없고, 건강한 삶을 유지하기 위한 노력과 욕구는 소득수준에 관계없이 인간 누구나 동일하기 때문에 건강에 대한 욕구가 소득수준에 크게 영향을 받는다고 하기는 어렵다.

생명에 지장이 없는 건강검진과 미용·성형분야는 소득수준에 따라 구매성향에 차이를 보이나, 치료분야는 소득수준에 큰 영향을 받지 않는 경향을 보인다. 의료기관은 환자의 소득수준에 관계없이 환자 치료를 최우선으로 해야 하는 것이 사명이며, 이는 국적, 종교, 이념, 경제력 등에 관계없이 동일하게 적용된다.

다) 교육수준별 분석

학연, 지연, 혈연을 중요시하는 한국의 사회풍토에서 교육수준을 나타내는 학연은 사회계층을 구분하는 중요한 척도로 활용되어 왔다. 이는 교육정도가 직업과 소득에 영향을 미치기 때문이며 개인의 기호, 가치관 및 정보처리 능력 등에도 영향을 미치기 때문이다. 즉 교육수준에 따라 고객의 가치관, 생활수준, 소득수준, 네트워크, 직업 등이 관련성을 가지고 있고, 이러한 교육수준이 사회계층을 형성하기 때문이다.

라) 계층의식 분석

계층의식은 사회에서 가치체계와 연관성이 있으며, 개인의 사회적 행동을 특징짓는 요인으로 사회의 특정 계층에서 동등함을 발견하였을 때 갖게 되는 의식이다. 사회계층은 고객이 사회적 불평등을 구조적으로 이해하는 수준에 따라 구분할 수 있다. 계층은 개인의 의식이나 생활양식 그리고 이데올로기에 큰 영향을 주거나 동일 계층 간에도 이들 유사성의 문제가 되는 일이 많다. 계층 간 연관된 특징은 항상 동일하지 않으며 변화하는데, 이러한 변화는 전체 사회구조를 분석하는 주요한 지표이다.

마) 직업별 분석

사회에서 생활하는 사람들은 재능과 능력에 맞게 직업에 종사하며, 정신적·육체적 에너지의 소모에 따른 대가로 경제적 급부를 받아 생활을 지속한다. 직업은 사회적 지위와 소득을 모두 포함하여 반영하는 지표이며, 생계유지와 자신의 적성과 능력에 따라 일정한 기간 동안 종사하며 사회계층을 파악하는 데 가장 중요한 요인이다.

4) 심리적 요인 분석

가) 동기

동기는 자극을 주어 어떠한 행동을 유발하는 계기이며, 내적 요인으로 고객에게 어떠한 행동을 하도록 압력을 가하는 욕구를 의미한다. 기업은 이러한 동기 분석 및 연구를 통해 고객으로 하여금 구매하고자 하는 충동이 생기도록 유도할 수 있고 이러한 동기에 맞는 상품을 개발할 수 있다.

그러나 의료관광 상품에서 동기는 기업에서 제공하는 상품과 상이하게 최종 결정에 미치는 동기 요인으로 주변 사람들의 추천에 크게 영향을 받는다. 의료관광 상품의 결정 동기는 주변의 친구 또는 친인척이

질병에 걸렸을 때 오히려 자신의 건강에 대한 관심이 높아지는 것 등이 해당한다. 이러한 관점에서 의료서비스의 경쟁대상은 두려움, 고통, 참음 등이며, 결정적인 동기는 가격 또는 주변 사람들의 질병, 죽음 등이라 할 수 있다.

나) 태도

태도는 특정 상품, 브랜드 또는 사회적 현상 등에 대해 호의적이거나 비호의적인 평가, 감정, 행동 등을 포괄하는 의미로 소비자의 학습된 선호성향을 일관성 있게 보여주는 심리적인 요인이다. 태도는 인지된 판단이 아닌 감정적, 감성적 요소를 함축하고 여러 세부 요소를 포함하는 세분화된 개념이다.

다) 학습

학습은 직·간접적 경험이나 훈련에 의해 지속적으로 인지하고 지각하며, 변화시키는 행동의 변화를 의미한다. 고객은 경험을 통해 학습되는 성향을 지니고 있어 최근 들어 마케팅 기법 중에서 체험 마케팅을 활용하는 기업이 늘고 있는 추세이다. 이는 고객이 체험을 통해 간접경험을 할 수 있게 하여 고객과의 소통과 신뢰를 쌓기 위한 기업의 마케팅 활동의 일환이라 볼 수 있다.

라) 개성

개성은 개개인을 다른 사람들과 구별하는 내적 특성들의 총체이다. 개성은 고객이 다양한 주위환경에 대하여 비교적 일관성 있게 지속적인 반응을 보이는 개인의 심리적 특성으로 사교성, 자율성, 사회성, 적극성, 과시성 등 여러 가지 속성으로 설명된다. 이러한 개성은 고객의 걸음걸이와 얼굴 표정에 나타나기도 하고 취미·태도·사고방식 등에서 나타나기도 한다. 개성은 어떤 사람이나 개체의 고유한 특성이 다른 사람이나 개체와 뚜렷하게 구별되는 것, 개인이 가지는 고유한 취향이나 특성에 따르며 개인마다 서로 다른 정신적·육체적 능력의 차이로 개성을 형성하고 있는 개개의 부분적인 특성으로 나타난다.

4.2. 고객 정보처리과정 분석

고객은 의료관광 상품에 대해 구매 욕구를 가지게 되고 나면 관련정보를 찾게 된다. 이러한 정보는 다양한 방법을 통해 획득할 수 있다. 고객의 정보처리과정이란 의료기관이 가지고 있는 고객정보를 활용하고 가공하여 보다 높은 부가가치 있는 정보로 새로 가공하는 것을 의미한다. 정보처리과정 분석은 정보를 추출하고 가공하는 공정으로, 가공 및 분석하여 만들어진 높은 부가가치의 정보를 활용하는 과정이다.

1) 정보노출 효과

마케팅 측면에서 고객의 경험과 체험은 정보처리의 대상이 될 뿐만 아니라 독특한 감성적 반응을 불러일으킬 수 있으므로 마케팅 담당자들에게 중요한 의미가 있다. '노출 효과' 또는 '단순노출 효과'는 사회 심리적 용어로서 만남을 거듭할수록 호감을 갖게 되는 현상을 의미한다. 처음에는 관심도 없거나 혹은 싫어하던 대상도 계속 마주치게 되면 나중에는 친근해져서 호감을 갖게 되는 것이다.

의료관광사업 추진을 위해 의료기관과 유치기관은 의도적으로 고객에게 정보를 노출하기 위해 다양한 방법으로 고객에게 의료기술의 우수성을 알리고 있다. 마케팅 전략 관점에서 이러한 노출을 통해 고객에게 간접적인 경험을 제공하는 것은 매우 중요한 의미를 갖는다.

2) 주의

고객은 노출된 정보와 같은 마케팅 자극에 집중을 하게 되는데 이러한 현상을 '주의'라고 한다. 즉 고객은 마케팅 자극에 집중하는 과정으로 노출된 자극에 대해 관심 있는 의료관광 상품 정보에 많은 주의를 기울이게 되며, 그렇지 않은 경우 주의를 기울이지 않는 성향이 있다. 고객 성향에 따라 주의는 자발적 주의와 비자발적 주의로 구분할 수 있는데 자발적 주의는 고객이 선택적으로 능동적으로 정보를 탐색하는 것이고, 비자발적 주의는 고객이 어떠한 자극에 의해 정보를 탐색하는 것이다.

3) 지각

'지각'은 고객이 노출된 자극을 이해하고 해석하여 고객의 입장에서 의미를 부여하는 것으로, 같은 자극이나 광고라도 사람에 따라 상이하게 해석하고 반응하는 것을 의미한다. 고객은 이러한 지각된 정보를 받아들여 기억 속에 가지고 있는 다양한 정보와 연계하고 인지한다.

4) 반응

고객이 자극을 보면서 자연스럽게 생각을 떠올리는 인지적 반응과 자극을 접하면서 떠오르는 여러 가지 감정과 느낌의 정서적 반응을 말한다. 예를 들어 '의료관광 상품에 대해 의료비가 고가다'라고 생각하는 것은 인지적 반응이며, '의료상품의 질이 높다'라고 생각하는 것은 정서적인 반응이라 할 수 있다.

5) 저장 및 기억

고객정보 처리과정에서 고객이 유용하다고 생각하는 정보를 기억 속에 저장하고 기억하게 하는 것은 정보처리과정의 마지막이라 할 수 있다. 고객의 기존정보와 경험, 체험 그리고 환경적 요인 등 다른 자극에서 습득된 다양한 정보와 통합 처리된 정보는 통합되어 기억 속에 저장된다. 결국 고객은 이러한 정보처리과정을 통해 자신에게 유리한 정보를 습득하고 통합하고 구매 의사결정을 하게 된다. 의료관광서비스에 관심 있는 고객은 의료기관 또는 유치기관, 환자 또는 친구, 대중매체 또는 세미나 등을 통해 노출된 정보에 주의를 기울이고 직·간접적으로 얻은 정보를 습득하고 지각하여 그 정보에 반응하며 저장하고 기억해두었다가 필요할 때 저장된 정보를 기반으로 구매의사결정을 하게 된다. 그러므로 이러한 일련의 과정을 토대로 마케팅 담당자는 의료관광 상품을 고객이 인지할 수 있도록 다양한 마케팅 활동을 기획해야 한다.

4.3. 구매의사 결정과정 분석

의료관광서비스 마케터는 자신이 상대할 소비자가 어떤 유형의 구매의사 결정을 하는지 이해해야 한다. 의료관광 사업에서 고객이 어떻게 합리적으로 구매의사를 결정하는지에 대해 문제인식, 정보탐색, 선택대안의 평가, 구매, 구매 후 행동의 5단계로 의사결정과정을 분석하는 방법을 살펴보고자 한다.

1) 문제인식 단계

소비자가 어떤 제품이나 서비스를 구매하는 구매 행동을 하기 전에는 그 행동을 야기하는 사전 과정이 있을 수 있다. 소비자 구매 행동의 기원을 문제 인식 과정이라 부른다. 문제인식은 소비자 스스로 자신이 직면한 문제를 해결하려는 동기를 형성하는 단계를 지칭한다. 소비자는 자신의 실제 상황과 바람직한 상태간의 간격이 커질수록 그 문제 해결을 위해 무엇이 자신에게 필요한지를 비로소 인식하게 된다. 소비자가 자신의 요구를 자각하여 그 해결책을 모색하는 단계가 문제인식 단계이다.

의료의 특성상 고객이 의료서비스에 대해 문제를 인식하는 경우는 현재 고객 자신과 주변 사람들의 건강상태에 따라 크게 좌우되며, 생활수준이 높아질수록 건강에 대한 관심이 높아진다. 이렇듯 문제인식은 고객 자신이 해결해야 하는 욕구가 있다고 인식하는 첫 번째 단계이다.

의료관광 마케터는 스스로 문제를 인식하고 있는 소비자를 찾아내거나 마케팅 자극을 통해 미처 자각하지 못하던 문제를 인식하도록 조성해가는 노력을 전개할 필요가 있다.

2) 정보탐색 단계

고객이 현재 자신이 처해 있는 문제를 인식하고 구매의사결정을 하는 과정에서 고객은 자신에게 도움이 되는 정보를 탐색한다. 즉, 고객은 스스로 알고 있는 정보에 더해 외부로부터 다양한 정보를 찾게 되는데 의료관광을 희망하는 고객은 대체적으로 유치기관, 해당 국가의 의료진, 주변의 지인 및 친구 등으로부터 다양한 정보를 얻고 있다. 이외에도 주변 사람들의 의료관광 경험, 각종 매체 및 광고, 홈페이지, 의료세미나 및 홍보회 참석 등을 통해 정보를 수집하고 가격을 비교하는 등의 방법으로 정보를 탐색한다.

의료관광 마케터는 소비자의 정보탐색 원천 요소에 적절한 정보를 배치하여 소비자에게 충분한 정보가 전달되도록 해야 한다.

3) 선택대안의 평가 단계

소비자들이 자신이 원하는 욕구를 인지하고 정보탐색과정을 통해 몇 개의 선택대안을 가지게 되면 이들 대안들을 어떤 기준에 의해 평가하는 단계를 거치게 되는데, 이를 대안평가 단계라 한다.

고객은 다양한 정보를 수집하고 평가기준에 근거하여 최종선택을 하게 되는데, 고객의 평가기준이 고객의 구매 목적과 동기를 반영하기 때문에 마케터 입장에서 어떠한 방식으로 고객이 대안을 선택하는가를 아는 것은 매우 중요하다.

의료관광을 결정하는 고객의 대부분은 의료기술과 가격을 가장 중요한 요인으로 생각하는데, 국적과 의료문화에 따라 선택에는 다소 차이가 있다. 의료관광에서 가격이 선택의 주요인일 경우 경쟁국가와 가격비교 등을 통해 선택이 이루어지며, 의료기술과 서비스의 질이 높이 평가받고 가격이 적정하다 해도 비자발급과 수속절차 등 기타 절차문제에 따라 접근이 용이한 경쟁 국가를 선택하기도 한다.

의료관광 마케터는 자기 서비스에 대한 소비자 선택기준과 태도점수를 지속적으로 모니터링하여 마케팅 의사결정에 반영할 수 있다.

자기 서비스에 대한 모니터링 과정에서 고려하여야 할 점은 다음과 같다.

첫째, 마케터는 자기 서비스가 강점을 가진 속성의 중요도를 부각시킬 필요가 있다.

둘째, 마케터는 자기 서비스가 낮게 평가되는 속성을 실질적으로 개선할 필요가 있다.

셋째, 마케터는 선택기준의 형태를 토대로 소비자를 유형화하여 표적소비자 선별에 접목할 수 있다.

4) 구매결정 단계

대안 평가를 통해 구매 대안별 선호 수준을 형성한 소비자는 구매 행동 단계로 들어가게 된다.

의료관광 고객은 의료관광 대상국가와 의료수준, 통역서비스, 브랜드, 주변지인 또는 유치기관 관계자의 추천 등의 다양한 정보를 비교하여 최종적으로 구매를 결정하게 되는데 가격이 비싸도 의료기술과 서비스 수준이 가장 중요하다고 생각하는 경우 가격에 관계없이 의료서비스 수준이 높고 치료결과를 신뢰할 수 있는 의료기관을 선택하고 치료 및 진단을 받게 된다. 의료는 특성상 치료 또는 성형을 목적으로 의료관광을 선택할 경우 완치와 성공적인 수술, 즉 우수한 의료기술을 가장 중요시하며 가격보다는 그 결과에 의해 구매결정을 하기도 한다.

의료관광 마케터는 자기 서비스에 대한 소비자들의 선호와 태도를 제고하는 데 그쳐서는 안 되며 실제 구매행동으로 연결될 때까지 면밀하게 이어지는 마케팅 노력을 전개해야 한다.

5) 구매 후 행동 단계

고객은 의료관광서비스를 받은 후에 자신이 경험하면서 받은 만족 정도에 따라 재방문을 고려하기 때문에 이때 고객의 평가는 매우 중요하다. 즉, 의료관광서비스를 받은 고객을 얼마나 만족시켰는가에 따라 구매 후 행동이 결정되며, 기대에 못 미쳤을 경우에 불만족한 고객의 재방문에 미칠 영향을 예상할 수 없게 된다. 또한 이러한 불만고객으로 인해 잠재고객을 잃을 가능성이 내재하고 있다.

그러므로 마케터는 고객관리 차원에서 전자우편(e-mail) 발송, 안내홍보 인쇄물 발송, Pre-Post Care 서비스, u-Healthcare System 등을 통해 지속적인 고객관리 및 상담으로 고객의 재방문을 유도하여 고객이 이탈하지 않도록 고객과의 관계를 구축하고 관리해야 한다.

또한 마케터는 기본적으로 소비자가 만족할 수 있도록 사전 기대를 관리하고, 기대에 걸맞는 서비스를 제공할 수 있도록 노력해야 하며, 불만족한 소비자의 의견을 수렴하고 피드백 할 수 있는 체제를 구축해서 운용할 필요가 있다.

5. STP 전략과 마케팅 믹스

5.1. 시장 세분화

1) 시장 세분화의 개념

가) STP 전략이란?

풍요의 시대에 다양한 상품을 통한 경쟁이 심화되고, 시장의 다변화와 정보화시대가 되면서 시장 세분화를 통한 마케팅 전략, 즉 고객의 특성과 시장 상황을 고려한 STP전략이 도입되었다.

STP전략은 시장 세분화(Segmentation), 표적시장 선정(Targeting), 위치 선정(Positioning)의 머릿글

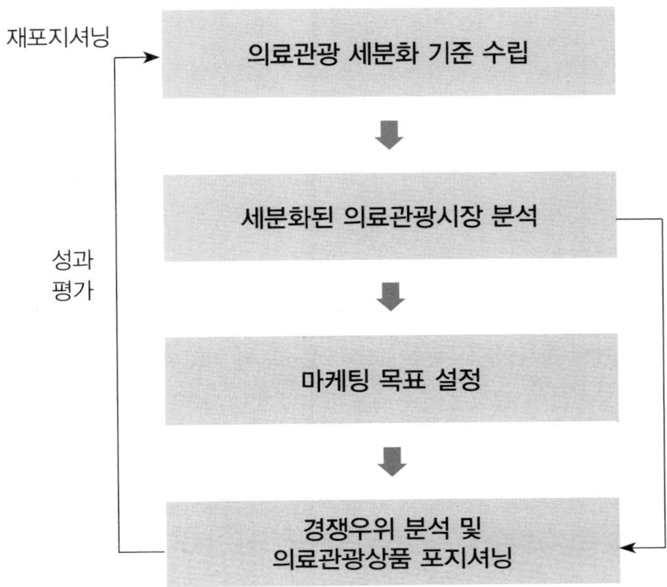

〈그림 1-3〉 의료관광 STP 전략의 설계

자를 따서 만든 말로, 다양한 욕구를 가진 의료관광시장에서 STP전략은 시장을 특성에 따라 분류하고 세분화된 의료관광시장을 의료기관의 능력과 상품에 따라 시장매력도를 평가하고 표적시장을 선정하여 선택된 표적시장에서 잠재고객을 대상으로 타깃시장의 의료문화와 특성에 맞는 의료관광 상품을 개발하고 고객에게 각인하고 인지시키는 과정이다.

이러한 표적시장을 선정하는 가장 중요한 목적은 전체 의료관광시장을 대상으로 경쟁한다면 의료기관의 입장에서 큰 비용과 자원의 투자가 필요하며 경쟁력과 효율성을 가지고 초기 사업을 추진하기가 어렵기 때문이다. 그러므로 STP전략 수립에 따라 의료기관의 입장에서 장·단점을 고려한 단계적 실행과 목표 설정이 중요하다.

나) STP 전략 수립과정

의료관광산업에서 STP 전략 수립은 의료서비스의 특성을 고려할 때 어려움이 많다. 이는 국내 의료법상 의료기관에서 환자유치 활동을 위해 마케팅 개념의 비즈니스를 추진할 수 없었기 때문이다. 그러나 의료관광산업의 특성상 외국 환자 유치를 위해서 타깃국가 선정에 따른 의료제도, 의료서비스, 문화, 주요

질환 등의 정보를 활용하여 해당 국가 환자를 대상으로 의료기관의 특성을 고려한 STP 전략 수립을 해야 하는데, 현지 의료 환경에 대한 정보 부족과 분석 능력 부재로 전략 수립 및 실행에 어려움을 겪고 있다.

마케팅 전략수립에서의 STP, 특히 시장 세분화는 결국 의료관광시장의 성과를 결정짓는 마케팅 요소로 중요하게 작용한다. 의료관광시장에 대한 정확한 이해를 통해 기준을 설정, 세분시장을 구분하고 시장의 매력도에 따른 유인척도를 개발하고, 표적시장을 결정하여 단계적으로 표적시장에 맞는 마케팅 믹스(4P)를 개발하는 것이 STP의 과정이다.

일반적으로 STP 전략은 크게 3단계로 구분된다(그림 1-4).

- 첫 번째 단계는 시장세분화 단계로 이 단계에서는 소비자의 니즈를 파악하고 분류하여 유사한 니즈를 가진 소비자들끼리 그룹핑하여 각각의 세분시장을 규명한다. 병원의 마케팅 전략을 충분히 반영할 수 있는 시장세분화 요인으로 시장을 세분화하여야 한다.
- 두 번째 단계는 표적시장을 선정하는 단계로서 세분시장들 중에서 가장 효과적으로 공략할 수 있는 세분시장을 한 개 또는 몇 개를 선정한다.
- 세 번째 단계는 포지셔닝 단계로서 각각의 표적시장에서 병원의 이미지를 소비자들의 마음속에 효과적으로 각인시키기 위한 마케팅 믹스 전략을 계획하고 수행한다.

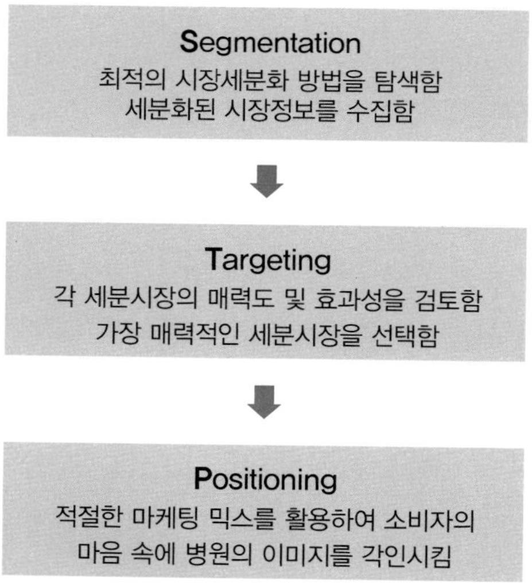

Segmentation
최적의 시장세분화 방법을 탐색함
세분화된 시장정보를 수집함

Targeting
각 세분시장의 매력도 및 효과성을 검토함
가장 매력적인 세분시장을 선택함

Positioning
적절한 마케팅 믹스를 활용하여 소비자의
마음 속에 병원의 이미지를 각인시킴

〈그림 1-4〉 STP 전략의 수행과정

다) 시장 세분화의 목적

시장세분화의 구체적인 목적은 다음과 같다.

첫째, 소비자의 욕구, 구매동기 등을 구체적으로 분석하여 정확한 시장상황을 파악하고 변화하는 시장 수요에 적극적으로 대응할 수 있는 전략을 수립하는 데에 있다.

둘째, 기업의 강점과 약점을 확인하여 기업의 경쟁좌표 설정에 관한 정보를 획득하는 것이다.

셋째, 정확한 표적시장 설정을 통하여 기업의 마케팅 활동에 집중하는 것이다.

넷째, 기업의 마케팅 활동에 따른 소비자의 반응을 분석함으로써 기업이 가지고 있는 제한된 자원을 적절하게 배분하여 높은 효과를 얻기 위한 전략을 수립하는 것이다.

따라서 세분화의 목적은 소비자의 니즈와 편익 그리고 인구·통계적 요인 등을 분석하여 변화하는 시장의 수요에 적극적으로 대응하고 기업의 강점과 약점을 파악하여 유리한 표적시장을 정확하게 선택하여 집중함으로써 기업의 제한된 자원을 효과적으로 활용하기 위함이다.

2) 시장 세분화의 주요변수

가) 인구통계학적 변수 세분화

인구통계학적 세분화는 의료관광시장을 연령과 생명주기, 성별, 가족구성원, 가족력, 질병 및 진단분류, 생애주기, 소득수준, 직업, 교육수준, 종교, 인종, 국적 등의 변수에 따라 분석하여 시장을 세분화하는 것을 의미한다. 인구통계학적 변수는 의료관광산업의 특성을 고려한 시장 세분화 기준으로서 다른 변수에 비해 측정이 용이하여 가장 널리 활용되고 있다. 이는 인구통계학적 변수가 건강척도 분석과 연관성이 깊으며, 측정이 용이하고, 시장의 규모를 파악하기에 적합하기 때문이다.

나) 심리적 변수 세분화

심리적 변수는 눈에 보이지 않는 사회계층, 생활양식, 개성 등에 기초하여 고객의 특성을 고려하여 집단별로 분류하는 것이다. 심리적 변수를 객관적으로 측정하기가 어렵기 때문에 현실적으로 시장을 세분하기가 어렵다. 의료관광시장에서 이러한 사회계층은 계층에 따라 의료관광 상품을 구매하는 행동과 패턴이 서로 다른데 이는 계층별로 비슷한 가치관, 관심을 가진 집단군별로 행동패턴을 보이기 때문이다. 의료분야에서 생활양식은 곧 생활습관병과 연계되며, 식습관, 생활습관에 따른 만성질환이 이에 해당된다고 할 수 있다.

다) 행동분석 변수 세분화

구매행동 변수로 지식, 태도, 경험, 빈도수, 브랜드 충성도 등이 있으나 심리적 변수와 마찬가지로 측정하기 어렵기 때문에 주로 빈도수와 브랜드 충성도를 활용한다. 의료에서 빈도수는 고객의 건강상태에 따라 측정이 어렵기 때문에 가족까지 연계하여 분석할 수 있는 고객관계관리 시스템 구축 또는 건강증진센터에서 활용하여 재검진율 등을 통해 파악하는 방법이 있다.

또한 유치기관의 소개로 내원한 환자의 경우 브랜드 충성도는 유치기관의 역할에 의해 크게 좌우되나, 환자소개로 오는 환자의 경우 브랜드 충성도에 영향을 미치기 때문에 경쟁 의료기관과 차별화할 수 있는 마케팅 전략을 수립해야 한다. 즉 유치기관을 통해 환자를 소개받았다 하더라도 의료기관에서는 소개받은 환자가 다른 환자를 소개할 수 있는 고객의 충성도에 의한 환자유치가 가능하도록 브랜드에 대한 충성고객을 관리해야 한다.

라) 지리적 변수 세분화

의료관광시장의 시장 세분화에서 지역적 변수는 국가, 서비스지역, 도시 등에 따라 세분화하는 것으로 의료관광 상품을 판매하기 위해서는 지리적 접근성과 항공노선 편수 등을 고려하여 타깃지역을 선정하고 지역 특성과 접근성에 맞는 마케팅 전략을 수립해야 한다. 이러한 지역적 변수를 최소화하기 위해 국내 의료기관은 국외 의료기관과의 네트워크 구축 또는 해외진출을 추진 중에 있다. 국내 의료기관의 해외진출은 이러한 지리적 변수를 극복하여 고객의 접근성을 최대화하여 보다 편리한 서비스를 제공하기 위함이며, 이를 바탕으로 마케팅·홍보 활동을 목적으로 하고 있다. 그리고 국내 의료기관은 해외환자의 지리적 접근성의 한계를 극복하고자 U-healthcare 시스템 구축 등을 통한 다양한 서비스를 개발하여 활용하고 있다.

5.2. 표적시장 선정과 포지셔닝

1) 표적시장이란?

표적시장(목표시장)은 의료관광시장을 세분화하여 의료기관 또는 유치기관이 경쟁우위와 경쟁 상황을 고려하여 해당 기관에서 가장 좋은 기회를 제공해 줄 수 있는 특화된 시장을 의미한다.

2) 표적시장의 평가방법

의료기관 또는 유치기관에게 가장 적절한 표적시장을 선정하는 것은 마케팅 전략 수립에 있어 중요한 요소이다. 표적시장의 요인, 경쟁요인, 해당 기관과의 적합성에 근거하여 세분시장의 매력도를 평가할 수 있다. 즉 의료관광시장의 가능성과 경쟁요인을 비교하고 해당 의료기관의 장단점과 특성을 고려하여 평가하고 의료관광시장에서 표적시장을 선정하는 것으로 이 과정은 마케팅 전략 수립의 관건이라 할 수 있다.

3) 표적시장 선정에 따른 포지셔닝의 유형

가) 혜택 차원 포지셔닝

혜택 차원들 중에 골라낸 특정 혜택에서 목표 위치를 설정하는 포지셔닝 방식을 혜택 차원 포지셔닝이라고 한다. 의료관광 마케터는 소비자가 누릴 수 있는 혜택 면에서 자기 서비스의 위치를 추구할 수 있다. 예를 들어 '원스톱 치료, OOO 병원'과 같은 식으로 포지셔닝을 시도할 수 있다.

나) 서비스 속성 차원 포지셔닝

서비스 속성 차원들 중에서 골라 낸 특정 속성에서 목표 위치를 설정하는 포지셔닝 방식을 서비스 속성 차원 포지셔닝이라고 한다. 의료관광 마케터는 의료서비스의 범위, 역량 등 구체적인 속성 면에서 자기 서비스의 위치를 추구할 수 있다. 예를 들어 '병상 규모 아시아 최대, OOO병원' 식으로 포지셔닝을 시도할 수 있다.

다) 가치 차원 포지셔닝

가치 차원에서 목표 위치를 설정하는 포지셔닝 방식을 가치 차원 포지셔닝이라고 한다. 경우에 따라 가치 차원 포지셔닝은 혜택 차원 포지셔닝의 한 유형으로 포함시켜 다룰 수도 있다. 가치는 소비자가 감수한 희생(비용) 대비 서비스의 혜택의 크기를 의미한다. 일반적으로 혜택수준에서 희생수준을 빼거나 나누는 방식을 통해 가치 수준을 산출한다. 의료관광 마케터는 소비자가 누릴 수 있는 가치 면에서 자사의 위치를 추구할 수 있다. 예를 들어 '최고수준의 실속, OOO병원' 식으로 포지셔닝을 시도할 수 있다.

라) 카테고리 차원 포지셔닝

서비스 카테고리 차원에서 목표 위치를 설정하는 포지셔닝 방식을 카테고리 차원 포지셔닝이라고 한다. 의료관광 마케터는 자기 서비스의 강점을 부각시킬 수 있는 카테고리에서 자사의 위치를 추구할 수 있다. 예를 들어 '치료가 아니라 즐거운 체험관광 과정, OOO 병원' 식으로 포지셔닝을 시도할 수 있다.

마) 경쟁 차원 포지셔닝

경쟁자에 대비한 상대적 경쟁위치 차원에서 목표 위치를 설정하는 포지셔닝 방식을 경쟁 차원 포지셔닝이라고 한다. 대부분의 포지셔닝이 경쟁 위치를 염두에 두지만 경쟁 차원 포지셔닝은 경쟁자와의 상대적 위치를 두드러지게 강조한다. 예를 들어 '제2의 OOO병원' 식으로 포지셔닝을 시도할 수 있다.

5.3. 마케팅 믹스

의료관광 마케팅에서 마케팅 믹스는 전략 수립 시 표적시장에 활용할 수 있는 마케팅 도구로서 의료기관 입장에서 통제 불가능한 외부환경에 적응하거나 해당 기관에 유리하게 외부환경을 변화시키기 위한 통제 가능한 전략적 도구이다(그림 1-5).

마케팅 믹스(의료상품, 가격, 프로모션, 유통)의 중요성은 의료관광시장의 변화와 현황, 의료기술과 의료기관의 특성 등에 따라 달라지는데, 의료관광 상품이 표준화되어 있을수록 경쟁우위의 마케팅 믹스는 상대적으로 비교적 저렴한 가격의 접근이 용이한 프로모션 의료관광 상품에 의해 좌우된다.

예를 들어, 의료관광 상품 중에서 건강검진이 이러한 상품에 해당되는데 이는 초기 국내 의료수준을 알리고 접근성이 용이하여 많은 종합병원에서 가장 많이 활용했고 현재도 홍보차원에서 프로모션에 사용되

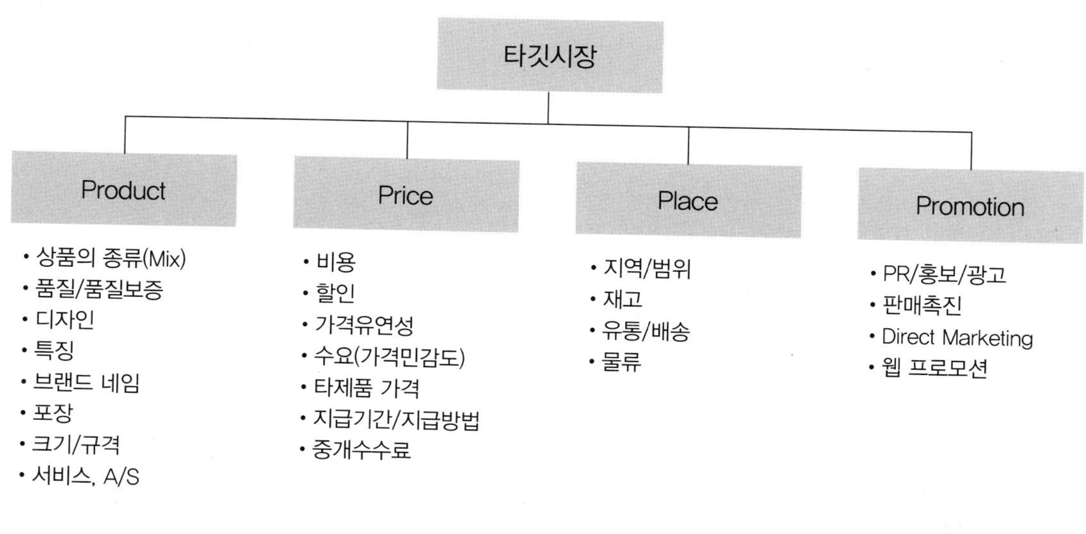

〈그림 1-5〉 의료관광 마케팅 믹스

는 대표상품이다. 건강검진 프로그램은 해당 의료기관의 의료시설과 수준을 한 눈에 파악할 수 있는 장점을 가지고 있고 관광을 목적으로 방문한 고객이 선택하기 용이한 상품이기에 많이 활용된다.

1) 상품 전략

과거 상품의 개념은 공학이나 수학과 같은 이론적인 분야가 중심이 되어, 상품 기획과 생산과정을 통하여 만들어지는 것만을 상품으로 생각하는 협의의 개념이 일반적이었다. 그러나 소비자 만족이 중요시되는 마케팅이 발달함에 따라 현대의 상품개념은 그 범위가 크게 확장되었다. 즉, 상품기획부터 시작하여 생산, 판매, 구매, 사용, 욕구충족 등에 이르는 모든 과정을 포함하고 있다. 소비자의 상품 구매로부터 상품 사용 및 욕구 충족에 해당하는 정보와 판매까지를 포함하는 광의의 상품 개념이 일반화되고 있다.

또한 상품은 지속적인 개념으로 고객이 만족하게 되면 재구매가 이루어지고 욕구충족의 정도는 새로운 상품기획에 반영됨으로써, 상품은 소비자의 피드백을 받아 지속적으로 개선되며 발전한다.

2) 가격 전략

가격은 기업의 마케팅 노력으로 생산된 상품과 소비자의 필요와 욕구를 연결하여 교환을 실현시키는 매개체 역할을 한다. 과거의 가격은 마케팅 믹스에서 가장 중요한 분야로 인식되었지만 최근에는 이러한 가격의 역할이 축소되거나 변질되어 가고 있다. 점차적으로 가격의 요인이 다른 마케팅 요소, 특히 촉진분야에 흡수되어, 하나의 촉진 도구로 전락하는 현상이 나타나고 있다.

일반적으로 상품의 가격은 상품비용, 품질, 디자인, 독창성, 광고비, 유통경로, 영업력, 서비스 정도, 기업에서 상품의 위치, 유행, 타이밍, 경기, 판매지역 및 범위 등을 고려하여 결정한다. 이 외에도 기업이 목표로 하는 매출액, 재무상태, 이미지, 거래처와의 역학 관계 및 경쟁상태 등이 가격결정에 영향을 미친다.

기업의 가격정책 수준을 고가 정책, 중용가 정책, 할인가 정책의 3단계로 나누어 본다면, 기업이 이미지나 이익률을 제고하고자 하거나, 차별화된 마케팅 능력으로 풀(Pull) 마케팅이 가능한 경우에는 고가 정책을 쓴다. 반면에 시장점유율을 확대하고자 할 경우나 경쟁기업의 경영악화를 조장하기 위한 특별한 목적을 가지고 있다면 할인가 정책이 유용하다. 그러나 위의 경우 외에 대중시장을 표적으로 할 경우에는 중용가 전략이 적합하다.

우리나라의 경우 정부가 의료수가를 통제하고 있어 가격을 병원마케팅에 활용할 수 없으므로 가격은 큰 관심의 대상이 아니었다. 또한 의료 수요의 가격탄력성은 특별한 경우를 제외하고는 가격(진료비)에 대해 둔감해서 비탄력적이다. 그러나 경우에 따라서는 보험급여가 됨으로 인하여 환자가 직접 지불하는 가격이 하락함으로써 병원의 수요가 비정상적으로 증가하는 도덕적 해이(Moral hazard) 현상이 나타나기도 한다.

3) 유통경로 전략

유통경로는 상품이 생산되어 소비되는 과정에 관련된 생산자, 도매상, 소매상 및 소비자에게 포함한 조직이나 이들의 활동을 의미한다. 즉 유통경로는 생산자로부터 소비자에게 거래, 교육, 정보, 영업 및 촉진의 흐름을 원활하게 하여 궁극적으로 상품 및 서비스가 효과적으로 전달되도록 하는 역할을 한다. 또한 이와는 반대로 상품대금이나 상품에 대한 평가 및 클레임 그리고 자신의 니즈에 관한 정보 등을 소비자로부터 생산자에게 전달하는 역할을 한다.

의료서비스 유통경로라 함은 의료기관으로부터 의료이용자에게 서비스가 효과적으로 전달될 수 있도록 흐름을 원활하게 하는 활동을 의미한다. 즉, 의료기관이 어떤 과정을 통해 이용자에게 의료서비스를 효과적으로 전달하는 역할을 할 것인가를 말한다.

유통경로는 생산자와 소비자 사이의 양방향 커뮤니케이션을 원활하게 하여 서로 간의 효용을 극대화시키는 통로이며 채널이다. 이러한 유통경로는 소비자의 선호성향이나 구매형태에 따라 그 기능과 구조가 변하기도 한다. 최근 인터넷 등 정보통신의 발달로 생산자와 소비자 간의 재화 및 정보의 전달이 급속도로 빨라지고 다양해지고 있다.

4) 촉진 전략

촉진은 보다 포괄적인 의미로 판매활동을 원활하게 하며, 매출액을 증가시키기 위해서 실시되는 모든 마케팅 활동을 말한다. 이러한 촉진은 광고, 판매촉진, 인적판매, 홍보의 4가지 요인으로 나누어 볼 수 있다.

첫째, 광고는 소비자의 인식을 도와 장기적으로 상표에 대한 인지도를 증가시켜, 소비자가 상품을 선택할 때 고려대상이 되도록 이끄는 역할을 한다. 상품에 대한 소비자의 인식증가를 목표로 하는 광고는 소비자를 교육시키는 교육적인 효과가 있다.

둘째, 판매촉진은 단기적인 매출증가를 목표로 한다. 주목율이 높아 단기간 매출은 증가하나, 망각율 또한 높아 그 효과는 매우 단기적이다.

셋째, 인적판매는 산업이 복잡해짐에 따라 그 중요성이 강조되고 있다. 폭발적으로 늘어나는 광고와 판촉은 소비자 설득에 더 이상 효과적이지 못한다. 반면에 인적판매의 효과는 상대적으로 꾸준하게 그 중요성이 부각되고 있다.

넷째, 홍보는 기업의 신뢰성 증가를 목표로 한다. 홍보는 광고와 달리 소비자에게 신뢰감을 줌으로써 자연스럽게 기업의 정보를 받아들이게 한다. 또한 홍보는 광고보다 소비자의 기억 속에 오래 남아 그 효과가 매우 높으며, 기업의 사회적 이미지에도 지대한 영향을 미친다.

단원 핵심요약

▶ 세계관광기구가 말하는 관광마케팅의 특징을 요약하면 다음과 같다.
- 관광객의 욕구, 관광기업 그리고 관광목적지 각각의 욕구를 만족시켜 균형을 이루게 하려는 사고
- 관광객의 수요와 니즈를 극대화하기 위한 마케팅 조사
- 관광 상품이 잘 팔리기 위한 좋은 지역 선점과 체계적인 관광기업의 정책

▶ 관광마케팅이 가지는 특성은 무형성, 소멸성, 시한성, 이질성 등 네 가지이다.

▶ 의료관광 마케팅은 중증수술, 미용 · 성형, 체험의료, 요양 및 재활, 건강증진 등의 분야별 의료관광 상품을 의료기관, 유치기관(에이전시, 보험사, 기업 등)과 정부산하 관련기관 등이 협력하여 개발하고 기획하여 소비자(고객, 환자)를 만족시키고 수익을 창출하기 위한 일체의 활동이다.

▶ 꼭 알아야 할 의료관광 마케팅 용어로는 필요(Needs)와 욕구(Wants), 수요(Demand), 시장(Market), 상품(Product) 등이 있다.

▶ 의료산업에서 마케팅은 환경의 변화에 따라 의료서비스의 생산적인 측면으로부터 상품적인 측면, 판매적인 측면, 고객지향적인 측면, 사회적 책임 측면 등으로 발전해왔다.

▶ 환경분석에는 거시적 환경 분석과 산업분석, 내부 환경 분석이 있다.
- 거시적 환경 분석은 의료기관이 처해 있는 환경요인에 의해 영향을 받는 점을 감안하여 의료기관의 기회와 위협 요인을 발견하여 대책을 수립할 수 있게 해준다. 거시적 환경요인으로는 인구통계학적 요인, 경제적 요인, 기술적 요인, 정치사회적 요인, 법률적 요인, 문화적 요인, 자연환경적 요인 등이 있다.
- 산업분석은 산업 내의 경쟁자를 분석하기 위해 Michael Porter(1979)가 주장한 경쟁모델(5 Forces Model)을 활용하여 마케팅 전략을 수립하는 것으로, 경쟁모델에서 분석하는 다섯가지 힘은 신규진입자의 위협(진입장벽), 구매자(고객)의 힘, 공급자(기업, 의료기관)의 힘, 대체품, 산업 내 경쟁관계 등이다.
- 내부 환경 분석의 대상인 내부 환경요인으로는 내부고객, 즉 조직에 영향을 미치는 이사회, 원장단 및 경영진, 의료진, 행정직원 등이다.

▶ 의료관광시장 분석은 시장 크기 분석과 잠재성장력 분석으로 구분된다.
- 시장 크기를 분석할 때는 시장 성장률과, 시장 수익성을 함께 보아야 한다.
- 잠재성장성 예측방법에는 최고경영자의 판단이나 마케터, 전문가(델파이 방법) 등의 의견에 의한 판단 방법이 있고, 사례유추법, 시계열 확산모델, 구매의도 조사법, 회귀분석법 등이 있다.

▶ 고객행동에 영향을 주는 요인으로는 문화적 요인, 사회적 요인(사회계층, 준거집단, 가족관계, 생활양식), 인구통계학적 요인(연령대, 소득수준, 교육수준, 계층의식, 직업), 심리적 요인(동기, 태도, 학습, 개성) 등이 있다.

▶ 고객이 정보를 처리하는 과정은 정보에 대한 노출과 주의, 지각, 반응, 저장 및 기억 등의 단계로 구성되며, 각 과정에 맞추어 적합한 마케팅 활동을 기획해야 한다.

▶ 고객이 구매의사를 결정하는 과정은 문제인식 단계, 정보탐색 단계, 선택대안의 평가 단계, 구매결정 단계, 구매 후 행동 단계 등으로 구성되며, 각 단계에 맞는 마케팅 활동이 요구된다.

▶ STP전략은 시장 세분화(Segmentation), 표적시장 선정(Targeting), 위치 선정(Positioning)의 과정을 통해 마케팅 전략을 수립하는 것으로, 다양한 욕구를 가진 의료관광시장에서 잠재고객을 대상으로 타깃시장의 의료문화와 특성에 맞는 의료관광 상품을 개발하고 고객에게 각인하고 인지시키는 과정이다.
- 시장은 인구통계학적 변수, 심리적 변수, 행동분석 변수, 지리적 변수 등에 따라 세분화할 수 있다.
- 표적시장의 특성에 따라 포지셔닝을 할 때는 표적시장이나 잠재고객에게 제공하는 혜택이나 서비스 속성, 가치, 카테고리, 경쟁위치 등이 기준이 된다.

▶ 의료관광 마케팅에서 마케팅 믹스는 전략 수립 시 표적시장에 활용할 수 있는 마케팅 도구로서, 크게 보면 상품(Product) 전략, 가격(Price) 전략, 유통경로(Place) 전략, 촉진(Promotion) 전략 등 4P로 구성된다.

알아두면 좋아요

성공적인 STP 전략 사례 : 서울아산병원

서울아산병원 전경 〈사진출처 : doopedia.co.kr〉

서울아산병원에서는 고객에게 전달할 메시지를 확실하게 정하여 블로그와 뉴스 기사, 유튜브(YouTube), 소셜네트워크서비스(SNS) 등을 통하여 다양한 마케팅 전략을 구사하고 있다. 또한 강력하고 지속적인 파트너 관계를 구축하기 위해서 국제관광협회, 상공회의소, 보험회사와 브로커, 제약 및 의료기기 업체, 해외 의료기기업체, 해외 의료기관 등과 긴밀한 관계를 맺고 있기도 하다.

Segmentation	Targeting	Positioning
• Wellness : 건강증진, 요양 • Illness : 수술 등의 치료와 회복 –〉 중증도에 따른 치료정도 및 치료 후 회복정도 등으로 분류	세분화된 여러 시장 중에서 병원의 능력과 경쟁력을 고려하여 표적시장을 선정	• 타깃 환자의 마음속에 하나의 위치를 가져라(아산 = 대형, 장기이식, 심장 질환) • 환자의 기억 속에 최초가 되라. • 최고가 아니면 현재 위상을 강조하거나 최초가 될 수 있는 틈새를 찾아라.

출처 : 서영미(2009), 서울아산병원의 국제의료 마케팅 전략과 마케터의 역할, 글로벌 헬스케어 프론티어 박람회: pp.51–53.

International Medical Tourism

제 2 장 상품 개발하기

단원 학습목표

- 신상품 개발을 위한 아이디어 창출 방법과 기존 의료관광 상품의 유형에 대해 이해한다.
- 상품 콘셉트 개발의 목적과 과정에 대해서 학습한다.
- 의료관광 상품을 기획할 때 고려할 점과 국내외 의료관광 상품화 사례를 학습한다.
- 의료관광 상품을 개발할 때 기초자료가 되는 수요와 판매량, 비용 등을 예측하는 방법에 대해 학습한다.

1. 신상품 아이디어 창출

1.1. 신상품 개발 아이디어

신규 의료관광 상품은 의료기관의 자원과 인프라, 의료기술, 내·외부 고객, 경쟁자와의 비교분석, 유치기관 및 주요 관계자의 다양한 아이디어를 수집 및 분석하는 과정을 통해 개발된다. 신상품 개발을 위해 해당 의료기관이 가지고 있는 의료기술, 인적자원, 다양한 서비스 상품 등을 파악하여 분석해야 하고, 고객을 통해 주요한 정보를 수집해야 한다.

그리고 고객의 불만과 만족도 조사뿐만 아니라 진료통역사나 코디네이터, 경쟁 의료기관의 사례 등 다양한 방법을 통해 조사된 내용을 상품개발에 적용하는 것이 바람직하다. 또한 경쟁 의료기관의 주요 상품

분석을 통해 의료관광 상품, 가격경쟁력, 해당 기관의 강점 및 약점, 서비스 인프라 등을 비교·분석하고, 유치기관(에이전시) 및 주요 기관 관계자들을 통해 시장 동향 파악 등의 정보를 수집하여 신상품을 개발해야 한다.

새로운 의료관광 상품 개발을 위해서 고려해야 할 원칙은 다음과 같다.

- 첫째, 의료관광 상품은 고객이 원하는 가치를 가지고 있어야 한다.
- 둘째, 의료관광 상품의 가치는 그 상품을 찾는 고객 수(유치환자수)에 의해 결정되는 것이므로 고객의 관심도를 높이기 위해 의료관광 상품의 특징, 차별화된 의료서비스, 질 높은 의료기술 등이 반영되어야 한다.
- 셋째, 의료관광 신상품에 대한 고객의 반응(호응도)을 분석 및 평가하여 새로운 의료관광 상품을 개발해야 한다.
- 넷째, 의료기관의 입장이 아닌 고객의 입장에서 의료관광 상품의 가치를 인지할 수 있도록 홍보 및 마케팅 활동을 기획해야 한다.

새로운 의료관광 상품은 의료기관의 장단점을 감안한 광의의 건강관련 상품(헬스, 미용, 웰빙 등), 결합상품(웰빙, 건강 문화와 접목한 전통 한국식 음식체험 등), 건강지향적인 테마관련 상품, 의료관광사업 유치기관 또는 기업과 연계된 상품(보험 상품, 건강여행 패키지 등)으로 개발하여 의료기관의 목표에 맞는 마케팅 전략을 수립해야 한다.

1.2. 의료관광 상품 개발방법

의료관광 상품에서 건강지향적인 테마별 상품을 개발하여 고객이 선택할 수 있도록 서비스를 개선하는 노력이 중요하다. 기존 의료관광 상품들이 중증환자 치료관광, 체험의료관광, 미용·성형 등으로 구분되어 있었다면 새로운 상품은 치료, 체험, 미용·성형 희망 고객을 서로 연계하여 보다 다양한 체험을 통해 한국의 우수한 의료기술을 알 수 있는 기회를 제공할 수 있도록 의료기관, 유치기관, 정부부처 간의 상호 협력이 필요하다.

1) 중증치료 의료관광 상품

최고의 의료기술과 시설, 서비스를 기반으로 암수술, 장기이식 및 심장수술, 척추수술 등 중증질환 중심의 치료관광은 중증질환 특성상 높은 치료비와 긴 체류기간, 가족동반 등이 특징이다.

의료기관은 장기이식 또는 중증수술의 경우 수술 후의 감염 및 재발 등에 대한 올바른 정보 제공과 수술 후의 사후관리 서비스 시스템을 구축하여 환자를 관리할 수 있는 특화 상품을 개발해야 한다. 중증 환자의 경우 수술 및 시술로 치료를 끝내기보다는 환자 및 보호자와의 지속적인 정보교환 등을 통한 커뮤니케이션 채널을 구축하고 관리하는 것이 중요하다.

그러나 중증치료 상품을 개발해도 환자 또는 가족의 비자문제로 한국으로 입국을 못해 다른 경쟁국가로 발을 돌리는 경우가 종종 발생하기에 이에 대한 대책도 필요할 것으로 보인다.

2) 체험 의료관광 상품

기존의 의료서비스가 질병 치료 중심이었다면, 미래의 의료서비스는 치료 및 예방을 넘어 현재의 건강상태를 파악하고 질환의 발병률을 예측하고 생활습관, 운동치료, 교육 및 관리 등의 총체적 개념의 환자 맞춤형 건강관리상품을 개발하는 것이다. 기존의 건강관리를 위한 상품으로는 건강검진, 체질개선 프로그램 등 예방 및 진단 프로그램과 한국문화 체험, 한국 전통음식 체험, 온천, 쇼핑, 엔터테인먼트 등 체험위주의 의료관광 패키지 상품으로 개발되어 있다.

체험 의료관광을 좀 더 활성화하기 위해서는 계절별 다양한 축제와 관련된 관광 상품을 의료기관과 연계하여 새로운 의료관광 상품을 개발하거나, 의료기관에 방문한 국외 환자들과 보호자를 대상으로 한국에서 다양한 문화체험을 할 수 있도록 상호 협조할 수 있는 프로그램을 개발하여 홍보해야 한다.

3) 미용·성형 의료관광 상품

건강한 미를 추구하고자 하는 고객의 욕구와 한류열풍에 힘입어 중국, 일본에 이어 동남아시아, 중앙아시아 지역의 환자들이 국내로 미용·성형을 위해 유입되고 있는 추세이다. 기존 상품이 미용·성형 수술과 치료에 국한되었다면 시술에서 피부 및 체형 관리, 치과치료와 메이크업, 헤어 등의 토털 미용관리 서비스로 포괄적인 미용 상품을 개발하여 의료기관과 미용실, 피부 관리, 스튜디오 등과 연계하여 고객이 미용·성형 전후의 자신의 모습을 비교할 수 있도록 하는 서비스를 제공하고 있다. 또한 미용과 건강을 연계한 한국음식 체험, 스파(spa), 화장품, 건강보조식품 등의 다양한 상품과 접목하여 건강한 아름다움, 안티에이징(anti-aging) 등의 고객 니즈를 반영한 의료관광 상품들로 개발되고 있다.

1.3. 신상품 아이디어 개발방법

새로운 의료관광 상품을 개발하기 위한 아이디어는 의료관광객을 대상으로 한 의료서비스 이용의 선호도와 만족도 등의 조사를 통해 얻을 수 있다. 또한 의료기관은 타깃국가와 특정 지역의 시장을 세분화하여 신상품을 개발해야 한다. 의료관광 신상품 개발을 위해서는 기존 상품 또는 서비스에 국한하지 않고 고객의 입장에서 상품을 구상해야 한다.

국내 의료관광사업의 선두 의료기관인 청심국제병원은 강원도 춘천에 위치한 지리적 여건을 잘 활용하고, 여건의 장·단점을 보완하여 병원 내 면세품 판매, 산모를 위한 피부 관리 서비스 등을 개발하였다. 의료관광 사업을 추진하는 의료기관은 이미 기존의 의료서비스 개념을 넘어 공항 픽업, 호텔 예약, 비자발급, 통역 및 번역서비스, 쇼핑대행 등 호텔과 여행사 그 이상의 서비스를 개발하기 위해 노력하고 있다. 이는 병원도 유치기관으로서 역할을 수행해야 한다는 필요를 인지하고 있기 때문이다. 특히 의료기관의 입장에서는 자발적으로 내원한 환자에게 보다 좋은 정보 또는 서비스를 제공해야 하는 실정이다.

새로운 의료관광 상품 개발을 위한 아이디어는 기존 의료관광 상품에 대한 고객의 반응과 호응으로부터 다양하게 수집할 수 있는데, 주로 진료통역 또는 의료관광 마케터 등의 담당자가 고객과의 의사소통 채널을 통해 포괄적인 정보를 수집할 수 있다.

그리고 고객만족도나 의료관광 수요 조사 등을 통해 고객이 희망하는 의료관광 상품과 기존 의료관광 상품에 대한 의견을 수렴할 수 있다. 이때 고객의 범위는 의료기관에 방문한 환자, 보호자, 환자를 의뢰한 유치기관(에이전시) 담당자 및 대표, 주요 정부기관 관계자, 의료관광사업 현업 담당자들이며 이들로부터 수집된 정보를 활용하여 다양한 상품을 개발할 수 있다(표 2-1).

〈표 2-1〉 다양한 의료관광 상품개발 사례

개발 유형	상품 구성
전통의료 + 관광상품	한국의 전통의료에 관심이 높은 시장을 타깃으로 한방의료 체험과 전통요리, 휴양, 관광지 방문 등을 연계한 상품
미 + 관광	미용 · 성형에 관심이 높은 연령대(20~30대) 여성을 타깃으로 전문클리닉 중심의 피부관리, 성형, 치과치료 등의 의료상품과 젊은 여성층을 겨냥한 저가 관광을 접목한 상품
요양 + 휴양	장년층과 노년층을 겨냥한 요양, 휴양상품 개발은 장기간의 여행이 가능한 장 · 노년층을 대상으로 건강과 장기간의 휴양을 접목한 상품, 건강관련 축제와 연계한 상품 등 건강과 문화체험을 접목한 상품
건강 + 체험	건강에 관심이 높은 고객을 대상으로 한 건강검진프로그램을 기혼자, 예비부부, 암환자 가족 등 다양하게 고객층을 분류하여 연령대별, 질환별 상품을 개발하고 타깃별 유형에 따라 관광, 쇼핑, 문화체험, 호텔패키지 등과 연계한 상품
전통문화 + 협진	양 · 한방 협진에 관심이 높은 고객층을 위한 양 · 한방협진 프로그램을 개발하여 비수술적 미용 · 성형, 건강검진 분야에서 한방미용수술, 한방비만관리, 양 · 한방 건강검진 프로그램 등의 의료상품을 웰빙 체험 상품인 템플 스테이, 한국전통 및 사찰 음식 등의 한국 전통문화 등과 접목한 상품

중증치료가 주 목적인 러시아, 몽골 등의 국가, 미용·성형이 주 목적인 일본, 중국, 동남아시아, 중앙아시아 등의 국가처럼 국가 또는 지역별로 차별화된 의료관광 상품을 개발해야 한다. 그 외에도 다양한 매체, 인터넷, 고객의 소리 등을 통해 보다 경쟁력 있고 차별화된 의료관광 서비스 상품을 개발해야 한다.

기존의 의료산업, 관광산업의 특성을 분리하지 않고 의료와 관광을 접목하여 고객이 원하는 혁신적인 아이디어로 의료관광 상품을 개발하고 마케팅 전략을 수립하는 것이 의료관광 산업 성공의 비결이라 할 수 있다. 고객의 욕구와 니즈가 체험을 통해 다채로워지고 교통수단과 인터넷의 발달로 고객이 손쉽게 다양한 체험을 직·간접적으로 할 수 있게 된 점을 고려하여 새로운 상품 개발을 위한 아이디어를 수집하는 데 노력을 기울여야 한다.

2. 상품 콘셉트 개발 및 평가

2.1. 신상품 개발 목적

기업이 신상품을 개발하는 목적은 다양한데 크게 6가지로 요약할 수 있다.

- 첫째, 고객요구에 따라 상품 구색을 갖추기 위해서이다.
- 둘째, 매출증대나 비용절감을 위해서이다.
- 셋째, 사기진작과 사업부 간의 경쟁을 독려하기 위해서이다.
- 넷째, 경쟁사의 상품에 대처하기 위해서이다.
- 다섯째, 신기술의 개발과 생산기술의 변화에 대처하기 위해서이다.
- 여섯째, 유행 등 시장요구에 효과적으로 대응하기 위해서이다.

2.2. 신상품 개발 과정

신제품 개발 과정은 전략적 분석과 계획, 시장조사와 기회파악, 아이디어 창출, 상품 컨셉트의 개발과 평가, 신상품 개발과 테스트, 상품화와 사후평가 등의 단계를 거치며, 각 단계별로 구체적인 내용은 〈표 2-2〉에 정리하였다.

〈표 2-2〉 신상품 개발 과정

개발 과정	주요 내용
전략적 분석과 계획	• 상품 특성이 복잡하고, 무형이며 불확실성이 높은 신상품일수록 기업의 이미지와 명성 및 상표 인지도가 중요함 • 자사와 상표에 대하여 소비자들이 가지고 있는 이미지와 인지도 파악
시장조사와 기회파악	• 공략하고자 하는 시장의 크기와 잠재성장력 파악 • 시장의 규모와 성장성이 신상품 성공 여부를 좌우함
아이디어 창출	• 상품 아이디어, 기존상품 개선하기 위한 아이디어까지 수집함 • 브레인스토밍이나 소비자 면접 등을 통하여 수집 • 고객접점에 있는 종업원이 중요한 역할을 함 • 상품 아이디어 창출은 기업의 지속적인 경영활동 중의 하나임
상품 컨셉트의 개발과 평가	• 상품 컨셉트는 신상품이 어떤 요소와 특성을 가질 것인가에 대한 자세한 묘사임 • 아이디어를 상품 컨셉트로 전환시키는 과정에서 소비자가 필요로 하는 욕구의 만족여부를 평가하여야 함 • 상품의 컨셉트는 기업(목적, 강점, 재원), 상품(목표, 독창성, 우수성) 그리고 표적시장(크기, 성장성, 경쟁 정도)을 기준으로 평가하여야 함
신상품 개발과 테스트	• 신상품에 대한 적극적인 투자를 감행하기 전에 상품성과에 대한 엄격한 기준과 정책을 수립하여 신상품을 테스트함 • 전반적인 마케팅 요소에 대한 반응까지 분석하는 실험시장기법을 포함하는 것이 이상적임 • 실험시장기법은 실제 시장조건에서 신상품의 광고, 판촉, 유통체계 및 서비스에 대한 소비자의 반응을 분석하여 신상품의 성과를 예측하고 평가하는 방법임
상품화와 사후평가	• 도입 시에는 일관성 있는 상품화 전략이 필요함 • 신상품의 소비자 수용 및 확산 분석 등을 포함한 사후평가가 필요함 • 판매에 대한 예측 뿐 아니라 잠식화에 관한 분석도 필요함

2.3. 신상품 개발 아이디어 평가

의료기관은 새로운 의료관광 상품 개발을 위한 아이디어를 수집한 후 해당 기관의 목표와 의료기술 수준, 인프라, 시설, 강점 및 마케팅 활동 지원 여부 등에 맞춰 아이디어의 적합성을 평가한다. 그러나 좋은 아이디어라도 현실적으로 판매가 불가능하다면 의료관광 상품으로 개발하여도 활용가치가 없기 때문에 반드시 의료진과 고객의 입장, 프로세스, 운영시스템, 투자비용 등을 감안하여 평가해야 한다.

2.4. 신상품 개발 및 시험

성공적인 기업은 신상품에 대해 적극적인 투자를 감행하기 전에, 상품성과에 대한 엄격한 기준과 정책을 수립하여 신상품을 테스트한다. 이 과정에서 기업은 상품 자체뿐만 아니라 실무적 측면까지 고려한다. 다양한 분야에 있는 사람들의 의견을 수렴함으로써 기업은 신상품의 성공 가능성을 보다 정확하게 평가할 수 있다.

선정된 신상품 개발 아이디어는 상품화되어 시장에서 활용할 수 있도록 구체화되고 고객의 입장에서 의미가 부여되어야 의료관광 상품으로 사용할 수 있다. 개발된 의료관광 상품은 대상고객, 상품의 경쟁력 또는 강점, 상품의 적용시기 등을 고려하여 상품의 개념을 정의할 수 있으며 이를 근거로 경쟁제품이 무엇인지 알 수 있게 된다.

2.5. 상품화 및 사후평가와 사업성 평가

상품화 과정에서는 광고, 판촉, 실무자 교육, 정보기술 사용, 확장 등에 대한 일관성 있는 상품화 전략이 신상품 성공에 필수적이다. 상품화 전략에 있어서 기업이 신경을 써야 할 부분은 신상품의 소비자 수용 및 확산 분석을 포함한 사후평가이다. 상품화 초기단계에서의 판매와 잠재적인 수요에 관한 분석을 통해 기업은 신상품의 장기적 이윤 및 판매량을 추정할 수 있다. 이러한 예측치에 입각하여 기업은 상품의 생명주기를 통한 이윤극대화 전략을 수립할 수 있다.

사후평가는 판매에 의한 예측 뿐 아니라 잠식화에 대한 분석까지 포함한다. 즉, 새로 제공된 신상품이 기업의 다른 상품을 대체하였는가 아니면 새로운 수요를 창조하였는가 하는 것을 자세하게 분석하여 수익성을 평가하고, 이를 마케팅 전략에 효과적으로 반영하여야 한다.

또한 의료기관(유치기관)에서는 개발된 신상품에 대한 총매출 대비 총비용 분석을 통해 총이익을 수정·검토하여 기관의 목표에 부합하는지를 판단하여 사업성을 평가하여야 한다. 새로운 의료관광 상품을 개발하였지만 의료관광시장에 부적절하거나 상품을 판매할수록 관리 및 운영비가 증가하여 손해를 볼 경우를 감안하여 새로 개발된 상품이 현장에서 적용하기에 적합한지 평가하고 보완해야 한다.

3. 의료관광 상품

3.1. 의료관광 상품의 정의

의료관광 상품이란 의료관광객의 욕구나 필요를 충족시키기 위하여 관련 업체가 생산·제공하는 일체의 유·무형의 재화나 서비스라고 정의할 수 있다. 일반적으로 상품이라 하면 유형의 재화를 의미하나, 의료관광을 포함한 서비스 분야에서는 소비자에게 제공하는 무형의 서비스까지도 상품으로 본다. 의료시설과 관련 서비스, 숙박 및 식음료 관련 서비스, 관광시설과 관련 서비스, 그리고 의료관광 관련 법규 및 제도를 서로 결합하여 고객에게 제공하는 종합서비스라 할 수 있다.

3.2. 의료관광 상품의 등장 배경

아시아 지역의 경제위기로 병원의 새로운 안정적 수입원으로 의료관광 산업을 모색하는 곳이 많았는데 그 중 태국의 범룽랏 병원이 가장 대표적이다.

의료관광 참가를 목적으로 하는 외래방문객을 유치하기 위해서는 의료관광을 주된 매력으로 하는 관광상품을 개발할 필요가 있으며, 이는 의료관광의 강력한 촉진도구로서의 역할을 수행한다. 외국의 대규모 병원 및 의원 등이 자국의 관광청과 여행업체를 통해 의료관광을 관광상품화하는 것을 흔히 볼 수 있는데, 이는 의료관광의 촉진을 위한 방법으로 외래방문객을 유지하기 위한 도구로서 활용하고 있는 것이다.

외래방문객을 유치할 수 있는 의료의 관광상품화는 교포 및 외국방문객의 유치, 의료관광 패키지를 이용한 비수기 수요 촉진, 의료관광객의 유통망 구축, 특정·고소득 세분시장 접근, 촉진프로그램을 통한 의료관광 이미지 제고, 관광 산업체와의 파트너십 개발, 다른 지역 의료관광과 경쟁에서의 우위확보, 의료관광 방문객수 증대, 관광수입과 매출 증가, 목적지의 관광이미지 부각 등을 목적으로 한다.

3.3. 의료관광 상품 기획의 의의

상품 기획이란 상품의 발전추세를 기반으로 개발 방향을 설정하고 고객의 욕구를 반영한 신상품을 제안하는 것으로, 고객의 욕구와 의료관광자원을 기본으로 하여 일관된 기획의 입안을 통한 상품개발로 다른 의료관광 목적지나 병원과는 차별적 우위를 확보하여 시장선점을 목표로 하는 데 그 의의가 있다.

즉 상품기획은 타사의 상품과 차별화를 모색하여 고객으로 하여금 구매의욕을 자극함으로써 보다 선택기회가 많은 고부가가치 상품을 창조하는 것이다.

3.4. 의료관광 상품 기획의 고려요인

성공적인 의료관광 신상품을 개발하기 위해서는 고객편익 제공, 서비스 프로세스의 리엔지니어링, 제품의 서비스화, 철저한 시장조사, 보조 상품의 신상품화 등의 고려가 필요하다.

1) 고객이 추구하는 편익을 제공하라

의료관광 신상품을 개발하거나 기존 서비스를 개선하고자 할 때 고객에게 어떤 편익을 제공할 수 있는가를 고려해야 한다. 고객의 입장에서 고객이 필요로 하는 것을 생각해보는 것이다.

고객욕구에 대한 체계적인 이해를 위해서는 고객에 대한 조사를 하는 것이 필요하다. 오늘날에는 변화하는 환경에 적절히 대응하기 위하여 마케팅의 여러 문제를 예측·진단·분석하여 이 결과를 신상품 개발을 위한 의사결정에 반영하려는 목적으로 사용되고 있다. 많은 새로운 상품들이 고객 또는 현장으로부터 요구에 의해 개발된다는 점을 충분히 인식하고 이들로부터 정보를 탐지할 수 있는 정보시스템을 구축·운용하여야 한다.

2) 서비스 프로세스를 리엔지니어링하라

서비스 프로세스를 설계하는 것은 고객뿐만 아니라 비용, 서비스 처리시간, 그리고 서비스 생산성에까지 영향을 미치므로 매우 중요하다. 리엔지니어링은 보다 향상된 서비스 결과를 얻기 위한 프로세스 분석과 재설계(re-engineering)를 의미한다. 이 과정에서 서비스 청사진(service blueprints) 등을 이용하여 프로세스의 각 단계에서의 의료관광 전문병원과 에이전시의 구성원들의 역할과 서비스 내용을 확인하고 프로세스의 속도를 향상시킬 수 있는 기회와 낭비되는 시간을 줄일 방법을 연구함으로써 서비스를 전달하는 새로운 방법을 찾아내거나 완전히 새로운 서비스 콘셉트를 발견할 수 있다.

3) 제품을 서비스로 전환하라

새로운 서비스를 만드는 다양한 아이디어는 시장에 존재하는 제품을 서비스로 바꾸려는 노력에서 얻을 수 있다. 제품을 직접 소유하고 이용하는 것을 대체하는 서비스로 제품을 빌려주는 서비스, 제품을 조작

할 사람을 고용하는 서비스가 있고 다른 파생적 서비스는 시설 설치, 교육 훈련, 보험, 유지와 보수, 폐기와 처분 등의 서비스이다.

4) 시장조사를 활용하라

서비스 기업이 새로운 서비스를 만든다고 할 때 목표고객에게 최상의 가치를 제공하기 위해서는 어떤 특성과 가격의 서비스가 가장 적절할지를 알아야 한다. 그것을 알기 위해서는 시장조사(market research)가 필요하다.

5) 보조 서비스에 새로운 상품을 만들어라

서비스상품의 믹스를 결정할 때는 핵심 서비스에 부가되는 보조 서비스를 어느 정도 제공해야 하는지를 미리 고려해야 한다. 고객들은 서비스상품을 평가할 때 핵심 서비스 외에 그것에 덧붙여지는 브랜드나 분위기, 보증 등을 함께 생각하기 마련이다. 그러나 경제적인 이유나 시간상의 이유로 인해 모든 고객들이 기업이 제공하는 서비스 전체를 필요로 하지는 않는다. 복잡한 서비스를 원치 않는 고객들에게는 핵심 서비스와 함께 제공되던 보조 서비스를 개별적으로 상품화하는 것이 보다 효과적인 경우가 있다. 또한 일부 서비스 속성을 변화시켜 서비스 신상품으로 개발함으로써 좋은 결과를 얻을 수 있다.

3.5. 의료관광 상품 사례

1) 국내 의료관광 상품화 추진 사례

국내 의료관광 상품화 사례로는 우리들병원의 '국제환자센터' 운영, 국제청심병원의 '일본인 대상 분만 패키지', ㈜Medifriend의 '한국방문 미용 성형단', 꽃마을경주한방병원의 '한방건강여행', 울산 초락당의 '유기농식사와 황토방', ㈜GHR의 온천병원 호텔 '다시큐어하우스', 부산의 '서면 메디컬 스트리트' 등이 있다(표 2-3).

2) 해외 의료관광 상품화 사례

해외 의료관광 상품은 국가별로 다양한데, 대부분 자국의 특산물이나 세계적 명성을 지닌 유적지, 관광상품 등을 의료관광에 접목한 경우다. 몇 가지만 예를 들어보자면, 인도의 경우 뭄바이 등 주요 도시 관광과 함께 전통의학인 아유베다 치료 체험을 접목한 여행상품을 개발하였고, 아르헨티나의 경우 성형수

〈표 2-3〉 국내 의료관광 상품화 사례

상품	내용
우리들병원 '국제환자센터'운영	• 의료관광 편의 서비스 제공
청심병원 '일본인 대상 분만 패키지'운영	• 일본의료진을 고용, 일본인 대상 '분만 패키지 프로그램'운영
경상북도 '해외지역 헬스투어 한국(경주)로'	• 경주를 중심으로 한국 전통음식 및 온천 체험과 건강검진을 실시하는 헬스투어 프로그램을 운영
㈜Medifriend의 '한국방문 미용 성형단'	• 중국, 일본 등을 대상으로 국제의료관광 사업을 추진–성형, 라식, 피부미용 등 • ㈜한진관광과 제휴 –비자수속, 운수기관, 숙박시설, 여행가이드 등 서비스 업무를 수탁
꽃마을경주한방병원 '한방건강여행'	• 보건건강기관으로 지정 –헬스투어 프로그램을 개발 • 경주관광프로그램과 건강검진, 한방치료 포함
울산 초락당 '유기농식사와 황토방'	• 치료시설로는 약재목욕치료실, 황토돔, 황토한증초고온 치료실, 팔강약침치료실, 구두침 치료실, 물리치료실, 명상치료실 등이 있으며, 헬스투어 프로그램으로는 해독요법을 시행하고 있음
㈜GHR의 온천병원 호텔 '다시큐어하우스'	• 유성온천을 기반으로 한 건강검진과 휴양, 호텔을 연계
명동과 부산 서면의 성형외과 타운	• 성형외과, 치과 중심으로 일본인 관광객이 급증하고 있음

술과 라틴댄스 체험을 접목한 '가슴 성형하고 탱고를' 프로그램, 남아프리카 공화국은 국립공원 체험과 수술치료를 접목한 'Surgery & Safari' 프로그램, 말레이시아의 '의료골프관광' 등이 주목할 만하다(표 2-4).

4. 수요 예측

4.1. 수요에 영향을 미치는 요인

수요에 영향을 미치는 요인으로는 크게 상품, 공급요인, 정보요인, 경쟁요인, 소비자요인이 있다(표 2-5).

〈표 2-4〉 해외 의료관광 상품화 사례

국가	의료관광 상품	상품명
인도	• 10일 상품 • 께랄리얌, 꼬친, 뭄바이 관광 • 5천년 전통의 의학체계인 아유베다 치료 체험	께랄라 아유베다 여행
대만	• 주요 대상을 미국거주 화교에서 중국 대륙, 동남아, 미주권으로 확대 • 수술 회복시간에 따라 4일, 10일 두 가지 유형의 상품 • 호텔 및 휴양시설에서 휴식 후 야시장, 온천, 특산품 관광	성형관광상품
아르헨티나	• 미국인, 유럽인 대상의 의료전문회사 인플래니타스가 개발 • 가슴수술 외에 복부지방흡입, 코수술, 임플란트, 모발이식 수술 등 선택시술 중심	가슴 성형하고 탱고를
남아프리카 공화국	• 성형수술과 사파리 투어를 묶은 패키지 • 미주, 유럽에서 좋은 반응을 얻음	Surgery & Safari
말레이시아	• 의료서비스와 골프 관광을 연계한 상품	의료골프관광

〈표 2-5〉 수요에 영향을 미치는 요인

종류	영향 요인
제품	성능, 기능, 가격, 용도, 구매형태, 상표, 상품이미지, 디자인, 포장 등
공급요인	생산량, 공급량, 공급지역, 판매경로, 유통 점유율 등
정보요인	광고, 영업력, 홍보, 구전효과 등
경쟁요인	경쟁상품, 대체품 등
소비자요인	소득, 직업, 생활시간, 연령, 라이프스타일, 구매기업의 매출액, 구매기업의 이익 등
기타	사회환경, 유행

4.2. 수요 특성별 판매 마케팅 전략

시장현황에 따라 새로 개발된 의료관광 상품에 대한 수요를 예측하고 수요 특성에 맞도록 마케팅 전략을 수립해야 한다.

수요는 그 특성에 따라 아예 수요가 없는 조기검진과 같은 '무수요(無需要)' 상태, 정신과처럼 해당 의료 이용에 대해 부정적 이미지가 보편화된 '부정적 수요', 아직은 시장이 형성되어 있지 못하지만 장래가 촉망

〈표 2-6〉 수요 특성별 마케팅 전략

수요 특성	내용	마케팅 관리방법	마케팅 전략
무수요	건강한 사람의 의료서비스 수요	• 의료관광 서비스를 개인의 기본적인 욕구와 연계 • (예) 건강검진 프로그램	• 자극적 마케팅
부정적 수요	예방주사, 치과 진료, 정신과 치료 등	• 부정적 요소와 원인을 파악하여 서비스 재설계 • 고객이 가지고 있는 선입견과 개념의 변화 촉진	• 전환적 마케팅 • (예) 심리치과, 건강검진+백신 등
잠재적 수요	암, 심장질환, 통증치료	• 잠재적인 의료관광시장 규모 측정 • 새로운 의료관광 상품과 서비스 개발 • 고객에게 인식시키기 위한 다양한 정보 제공	• 개발적 마케팅 • (예) 암 정밀검진, 심장 정밀 건강검진 후 치료 안내, 유전체 검진 등
감퇴적 수요	의원급의 진료	• 새로운 표적시장과 타깃 선정 • 서비스 개발 및 특성 변경 • 커뮤니케이션 방법 변경 • 경쟁 의료기관 대비 장단점 등 분석	• 리마케팅 : 전문분야 개발, 타깃국가 선정 및 집중화 • (예) 예송이비인후과 목소리 성형
불규칙 수요	산부인과, 소아과	• 특정고객을 타깃으로 한 촉진프로그램 개발	• 동시적 마케팅 • (예) 산부인과 + 조리원
충분한 수요	현재 수요 수준에 만족	• 의료관광서비스 질과 고객만족도 분석 및 개선	• 유지 마케팅 • (예) JCI 인증 등
증대적 수요	유방확대 수술, 주름제거 수술	• 미용 · 성형과 고령화 영향 분석 • 의료관광객이 선호하는 다양한 의료관광서비스 및 상품개발 • 과열경쟁에 대비한 경쟁력 강화	• 감성적 마케팅 • (예) 젊고 아름다움을 유지하고자 하는 미의 욕구를 활용한 마케팅 활동

되는 '잠재적 수요', 수요가 줄어들고 있는 '감퇴적 수요', 수요의 변동성이 심한 '불규칙 수요', 현상유지만으로 '충분한 수요', 현재 시장이 크게 확대되고 있는 '증대적 수요' 등으로 구분될 수 있다. 각각의 수요 특성에 맞게 마케팅 전략을 개발하고 관리기법을 적용하여야 한다(표 2-6).

4.3. 수요 예측의 분석

1) 신상품 수요 예측

신상품이 출시되면, 마케팅 담당자는 신상품 수요를 예측하여 이를 마케팅 전략수립에 활용하여야 한다. 먼저 신상품이 출시될 시장을 이해하고 평가하는 것부터 시작한다. 시장에 대한 평가가 끝나면 상품판매에 영향을 미치는 구체적인 요인들을 선정한 다음 이들을 이용하여 수요를 예측할 수 있는 가장 효과적인 예측방법을 선택하고 이를 구체적으로 실행하기 위한 예산배분계획을 수립하여 수요를 예측한다.

2) 신상품 수요 예측 방법

가) 구매의향조사에 의한 수요 예측

구매의향조사를 이용하여 신상품의 수요를 예측할 수 있다. 구매의향조사라는 것은 실제 존재하지 않는 신상품에 대하여 설명하고 비교적 간단하게 구매의향을 조사하는 것이다.

그러나 이러한 구매의향조사는 반복구매를 전제로 하는 소비재 상품의 수요를 예측하는 데에는 문제가 있다. 또한 신상품의 구매결정자를 분명하게 파악하지 못한 상태에서 조사가 이루어지는 경우가 많아 그릇된 수요 예측 결과를 얻게 될 가능성이 높다.

나) 테스트 마케팅에 의한 수요 예측

테스트 마케팅에 의한 수요 예측은 실제 시장에 신상품을 투입하고 그 반응으로 수요를 예측하는 방법이다. 이 방법은 가장 현실성이 있는 시장수요예측방법으로 다른 수요 예측 방법에 비하여 신뢰성이 매우 높다.

테스트 마케팅은 신상품을 본격적으로 도입하기 전에 상품과 계획하고 있는 마케팅 전략을 평가하기 위하여 한정적으로 정해진 지역에서 실제로 판매를 수행하여 보는 것이다.

이러한 테스트 마케팅은 상품의 성능과 기능이 예상했던 대로 나오고, 디자인을 비롯한 상품 등이 적합한가, 그리고 포장도 잘 되었는가, 또한 거래처의 반응은 어떠한가 등을 테스트할 목적으로 수행된다. 또한 간접적으로 경쟁기업의 대응전략에 관한 정보를 얻고 실제적인 구매활동을 한 소비자들로부터 직접적인 의견과 그들의 구매 패턴 등을 분석할 수 있는 정보를 얻는 데에 그 목적이 있다.

다) 인터뷰 조사에 의한 수요 예측

인터뷰 조사는 대상이 적은 반면에 상세한 자료를 수집할 수 있고, 응답의 범위를 사전에 제한하거나 별도의 준비가 필요 없으므로 준비과정에 따르는 시간을 절약할 수 있다. 그러나 인터뷰 조사는 인터뷰 실시 후 내용을 계량화하여 분석하여야 하는 번거로움이 있다.

인터뷰 조사에서는 조사자가 원하는 방향으로 결론을 유도하거나 필요 이상의 정보를 추궁할 가능성이 있으므로 원하는 조사 범위와 수요 예측의 목적에 맞는 스크립트를 사전에 준비하는 것이 바람직하다. 이러한 특성을 가진 인터뷰 조사에 의한 수요 예측 방법은 수요자가 한정되어 있는 산업재의 수요 예측에 적용하면 효과적이다.

라) 델파이법에 의한 수요 예측

델파이법(Delphi method)에 의한 수요 예측은 수요의 총량을 전문가로 하여금 직관에 의해 직접 추정하도록 하는 예측기법이다. 이러한 델파이법에 의한 수요 예측 방법에는 판매원의 직접적인 추정을 근거로 예측하는 방법과 가상 시나리오를 통하여 예측하는 방법이 있다.

가상 시나리오를 이용한 방법은 미래의 가정된 사실이 신상품 수요에 미칠 영향을 문장 형식으로 표현한 다음 그 발생확률을 전문가로 하여금 평가하도록 하는 방법이다. 이러한 델파이법에 의한 수요 예측은 단기 혹은 중기의 수요 예측보다는 장기적인 수요 예측에 적합하다.

4.4. 상품의 수요와 수명주기 분석

의료관광시장에서 개발된 상품도 다른 상품과 마찬가지로 상품에 대한 수요의 변화와 시장환경의 변화에 따라 도입기, 성장기, 성숙기, 쇠퇴기 등 일정한 수명주기(life cycle)를 가진다고 볼 수 있다. 각각의 수명주기에 따른 상품의 수요와 재무매력도 등의 시장 특성을 요약하면 〈표 2-7〉과 같다.

〈표 2-7〉 시장주기에 따른 상품의 수요와 재무매력도 평가

구분	도입(초)기	성장기	성숙기	쇠퇴기
마케팅 전략 및 목표	의료관광 상품의 브랜드 인지도 증대	의료관광시장 점유율 확대	이익을 극대화, 시장점유율 방어	비용절감, 투자회수, 독점적 지위
유치실적	적다	급속성장	많다	감소
고객당 평균 비용	높다	평균	낮다	낮다
순이익	적자	증가 추세	흑자	감소 추세
고객층	혁신층 특정계층	조기수용층 중간다수층	중간다수층 후기수용층	후기수용층
경쟁 정도	낮다	점차 증대	치열한 증대	점차 감소

4.5. 기존상품의 잠식 가능성 분석

의료관광사업 마케팅 관리자는 의료관광 수요를 분석하고 관리를 통해 유치 가능한 환자 추이, 시기, 특성 등을 고려하여 의료기관의 목표달성에 도움이 되도록 기존 의료관광 상품의 잠식 가능성을 현황과 비교하여 분석하고 전략을 수립해야 한다. 즉 기존 의료관광 상품의 매출현황 및 추이와 고객의 수요에 따라 잠식될 가능성을 감안하여 지속적으로 고객의 수요를 창출할 수 있도록 마케팅 관리방법 및 전략을 수립해야 한다.

보건복지부는 대체적으로 의료기반시설이 부족하고 중증환자를 해외로 송출하는 중동지역의 환자를 국내로 유치하기 위해 중동지역 주요 대상국가와 국내 의료기관과의 협력체계 구축을 지속적으로 추진하고 있다. 대표적인 의료관광국가인 싱가포르와 태국의 경우 인근 말레이시아, 베트남 등에서 의료관광 목적지로 선택한다고 한다. 이는 의료관광객이 접근성이 편리한 인근국가를 방문하거나 새로운 문화체험(성형수술+사파리), 휴양(휴양+의료+관광) 등의 이유로 의료관광지를 선택하는 성향을 보이기 때문이다.

한국의 지리적 여건상 타깃국가로서 적합한 지역은 일본, 중국, 극동러시아, 몽골 지역이며 이미 극동러시아와 몽골, 중국과 일본으로부터 많은 의료관광객이 방문하고 있다. 국적별로 의료관광을 선택하는 상품에 다소 차이가 있으며, 성형시장이 주류인 중국은 중증수술 또는 건강검진 분야로, 피부 관리에 관심이 높은 일본은 한방 치료 분야로의 상품개발과 마케팅 전략이 필요하다.

그러므로 이미 의료관광시장에서 브랜드 인지도를 가지고 있는 주요 국가의 핵심역량과 정책방향을 감안하여 현재 국내로 유입되는 의료관광객이 경쟁국가로의 유입될 가능성을 파악하고 경쟁력 있는 새로운 개념의 상품을 개발해야 한다.

5. 판매 예측과 비용 예측

5.1. 판매 예측

마케터들은 신제품에 대한 수요 예측과 판매 아이디어가 필요하다. 시장에서의 전체적인 수요와 기업수요는 안정적이지 않아 신제품에 대한 수요 예측은 쉽지 않다. 예측의 정확성은 신제품의 경우 중요한 요건이 된다.

기업은 일반적으로 다음과 같은 3단계 절차를 밟아 매출액을 예측한다.

〈표 2-8〉 국가별 핵심역량 및 정책 방향

국가	핵심역량	정책방향/단점	가치분석
인도	• 탁월한 언어능력 • IT 강국 • 체험의료 프로그램	• 의료관광산업 우호적 • 의료공급 확대정책 • 의료비자 정책	• 영어교육 의무화 • IT산업을 접목한 글로벌 프로모션 용이 • 의료산업 발전가능성 높음
동남아시아 (싱가포르)	• 풍부한 관광자원 • 의료분야의 전문성	• 의료관광산업 우호적 • 적극적 국가홍보정책	• 샴쌍둥이 분리수술 등 의료기술 전문성의 세계적 인지도와 국가적 차원의 홍보로 발전가능성 높음 • 인근지역의 열악한 의료환경
남아메리카	• 특수 고객집단에 대한 높은 이해도와 분석력	• 체계적 정책 부재	• 미국과 인접하여 접근이 용이하여 중 · 장기적 전략 필요
유럽	• 특수 의료분야의 전문성과 오랜 의료역사	• 자유로운 의료법 • 국가의 의료비 지원 • 의료관광에 대한 홍보정책 부재	• 서양의학의 본거지 • 고차원적 의료서비스 제공 가능 • 적극적인 국가적 홍보 정책 필요
중동 및 아프리카	• 특수 고객집단에 대한 높은 이해도와 분석력	• 국가의 의료비 지원 • 의료관광정책의 부재	• 특수집단을 위한 장단기 전략이 필요 • 적극적인 홍보정책 필요

① [1단계] 거시경제적 예측 : 인플레이션, 실업, 이자율, 소비자 소비, 기업의 투자, 정부지출 및 순수출, 기타 변수에 대한 예측이 필요하다.

② [2단계] 업계 예측 : 거시적 경제적 예측과 다른 환경적 예측 지수와 함께 업계 매출액을 예측한다.

③ [3단계] 자사 판매액 예측 : 기업은 일정 수준의 시장점유율을 달성한다는 가정 하에 자사 판매액을 예측한다.

모든 예측은 다음 세 가지의 정보 중 하나에 의해 이루어진다.

① 사람들의 말 : 판매원, 외부 전문가, 구매자 등의 의견 조사(구매의도 조사, 판매원 의견 통합법, 전문가 의견 조사법 등)

② 사람들의 행동 : 구매자의 반응을 측정하는 시험시장에 제품 투입

③ 사람들의 과거 행동 : 과거의 구매 행동 기록 분석, 시계열 분석, 통계적 수요 분석

5.2. 비용 예측

제품으로부터 이익이 발생하도록 판매될지 예측하기 위해서는 마케터들은 기대비용을 예측해야 하고 그것들을 잠재적 판매로부터 공제해야 한다. 마케터들은 생산원가를 추정하기 위해 제품의 모양을 결정해야 한다. 제품을 생산하기 위해 새로운 구성요소가 필요할 것인가, 기존의 인원과 시설이 충분한가를 고려하여 마케팅 비용을 추정해야 한다. 그러기 위해 일반적인 계획을 세우고 포장, 유통경로, 광고 등에 대한 예산을 예측해야 한다.

단원 핵심요약

▶ 기존 의료관광 상품들이 중증환자 치료관광, 체험의료관광, 미용 · 성형 등으로 구분되어 있었다면 새로운 상품은 치료, 체험, 미용 · 성형 희망 고객을 서로 연계하여 보다 다양한 체험을 통해 한국의 우수한 의료기술을 알 수 있는 기회를 제공할 수 있도록 의료기관, 유치기관, 정부부처 간의 상호 협력이 필요하다.

▶ 새로운 의료관광 상품을 개발하기 위한 아이디어는 의료관광객을 대상으로 한 의료서비스 이용의 선호도와 만족도 등의 조사를 통해 얻을 수 있다. 또한 의료기관은 타깃국가와 특정 지역의 시장을 세분화하여 신상품을 개발해야 한다.

▶ 신제품 개발 과정은 전략적 분석과 계획, 시장조사와 기회파악, 아이디어 창출, 상품 컨셉트의 개발과 평가, 신상품 개발과 테스트, 상품화와 사후평가 등의 단계를 거쳐 진행된다.

▶ 성공적인 의료관광 신상품을 개발하기 위해서는 고객편익 제공, 서비스 프로세스의 리엔지니어링, 제품의 서비스화, 철저한 시장조사, 보조 상품의 신상품화 등의 고려가 필요하다.

▶ 의료관광 상품을 개발할 때는 기초자료가 되는 수요와 판매량, 비용 등을 예측하여야 한다.
- 수요를 예측하기 위해서는 수요에 영향을 미치는 요인을 알아야 하는데, 상품, 공급요인, 정보요인, 경쟁요인, 소비자요인 등이 수요에 영향을 미친다.
- 수요를 특성별로 구분하면, 무수요, 부정적 수요, 잠재적 수요, 감퇴적 수요, 불규칙 수요, 충분한 수요, 증대적 수요 등이 있다. 이러한 수요 특성에 맞게 마케팅 전략을 수립하여야 한다.
- 신상품 수요 예측 방법으로는 구매의향조사에 의한 방법, 테스트 마케팅에 의한 방법, 인터뷰 조사에 의한 방법, 델파이 기법에 의한 방법 등이 있다.
- 매출액 예측은 3단계로, 거시경제적 예측, 업계 예측, 자사 판매액 예측의 순으로 이루어진다.
- 제품으로부터 이익이 발생하도록 판매될지 예측하기 위해서는 마케터들은 기대비용을 예측해야 하고 그것들을 잠재적 판매로부터 공제해야 한다.

알아두면 좋아요

[의료관광 우수사례] 대전 선병원의 건강검진 상품개발

〈대전 선병원 검진시스템의 특징〉

1. 수진자 편의 중심 검진시스템
   - 수진자 통합관찰가능 설계(A자형 구조)
   - Dual Track 검진 시스템
   - RFID/키오스크 시스템 - 검사실 자동 대기

2. 적중도 상승을 위한 장비의 고급화

3. 친환경 조성(eco Hospital)

4. 환자 안전을 위한 모니터 시스템
   - 장내시경/위내시경 분리운영

- 환자안전감시장치 운영
- 수면내시경 Parking System

5. 중복 검증을 통한 검진 결과 처리
   - Over Lapping 체크(단계별 중복검증 시스템)
   - 1차 결과 점검(전문간호사 체크 시스템) → 2차 결과 점검(전문의 통합진료 체크 시스템) → 종합판정 → Follow Up 시스템 가동(추적체크)

6. 검진 사후관리
   - 유질환자 Follow Up 시스템 가동(주치의 역할)
   - 영양, 비만 관리 지도
   - 운동지도 프로그램
   - 검진 주기 안내
   - CRM 관리

7. 검진 연계 부속 센터 가동
   - Medical Skin Center, 검진전용 Scaling Center 및 치아건강관리, Organic Kitchen 검진 후 식사제공, 영양 및 식생활 관리

8. 숙박검진 전용병동 운영 (5성급 호텔 검진 전용병동, 외국인 전용 병실 운영)
   - 외국인환자 전용 진료소 운영
   - 외국인 코디네이터 상주 (영어, 중국어, 몽골어, 러시아어, 일어)
   - 일대일 외국인 전담간호사 통한 원활한 소통 가능(버틀러 서비스 가동)
   - 각국 외국인을 위한 Recipe 개발 및 제공
   - 기업인을 위한 미니 오피스 시스템 (PC, Fax, 간단한 회의 가능)

9. 차별화 서비스
   - 2013년 검진센터 단독 세계최초 JCI 인증 획득
   - 숙박 병동 입 · 출입시 인사 / 보행시 인사
   - '발딱 Position' 인사 / 엘리베이터 오픈시 인사
   - 반드시 즉각 메모 : 모든 간호사 메모 수첩 소지 의무화
   - 수간호사 정례 회진 시스템 (수진자 Needs 파악)
   - VIP 전담 일대일 코디네이터 가동

10. 글로벌 프로젝트

- 2012년 메디컬코리아 의료관광 부문 대상(한국경제)
- 2013년 1월 병원 서비스 글로벌 진출 사업 선정(보건복지부)
- 2013년 2월 해외환자 유치 선도 의료기술 육성 병원 선정(보건복지부)
- 해외환자 유치 활동 : 중국, 러시아, 몽골, 카자흐스탄, 베트남, 인도네시아, 홍콩, 사우디아라비아, 두바이

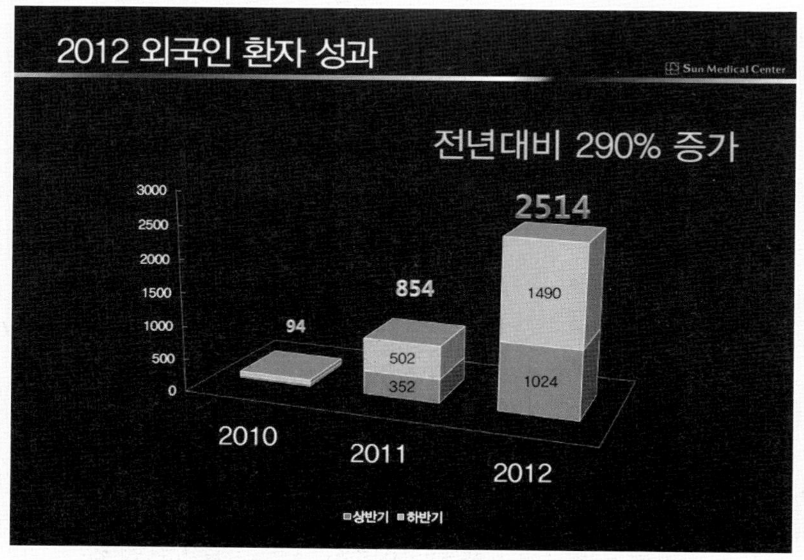

출처 : 제18회 글로벌헬스케어 정책포럼 발표자료, 2013.

International Medical Tourism

제 3 장 가격 및 유통관리

단원 학습목표

- 의료관광 상품의 특성에 따른 가격 또는 수가 결정 방법을 살펴보고, 공공정책이 미치는 영향을 이해한다.
- 마케팅 유통 경로의 특성과 설계 및 공급망 관리방법을 학습한다.

1. 가격(수가) 결정

1.1. 신상품 가격 책정 전략

의료기관에서 의료관광 상품의 외국인 수가나 국제 수가를 책정하는 이유는 국민건강보험에 미가입된 해외 유치 환자를 대상으로 차별화되고 특화된 서비스를 제공하기 위함이다.

가격 전략은 가격설정, 가격조절, 가격변경 등으로 나누어 생각할 수 있다.

가격설정이란 제품이나 서비스의 최초 가격을 결정하는 것이고, 가격조절이란 판촉 목적을 포함하여 단기적인 상황변화에 대한 대응으로 가격을 변화시키는 것을 말한다. 가격변경은 단기적인 조정이 아니라 가격 수준 자체를 인상하거나 인하하는 것을 의미한다.

의료에서 있어서 가격은 의료상품 혹은 의료서비스에 부과된 의료비용의 양이다. 조금 더 넓은 의미로 보면, 가격은 의료상품 혹은 의료서비스의 획득이나 이용으로 얻게 될 것보다 나은 삶의 추구를 위해 고객이 포기해야 할 모든 가치의 합이다. 오랜 기간 의료비용은 의료 소비자의 의료상품 선택에 영향을 주는 핵심 요인이 되어 왔다.

1) 저수가 책정

초기 의료관광시장에 진입할 때 의료기관에서는 다양한 의료관광 상품 가격 책정 전략 중에서 주로 저수가 책정전략을 수행한다(표 3-1).

〈표 3-1〉 저수가 책정요인

저수가 책정 요인	의료관광 상품
• 낮은 수가책정으로 이익이 적어도 대량 판매를 통한 총이익을 확보할 수 있는 경우 • 손쉽게 시장점유를 확보할 수 있는 경우	단체 건강검진
• 의료관광시장의 성장률이 높아 단기적 관점에서 시장 점유율 확대를 통해 장기적인 이익을 확보할 수 있는 경우	암수술 및 치료, 심장질환 시술 및 수술 등
• 의료상품이 다양하고 고객이 가격에 민감하게 반응하는 경우	미용 · 성형 관련 상품
• 저수가 전략으로 경쟁우위를 확보할 수 있는 경우	보톡스 시술, 쌍꺼풀 수술 등
• 해당 의료기관 또는 기관이 규모의 경제를 가지고 있는 경우	종합전문요양기관, 전문 건진센터 또는 big 5 병원, 네트워크 병원

2) 고수가 책정

의료기관의 브랜드와 인지도에 따라서 신상품을 개발할 경우에는 높은 수가를 책정하고 특정 목표시장을 대상으로 공략하는 전략을 실행할 수 있다(표 3-2).

〈표 3-2〉 고수가 책정요인

고수가 책정 요인	의료관광 상품
특화된 의료기술로 경쟁 대상이 없는 경우	성전환 수술, 목소리성형수술 등
국제수가와 의료서비스 질에 대한 연계성이 강한 경우	고가의 고급검진프로그램
의료관광 시장진입 장벽이 높은 경우	줄기세포 시술, 장기이식 수술, 인공심장수술 등
신상품 가치가 대체상품에 비해 높은 경우	유전체분석 서비스 등

3) 가격 전략의 기본 목표

가격 전략은 그 기본 목표가 무엇이냐에 따라 다르게 나타날 수 있다. 매출액 극대화가 목표일 경우 가격 전략은 분명 다른 양상을 보이게 될 것이다. 일반적으로 가격을 결정할 때 목표로 삼을 수 있는 것은 이익, 매출액, 시장점유율, 판매량 증대 등을 들 수 있으며 경우에 따라서는 기업의 생존 자체가 가격 결정의 최대 결정요인이 될 수도 있다. 공공적 성격을 갖는 제품이나 서비스의 경우 사회적 책임도 가격 전략의 한 목표가 될 수 있다. 이익을 목표로 할 경우라 해도 장기적 이익관리 측면에서 접근할 것인지, 아니면 단기이익의 극대화를 추구할 것인가에 따라 가격 전략은 다르게 나타난다.

1.2. 가격(수가) 조정 전략

의료기관은 마케팅 믹스 전략에 따라 의료관광 상품의 수가를 결정하며 필요에 따라 의료수가정책에 수가를 전략적으로 반영할 수 있다.

1) 가격 인상

의료관광 상품의 가격을 일시적 또는 장기적으로 인상시킬 수 있으나, 인상된 수가를 인하하기 어려운 점을 감안해서 신중하게 결정해야 한다. 국내 의료기관의 경우 의료 수가 체계가 건강보험제도와 연계되어 매년 건강보험료 인상에 따라 외국인 수가의 인상 또는 인하에도 적용된다.

의료기관은 적정한 수가정책으로 매출과 이익을 실현하기 위해 전략적으로 국제 수가 인상을 조정할 수 있다. 매출 증대를 목적으로 무조건 수가를 인상하는 것은 경쟁국가와의 수가 경쟁에서 불리해 질 수 있기 때문에 주의해야 한다. 또한 의료기관과 여행사가 협력하여 의료와 관광을 접목해 의료관광 상품을 개발할 경우 각 상품의 특성과 프로그램 운영 등을 감안하여 국제수가를 책정하는 것이 경쟁력 있는 의료관광 상품을 만드는 방법이라 할 수 있다.

일반적으로 의료 수가 인상 요인은 다음과 같다.

- 재료비, 인건비, 유치수수료 등의 고정비 증가로 원가가 상승했을 때
- 의료기관이 의료관광시장에서 포지셔닝을 다시 하고자 할 때
- 의료관광시장에서 경쟁기관보다 독점적 위치를 선점하여 수가를 인상시킬 때

2) 가격 인하

현재 국내 의료관광시장에서 의료관광 상품의 수가 인하는 인상보다 빈번하게 발생하고 있다. 특히 성형·미용 분야의 경쟁이 심화됨에 따라 다양한 방법으로 수가 인하 등의 마케팅 프로모션을 실행하고 있다.

일반적으로 의료기관에서 국제수가 인하 정책을 추진하는 이유는 다음과 같다.

- 재료비 등의 원가가 변동될 때
- 비슷한 서비스와 질 수준의 의료관광 상품에 대한 경쟁이 심화될 때
- 단기적 관점에서 국제 수가를 인하하여 대량으로 고객을 유치하고자 할 때
- 건강보험 수가가 인하될 때
- 계절적 요인 등의 변수로 비수기 기간이 길어질 것으로 예상될 때

1.3. 공공정책과 가격 결정

현재 국내 의료기관에서 사용하는 국제 수가는 의료기관별 의료기술, 브랜드 인지도, 인프라, 의료 외 서비스(통역, 픽업 등)를 고려하여 책정되며, 국제 수가 수준은 의료기관의 규모와 특성에 따라 다소 편차가 있다.

신규시장 도입기에 국제수가 책정에 고려되었던 주요 요인은 유치 수수료, 국내외 홍보활동비, 진료통역 인건비, 각종 기념품 및 홍보물 제작비, 인프라 구축비 등이었으나 중증환자가 증가하여 보험가입이 증가함에 따라 국제 수가에 의료사고 배상책임 보험료 포함 여부를 고려하게 되었다. 그리고 의료기관의 입장에서 중증환자가 증가함에 따라 고비용 수술 및 장기입원 등으로 총 진료비가 증가하여 유치수수료와 통역인력 인건비 등 고정비 비중이 증가하고 있다.

무리한 유치활동과 높은 유치 수수료 지급으로 인한 수가 인상은 고객에게 경제적 부담을 주고 있으며 이러한 비용부담은 결국 고객의 충성도와 가격 경쟁에 영향을 미치게 될 것으로 예상된다. 이러한 부작용을 우려하여 정부기관에서는 유치기관을 대상으로 유치 수수료와 국제 수가 등을 조사하여 적정성을 유지하고 국가 간 경쟁력을 가질 수 있도록 독려하고 있다.

의료기관은 의료관광 상품과 서비스의 적정한 수가를 책정하기 위해 타깃시장의 소비자 성향, 경쟁기관 현황, 목표 및 전략, 마케팅 믹스 및 비용, 이익 및 손익분기점 등을 고려하여 의료관광시장별 의료관광 상품을 개발하고 국제 수가의 적정성을 분석하여 마케팅 전략을 수립해야 한다.

1) 상품의 가격결정 방법

가) 일반적인 마케팅 전략, 마케팅 목표, 마케팅 믹스

수가는 의료기관의 마케팅 전략을 구성하는 많은 요소 가운데 하나일 뿐이다. 따라서 수가를 책정하기에 앞서 의료기관은 의료상품의 전반적 마케팅 전략을 결정해야 한다. 수가 결정의 전반적인 목표는 생존 추구, 현재 이익의 극대화, 선도적인 시장 점유율, 고객 유지와 고객 관계 구축 등을 포함한다. 나아가 보다 구체적인 목표 수준을 실현시켜 줄 수 있는 의료 수가를 책정할 수 있다. 수가 결정은 서로 다른 수준에서 설정되는 의료기관의 마케팅 목표를 실현하는 데 도움을 준다는 점에서 중요한 역할을 한다.

나) 수가 결정에 영향을 미치는 내·외부 고려 요인

의료기관이 결정한 의료 수가는 의료 소비자를 생성하기에는 너무 높은 수가와 수익을 실현하기에는 너무 낮은 수가의 절충선에 있을 것이다. 두 가지 극단적인 수가 수준 사이에서 의료 수가를 책정할 때 의료기관은 다른 내·외부 요인을 고려해야 하는데 전반적 마케팅 전략, 마케팅 믹스, 사장과 수요의 성격, 경쟁사의 전략과 가격 등이 포함된다.

최종적으로 의료상품의 수가가 적정한지를 결정하는 것은 고객이다. 따라서 다른 마케팅 믹스의 의사결정과 마찬가지로 수가 결정은 고객 가치에서 출발해야 한다.

다) 가치 기반 의료 수가 결정

좋은 의료 수가 결정은 의료상품 혹은 의료서비스가 고객을 위해 창출한 가치를 완벽하게 이해하는 것에서 출발한다. 가치 기반 가격 결정(value based pricing)은 의료기관의 의료 원가보다는 의료 소비자의 가치 지각에 중점을 두어 의료 수가를 책정하는 것이다. 의료 수가는 마케팅 프로그램을 개발하기 전에 고객의 의료상품에 대한 가치 지각에 영향을 줄 다른 마케팅 믹스 요소와 함께 고려해야 한다.

의료기관은 좋은 의료상품을 설계한 후 그 의료상품을 생산하는 데 드는 비용에 목표 이익을 합하여 의료 수가 수준을 책정한다. 의료기관은 마케팅을 통해 '그 수가에 상응하는 의료 상품의 가치가 있기 때문에 의료 소비를 할 만하다'는 것을 의료 소비자에게 확인시켜야 한다.

의료기관은 의료 소비자의 의료상품 가치 지각에 근거하여 목표 수가를 설정한다. 그런 다음, 목표로 삼은 의료상품 가치와 수가에 맞추어 의료상품을 설계하고 이를 생산하는 데 드는 비용을 추정한다. 따라서 수가 결정은 고객의 욕구와 가치 지각을 분석하는 것에서 시작하며, 의료상품 가격은 의료소비자의 지각된 가치에 맞춰 책정한다.

라) 의료기관의 비용과 제품 원가

의료 소비자의 가치 지각이 의료 수가의 상한선을 결정하는 반면 원가는 의료 수가의 하한선이 된다. 원가 기반 의료 수가 결정은 의료상품을 생산, 제공, 마케팅하는 데 드는 비용에다 적정 수준의 마진을 더하여 의료 수가를 책정하는 것이다. 의료기관 비용은 수가 결정 전략에서 주요 구성요소이다. 상대적으로 낮은 원가의 의료기관은 경쟁 의료기관보다 저렴한 수준의 의료 수가를 책정하여 더 많은 매출과 수익을 실현한다.

마) 부가가치의 중요성

의료기관은 제공하는 의료서비스의 질적 우수성이 의료 소비자에게 가치로 발현될 수 있도록 지원해야 한다. 경쟁 의료기관과 의료상품이 유사한 경우에는 고객을 위해 탁월한 가치를 창출하는 방안을 모색해야 한다. 이는 의료서비스의 차별성과 부가가치, 특성 있는 의료서비스를 개발하여 더 높은 수가와 마진의 책정을 정당화시킴으로써 실현될 수 있다.

바) 의료 수가 변화

의료 수가 결정 구조와 마케팅 전략이 수립되더라도 의료기관은 의료 수가의 변화를 주도하거나 경쟁 의료기관의 수가 변화에 대응해야 하는 상황에 직면한다. 경우에 따라 의료기관은 수가 인하 혹은 수가 인상을 주도하는 것이 바람직하다는 판단을 내릴 수 있다.

사) 의료 수가 변화에 대한 반응 고찰

의료기관은 의료 소비자 반응뿐 아니라 경쟁 의료기관의 반응도 고려해야 한다. 경쟁 의료기관이 반응을 보일 가능성이 높은 조건은 경쟁 의료기관의 개수가 적거나 의료상품이 표준화되어 있거나 의료소비자가 의료상품과 의료 수가에 충분한 정보가 있을 때이다.

의료기관은 각 경쟁 기관의 가능한 대응 반응을 예측해야 한다. 만약 모든 경쟁 의료기관이 비슷하게 행동한다면 전형적인 경쟁 의료기관 한 군데의 반응만을 분석하면 된다. 이에 비해 경쟁 의료기관이 서로 다르게 행동한다면 각 경쟁 의료기관에 대한 개별 분석이 필요하다.

아) 조직적 특성

의료기관은 다양한 방식으로 수가 결정 문제를 다룬다. 작은 병원에서는 마케팅 부서 혹은 영업 부서가 아니라 최고경영자가 국제 수가를 결정하는 경우가 흔하다. 대형 병원들은 주고 국제진료팀, 원무보험팀의 관리자가 가격 결정 문제를 취급한다. 수가 결정에 영향을 미치는 조직 구성원에는 글로벌 의료마케팅 관리자, 진료부 관리자, 원무 보험 관리자 등이 있다.

자) 시장 유형에 따른 가격 결정

의료 공급자가 수가를 자유롭게 결정할 수 있는지는 시장 유형에 따라 달라진다.

(1) 완전 경쟁 시장

많은 의료 소비자와 많은 의료 공급자로 구성된 시장으로서 어떤 의료 소비자, 의료 공급자도 시장 가격에 큰 영향을 미치지 못한다. 의료 공급자는 현재의 시장 가격 이상으로 수가를 책정할 수 없는데 의료 소비자가 현재의 수가 시장에서 필요한 만큼의 상품이나 의료 서비스를 획득할 수 있기 때문이다. 또한 어떤 의료 공급자도 시장 가격 아래로 수가를 책정하지 않는데, 그 수가에서 원하는 서비스 수준과 기회를 제공할 수 있기 때문이다.

(2) 독점적 경쟁 시장

단일 시장 가격이 아니라 일정한 수가 범위에서 서비스를 공급하는 많은 의료 소비자와 의료 공급자로 구성된다. 일정한 수가 범위에서 의료 공급이 이루어지는 이유는 공급자가 자신의 의료서비스를 차별화할 수 있기 때문이다. 물리적 제품은 품질, 특성, 스타일 등에서 다를 수 있으며 부가 서비스에서 서로 다를 수도 있다. 의료 소비자는 의료 공급자가 제공하는 의료상품에 차이가 있음을 지각하고 각 의료상품에 서로 다른 가격을 지불할 것이다. 의료 공급자는 서로 다른 고객 세분화적인 판매를 활용하여 자신의 의료상품을 차별화하려고 한다.

(3) 과점적 경쟁 시장

경쟁 의료기관의 수가 전략과 마케팅 전략에 민감하게 반응하는 소수의 의료 공급자로 구성되는 시장이다. 의료 상품은 표준화된 것일 수도 있고 비표준화된 것일 수도 있다. 의료서비스 시장이 소수의 의료 공급자로 구성된 이유는 새로운 의료 공급자가 시장에 진입하기 어렵기 때문이다.

(4) 완전 독점 시장

정부 주도 하에 의료가 공급되거나, 규제를 받는 독점적 의료서비스의 경우 완전 독점 시장이 될 수 있다. 규제를 받는 독점 의료기관에 정부는 적정 수익률을 얻는 수준에서 가격을 책정하도록 규제한다. 여러 가지 이유에서 원하는 최고 가격을 책정하지 않을 수 있는데 경쟁 의료기관의 시장진입 봉쇄, 저수가로 시장 침투 가속화, 정부 규제가 이루어질 가능성 사전 배제 등이 그 이유가 될 수 있다.

차) 경쟁사의 전략과 가격

수가를 책정할 때 경쟁 의료기관의 원가, 수가, 제공 의료 서비스 등도 고려해야 한다. 의료 소비자는 한 의료상품의 가치를 판단할 때 이와 비슷한 의료상품을 제공하는 경쟁의료기관과 가격을 비교 근거로 삼는다. 또한 의료기관의 수가 전략은 경쟁의 성격에 영향을 줄 수 있다.

경쟁 의료기관의 수가 전략을 평가할 경우 고려해야 할 점은 다음과 같다.

① 첫째, 경쟁 의료기관의 의료서비스와 비교해 자사 의료서비스의 고객 가치가 어느 수준인가를 정확히 판단할 수 있어야 한다. 만약 의료 소비자가 자사의 의료상품 혹은 제공 서비스가 더 많은 가치를 제공한다고 지각한다면 더 비싼 수가를 책정할 수 있다. 의료 소비자가 자사 의료상품을 경쟁 의료기관 서비스보다 가치가 낮은 것으로 지각한다면 경쟁 의료기관보다 낮은 수가를 책정하거나 혹은 비싼 수가를 정당화시킬 수 있도록 고객의 지각을 변화시켜야 한다.

② 둘째, 경쟁 의료기관이 어느 정도 강하고 현재 어떤 수가 전략을 채택하고 있는지 분석해야 한다. 비교적 큰 규모의 저수가 정책 중심의 경쟁 의료기관이 시장을 지배하고 있다면 경쟁 의료기관이 시도하지 않고 있는 틈새시장을 표적으로 하여 부가가치 제품에 높은 가격을 책정할 수 있다.

③ 셋째, 의료기관은 경쟁 환경에서 수가에 대한 고객의 만감도가 어떤 영향을 미치는지 검토해야 한다. 의료 소비자가 의료서비스 이용 전에 경쟁 의료상품에 대한 수가 정보를 더 많이 가지고 있을수록 의료 소비자의 민감도는 높아질 것이다. 경쟁 의료기관과 비교하여 자사 의료상품에 책정해야 할 수가를 결정할 때 적용될 원칙은 수준에 맞추어 고객에게 탁월한 가치를 제공하는 것이다.

2) 가격 결정에 영향을 미치는 요인

상품의 가격 결정에 영향을 미치는 요인은 내부요인과 외부요인으로 나눌 수 있다.

가) 내부 요인

① 첫째, 마케팅 목표이다. 기업이 표적시장과 시장 포지셔닝을 잘 선정하면 가격을 포함한 마케팅 믹스 전략은 매우 단순화된다. 상품의 가격을 결정하기 위해서는 상품과 관련된 목표가 무엇인가를 명확히 해야 한다. 즉 관광 상품의 가격은 관광사업의 가격정책이 달성하고자 하는 목표에 따라 달라질 수 있는데, 일반적으로 이윤의 극대화, 목표 수익률의 확보, 목표 시장점유율 유지와 확대, 생존 중

하나 또는 동시에 여러 개의 목표를 설정할 수 있다.

② 둘째, 마케팅 믹스 전략과의 조화이다. 가격은 기업의 마케팅 목표를 달성하기 위해 사용되는 여러 마케팅 믹스 요소들 중의 하나에 불과하다. 가격 결정이 상품전략, 유통전략, 판매촉진전략 등과 조화를 이룰 때 일관성 있고 효과적인 마케팅 프로그램으로 개발될 수 있다.

③ 셋째, 비용이다. 비용은 상품가격을 결정하는 데 고려하는 중요한 요소이다. 어떤 기업이든 생산과 유통, 판매 등에 소요되는 비용을 충당하고 투입된 노력과 위험에 비추어 적정 이익이 보장되는 가격을 원한다.

나) 외부 요인

① 첫째, 시장의 성격이다. 시장의 유형이 완전 경쟁, 독점적 경쟁, 과점적 경쟁, 완적독점일 때에 따라 가격 결정이 달라진다. 이와 더불어 가격과 상품가치에 대한 소비자의 인식에 따라서도 가격 결정이 달라진다. 소비자가 상품을 구매하는 동기를 파악하고 이들의 가치 인식에 맞도록 가격을 책정하여야 한다. 효과적인 가격 결정이 되기 위해서는 소비자의 욕구와 가격 인식을 분석해야 하며, 마케팅 프로그램을 세우기 전에 가격과 함께 다른 마케팅 믹스 요인들을 동시에 고려해야 한다.

② 둘째, 경쟁사의 가격과 제공조건이다. 경쟁사별로 상품과 부대적인 서비스의 조건·가격·품질을 알아야 한다. 이는 무형성과 모방성이라는 관광상품의 특성으로 인해 가격에 의한 경쟁이 치열하기 때문이다.

③ 셋째, 기타 외부요인이다. 인플레이션, 호경기나 불경기, 이자율 등의 경제요인들이 상품 생산 비용에 영향을 미치고, 상품의 가격과 가치에 대한 소비자 인식에도 영향을 주기 때문에 가격에도 영향을 미치게 된다. 또한 가격이 환경의 제반 구성요소들에 어떤 영향을 줄 것인가를 알아야 한다.

3) 상품 가격 결정 시 고려사항

① 첫째, 신상품의 총체적인 마케팅 전략과 가격 전략은 잘 부합하는가?

② 둘째, 가격 결정의 목표(기업존속, 이익극대화, 시장점유율 선도, 상품 품질 우위를 위한 원가 충당, 생존을 위한 고정비와 변동비 회수)는 명확한가?

③ 셋째, 동종업계 간의 가격 경쟁 현황과 가격 패턴을 분석하였는가?

④ 넷째, 신상품 개발비용과 판매이윤에 관한 기본적인 데이터는 구비하고 있는가?

⑤ 다섯째, 경제적 상황(인플레이션, 성수기·비수기, 경기상황, 환율변화)에 따른 가격 라인의 탄력성을 고려하고 있는가?

⑥ 여섯째, 정부의 가격규제를 반영하고 있는가?

⑦ 일곱째, 고객의 기대가격을 파악하였는가?

2. 마케팅 경로와 공급망 관리

2.1. 유통경로의 전략적 의의

유통경로는 제품이나 서비스를 소비자가 사용하거나 소비할 수 있도록 이전시키는 과정에 개입되는 개인이나 관련 조직들의 집합으로 정의된다. 기업은 이러한 과정 속에서 효율적이거나 차별화된 기능을 수행함으로써 경쟁력을 확보하기도 한다. 마케팅 믹스 내에서 차지하는 유통의 상대적 중요성은 점차 증가하는 추세며, 한 번 설계된 유통경로는 쉽게 변경하기가 곤란하기 때문에 그 전략적 중요성이 높아지고 있다.

2.2. 유통경로 시스템의 본질

입지 또는 유통경로는 소비자가 제품을 효율적이고 효과적으로 획득하는 일에 관여한다. 소비자들이 가치를 제공하는 교환의 창조를 위해 제품을 구입하기를 원하는 때와 장소에 맞추어 마케터들은 제품을 생산해 소비자에게 제공한다. 특히 오늘날과 같은 기업 간의 경쟁이 치열한 상황에 있어서 각 기업은 효과적으로 제품을 소비단계로 흘려보내기 위한 시스템을 만들고 그것을 통제해 가는 일이 매우 중요하게 된다.

유통경로 시스템을 만들어냈을 때 기업은 경쟁기업에 대해 지극히 큰 차별적 유리함을 확보하게 된다. 차별화된 제품을 가지고 경쟁적 우위를 차지할 수 있는 것처럼 차별화된 경로를 구축함으로써 차별적 유리함을 추구하는 것도 경쟁력 확보의 중요한 전략이다. 유통경로에 대한 의사결정은 경영자가 직면하는 가장 중요한 의사결정 중의 하나이다. 기업이 선택한 경로는 즉시 다른 마케팅 의사결정에 영향을 주기 때문이다.

2.3. 유통경로 시스템의 의의

유통경로는 마케터로부터 상품이나 서비스를 소비자 또는 사용자에게 이전하는 과정에 관여하는 경로에 선정된 결합체이다. 이 경로에 관여하는 구성원은 생산자와 중간상이 있는데, 이들을 경로 구성원이라고 한다. 경로를 고찰하는 관점은 사회경제적(거시적) 관점과 개별 경제적(미시적) 관점이 있다.

1) 사회경제적 관점

사회경제적 관점에서 유통경로는 상품 및 서비스의 유통과정을 수집과 분산의 과정으로 나누고, 그것을 사회경제적 유통현상으로서 파악하는 것인데 생산자로부터 소비자에 이르는 상품이나 서비스의 유통이 '어떠한 경로를 통해서 실시되는가?', 또 그러한 마케팅과정에 있어서 '마케팅 기관이 어떠한 사회경제적 기능을 하는가?'가 주된 연구 과제가 되는 것이다. 즉, 유통경로는 생산자에서 소비자에게로 상품이나 서비스가 유통되는 사회경제적 메커니즘으로 불리는 유통구조를 의미하는 것이다.

거시적 관점에서 유통경로는 상품이나 서비스의 사회적 흐름을 사회경제적 목적 달성을 도모한다는 관점에서 고찰하는 것이다. 이는 개별 경제의 입장에서 보면 통제 불가능한 환경요인이다.

2) 개별 경제적 관점

개별 경제적 관점에서 유통경로의 주요한 연구과제는 기업에서 마케팅 활동을 실시함에 있어서 자사 제품에 가장 적합한 유통경로의 선정, 유통경로의 효율적인 이용 및 유통경로의 강화를 위한 정책 등 기업 목적 달성을 위한 판매경로 정책 영역이 된다. 즉, 그것은 마케팅 활동을 실시하는 기업이 가장 효율적인 경로에 대한 정책 결정을 통하여 그들 제품을 소비자에게 판매한다고 하는 마케팅 관리의 영역에 속하는 것이다. 그러므로 개별 경제적 관점에서는 기업의 유통경로로서 파악하는 것을 의미하고 있다.

2.4. 유통 경로의 기능

마케터들은 그들의 제품을 소비자들에게 공급하기 위해서는 반드시 유통경로를 필요로 한다. 유통경로는 생산자와 최종소비자를 연결하여 마케팅 과업을 이루게 하는 모든 기능을 수행하는 대행자들과 기관들의 조직화된 네트워크이다. 이들 유통기능 수행자 모두는 유통경로의 구성원들인 것이다. 어떤 경우에는 유통경로가 오로지 제조업자의 마케팅이 직접적으로 소비자에게 전달되는 것일 수 있다. 다른 유통경로는 제조업자와 하나 또는 그 이상의 재판매자를 포함한다. 이러한 경로들에서는 도매상인이 유통경로를 어느 정도 다루게 된다. 유통경로에서의 재판매자들은 매개체 또는 중간상이라고도 불린다. 매개체들은 그들이 교환을 더욱 효과적이고 거래비용을 줄일 수 있을 때 이용된다.

1) 거래기능 : 구매, 판매, 위험부담

다양한 제조업자의 제품을 사고팔아 교환을 창출하는 것처럼, 거래기능을 이행함으로써 매개체들은 경로를 더욱 효과적으로 만들 수 있다. 제조업자가 직접적으로 마케팅을 한다면 교환과 관련한 판매 접촉수가 증가되어 구매자는 쇼핑 시간, 노력, 교통비 등을 지출해야 하며, 소매업을 해야만 하는 제조업자에게도 손해가 된다. 그러나 제조업자가 독립된 소매상을 통하여 판매한다면, 판매 접촉수를 줄임으로써 중간상의 이용은 제조업자와 소비자 모두에게 가치를 증대시켜 준다.

2) 로지스틱스 기능 : 집중, 저장, 분류, 물류

로지스틱스(logistics) 기능은 상품을 주위로 옮기고 그것을 구입하기 쉬운 분량으로 나누는 것을 수반한다. 도매업자들은 상점에 제품을 운반할 뿐만 아니라 로지스틱스 기능도 수행한다. 도매업자의 기능은 로지스틱스에 있어서 생산자를 도울 뿐만 아니라 거래 비용을 줄임으로써 소비자에게 도움이 된다.

〈표 3-3〉 마케팅 유통경로 매개체의 기능

거래 기능	구매	재판매하기 위한 제품구매
	판매	잠재고객에 대한 제품촉진과 주문권유
	위험부담	가치 저하, 손실 또는 진부화되는 제품 소유로 인한 사업상 위험예상
로지스틱스 기능	집중	다양한 장소부터 한 장소로 상품들을 함께 모음
	저장	고객 필요에 적합한 방법으로 상품들의 재고를 유지하고 보호
	분류	고객이 바라는 분량으로 나누어 구매 • 축적 : 다양한 원천으로부터 보다 크게 동질적인 공급물로 모아 유사한 상품들을 모아옴 • 할당 : 보다 작은 로그들로 동질적 공급물을 분류 • 분류 조합 : 고객들에게 봉사하기 위하여 몇몇 원천으로부터 제품들의 분류 조합을 이루어냄 • 분류 실행 : 비교적 동질적인 재고들을 나누어 하나의 이질적인 제공물을 분류해 냄
조성 기능	물적 유통	제조된 장소로부터 구매 또는 사용되는 장소로의 물적 운반 : 운송, 보관 재고관리 그리고 주문과정에 관여
	금융	거래를 조성하기 위한 신용이나 기금 제공(유통금융)
	등급화	품질에 기초하여 영역별로 제품을 점검하고 계층화(표준화)
	마케팅 조사	시장조건, 판매량, 소비자 경향, 경쟁력 등에 대한 자료수집 : 이들 주제에 대한 정보

3) 조성 기능 : 재무, 등급화, 마케팅 조사

조성 기능을 수행함으로써 매개체들은 사고파는 것을 더욱 쉽게 만든다. 이러한 기능들은 거래금융, 제품 등급화, 마케팅 정보 수집 모두를 포함한다. 판매의 예측, 경쟁분석 그리고 시장상황의 보고는 매개체가 생산자를 도와 소비자가 무엇을 원하는지 알아냄으로써 제공한다.

2.5. 마케팅 유통경로 설계

마케팅 유통경로는 의료관광 상품이나 의료서비스가 상품화될 수 있도록 하는 과정에서 연계된 상호의존적인 조직 또는 고객들의 집합이다. 이러한 마케팅 경로의 설계목적은 의료관광 상품이 타깃시장에서 최종 소비자에게 제공되도록 하는 것으로 고객이 원하는 상품을 개발하고 고객의 욕구를 만족시켜, 의료기관의 목표달성을 위해 최적의 경로를 설계하는 것이다.

〈표 3-4〉 마케팅 유통경로 설계과정

단계	설계	내용
〈1단계〉 고객의 니즈 파악	고객의 욕구 및 기대수준 분석	• 대기시간(원스톱서비스, 체류기간 단축 등) • 우수한 의료기술 및 상품 • 접근의 용이성(통역, 픽업서비스 등)
〈2단계〉 목표설정	해당 기관의 마케팅 목표와 부합 여부 파악, 마케팅 유통경로 실행계획 수립	• 계량적인 목표(수익증대, 시장점유율 등) • 비계량적인 목표(글로벌 브랜드 인지도 제고, 충성고객 확보, 고객만족도 증대 등) • 실행계획(검진 당일 진료서비스, 검진 후 3일 내 결과 확인 등)
〈3단계〉 네트워크 구축 전략수립	마케팅 유통경로 범위 결정, 네트워크 관리 시스템 및 프로세스 결정	• 정책 및 의사결정에 따른 유통관리전략 수립 • 지원범위에 따른 전략(유치기관 계약 및 관리, 마케팅 홍보활동 횟수, 선택적 마케팅 경로 설정 등) 수립 • 네트워크별 관리 전략(유치기관을 통한 환자수와 직접 방문 환자수의 비율 구성, 충성고객 관리방법 등) 수립
〈4단계〉 네트워크 관계관리	유치기관 및 관계기관의 동기부여와 갈등관리	• 마케팅 네트워크가 구축되면 성과를 달성하기 위한 지속적인 관리방법 모색 필요 • 유치수수료 또는 서비스 개발을 통한 동기부여 필요 • 네트워크 관계 관리를 위해 사전에 갈등이 발생할 수 있는 소지를 파악하여 갈등 또는 문제를 효과적으로 해결 • 유치기관과 의료기관, 의료기관과 의료기관 사이에서 서로의 이익을 극대화할 수 있는 마케팅 전략 수립 및 공조체계 구축

의료관광 상품의 마케팅 유통경로는 타깃국가의 고객이 출국 전 치료결정 과정부터 비자 발급 그리고 입국 및 치료 후 귀국과 귀국 후 환자관리까지 총제적인 환자관리 프로세스를 의미한다.

의료관광 마케팅 유통경로를 설계하기 위해서는 고객의 욕구를 파악하고 마케팅 목표와 전략을 수립하고 유치기관 또는 해당 국가 관련기관과의 네트워크 구축·관리가 매우 중요하다.

2.6. 유통경로(네트워크) 관리

의료관광산업에서 마케팅 유통경로 관리의 핵심은 유치기관이다. 이 유치기관은 외국의 환자가 한국에서 원하는 치료를 받을 수 있도록 연계해주는 것뿐만 아니라 계약된 의료기관의 홍보 및 마케팅 대행업무와 고객의 의견을 수렴하여 상품개발에 조언해 주는 등의 중요한 역할을 수행한다.

의료관광 마케팅 유통경로 유형은 의료기관이 직접 고객인 외국인 환자를 대상으로 유치활동을 하는 방법과 유치기관을 통해 환자를 유치하는 방법으로 구분된다. 의료관광시장 초기 진입방법으로는 유치기관과 협력하여 홍보마케팅 전략을 실행하는 협력 네트워크 구축이다.

국내 의료관광시장이 도입기에서 성숙기로 성장하는 과정임을 감안할 때 마케팅 경로를 효율적으로 관리하기 위해 유치기관을 통해 유입되는 환자와 직접방문 고객의 충성도를 높일 수 있도록 관리해야 한다. 의료기관이 직접방문 고객을 유치하는 데 소요되는 시간과 업무량을 감안할 때 유치기관을 통해 유치환자 수를 확보하는 것이 비용절감과 단기적으로 환자수와 매출을 증대하는 데 다소 유리하다. 국내 의료기관들은 직접방문 고객관리를 위한 다양한 서비스를 개발하고 있으며 특정 유치기관이 독점적으로 환자를 의뢰하는 유통 구조의 위험성을 낮추기 위해 신규시장 개척과 다양한 유치기관을 통한 마케팅 유통경로를 관리하고 있다.

네트워크 구축 및 관리는 의료관광시장 도입기에 의료관광 사업 추진을 위한 협력기관을 선정하는 과정부터 관리까지 매우 중요하다. 의료기관이 자체적으로 글로벌 네트워크, 뛰어난 의료기술과 세계적인 브랜드 인지도를 가지고 있는 경우를 제외하고는 대부분의 의료기관은 의료관광시장 도입기에 유치기관과의 협력관계 구축을 기반으로 사업을 추진해야 한다.

기업에서는 유통경로를 계약 조건에 따라 개방형, 선택형, 독점형 등의 형태로 관리하는데, 이들 세 가지 형태의 유통경로는 의료관광시장에서 다음과 같은 특성이 있다.

① 첫째, 개방형 네트워크는 해당 의료기관에서 의료관광 상품 또는 의료기술을 누구든지 판매할 수 있도록 공개함으로써 환자유치를 대량으로 할 수 있도록 경로를 관리하는 방법이다. 의료기관은 유치기관과 고객 모두를 고려하여 마케팅 경로를 관리하고 마케팅 활동을 추진해야 한다. 그러므로 개

방형 네트워크 관리는 의료기관에서 고객과 유치기관의 의존도를 파악하고 분석하여 어떻게 효율적으로 마케팅 활동을 추진하고 관리해야 할지 결정하는 것이 매우 중요하다.

② 둘째, 선택형 네트워크는 특화된 유치기관을 상대로 차별적인 마케팅 네트워크를 구축하여 관리하는 것으로 개방형 네트워크로 저변 확대 및 시장 선점을 하면서 동시에 기존 방식과 다른 차별화된 서비스를 제공하고자 할 때 적용된다.

③ 셋째, 독점형 네트워크는 특정 유치기관만 해당 의료기관의 상품을 독점적으로 판매할 수 있게 하는 방법이다.

2.7. 의료정책과 마케팅 네트워크

의료관광시장이 활성화되면서 보건복지부는 주요 환자송출 국가의 보건부와 협약을 체결하고 있다. 특히 중동지역의 환자송출 사업을 집중적으로 공략하기 시작했으며 국내 의료기술의 국제화, 글로벌 네트워크 구축, 의료산업 육성, 거점지역 내 국내 의료기관 해외진출사업 등을 추진하고 있다.

기존의 의료관광 마케팅 유통경로가 유치기관을 통하거나 환자의 직접방문이었다면 의료관광사업이 활성화되면서 미래 성장기반 확보 및 구축을 위해 정부부처 간 협력과 다양한 방법으로 국내외 인프라 및 네트워크 구축을 위한 프로젝트를 개발하고 있다.

의료관광 마케팅 유통경로는 정부의 정책과 밀접한 관계가 있어, 정부가 추진하고자 하는 국제적인 협력관계의 연관성을 고려해서 타깃국가를 선정하고 유치사업 전략을 수립하는 것이 매우 중요하다.

단원 핵심요약

▶ 신상품 가격 책정 전략은 시장상황이나 제품의 특성에 따라 저수가, 고수가, 경쟁수가 등으로 차별화할 필요가 있다.

- 초기 의료관광시장에 진입할 때 의료기관에서는 주로 저수가 책정전략을 수행한다.
- 의료기관의 브랜드와 인지도에 따라서 신상품을 개발할 경우에는 높은 수가를 책정하고 특정 목표시장을 대상으로 공략하는 전략을 실행할 수 있다.

▶ 의료기관은 마케팅 믹스 전략에 따라 의료관광 상품의 수가를 결정하며 필요에 따라 의료수가정책에 수가를 전략적으로 반영할 수 있다.

- 일반적으로 의료 수가를 인상하게 되는 요인으로는 재료비, 인건비, 유치수수료 등의 고정비 증가로 원가가 상승했을 때, 의료기관이 의료관광시장에서 포지셔닝을 다시 하고자 할 때, 의료관광시장에서 경쟁기관보다 독점적 위치를 선점하여 수가를 인상시킬 때 등이다.
- 의료기관이 국제수가 인하 정책을 추진하는 이유는 재료비 등의 원가가 변동될 때, 비슷한 서비스와 질 수준의 의료관광 상품에 대한 경쟁이 심화될 때 , 단기적 관점에서 국제 수가를 인하하여 대량으로 고객을 유치하고자 할 때, 계절적 요인 등의 변수로 비수기 기간이 길어질 것으로 예상될 때 등이다.
- 의료 수가를 책정할 때 의료기관은 다른 내 · 외부 요인을 고려해야 하는데 전반적 마케팅 전략, 마케팅 믹스, 사장과 수요의 성격, 경쟁사의 전략과 가격 등이 포함된다.

▶ 유통경로는 생산자와 최종소비자를 연결하여 마케팅 과업을 이루게 하는 모든 기능을 수행하는 대행자들과 기관들의 조직화된 네트워크로, 거래 기능(구매, 판매, 위험부담), 로지스틱스 기능(집중, 저장, 분류, 물류), 조성 기능(재무, 등급화, 마케팅 조사 등) 등의 기능을 수행한다.

▶ 의료관광 마케팅 유통경로를 설계하기 위해서는 고객의 욕구를 파악하고 마케팅 목표와 전략을 수립하고 유치기관 또는 해당 국가 관련기관과의 네트워크 구축 · 관리가 매우 중요하다.

알아두면 좋아요

[칼럼] 불법 브로커의 덫

조우선 변호사(법무법인 세승)

갈수록 치열해지는 병원 간 경쟁 속에서 외국인 환자 유치는 미용시술을 주로 하는 개원의에게 있어 상당한 매력적인 사업 아이템이자, 경영난의 돌파구로 다가올 것이다.

하지만 의료인들은 정작 수많은 유치업체 중 외국인 환자 유치업체로 적법하게 등록한 업체는 그 중 얼마 되지 않는다는 사실, 이와 같이 등록하지 않은 업체와 거래하는 경우 어떠한 위험이 발생하는지에 대해서는 큰 고민을 하지 않는 것으로 보인다.

현행 의료법은 미등록 유치업체와 거래한 의료기관 혹은 의사를 처벌하거나, 해당 거래를 금지하는 규정을 두고 있지는 않고 있기 때문에 불법 브로커와 거래하는 행위 자체가 현행법에 의해 처벌된다고 보기는 어렵다.

하지만 불법 브로커와 거래하는 의료기관은 아래와 같은 법적 위험에 직면하게 되므로 주의가 요구된다.

의료법은 외국인 환자 유치 의료기관으로 등록한 의료기관은 매년 외국인 환자의 국적, 성별 및 출생년도, 진료과목, 입원기간, 주상병명 및 외래 방문일수 등의 전년도 사업실적을 보건복지부장관에게 보고하도록 하고 있다.

불법 유치업체와 거래한 의료기관이 이를 숨기기 위하여 사업실적을 허위로 보고하는 경우 시정명령 혹은 외국인 환자 유치 의료기관 등록 취소의 불이익을 받을 수 있다.

만약 등록이 취소되면 외국인 환자의 유치를 할 수 없으며, 등록하지 않은 채로 외국인 환자를 유치하는 경우 3년 이하의 징역이나 1천만원 이하의 벌금에 처해지게 된다.

그 보다 무서운 것은 탈세에 대한 처벌이다. 의료기관이 적법하게 등록을 하지 않은 유치업체와 계약을 체결하고 유치수수료를 지급하는 경우 거래 현황을 숨기기 위해 신용카드 거래보다는 현금 거래 시 할인해 주는 방식으로 현금거래를 유도하고, 현금거래를 한 수술비용을 누락하여 세금신고를 하는 방식으로 종합소득세 및 부가가치세를 탈루하는 경우가 많다.

이와 같은 의료기관의 현금결제 유도 및 조세포탈행위가 포착되는 경우 관계 당국의 세무 조사를 거쳐 여신전문금융업법 및 조세범처벌법등 위반으로 형사 처벌을 받을 수 있다.

참고로 2015. 2. 서울서부지방검찰청은 식품 · 의약조사부를 신설해 성형외과의원의 조세포탈 행위에 대해서 대대적인 점검을 시행하고 있다.

불법 브로커의 무리한 수수료 요구를 통한 의료시장질서의 왜곡 및 경쟁적인 환자 유치 및 이에 따른 의료사고 증가 등이 사회문제로 대두되자, 올해 2월 정부는 '성형 유치시장 건전화 대책'을 발표하기도 했다.

위 대책의 주된 내용은 불법 브로커의 외국인환자 유치 및 알선행위에 대한 단속을 강화하겠다는 것이다. 그리고 정부는 올해 상반기 중 1차 시범단속을 시행할 예정임을 밝힌 바 있다.

따라서 의료인은 외국인 환자 유치업체와 거래하기 전에 해당 업체가 외국인 환자 유치업체로서 등록된 업체인지를 확인해 보고, 가급적이면 적법하게 등록되지 아니한 업체를 통한 외국인 환자 유치는 스스로 지양하는 것이 바람직할 것으로 보인다.

출처 : 데일리메디 (2015년 4월 20일자)
https://www.dailymedi.com/news/view.html?section=176&category=177&no=791978

International Medical Tourism

제4장 통합적 커뮤니케이션

단원 학습목표

- 커뮤니케이션의 기본과정을 이해하고 커뮤니케이션 개발 방법을 학습한다.
- 국내외의 의료광고 규제와 광고유형별 특징에 대해 이해한다.
- 판매촉진을 위한 판매 인적자원 관리 방법에 대해 알아본다.
- 마케팅의 유형별 특징과 웹사이트 홍보 방법에 대해 학습한다.

1. 통합적 커뮤니케이션 이해하기

1.1. 커뮤니케이션의 기본 과정

1) 제1단계 : 관념화(Ideation)

의사소통이나 감정이입 또는 정보교환을 시도하려는 중요한 문제에 관해서 목적을 명확하게 하기 위하여 생각을 조직화하는 단계이다. 여기서 송신자의 마음은 아이디어, 사실, 의미 등 메시지의 발안과 구성에 초점을 두게 된다.

2) 제2단계 : 기호화(Encoding)

수신자에게 전달할 내용을 기호 또는 부호로 바꾸는 단계이다. 이때의 방법은 말, 손짓, 몸짓, 그림, 암호 등을 이용하게 되는데, 메시지의 커뮤니케이션은 기호화 자체가 명확하고 간결하면서 구체화되어 정확할 때 쉽게 이루어진다.

3) 제3단계 : 전달(Transmission)

수신자에게 기호화된 내용이나 메시지를 전하는 과정이다. 이 과정에서 공식 커뮤니케이션 경로와 비공식 커뮤니케이션 경로를 통하게 된다. 그리고 이용할 매체로는 면담, 전화, 공적 주소록, 메모, 게시판 등을 이용하게 되는데, 경우에 따라서는 언어, 서면, 행동, 제스처 또는 암호 등을 이용하기도 한다.

4) 제4단계 : 수신(Receiving)

송신자가 수신자에게 보낸 메시지를 받는 단계이다. 이 경우에는 정확성이 요구되지만 전달과정이나 수신과정에서 잡음과 같은 다양한 장애요인이 수신을 방해할 수 있으므로 세심한 주의와 수신내용의 재확인이 요구된다.

5) 제5단계 : 해독 또는 해석(Decoding or Interpretation)

송신자가 수신자에게 보낸 기호나 부호를 수신자가 해독하는 단계이다. 즉 수신자가 메시지를 받을 때 그 내용을 해석해서 메시지의 내용과 뜻을 파악하는 과정이다. 이때에 이해는 해석이나 해독과정이 중요하지만 수신자의 마음 상태에 따라 크게 좌우된다는 사실에 유의할 필요가 있다.

6) 제6단계 : 이해

수신자가 전달 받은 메시지를 오류나 과오 없이 정확하게 수신내용을 이해하는 단계이다. 이 과정에서 자신의 주관적 사고방향으로 이해하기보다는 전달내용의 사실 자체를 수정이나 과장 없이 수용하는 태도와 사고가 요구된다. 특히 오해와 불안한 마음의 자세는 메시지 내용을 왜곡시키는 경우도 있기 때문에 유의할 필요가 있다.

7) 제7단계 : 송신자의 의도대로 수신자가 행동하는 단계

이 단계에서 행동은 과업수행의 행동과 정보수집의 행동, 감정이나 의사전달의 행동 및 메시지를 파악하지 못한 행동 등으로 분류되어야 한다.

1.2. 의료 커뮤니케이션 과정

의료기관은 마케팅 전략 수립을 위해 의료관광 상품, 상품가격, 마케팅 네트워크가 결정되면 이를 판매하기 위한 다양한 촉진 전략을 모색해야 한다. 기업에서는 내부 인적자원과 외부조직을 기반으로 통합적인 마케팅 커뮤니케이션 활동을 한다. 의료관광사업 추진을 위해 의료기관은 의료광고, 세일즈 프로모션(Sales Promotion), 클리닉데이(Clinic Day), 무료 의료봉사, 의료체험 및 시술 등의 다양한 방법으로 커뮤니케이션을 시도하고 있다. 이러한 활동들은 의료기관이 고객에게 의료서비스의 우수성을 알려 소비자의 구매를 유도하고 설득하여 의료관광을 결정하게 하기 위한 방법의 일환이다.

국내 의료기관은 포괄적이고 일반적인 커뮤니케이션 활동으로서 타깃국가를 대상으로 한국의료를 홍보하기 위해 정부산하기관(한국보건산업진흥원, 한국관광공사, 지방자치단체 등), 유치기관 등과 협력하여 세일즈 프로모션 및 의료체험행사, 나눔 의료 등을 통해 우수한 국내 의료기술 알리기에 총력을 기울이고 있다. 의료기관의 특성과 여건에 따라 종합병원, 전문병원, 각종 클리닉 등이 유치기관, 공공기관과 함께 해외홍보활동을 추진하기도 한다.

실질적이고 다양하며 효과적이고 통합적인 마케팅 커뮤니케이션을 위해서는 의료광고, 이벤트, 메일, 대중매체, 세일즈 프로모션 등이 서로 유기적으로 결합되어 한국의 우수한 의료기술을 고객에게 인식시키고 신뢰를 높이는 데 노력을 기울여야 한다. 그리고 의료기관은 커뮤니케이션의 목적이 광고 또는 홍보가 아닌 정확하고 일관된 정보제공을 통해 지속적으로 고객과의 신뢰를 만드는 과정임을 인식해야 한다.

1.3. 커뮤니케이션 개발 방법

의료관광 마케터는 효과적이고 효율적인 커뮤니케이션 개발을 위해 고객의 니즈(Needs)와 욕구, 감정, 관심분야, 방문주기, 활동 등을 명확하게 파악하고 있어야 한다. 커뮤니케이션을 개발하기 위해서 고객으로부터 얻은 정보를 정확하고 명확하게 파악하고 분석하는 것이 매우 중요하다. 마케터는 수집된 정보를 활용하여 고객과 소통할 수 있는 채널을 확보하고 효과적인 커뮤니케이션 방법을 개발할 수 있다.

의료기관은 유치기관과 고객, 유치기관과 유치기관, 그리고 고객과 고객의 유용한 정보를 수집하기 위해 소통할 수 있도록 노력해야 한다. 고객과의 효과적인 커뮤니케이션을 기호화하거나 해석하여 피드백 하는 복잡한 프로세스가 형성되기도 하는데, 주의 → 흥미 → 욕구 → 행동과 같이 고객들은 대부분의 상품에 대해 일정한 심리적 단계를 거쳐 구매한다. 이러한 측면에서 고객이 의료관광 상품을 인식하고 생각하여 구매하고자 하는 감정을 자극하는 데 광고가 효과적이라 할 수 있다.

그리고 광고에 국한하지 않고 세일즈, 마케팅, 고객관리, 서비스 개선 및 서비스 질 관리 등의 활동과 통합되어야 한다. 즉, 의료기관은 커뮤니케이션 방법 개발을 위해 광고, PR(Public Relations, 대외홍보), 스폰서십(Sponsorship, 후원) 등을 통해 우선적으로 고객 및 유치기관과의 관계와 신뢰를 형성해야 한다.

의료관광마케터의 전략적 커뮤니케이션 방법인 광고, PR, 스폰서십 등은 의료기관의 인지도 향상과 고객의 구매행동에 영향을 미치고, 구매과정을 통해 고객의 마음을 움직이게 하는 데 통합적으로 상호작용하여 시너지 효과를 낼 수 있다.

의료기관에서 신의료기술 개발이 완료되면 마케팅 또는 홍보 담당자는 기자간담회를 통해 공개함으로써 광고의 효과를 높일 수 있다. 이렇게 제3자에 의해 보도된 정보는 객관적인 정보로서 고객으로부터 신뢰를 얻기 쉽다.

의료관광 사업에서는 PR방법으로 주로 한국의료체험 또는 나눔 의료를 시행한다. 이러한 한국의료 체험행사는 타깃국가의 주요 인사가 국내에서 건강검진 등 한국의료체험을 희망할 경우 정부기관에서 숙박, 항공, 검진, 의전 등을 제공하고 의료기관에서는 체험서비스를 지원받을 수 있는 프로그램이다.

의료기관은 브랜드 인지도 제고를 위한 나눔 의료 행사를 통해 의료기술을 알리는 활동을 하고 있다. 이때 의료기관과 정부부처는 효과적인 한국의료 홍보를 위해 타깃국가의 현지 주요 방송사, 신문사 등과 협력해야 한다. 서비스 상품의 고객체험이 마케팅에 중요한 만큼 의료관광서비스에서 한국의료체험 고객의 경험, 스토리텔링이 잠재고객에게 신뢰를 주는 데 많이 활용된다. 의료기관에서는 고객의 체험수기 또는 감사편지 등을 활용하여 홈페이지를 고객과의 커뮤니케이션 통로로 개발하고 소통을 위해 노력해야 한다.

그 외에 고객과의 다차원적인 커뮤니케이션으로 의료관광 전시회 또는 박람회, 세일즈 콜(Sales Call), 의료세미나 또는 텔레-컨퍼런스(Tele-conference), 신상품 프로모션 행사, 외국인 의사 초청연수 프로그램 운영 등 다양한 방법을 개발하여 활용할 수 있다.

스마트폰 사용자의 급증과 다양한 SNS의 발달로 마케팅 경로는 오프라인에서 온라인, 즉 페이스북(Facebook), 트위터(Twitter), 이메일(E-mail), 스카이프(Skype) 등과 원격의료시스템인 U-Healthcare 시스템 등의 커뮤니케이션 방법으로 개발되어 활용되고 있다.

U-Healthcare 시스템은 의료관광서비스의 특성과 접근성을 고려하여 개발된 커뮤니케이션 방법으로 고객 니즈에 따라 Pre-Post Care 서비스가 가능하게 되었고 이를 통해 환자 대 의사, 의사 대 의사가 의사소통할 수 있는 채널로 활용되고 있다. 이러한 U-Healthcare 시스템을 통해 고객은 직접 병원에 예약

상담을 신청하고 상담을 통해 치료계획을 세울 수 있으며, 원하는 시간에 효과적으로 커뮤니케이션을 할 수 있다는 것이 장점이다.

1.4. 예산계획 수립

고객들의 니즈에 부합하는 제품을 개발하고 가격을 책정하여 구매할 수 있는 상태로 만들었다고 해도 그 제품에 대한 정보를 효율적이고 효과적으로 고객에게 전달하지 못한다면 제품은 팔리지 않는다.

통합적 커뮤니케이션의 개념은 DM, 판매촉진, PR 등 다양한 커뮤니케이션 수단들의 전략적인 역할을 비교·검토하고, 명료성과 정확성 측면에서 최대의 커뮤니케이션 효과를 거둘 수 있도록 이들을 통합하는 총괄적인 계획의 수립 과정이라고 볼 수 있다.

따라서 고객에게 전달하기 위한 커뮤니케이션 전략을 계획할 때는 커뮤니케이션의 수단과 그 수단의 특성을 이해하고, 제품별로 소비자의 태도 변화 프로세스에 따라 커뮤니케이션 믹스를 고려하는 것이 중요하다.

효과적인 커뮤니케이션 방법이 개발되면 활용계획에 따라 추정비용을 산정하고 예산계획을 수립해야 한다. 의료기관은 다양한 커뮤니케이션 방법 중에서 의료관광 타깃시장의 특성을 고려하고 의료관광시장의 구조, 의료기관의 목표 및 마케팅 전략, 활용 가능성 자원 및 인프라 등을 감안하여 예산계획을 수립해야 한다.

의료관광시장 도입 초기에 국내 기관들은 현지 의료시장 현황 및 제도와 커뮤니케이션에 대한 이해도가 낮아 시행착오를 겪었으며, 의료관광시장이 점차 활성화됨에 따라 현지 의료시장에 적합한 커뮤니케이션 방법을 개발하고 효과적으로 고객들과 소통할 수 있는 방안을 모색하고 있는데, 이 때 고려하여야 할 점은 다음과 같다.

① 첫째, 타깃국가의 의료관광시장 현황 등을 파악하여 현지시장의 소비자들이 어느 나라에서 의료관광을 하고 있는지, 의료관광 선택 시에 가장 많이 고려하는 점이 무엇인지, 타깃국가에 현지 유치기관은 있는지, 의료비 지불 능력과 경제수준은 어느 정도인지 등을 감안해야 한다.

② 둘째, 한국의료를 알리기 위해 어떤 방법으로 커뮤니케이션하는 것이 효과적인지 생각해 보아야 한다.

③ 셋째, 어떠한 커뮤니케이션 방법에 자원이 많이 소요되는지 파악하고 그에 맞는 계획을 세워야 한다.

④ 넷째, 마케팅 목표를 달성하기 위해 커뮤니케이션 활동 중에 발생할 수 있는 모든 문제를 감안하여 의료관광 마케팅 전략에 따른 커뮤니케이션 방법을 개발하고 예산 계획을 수립해야 한다. 예산 수립 시에 국내 의료가 타깃국가 의료관광시장에서 얼마나 알려져 있는지, 환자 유치 시 예상되는 의료관

광시장 규모 및 예상 매출, 소요 추정비용(인건비, 활동비, 수수료, 인프라 및 시설투자비, 소요되는 시간, 투자비용 등), 고객유지 및 관리비와 커뮤니케이션 방법에 따라 소요되는 모든 예산을 고려하여 추정해야 한다.

예산계획이 수립되면 의료기관은 마케팅 전략과 목표에 맞춰 효과적인 커뮤니케이션을 어떻게 수행할 것인지 결정하고 선택해야 한다. 국내외 유치기관을 선정하고 유기적인 협력관계를 맺어 의료관광 사업을 어떻게 추진할 것인가는 예산수립과 매우 밀접한 연계성을 갖게 된다. 그리고 가장 중요한 것은 이러한 예산계획은 목표매출 대비 얼마만큼의 이익을 남길 것인가를 감안해야 한다는 것이다.

1.5. 커뮤니케이션 방법 결정 및 통합

커뮤니케이션의 목적은 고객과의 소통을 통해 의료기관을 알리고 인식시키는 것이다. 의료관광 마케팅 활동의 커뮤니케이션 방법은 의료광고, PR, 세일즈 프로모션, 스폰서십, 전시회 및 박람회, 통합 이미지, 홈페이지, 미디어 활동, 의료봉사, 의료체험, 팸투어(FAM Tour) 등을 선택하여 효과적으로 활용하는 것이다.

의료기관은 타깃국가 고객의 니즈와 욕구를 고려하고 유치목표를 달성하기 위한 다양한 마케팅 전략을 수립하게 되는데, 이때 의료기관의 통합된 이미지, 특화 의료기술, 브랜드 인지도를 통해 의료관광시장에서 지속적인 신뢰를 형성하고 고객과의 관계를 유지할 수 있다.

의료기관은 국내의 우수한 의료기술과 양질의 의료서비스를 다양한 커뮤니케이션 방법을 통해 고객과의 상호 간에 신뢰 있는 커뮤니케이션을 지속적으로 할 수 있어야 한다.

의료기관의 입장에서는 커뮤니케이션 믹스를 통해 의료기관의 신뢰도와 브랜드가 형성되기 때문에 커뮤니케이션 방법과 통합을 결정하는 것이 매우 중요하다.

커뮤니케이션 방법과 통합을 결정하기 위해서는 다음과 같은 단계를 반드시 거쳐야 한다.

① 첫째, 의료기관의 의사결정권자는 커뮤니케이션에 대한 높은 이해도를 가지고 의료관광 사업 추진 및 관련부서를 적극적으로 지지해야 한다.

② 둘째, 의사결정 과정에서 일관된 메시지 전달을 위해 주요 정책 결정에 의견을 통합할 수 있는 의료기관 조직 내부의 커뮤니케이션을 계획하고 활성화해야 한다.

③ 셋째, 의료기관에 적용되는 색상, 글씨체, 로고 등을 고려하여 서식, 리플렛, 브로슈어, 기념품 등을 통일된 브랜드 이미지를 줄 수 있게 제작하여 고객과 소통할 수 있게 해야 한다.

④ 넷째, 명확하고 구체적인 의료관광 마케팅 커뮤니케이션 전략에 집중하여 차별화할 수 있게 해야 한다. 즉 모든 커뮤니케이션이 의료기관의 브랜드 가치에 부가적으로 기여하고 있는지 확인하고 경쟁우위를 선점할 수 있도록 의료관광시장에서 차별화된 영역을 개발해야 한다.

⑤ 다섯째, 새로운 커뮤니케이션 계획 수립 시 예산을 감안하여 우선순위에서 선택과 집중을 결정해야 한다.

⑥ 여섯째, 고객의 입장에서 고객 접점의 커뮤니케이션을 우선시하여 각 단계에서 고객과 접촉할 수 있는 방법을 고려하여 고객 접점 프로세스를 개선하고 개발해야 한다.

⑦ 일곱째, 고객과 의료기관의 관계 정립 및 유지를 위한 커뮤니케이션 도구의 활용방법을 확인해야 한다.

⑧ 여덟째, 의료관광 마케팅 정보 수집 및 관리를 통해 누가, 언제, 어떤 정보를 필요로 하는지 알려 줄 수 있는 고객정보관리 시스템을 구축해야 한다.

⑨ 아홉째, 의료기관은 커뮤니케이션 방법들이 상호간 연계되어 의료기관의 이미지를 일관성 있게 홍보할 수 있도록 기획하고 제작해야 한다.

⑩ 열째, 의료기관은 고객의 니즈에 따라 의료관광 마케팅 전략과 실행계획을 의료관광시장 변화에 따라 변경할 수 있어야 하며, 고객의 체험으로부터 정보를 얻고 지식으로 활용해야 한다. 즉, 의료관광 마케터는 항상 새로운 커뮤니케이션 방법을 개발하고 통합할 수 있는 의료관광시장 변화에 혁신적인 자세로 임해야 한다.

2. 광고와 홍보

2.1. 의료광고의 규제와 허용

1) 국내

가) 의료법

(1) 의료법 제56조 (의료광고의 금지 등)

① 의료법인·의료기관 또는 의료인이 아닌 자는 의료에 관한 광고를 하지 못한다.

② 의료법인·의료기관 또는 의료인은 다음 각 호의 어느 하나에 해당하는 의료광고를 하지 못한다. [개정 2009.1.30] [[시행일 2009.5.1]]

1. 제53조에 따른 평가를 받지 아니한 신의료기술에 관한 광고
2. 치료효과를 보장하는 등 소비자를 현혹할 우려가 있는 내용의 광고
3. 다른 의료기관·의료인의 기능 또는 진료 방법과 비교하는 내용의 광고
4. 다른 의료법인·의료기관 또는 의료인을 비방하는 내용의 광고
5. 수술 장면 등 직접적인 시술행위를 노출하는 내용의 광고
6. 의료인의 기능, 진료 방법과 관련하여 심각한 부작용 등 중요한 정보를 누락하는 광고
7. 객관적으로 인정되지 아니하거나 근거가 없는 내용을 포함하는 광고
8. 신문, 방송, 잡지 등을 이용하여 기사(記事) 또는 전문가의 의견 형태로 표현되는 광고
9. 제57조에 따른 심의를 받지 아니하거나 심의 받은 내용과 다른 내용의 광고
10. 제27조제3항에 따라 외국인환자를 유치하기 위한 국내광고
11. 그 밖에 의료광고의 내용이 국민건강에 중대한 위해를 발생하게 하거나 발생하게 할 우려가 있는 것으로서 대통령령으로 정하는 내용의 광고

③ 의료법인·의료기관 또는 의료인은 거짓이나 과장된 내용의 의료광고를 하지 못 한다

④ 의료광고는 다음 각 호의 방법으로는 하지 못한다.

1. [방송법] 제2조제1호의 방송
2. 그 밖에 국민의 보건과 건전한 의료경쟁의 질서를 유지하기 위하여 제한할 필요가 있는 경우로서 대통령령으로 정하는 방법

⑤ 제1항이나 제2항에 따라 금지되는 의료광고의 구체적인 기준 등 의료광고에 관하여 필요한 사항은 대통령령으로 정한다.

(2) 의료법 제57조 (광고의 심의)

① 의료법인·의료기관·의료인이 다음 각 호의 어느 하나에 해당하는 매체를 이용하여 의료광고를 하려는 경우 미리 광고의 내용과 방법 등에 관하여 보건복지부장관의 심의를 받아야 한다. [개정 2008.2.29 제8852호(정부조직법), 2010.1.18 제9932호(정부조직법), 2011.8.4] [[시행일 2012.8.5]]

1. 「신문 등의 진흥에 관한 법률」 제2조에 따른 신문·인터넷신문 또는 「잡지 등 정기간행물의 진흥에 관한 법률」 제2조에 따른 정기간행물
2. 「옥외광고물 등 관리법」 제2조제1호에 따른 옥외광고물 중 현수막(懸垂幕), 벽보, 전단(傳單) 및 교통시설·교통수단에 표시되는 것
3. 전광판

4. 대통령령으로 정하는 인터넷 매체

② 제1항에 따른 심의를 받으려는 자는 보건복지부령으로 정하는 수수료를 내야 한다.[개정 2008.2.29 제8852호(정부조직법), 2010.1.18 제9932호(정부조직법)] [[시행일 2010.3.19.]]

③ 보건복지부장관은 제1항에 따른 심의에 관한 업무를 제28조에 따라 설립된 단체에 위탁할 수 있다.[개정 2008.2.29 제8852호(정부조직법), 2010.1.18 제9932호(정부조직법)] [[시행일 2010.3.19]]

④ 제1항에 따른 심의 기준·절차 및 제3항에 따른 심의 업무의 위탁 등 의료광고의 심의에 관하여 필요한 사항은 대통령령으로 정한다. [개정 2011.8.4] [[시행일 2012.8.5]]

(3) 의료법 제66조 (자격정지 등)

① 보건복지부장관은 의료인이 다음 각 호의 어느 하나에 해당하면 1년의 범위에서 면허자격을 정지시킬 수 있다. 이 경우 의료기술과 관련한 판단이 필요한 사항에 관하여는 관계 전문가의 의견을 들어 결정할 수 있다. [개정 2008.2.29 제8852호(정부조직법), 2009.12.31, 2010.1.18 제9932호(정부조직법), 2010.5.27, 2011.4.7, 2011.8.4][[시행일 2012.4.8]]

1. 의료인의 품위를 심하게 손상시키는 행위를 한 때
2. 의료기관 개설자가 될 수 없는 자에게 고용되어 의료행위를 한 때
3. 제17조 제1항 및 제2항에 따른 진단서·검안서 또는 증명서를 거짓으로 작성하여 내주거나 제22조 제1항에 따른 진료기록부등을 거짓으로 작성하거나 고의로 사실과 다르게 추가기재·수정한 때
4. 제20조를 위반한 경우
5. 제27조 제1항을 위반하여 의료인이 아닌 자로 하여금 의료행위를 하게 한 때
6. 의료기사가 아닌 자에게 의료기사의 업무를 하게 하거나 의료기사에게 그 업무 범위를 벗어나게 한 때
7. 관련 서류를 위조·변조하거나 속임수 등 부정한 방법으로 진료비를 거짓 청구한 때
8. 삭제 [2011.8.4] [[시행일 2012.2.5]]
9. 제23조의2를 위반하여 경제적 이익 등을 제공받은 때
10. 그 밖에 이 법 또는 이 법에 따른 명령을 위반한 때

② 제1항 제1호에 따른 행위의 범위는 대통령령으로 정한다.

③ 의료기관은 그 의료기관 개설자가 제1항 제7호에 따라 자격정지 처분을 받은 경우에는 그 자격정지 기간 중 의료업을 할 수 없다.[개정 2010.7.23]

④ 보건복지부장관은 의료인이 제25조에 따른 신고를 하지 아니한 때에는 신고할 때까지 면허의 효력을

정지할 수 있다.[신설 2011.4.28][[시행일 2012.4.29]]

⑤ 제1항 제2호를 위반한 의료인이 자진하여 그 사실을 신고한 경우에는 제1항에도 불구하고 보건복지부령으로 정하는 바에 따라 그 처분을 감경하거나 면제할 수 있다. [신설 2012.2.1] [[시행일 2012.8.2]]

(4) 의료법 제89조(벌칙)

제15조제1항, 제17조제1항·제2항(제1항 단서 후단과 제2항 단서는 제외한다), 제56조제1항부터 제4항까지, 제57조제1항, 제58조의6제2항을 위반한 자는 1년 이하의 징역이나 500만원 이하의 벌금에 처한다.[개정 2010.7.23][[시행일 2011.1.24]]

나) 의료법 시행령

(1) 제23조 (의료광고의 금지 기준)

① 법 제56조제5항에 따라 금지되는 의료광고의 구체적인 기준은 다음 각 호와 같다. [개정 2008.12.3 제21148호(잡지 등 정기간행물의 진흥에 관한 법률 시행령), 2010.1.27 제22003호(신문 등의 진흥에 관한 법률 시행령), 2012.4.27] [[시행일 2012.8.5]]

1. 법 제53조에 따른 신의료기술평가를 받지 아니한 신의료기술에 관하여 광고하는 것
2. 특정 의료기관·의료인의 기능 또는 진료 방법이 질병 치료에 반드시 효과가 있다고 표현하거나 환자의 치료경험담이나 6개월 이하의 임상경력을 광고하는 것
3. 특정 의료기관·의료인의 기능 또는 진료 방법이 다른 의료기관이나 의료인의 것과 비교하여 우수하거나 효과가 있다는 내용으로 광고하는 것
4. 다른 의료법인·의료기관 또는 의료인을 비방할 목적으로 해당 의료기관·의료인의 기능 또는 진료 방법에 관하여 불리한 사실을 광고하는 것
5. 의료인이 환자를 수술하는 장면이나 환자의 환부(患部) 등을 촬영한 동영상·사진으로서 일반인에게 혐오감을 일으키는 것을 게재하여 광고하는 것
6. 의료행위나 진료 방법 등을 광고하면서 예견할 수 있는 환자의 안전에 심각한 위해(危害)를 끼칠 우려가 있는 부작용 등 중요 정보를 빠뜨리거나 글씨 크기를 작게 하는 등의 방법으로 눈에 잘 띄지 않게 광고하는 것
7. 의료기관·의료인의 기능 또는 진료 방법에 관하여 객관적으로 인정되지 아니한 내용이나 객관적인 근거가 없는 내용을 광고하는 것

8. 특정 의료기관·의료인의 기능 또는 진료 방법에 관한 기사나 전문가의 의견을 「신문 등의 진흥에 관한 법률」 제2조에 따른 신문·인터넷신문 또는 「잡지 등 정기간행물의 진흥에 관한 법률」에 따른 정기간행물이나 「방송법」 제2조제1호에 따른 방송에 싣거나 방송하면서 특정 의료기관·의료인의 연락처나 약도 등의 정보도 함께 싣거나 방송하여 광고하는 것
9. 법 제57조제1항에 따라 심의 대상이 되는 의료광고를 심의를 받지 아니하고 광고하거나 심의 받은 내용과 다르게 광고하는 것

② 보건복지부장관은 의료법인·의료기관 또는 의료인 자신이 운영하는 인터넷 홈페이지에 의료광고를 하는 경우에 제1항에 따라 금지되는 의료광고의 세부적인 기준을 정하여 고시할 수 있다. [개정 2008.2.29 제20679호(보건복지가족부와 그 소속기관 직제), 2010.3.15 제22075호(보건복지부와 그 소속기관 직제)] [[시행일 2010.3.19]]

(2) 제24조 (의료광고의 심의 대상 및 심의 업무의 위탁)

① 법 제57조제1항제4호에서 "대통령령으로 정하는 인터넷 매체"란 다음 각 호의 매체를 말한다. [개정 2012.4.27] [[시행일 2012.8.5]]

1. 「신문 등의 진흥에 관한 법률」제2조제5호에 따른 인터넷뉴스서비스
2. 「방송법」제2조제3호에 따른 방송사업자가 운영하는 인터넷 홈페이지
3. 「방송법」제2조제3호에 따른 방송사업자의 방송프로그램을 주된 서비스로 하여 '방송', 'TV' 또는 '라디오' 등의 명칭을 사용하면서 인터넷을 통하여 제공하는 인터넷 매체
4. 「정보통신망 이용촉진 및 정보보호 등에 관한 법률」제2조제1항제3호에 따른 정보통신서비스 제공자 중 전년도 말 기준 직전 3개월 간 일일 평균 이용자 수가 10만명 이상인 자가 운영하는 인터넷 매체

② 법 제57조제3항에 따라 보건복지부장관은 의료광고 심의에 관한 업무를 다음 각 호에서 정하는 바에 따라 법 제28조제1항에 따른 의사회, 치과의사회 및 한의사회에 각각 위탁한다. [개정 2008.2.29 제20679호(보건복지가족부와 그 소속기관 직제), 2010.3.15 제22075호(보건복지부와 그 소속기관 직제)] [[시행일 2010.3.19]]

1. 의사회 : 의사, 의원, 병원, 요양병원, 종합병원(치과는 제외한다), 조산원이 하는 의료광고의 심의
2. 치과의사회 : 치과의사, 치과의원, 치과병원, 종합병원(치과만 해당한다)이 하는 의료광고의 심의
3. 한의사회 : 한의사, 한의원, 한방병원, 요양병원(한의사가 설립한 경우로 한정한다)이 행하는 의료광고의 심의

③ 제2항에도 불구하고 보건복지부장관은 제2항 각 호에 따른 의료인단체가 의료광고를 심의하기 위하여 통합 심의기구를 설치·운영하는 경우에는 해당 심의기구에 의료광고의 심의에 관한 업무를 위탁한다. [개정 2008.2.29 제20679호(보건복지가족부와 그 소속기관 직제), 2010.3.15 제22075호(보건복지부와 그 소속기관 직제)] [[시행일 2010.3.19]]

(3) 제25조 (의료광고 심의 절차)

① 의료광고의 심의를 받으려는 의료법인·의료기관·의료인(이하 "신청인"이라 한다)은 보건복지부령으로 정하는 신청서에 해당 의료광고 내용을 첨부하여 제24조제2항 또는 제3항에 따라 의료광고 심의 업무를 위탁받은 기관(이하 "심의기관"이라 한다)에 제출하여야 한다. [개정 2008.2.29 제20679호(보건복지가족부와 그 소속기관 직제), 2010.3.15 제22075호(보건복지부와 그 소속기관 직제)] [[시행일 2010.3.19]]

② 제1항에 따른 신청을 받은 심의기관은 30일 이내에 제28조에 따른 의료광고심의위원회(이하"심의위원회"라 한다)의 심의를 거쳐 심의 결과를 신청인에게 문서로 통지하여야 한다. 다만, 부득이한 사유로 그 기간에 심의 결과를 통지할 수 없는 경우에는 신청인에게 지연 사유와 처리 예정 기간을 통지하여야 한다.

③ 신청인은 제2항에 따라 통지받은 심의 결과에 이의가 있으면 심의 결과를 통지받은 날부터 15일 이내에 재심의를 요청할 수 있다.

④ 제3항에 따라 재심의를 요청받은 심의기관은 심의위원회의 재심의를 거쳐 재심의를 요청받은 날부터 30일 이내에 재심의 결과를 신청인에게 문서로 통지하여야 한다.

(4) 제26조 (심의 내용의 변경)

① 제25조에 따라 심의 또는 재심의를 받은 자가 심의 받은 광고 내용을 변경하여 광고하려면 그 변경 내용에 관하여 제25조에 따라 심의를 받아야 한다. 다만, 광고 내용을 변경하지 아니하는 범위에서 자구(字句)를 수정하거나 삭제하여 광고하려는 경우에는 심의를 받지 아니하고 광고할 수 있다.

② 제1항 단서에 따라 광고하려는 자는 광고를 시작하기 전에 그 사실을 심의기관에 통보하여야 하며, 심의기관은 통보받은 내용이 광고 내용을 변경한 것이라고 판단되면 지체 없이 신청인에게 심의를 받을 것을 통지하여야 한다.

(5) 제27조 (심의 결과 표시)

신청인이 제25조와 제26조에 따라 심의 받은 내용을 광고하려면 심의 받은 사실을 광고에 표시하여야 한다.

(6) 제28조 (심의위원회의 구성 및 운영 등)

① 심의기관은 의료광고를 심의하기 위하여 심의위원회를 설치·운영하여야 한다.

② 심의위원회는 위원장 1명과 부위원장 1명을 포함한 10명 이상 20명 이하의 위원으로 구성한다.

③ 위원장은 심의기관의 장이 위촉하고, 부위원장은 심의위원회에서 호선(호선)한다.

④ 위원은 다음 각 호의 어느 하나에 해당하는 자 중에서 심의기관의 장이 위촉한다.

1. 해당 심의기관의 회원이 아닌 다른 직역(직역)의 의료인(조산사와 간호사는 제외한다)
2. 해당 심의기관의 회원
3. [소비자기본법] 제2조제3호에 따른 소비자단체의 장이 추천하는 자
4. 변호사 자격을 가진 자
5. 그 밖에 보건의료에 관한 학식과 경험이 풍부한 자

⑤ 심의위원회 위원의 임기는 1년으로 하되, 연임할 수 있다.

⑥ 심의기관의 장은 심의 및 재심의 결과를 분기별로 분기가 끝난 후 30일 이내에 보건복지부장관에게 보고하여야 한다. [개정 2008.2.29 제20679호(보건복지가족부와 그 소속기관 직제), 2010.3.15 제22075호(보건복지부와 그 소속기관 직제)] [[시행일 2010.3.19.]]

⑦ 제1항부터 제6항까지의 규정에서 정한 것 외에 심의위원회의 구성·운영 및 심의에 필요한 사항은 심의위원회의 의결을 거쳐 위원장이 정한다.

다) 의료법 시행규칙

(1) 제47조 (의료광고 심의 신청 및 수수료)

① 영 제25조제1항에 따라 의료광고 심의를 받으려는 의료법인·의료기관·의료인(이하 이 조에서 "신청인"이라 한다)은 별지 제21호서식의 신청서에 다음 각 호의 서류를 첨부하여 영 제25조제1항에 따른 심의기관(이하 "심의기관"이라 한다)에 제출하여야 한다.

1. 광고하려는 의료광고안
2. 의료기관 개설 허가증 또는 신고증 사본
3. 광고 내용에 의학에 관한 전문적인 내용이 포함되어 있는 경우에는 이를 소명할 수 있는 자료

② 영 제25조제3항에 따라 의료광고의 재심의를 받으려는 신청인은 별지 제21호서식의 신청서에 다음

각 호의 서류를 첨부하여 해당 심의기관에 제출하여야 한다.

1. 원심 결과 통보서

2. 재심 신청의 이유 및 취지

③ 심의기관의 장은 다음 각 호의 사항을 고려하여 수수료 금액을 정하여 공고하여야 한다. 이 경우 건당 수수료 금액은 20만원을 초과할 수 없다.

1. 의료광고의 내용과 양

2. 의료광고의 매체

3.그 밖에 의료광고 심의 업무에 드는 비용

④ 신청인은 해당 심의기관에 제3항에 따른 수수료를 현금 또는 정보통신망을 이용한 전자화폐·전자결제 등의 방법으로 내야 한다.

라) 의료광고 심의 대상

① 신문 등의 진흥에 관한 법률 제2조에 따른 신문, 인터넷 신문 또는 '잡지 등 정기간행물의 진흥에 관한 법률'에 따른 정기간행물(동일한 제호로 연 2회 이상 계속적으로 발행하는 간행물)

- 신문 : 일반일간, 특수일간, 일반주간, 특수주간
- 인터넷 신문 : 독자적 기사 생산과 지속적인 발행 등 대통령령으로 정하는 기준을 충족하는 것
- 정기간행물 : 잡지, 정보간행물, 전자간행물, 기타간행물

② 옥외광고물 등 관리법 제2조 제1호에 따른 옥외광고물 중 현수막, 벽보, 전단 및 교통시설·교통수단에 표시되는 것

- 옥외광고물 : 공중에게 항상 또는 일정 기간 계속 노출되어 공중이 자유로이 통행하는 장소에서 볼 수 있는 것(대통령령으로 정하는 교통시설 또는 교통수단에 표시되는 것을 포함한다)
- 현수막 : 천·종이·비닐 등에 문자·도형 등을 표시하여 건물 등의 벽면, 지주, 게시시설 또는 그 밖의 시설물 등에 매달아 표시하는 광고물
- 벽보 : 종이·비닐 등에 문자·그림 등을 표시하여 지정게시판·지정벽보판 또는 그 밖의 시설물 등에 붙이는 광고물
- 전단 : 종이·비닐 등에 문자·그림 등을 표시하여 옥외에서 배부하는 광고물
- 교통시설 : 교통시설에 문자·도형 등을 표시하거나 목재·아크릴·금속재 등의 게시 시설을 설치하여 표시하는 광고물
- 교통수단 : 교통수단 외부에 문자·도형 등을 아크릴·금속재 등의 판에 표시하여 붙이거나 직접

도료로 표시하는 광고물

③ 전광판

④ 대통령령으로 정하는 인터넷 매체

- 인터넷뉴스서비스 : 신문, 인터넷신문, 뉴스통신, 방송 및 잡지 등의 기사를 인터넷을 통하여 계속적으로 제공하거나 매개하는 전자간행물. 다만, 제2호의 인터넷신문 및 '인터넷 멀티미디어 방송사업법' 제2조제1호에 따른 인터넷멀티미디어 방송, 그 밖에 대통령령으로 정하는 것을 제외
- 방송법 제2조제3호에 따른 방송사업자가 운영하는 인터넷 홈페이지
- 방송법 제2조제3호에 따른 방송사업자의 방송프로그램을 주된 서비스에 하여 방송, TV, 라디오 등의 명칭을 사용하면서 인터넷을 통하여 제공하는 인터넷 매체
- 정보통신서비스 제공자 중 전년도 말 기준 직전 3개월간 일일 평균 이용자 수가 10만명 이상인 자가 운영하는 인터넷 매체

마) 의료광고 허용수준 확대 필요성

지금까지 우리나라의 의료광고 규제 현황을 살펴보았다. 이러한 현행 규제에 대하여 일각에서는 의료광고의 허용수준을 보다 확대할 필요가 있다는 주장을 하고 있는데, 확대 주장의 근거는 다음과 같다.

① 첫째, 병원이 일반적인 서비스업에 비해 윤리적인 면이 더 강조된다는 점 등은 서비스 내용에서는 차별화라 할 수 있겠지만, 병원 역시 이윤이 있어야 재투자가 가능하고 운영관리가 가능하다.

② 둘째, 자타가 공인하는 브랜드 파워와 실력을 갖췄다고 인정받지만 입소문에만 의지해서 전면적인 광고를 못하는 것은 시장 논리에 맞지 않다.

③ 셋째, 병원의 차별성을 알릴 방법이 없다.

④ 넷째, 의료 정보의 비대칭성 : 환자들은 의료소비자로서 의료를 선택하는 데 있어 합리적 선택이 어렵다.

바) 의료광고 규제완화의 기대효과

의료광고 규제완화를 할 경우 기대되는 효과로 주장되는 근거는 다음과 같다.

① 첫째, 객관성이 보장된 정보성 광고를 할 경우 자기 병원의 의료 서비스의 질적 수준이 객관적으로 입증된 것이기 때문에 병원으로서도 떳떳하고 소비자도 객관적인 정보를 얻을 수 있다.

② 둘째, 의료소비자는 유용하고 다양한 정보를 얻을 수 있으며 이를 토대로 폭넓은 선택권을 부여받을 수 있다.

③ 셋째, 의료제공자들은 보다 경쟁력 있는 서비스와 가격을 제공하기 위한 노력을 기울이게 된다.

2) 해외

의료관광사업 추진을 위해 주요 타깃국가의 의료관광 규제와 허용범위를 알고 의료기관과 유치기관은 현지 의료제도 및 정책에 맞는 적합한 광고, 홍보 계획을 수립해야 하며 이에 따른 마케팅 전략을 수립해야 할 것이다. 주요 국가의 의료광고 관련 규정과 해외 의료관광 사례 등을 살펴보면 다음과 같다.

가) 일본

(1) 의료광고 관련규정

일본 의료기관의 의료광고는 의료법 제68항 '의료 등에 관한 광고 규제'에 근거하여 일부 개정(2002년 4월 1일)으로 광고제한이 대폭 완화되었다. 개정된 사항은 진료과목과 담당의사의 성명 등의 허용 제한에서 의사 약력, 연령, 성별과 의료기관의 의료기술 정도와 실적을 평가할 수 있는 수술건수, 감염관리 실태, 의료사고 예방을 위한 관리체계 등에 관한 내용광고를 허용하는 범위까지 확대하였다.

개정된 의료광고에 대해 의료법에서는 광고에 대한 정의를 불특정 다수를 대상으로 하는 방법에 따라 환자유인의 목적을 갖는 것이라 정의하였으며, 연보 또는 내원 환자용 팸플릿 등 의료기관의 개요에 관한 객관적인 정보제공은 홍보로 간주되어 광고에 해당되지 않는 것으로 정의하였다.

일본의 관광정책상 한국 기업은 일본 내 의료광고가 용인되지 않는 상황임을 고려하여 현지 에이전시와의 전략적 제휴 등을 통해 광고가 아닌 홍보형태의 접근방법을 기획하고 실행해야 한다.

(2) 광고매체

전 세계적으로 인터넷을 활용하여 정보를 수집하는 고객의 비율이 점차 증가하는 추세와 더불어 일본인이 한국 여행정보의 수집방법으로 인터넷을 활용하는 비율이 높은 것으로 조사되었다. 인터넷 사용 연령층을 비교하면 10대에서 40대의 인터넷 사용률이 90% 이상이었고 주로 건강관련 정보를 수집하는 것으로 나타났다. 조사결과에 의하면 응답자의 73%가 인터넷에서 원하는 정보를 얻고, 자신뿐만 아니라 가족의 건강정보에 대한 관심도가 2배가 넘는 것으로 조사되었다.

(3) 의료관광 홍보사례

일본 내 여행사를 대상으로 조사한 결과에 따르면 의료법상 현지 여행사와 제휴한 의료광고상품의 홍보가 가능하며 주로 여행사에서 의료관광 고객을 유치하고 있으며 주로 의료관광 패키지를 상품으로 만들어 고객을 모집하는 방법으로 하고 있다. 홍보사례로 스파, 미용 마사지, 건강검진 등 치료보다는 건강 중심의 의료관광 상품 중심이며, 국외 의료기관의 광고로 신문, 잡지 등에 기사화된 형식의 보도기사로 광고활동을 하는 것이 파악되고 있는 실정이다.

나) 미국

(1) 의료광고 관련규정

미국 내에서 의료기관의 의료광고는 1970년대 중반 이후 합법화되었고 의료기관의 TV광고가 허용되는 등 최대한의 자유가 보장되고 있으나 의료기관 입장에서 의료광고와 관련하여 의료소송이 원인이 될 수 있음을 감안하여 조심스럽게 의료광고를 하고 있는 실정이다. 보고서에 따르면 의료기관의 광고비용으로 966백만 달러가 소비되었으며 주요매체로 신문, 잡지 등의 인쇄물, 우편물광고, 전화번호부 광고, TV와 라디오이다.

의료광고 제한에 관한 별도의 규정은 없으나, 여러 가지 법 규정 및 미국의사회 등의 가이드라인과 모니터링으로 규제되고 있다. 미국 내에서 해외 의료기관이 의료관광 홍보활동을 하는 것에 대한 제도적 제한은 없으나 미국 내 주마다 다른 규정으로 적용됨을 감안하여 국내 의료기관은 사전에 충분한 검토와 조사를 해야 한다.

(2) 광고매체

국내 의료기관은 한국의 우수성을 잘 알고 있는 강력한 네트워크인 재미 한인회와 협력체계 구축을 통해 재미교포를 대상으로 홍보활동을 하고 있다. 주요 홍보활동으로는 미국 내 현지 사무소를 개설해 현지에 인력 파견 및 전문 상담 서비스를 제공하고 있다. 미국에 진출한 국내 주요 의료기관들은 이미 뉴욕과 LA 등에 사무소를 개설하고 간호사와 의사를 파견하여 진료상담을 시행하고 있으며 일부 의료기관은 여행사와 업무 제휴로 건강검진 상품을 개발하고 유치활동을 하고 있다.

미국 내에서 주로 활동하는 의료관광 에이전시로는 해외로 환자를 전원하는 형태의 사업 모델인 Planet Hospital Foundation과 해외 의료기관과의 네트워크를 통해 의료관광을 인도, 태국, 말레이시아, 브라질, 아르헨티나, 터키, 남아프리카공화국 등 7개국 183개 기관에 알선하는 의료관광 사업을 하고 있는 MedRetreat가 있다.

(3) 의료관광 홍보사례

미국 내 주마다 다소 차이가 있으나 의료관광 홍보가 가능한 뉴욕에서는 싱가포르 관광청이 의료관광 홍보활동을 활발히 하고 있다. 로스앤젤레스에서는 의료관광 홍보는 가능하나 반드시 사전허가를 받아야 하는데, 이미 말레이시아 관광청에서 건강검진, 치과, 미용 및 노화방지 등의 상품을 소개하고 병원정보를 제공하고 설명하는 등의 의료관광 홍보활동을 전략적으로 추진하고 있다.

미국에 진출한 국내기관으로는 서울대병원, 서울성모병원, 서울아산병원, 자생한방병원, 차움병원, 함소아한의원 등이 있다.

한국보건산업진흥원은 미국 내 현지 사무소를 개설하고 미국 진출 한국의료기관협의체 구성 및 타 인종 환자유치 공동사업을 추진하기로 협의하였다. 그리고 미국 내 아시아인들을 위한 특화 진료상품 개발 및 홍보, 한류열풍과 연계된 다양한 의료관광 상품 개발 등으로 한국의 국가브랜드 인지도 향상으로 미국 내 주류사회 진출을 목표로 하고 있다.

다) 중국

(1) 의료광고 관련규정

중국 정부는 의료광고에 대해 관대한 입장이나 점차적으로 감독과 규제를 강화하고 있다. 의료기관은 의료광고를 위해 의료광고법 제8조에 근거하여 반드시 광고주가 위생행정부에서 발행한 '의료광고증명서'를 발급받아야 한다.

의료광고에 관한 규정은 현재 개정 중인 국내 의료광고와 비슷하게 소극적으로 8개 금지 내용 이외에는 의료광고를 최대한 허용하나, 의료광고 게재 금지사항은 다음과 같다.

① 첫째, 외설적이고 미신과 관련된 황당한 내용
② 둘째, 타인을 비하하는 내용
③ 셋째, 치유를 보장하거나 은근히 치료를 보장하는 의미를 내포한 내용
④ 넷째, 치료 성공률 등의 진료결과를 선전하는 내용
⑤ 다섯째, 환자 혹은 의학권위기구, 의사의 명의와 이미지를 이용하거나 추천서를 사용해서 선전하는 내용
⑥ 여섯째, 조상 대대로 내려오는 비방이라고 하거나 명의에게 전수받았다는 내용을 덧붙이는 내용
⑦ 일곱째, 단순히 일반 통신 방법으로 질병을 치료한다는 내용

중국 내 의료기관들이 의료광고를 하기 위해서는 공상등록증, 광고허가증을 발급받아야 하며, 광고허가증은 각 매체 광고시안을 정부로부터 사전에 허가받은 후 승인된 광고시안만 사용해야 한다. 정상적인 잡지광고는 국내 의료법 수준만큼 규제가 심하며 의료광고는 지방에 따라 관리, 감독의 수위가 다르다. 북경과 상해와 같은 대도시에서는 의료광고가 엄격하게 관리, 감독되고 있으나 경제적 수준이 낮은 지방 정부의 경우 의료광고의 관리와 감독이 소홀한 편이다.

(2) 광고매체

중국에서 홍보 및 광고를 할 경우 매체에 따라 가격 편차가 심하며 매체별로 20배 차이가 나는 경우가 있다. 국내 여행을 선택하는 중국인의 경우 중국 내 여행사를 통해 정보를 수집하는 비율이 23.1%이며 중국 정부가 지정한 해외여행사 수는 528개사이다(2006년 기준). 지정된 528개 여행사는 중국인의 해외여행이 증가함에 따라 주중 한국영사관에 단체비자 신청자격이 부여되었다.

중국인의 소득수준이 증가하고 미용, 성형에 관심이 높아짐에 따라 고급미용 살롱 미용고객 대상으로 홍보하는 것이 효과적이다. 중국 내 유명 전문 미용 살롱은 중국 전역에 대형 체인을 운영하고 있으며 독일 브랜드 인터내셔널 미용 살롱과 대만 브랜드 피부미용 살롱 등이 있다. 현재 국내 전문 피부과에서 중국 내 에스테틱을 개설하여 운영하는 등의 방법으로 중국 내에서 다양한 방법으로 의료관광 사업을 추진 중에 있다.

(3) 의료관광 홍보 사례

중국 내 의료관광사업 홍보활동 사례는 국내 일부 의료기관과 공공기관이 의료세미나 형태 또는 홍보회를 개최하고 있다. 홍콩의 경우 사전심의를 거쳐 홍보물 배포, 영상물 제작 및 배포, 의료관광 설명회 등을 통한 홍보가 가능하다. 국내 의료기관은 중국 내 의료관광 홍보활동의 일환으로 중국 주요 인사와 관계자 초청 팸투어를 실시하고 중국 내 주요도시를 방문하여 의료관광객 유치를 위한 홍보마케팅 활동을 하고 있다. 국내 의료기관에서는 한류열풍과 더불어 의료기관에 국한된 홍보가 아닌 엔터테이먼트 회사 및 여행사와 협력체계 구축으로 프로모션 기획 등을 추진하고 있다.

2.2. 광고유형별 특징

광고 매체를 선정하는 것이 효과적인 광고와 직결되는 점을 감안하여 타깃시장에 맞게 유형별 특성과 장점 및 단점을 고려해서 광고매체를 선정해야 한다.

1) 고객군별 광고

타깃시장에서 주요 고객층이 선호하는 매체의 이용 빈도를 파악하여 광고계획을 수립하는 것이 효과적이다. 예를 들어 20-30대 직장인이 주요 고객 군이고 라디오를 즐겨 듣는다고 가정한다면, 출근시간대에 라디오를 통해 광고하는 것이 TV보다 효과적이다.

2) 주요 광고매체 종류

각 매체는 장단점을 가지고 있으며 그 가격도 다양하다. 의료기관은 마케팅 전략과 현행에 맞는 광고매체를 선정해야 한다. 예를 들어 신문을 통해 광고할 경우 선택하는 신문의 발행부수, 광고크기 및 디자인, 광고비용, 신문사 브랜드 인지도와 이미지, 독자층 등을 고려하여 광고 투자비용 대비 마케팅 효과를 얻을 수 있는지 감안하여 결정해야 한다.

주요 광고매체의 종류와 특징은 〈표 4-1〉과 같다.

〈표 4-1〉 주요광고매체의 종류

구분	유형	판매단위	비용 산정기준	장점	단점
신문	지역신문, 주간신문, 전문신문 등	광고 행수, 단어수, 인쇄행수 등	빈도, 인쇄도수, 발행부수 등	높은 신뢰성, 신속성, 대량성, 광범위	짧은 수명, 다른 광고의 간섭효과로 독자에게 잘 읽히지 않음
잡지	의학전문지, 여성 잡지 등	페이지	발행부수, 출판비용, 인쇄도수 등	높은 신뢰성, 긴 수명, 타깃고객 대상 호소 가능	낮은 적시성, 좁은 고객층, 다른 광고의 간섭효과, 시각적 메시지만 전달 가능
라디오	공영, 민영방송 등	10, 15, 20, 30초	시간대, 시청률, 빈도 등	넓은 고객층, 저비용, 광고변경의 용이성, 빠른 전달력	짧은 수명, 낮은 청취자 집중력, 청각적 메시지만 전달 가능
TV	공영, 민영, 지역방송, 케이블 채널, 위성방송 등	10, 15, 20, 30초	시간대, 시청률, 빈도 등	넓은 고객층, 빠른 전달력, 높은 집중력, 시청각 메시지 전달	고비용, 광고변경이 어려움, 짧은 노출시간, 낮은 메시지 전달력
옥외 광고	포스터, 간판 광고	장당, 단위당	크기, 위치, 빈도 등	반복 노출, 저비용, 지역선택가능, 높은 가시성	짧고 단순한 메시지, 선택적 노출 불가능
직접 우편	검사결과지, 편지, 카탈로그, 브로슈어 등	고객 수, 횟수	제작비, 우편요금 등	고객군 선별 가능, 긴 메시지 전달 가능, 광고효과 특정이 용이함	폭넓은 청중에 전달 어려움, 고비용
인터넷	홈페이지 광고, 웹상 배너광고, 어플리케이션 광고	단순 문구와 그래픽, 플래시, 동영상 등	웹지명도, 배너크기/위치, 방문객수, 회원수 등	고객의 반응정도 실시간 분석가능, 시각 · 시청각 효과 선택가능, 저비용, 직접구매 유도 가능	인터넷 사용자에 한함, 광고에 의한 구매행위 효과 분석이 어려움
이메일	이메일 광고	이메일 용량, 횟수	정확도	고객선별가능, 시청각 메시지 전달가능, 저비용	스팸메일로 등록 되는 경우 많음

3. 인적판매와 판매촉진

3.1. 판매촉진 전략

1) 인적판매

의료관광 사업에서 판매활동이라 함은 유치 또는 홍보 활동을 대행하는 유치기관이 타깃시장에서 소비자에게 의료기관의 의료관광 상품과 서비스를 선택하도록 설득하는 커뮤니케이션 활동을 의미한다.

의료관광 상품은 특성상 인적네트워크를 기반으로 한 인적 판매 활동으로 판매자를 중심으로 판매를 촉진시키는 것을 의미한다. 인적판매는 주요 고객을 대상으로 우수한 의료기술과 차별화된 의료관광 상품을 설명하는 데 그치지 않고 건강 상담 및 관리 역할까지 수행한다.

인적 판매란 '제품이나 서비스의 판매와 고객관계 구축을 목적으로 하는 영업사원 개인의 대면적 커뮤니케이션'을 일컫는다. 하나 또는 그 이상의 잠재 고객과 직접 대면하면서 대화를 통해 판매를 실현시키는 방법이라고 할 수 있다. 단순히 주문을 받거나 판매에 관한 사무적 처리를 하는 수준을 넘어 고객에게 제품의 가치와 특성에 대한 정보를 전달함으로써 수요를 자극하여 궁극적으로 매출을 증대시키는 데 그 목적을 두고 있다.

인적판매는 신규 의료관광시장 개척 시에 효과적인 촉진 수단으로 기존 의료서비스에 익숙한 고객에게 새로운 의료관광 상품의 신의료기술의 우수성과 치료효과를 알리는 데 용이한 방법이다. 특히 타깃국가에 강력한 네트워크를 가진 국내 의료기관이 의료관광 사업을 추진할 경우 인적판매를 활용한 촉진활동이 효과적이다.

인적 판매를 활용한 병원의 대표적인 예로는 코디네이터를 이용한 병원의 대고객 활동을 들 수 있다. 환자들의 의료서비스 수준에 대한 요구가 증가됨에 따라 고객만족을 최우선 전략으로 삼는 병원들이 늘어나고 있다. 병원의 코디네이터 제도는 바로 이러한 고객만족을 효과적으로 수행하기 위한 목적으로 많이 활용되고 있다. 이러한 병원의 코디네이터는 병원의 중간관리자로서 병원 근무 분위기를 원만하게 조성하고 고객들에게는 차별화된 서비스를 제공함으로써 의료진과 내원고객, 고객과 직원, 그리고 원장과 직원들 간의 관계를 원활하게 조정함으로써 이들 간에 최적의 시너지 효과가 나도록 하는 중간자 역할을 한다.

〈표 4-2〉 인적판매의 장점과 단점

구분	내용
장점	• 고객 개개인의 니즈를 파악하여 고객맞춤형 서비스를 제공 • 상호 간 커뮤니케이션으로 효과적인 피드백 가능 • 주요 고객을 대상으로 효율적으로 자원을 선택 · 집중하여 관리 • 명확하게 즉각적인 피드백을 통해 판매효과를 극대화
단점	• 마케터의 능력에 따라 고객의 범위가 제한 • 고객 개인별 촉진활동으로 인해 마케팅 활동에 따른 고비용이 발생 • 판매자의 업무능력과 성향에 따라 의료관광 상품의 이미지와 신뢰에 결정적인 영향을 미치며, 위험부담이 내재되어 있음

2) 판매촉진

판매촉진이란 마케터가 표적고객의 행동을 촉진할 목적으로 전개하는 인센티브 위주의 커뮤니케이션 활동을 말한다. 이때 표적 고객은 최종 소비자뿐 아니라 유통 경로에 놓여 있는 중간상을 모두 포함한다. 즉, 마케터가 자사 브랜드의 판매고를 증진시킬 목적으로 중간상에서 자사 브랜드의 판매에 대한 유인책을 제시하거나 최종 소비자의 구매 행동을 촉진하기 위해 유인책을 제시하는 경우 모두 판매 촉진에 해당된다.

의료관광 시장진입 초기나 단기간에 대량구매를 유도하기 위한 마케팅 활동으로서 판매촉진은 소비자의 구매 욕구를 자극하여 즉각적이고 가시적인 효과를 얻기 위해 활용된다. 일반적으로 광고가 소비자에게 의료관광 상품을 선택해야 하는 이유를 제시한다면, 판촉은 일시적인 매출 증가를 유도한다. 그러므로 광고와 촉진은 상호 간 보완적이고 통일성 있게 실행되어야 효과적이다. 특히 의료관광 사업에서의 판촉 활동은 정부기관, 공공기관, 의료기관, 유치기관 등이 서로의 목표에 따라 유기적으로 협력하여 이뤄진다.

〈표 4-3〉 판매촉진의 장점과 단점

구분	내용
장점	• 일정기간 동안 대량의 공급과 수요를 조절 • 단기간에 대량구매를 유도 • 신의료기술, 건강검진권, 진료비 감면 등의 방법을 활용 • 광고보다 즉각적인 구매를 유도하여 단기간 내 매출증대에 효과적
단점	• 과열된 판촉경쟁으로 인한 과다경쟁은 의료기관의 수익구조 악화를 초래 • 경쟁의료기관들의 모방이 용이하여 장기적인 경쟁우위 전략으로는 부적절 • 브랜드 충성도가 강한 소비자일수록 판촉활동으로 인해 의료기관을 쉽게 선택하지 않아 다른 의료기관 충성고객의 구매 유도가 불가능

판매촉진이 일시적인 판매촉진 활동으로서 매출증대에 영향을 미친다 해도 장기적이고 광의의 마케팅 계획 하에 전략적으로 통일성 있게 기획되고 실행되어야 한다. 마케팅 활동은 의료기관의 브랜드 이미지와 고객과의 신뢰형성에 영향을 미치므로 고객관계에 결속력 강화를 위해 마케팅 전략과 실행계획이 수립되어야 한다.

3.2. 판매 인적자원 관리

판매의 주체인 인적자원(유치기관 담당자, 정부기관 관계자 등)은 의료기관과 고객을 연결시켜 주는 매개체로서 역할을 수행한다. 고객들은 판매자원을 통해 정보를 수집하고 의료기관의 브랜드와 이미지를 인식하게 된다. 주요 판매 인적자원은 의료기관의 마케팅 담당직원 및 진료통역 담당자, 정부기관 관계자, 유치활동 협력유치기관(에이전시)의 대표 및 담당자 등이 있다. 이들의 역할은 고객과 의료기관의 니즈와 욕구를 파악하여 기대와 요구사항을 잘 전달하고 상호 간 기대가 충족될 수 있도록 역할을 수행하는 것이다. 만약 고객과 의료기관 간에 오해가 발행했을 때 해결사로서의 역할을 수행할 수 있어야 하며, 고객과 의료기관의 중간 매개체로서 끝까지 책임지고 협력하는 태도로 고객과의 신뢰를 형성해야 한다.

1) 판매 인적자원 관리 목표

판매 인적자원은 마케팅 측면에서 영업과 홍보역할을 수행하는 사람으로서 의료기관의 전반적인 마케팅 전략을 이해하고 표적시장의 특성과 현지시장에서 의료관광 상품이 판매될 수 있는지를 파악하고 고객을 유치할 수 있도록 업무를 수행해야 한다. 의료기관은 이러한 판매활동과 효과를 극대화하기 위해 마케팅 계획과 목표를 설정하고 관리함으로써 해외 환자를 유치할 수 있게 된다.

2) 판매 인적자원의 성과 관리

인적자원의 성과는 유치실적에 따라 금전적(인센티브, 성과급 등) 또는 비금전적(승진, 칭찬, 재량권 부여, 정규직 등) 보상을 해 줄 수 있는데 조직의 성과 관리정책과 인적판매 자원의 요구에 따라 보상체계를 개발하여 관리할 수 있다. 의료기관의 입장에서 이러한 성과는 의료기관의 목표달성에 부합하고, 인적자원의 사기를 진작할 수 있도록 관리되어야 한다.

지속적인 성과 관리를 위한 인적 판매자원의 자질과 능력에 대한 평가는 정량적인 평가(Quantitative Evaluation)와 더불어서 고객만족도 조사 등의 정성적인 평가(Qualitative Evaluation)도 병행해야 한다. 이로써 판매 인력에 대한 서비스 불만족으로 의료기관에 미칠 영향을 미연에 방지할 수 있으며, 비계량적 성과와 계량적 성과 측정의 균형을 유지해야 한다.

장기적 관점에서 의료기관은 지속적인 환자유치를 위해 고객의 만족도를 최대화하고 고객의 재방문을 유도할 수 있도록 고객관리체계를 마련해야 한다. 재진율 관리를 통한 충성고객 관리와 신환환자 유치를 독려할 수 있도록 신환환자 유치에 대한 평가 기준을 별도로 마련하는 등의 다양한 방법의 고객 관리 및 성과 관리 체계를 만들어야 한다.

4. 마케팅 기법

4.1. 마케팅 유형별 특징

1) 구전(입소문) 마케팅

의료서비스의 특성상 의료관광을 선택하는 고객은 친구들과 가족의 추천을 가장 신뢰한다. 또한 인터넷과 스마트폰 사용이 증가함에 따라 온라인을 통한 고객의 의견과 평가가 중요시되면서 구전 마케팅이 가장 효과적인 방법으로 인식되고 있다. 구전 마케팅은 의료관광 상품과 서비스에 대해 소비자와 소비자 상호간의 커뮤니케이션을 활용하므로 상품에 대한 부정적인 영향을 감안해서 효과적으로 활용해야 한다.

2) 직접 마케팅

직접 마케팅은 장소에 상관없이 측정 가능한 반응이나 구매에 영향을 미칠 수 있는 1개 이상의 광고매체를 사용하는 쌍방향 마케팅을 의미한다. 국내 의료법상 의료기관에서 고객 유인을 목적으로 한 마케팅 활동은 제한되어 있다. 이러한 제약조건 때문에 의료기관에서는 홈페이지에 가입한 환자 또는 고객에 한해서 이메일 등을 통해 유용한 건강정보(병원보, 소식지 등)를 전달하는 방법을 활용한다.

의료관광 사업에서 이메일을 통해 마케팅을 하려면 국적별 담당자와 직접적으로 질의 응답할 수 있는 시스템이 구축되어야 한다. 이메일은 의료기관 홈페이지를 통해 고객이 직접 궁금한 사항을 질의하고 응답하며 모든 기록이 저장, 관리되어야 한다. 마케팅 담당자가 변경되더라도 고객이 의료기관을 기억하고 올 수 있도록 홈페이지를 통해 직접적으로 병원직원과 상담 및 예약할 수 있는 인프라를 구축하여 의료기관이 직접 고객과 커뮤니케이션하는 시스템을 갖추는 것을 의미한다.

3) 귀족 마케팅

귀족 마케팅이란 고품격 의료서비스를 원하는 고객을 대상으로 고객의 니즈를 최대로 충족시켜 줌으로써 부가가치의 수익과 고객의 기업 상호간 브랜드 가치를 높이는 마케팅이라 할 수 있다. 병원의 VIP실이나 특실에 양질의 서비스를 제공하는 형태가 귀족 마케팅이다.

상위 1%의 고객을 타깃으로 희소성의 가치를 부여하는 귀족 마케팅은 경제적 상황이 어려울 때 오히려 효과적인 마케팅 방법으로 활용되고 있다. 이는 산업혁명 이후 소위 신귀족층이 형성되면서 20%의 구매자가 물량의 80%를 소비한다는 20대 80법칙(파레토 법칙)에 근거한 전략적인 방법이다.

귀족 마케팅을 활용하는 것은 사회계층별 특성을 고려할 때 부유층은 소비패턴에서 서비스 및 상품의 명성과 품질 등에 특별한 가치를 두기 때문이다. 이들은 가격에 별다른 영향을 받지 않으며, 가격변동에 의한 고객이탈율도 낮아 가격을 중시하는 일반소비계층의 소비 형태와 차이가 있고 경기변화에 영향을 적게 받는다.

4) 공익 마케팅

공익 마케팅은 의료기관의 브랜드를 자선 및 공익 활동과 연계하여 상호 이익을 추구하는 전략적 포지셔닝 도구이다. 의료기관은 공익 마케팅을 통해 브랜드 인지도 증대, 고객 충성도 향상, 매출 증대, 언론의 관심집중 등 여러 마리의 토끼를 동시에 잡을 수 있다. 이는 의료관광 시장 내 경쟁이 심화됨에 따라 소비자들이 의료기관의 브랜드와 이미지를 보여주는 것에 만족하지 않으며 의료관광 상품이 가지고 있는 고차원적 가치에 의미를 부여하기 때문이다. 그러므로 의료기관은 상품이나 브랜드를 사회적인 이슈와 전략적으로 연계하여 마케팅 효과뿐만 아니라 공공성을 부여한 사회적 책임기업으로서의 이미지로 인식될 수 있도록 공동 관심 분야를 정해 자선단체와 전략적으로 제휴하거나 의료기관 단독으로 직접적으로 공익 마케팅을 진행한다. 전략적 제휴나 단독 공공 마케팅은 결국 의료기관에 사회적 신뢰와 명성을 가져다줌으로써 브랜드 인식이 좋아지고, 고객의 구매 의사가 늘어나게 된다.

5) 감성 마케팅

마케팅 커뮤니케이션에 있어 감성은 브랜드를 차별화하여 고객 충성도를 이끄는 핵심 요소로서 브랜드 가치를 의료관광 상품의 특성이나 가격과 같은 객관적이고 이성적인 요소 이외의 감성적 욕구에 호소할 수 있어야 한다. 감성 마케팅은 소비자의 감성을 최대한 자극하여 관심을 이끌어내고 고객의 경험과 체험을 제공하여 감동을 주는 마케팅 기법이다. 눈에 보이지 않는 인간의 감각과 감성을 자극하는, 즉 소비자의 감성을 통해 의료관광 상품에 대한 긍정적인 반응을 얻고 구매까지 연결되도록 하는 것이다. 이러한 감성을 활용한 마케팅 기법은 의료기관의 브랜드 이미지를 차별화하여 로열티를 강화할 수 있는 핵심적인 방법이며, 경쟁이 치열한 의료관광시장에서 지속적인 충성고객을 유지하기 위해 상품, 가격, 질보다 경험, 체험, 감동과 같은 감성적 가치를 통해 고객의 마음을 훔치는 것과 같이 고객과의 유대 관계를 강화하는 마케팅 기법이다.

6) 컨버전스 마케팅

인터넷이 발달함에 따라 소비자의 구매패턴과 요구도 변화했다. 이에 따라 생성된 새로운 개념의 컨버전스 마케팅(Convergence Marketing) 기법은 소비자의 기존 성향과 사이버적 성향을 반영한 기법이다. 그리고 복합형 성향의 소비자를 유치하기 위해 의료기관은 온·오프라인으로 마케팅 전략 수립이 필요하게 되었다.

온라인을 통해 정보를 수집하고 결정하는 고객, 우연한 기회에 의료관광을 경험하고 정보를 수집한 뒤 온라인을 통해 재방문을 예약하는 고객, 오프라인에서 브로슈어 등으로 정보를 수집하고 온라인 홈페이지를 통해 예약하는 고객, 온라인에게 정보를 수집하고 전화로 예약 및 상담을 의뢰하는 고객 등 다양한 경로를 통해 고객을 유치하는 것이 이에 해당된다.

7) 브랜드 마케팅

의료관광 상품을 결정할 때 소비자의 선택 기준은 상품의 질에서 브랜드 이미지와 서비스까지 포함한다. 브랜드 마케팅은 고객에게 상품 그 이상의 브랜드 가치를 창출하고 부여하는 것을 중요시하는 마케팅 기법이다. 다양하고 새로운 마케팅 기법이 경쟁하고 있는 의료관광시장에서 의료기관의 목적 달성을 위한 구체적인 전략과 전술은 곧 의료기관의 높은 브랜드 이미지와 의료기술과 서비스의 명성을 대변하는 브랜드의 인지도 확보와 국내 의료기술의 세계화에 달려 있다.

8) 로열티 마케팅

의료기관에서 새로운 고객을 창출하는 것보다는 기존 고객을 유지하는 전략이 효과적인 마케팅 전략이다. 경쟁이 심화되면서 의료기관에서는 기존 고객 충성도를 평가하고 고객관계 구축 및 유지 전략으로 다양한 로열티(loyalty) 관리 프로그램을 개발하여 마케팅 활동을 하고 있다. 이는 소비자가 다양한 욕구와 니즈를 가지고 있기 때문에 고객이 원하는 니즈를 파악하고 분석하여 의료관광 상품과 서비스를 개발하고 판매해야 하기 때문이다. 그러므로 다양한 고객 로열티 관리를 위해 포인트제(마일리지)를 개발하고 있다. 국내에서는 중국 의료관광객을 대상으로 한국관광공사, 호텔, 의료기관, 유치기관 등이 협력하여 일정

금액 이상의 수술 및 시술을 받았을 경우 공연을 무료로 관람할 수 있게 하거나 면세점 이용 시 할인혜택을 부여하는 로열티 마케팅을 하고 있다.

9) 체험 마케팅

체험 마케팅(Experience Marketing)은 고객의 경험과 감성에 초점을 두어 고객에게 직접 상품을 접할 수 있는 기회를 제공하여 고객의 감동을 이끌어 내는 마케팅 기법이다. 의료기관은 의료서비스를 제공할 뿐만 아니라 고객의 다양한 소비행동 변화와 니즈에 맞는 21세기형 마케팅 전략을 수립해야 한다. 의료관광 상품이 다양하고 풍부해지면서 사전에 의료관광 상품이나 서비스를 보고 느끼고 경험하는 체험 마케팅이 중요해지고 있다. 의료기관은 체험 마케팅 사례를 활용하여 홍보에 적극 활용하며 고객의 체험수기 또는 경험정보 공유를 통해 자연스러운 홍보효과를 얻을 수 있게 된다.

10) 디지털 마케팅

디지털 마케팅은 IT 정보기술이 발전하면서 디지털과 온라인 기술을 이용하여 효과적인 마케팅 프로그램을 개발하기 위해 인터넷에 국한하지 않으며 인터넷의 매체적 성향만을 강조하지도 않는 쌍방향 커뮤니케이션 기법이다. 의료관광시장 특성상 지역적 접근성을 감안하여 국내 의료기관은 인터넷을 기반으로 한 u-Healthcare 시스템으로 더 많은 잠재고객의 정보를 수집하고 고객이 원하는 곳에서 언제 어디든지 상담서비스 제공을 통해 개별적 마케팅으로 쌍방향 커뮤니케이션을 제공할 수 있는 강점을 가지고 있다.

지난 2011년부터 한국보건산업진흥원과 한국관광공사는 국외 현지병원과 국내병원 간 커뮤니케이션을 위한 글로벌 u-Healthcare 확산 사업의 일환으로 미국, 러시아, 몽골, 필리핀, 레바논, 중국, 베트남, 우즈베키스탄, 카자흐스탄, 카타르, 아랍에미레이트, 오만 등의 타깃국가에 u-Healthcare 시스템 구축사업을 추진하고 있다.

11) 데이터베이스 마케팅

데이터베이스 마케팅은 의료마케팅에 있어서 매우 중요한 기법으로 고객의 정보를 수집, 분석, 가공하여 향후 필요한 전략을 수립하는 마케팅이다. 이를 위해서는 고객 정보의 수집이 필요하며 수집하는 과정 및 결과 도출은 전산 DB화로 진행되어야 활용 가치가 높으며 도출된 결과는 시장 세분화, 상품 차별화 전략을 위해 활용된다. 데이터베이스 마케팅은 쌍방향 커뮤니케이션을 실시하는 특성이 있으며 이메일 마케팅이 대표적인 사례이다.

4.2. 웹 홍보사이트 활용 및 구축

IT기술이 급속히 발전하면서 고객들은 인터넷을 통해 많은 정보를 수집하고 있다. 이에 의료기관에서는 고객과 커뮤니케이션의 수단으로 기존의 전화나 전자메일과 더불어 웹사이트를 활용하여 정보를 제공하고 있다.

웹사이트 구축으로 의료기관은 웹사이트를 홍보수단으로 활용할 수 있지만 웹사이트 하나만으로 프로모션을 할 수 없으며 마케팅 전략을 실행하기 위해서는 광고, PR 등의 요소를 의료관광 상품과 마케팅 전략에 맞게 적절하게 믹스하여 활용하는 방안을 모색해야 한다.

1) 웹사이트 구축의 목적

의료관광 사업에서 웹사이트를 활용하는 목적은 의료기관을 소개하고 우수 의료기술의 장점을 알려 최대한의 광고효과를 내기 위함이다. 특히 잠재고객에게 필요한 전문적인 정보를 고객의 입장에서 쉽게 접근할 수 있도록 웹 사이트를 디자인하고 미디어 정보를 제공해주는 PR 커뮤니케이션의 기능도 수행할 수 있다.

2) 웹사이트 구축의 장점

웹사이트 구축의 장점은 다음과 같다.

① 첫째, 웹사이트는 다양한 의견을 가진 고객을 대상으로 복합적인 메시지를 전달할 수 있다. 동일한 웹사이트에서도 언어, 세대, 연령, 성별에 따라 차별화된 페이지를 구성하여 다양한 마케팅 활동을 할 수 있다.

② 둘째, 인쇄 광고물(브로슈어, 리플렛 등)에 비해 정보 변경과 업데이트에 비교적 비용이 적게 소요된다. 즉, 인쇄물의 경우 가격변경이나 정보오류가 있을 때 폐기처분하고 새로 제작할 수밖에 없지만 웹사이트는 정보를 수정·보완하여 관리할 수 있다는 장점이 있다.

③ 셋째, 잠재 고객 및 기존 고객과 웹사이트, 이메일 등의 의사소통을 통해 재방문을 유도할 수 있다. 정기적인 뉴스레터 발간 및 발송으로 전문적이고 유용한 건강정보를 정기적으로 전달할 수 있다.

④ 넷째, 의료기관은 웹사이트를 통해 홍보하며 PR을 위한 수단으로 활용하기도 한다. 의료기관은 잠재고객이 원하는 정보를 제공함으로써 고객의 신뢰를 얻고 고객을 유치한다. 또한 의료기관의 브랜드 인지도에 따라 웹사이트 구축 효과와 영향력은 달라진다.

3) 웹사이트 디자인의 구성요소

의료기관의 웹사이트는 의료기관이 선정한 타깃국가의 잠재고객에게 정보를 제공하여 의료관광을 결심하는 데 도움을 줄 수 있어야 한다. 이때 의료기관은 현지에서 의료관광 상품과 브랜드를 알릴 수 있도록 웹사이트를 설계해야 한다. 특히 타깃국가의 인터넷 환경과 문화를 고려하지 않고 국내 현실에 입각하여 웹사이트를 개발할 경우 현지사정에 따라 웹사이트 열람이 불가하거나 방문객이 저조하여 마케팅 활동이 미미할 수 있음을 고려해야 한다. 그러므로 현지 사정에 맞춰 고객에게 제공하고자 하는 정보의 범위와 의사소통 채널, 의료기관의 이미지 등 웹사이트의 역할과 기능에 따라 구성요소를 설계할 수 있다.

의료관광시장에서 웹사이트가 고객이 의료기관을 인식하고 만나는 첫 번째 홍보매체임을 감안할 때, 타깃국가의 문화를 반영한 디자인과 정보제공방법 등을 고려하여야 한다. 이를 위해서 마케터는 타깃국가의 웹페이지 분석을 통해 웹페이지를 개발하거나 현지 개발자에게 용역을 주는 것도 고려해야 할 것이다.

〈표 4-4〉 웹사이트 구성요소의 역할과 기능

구성요소	역할 및 기능
Home	• 웹사이트를 처음 방문했을 때 첫 번째 접하는 페이지 • 기본 페이지, 정보를 손쉽게 찾아다닐 수 있다.
About Us	• 의료기관을 소개하는 페이지 • 고객에게 의료기관의 성과, 우수기술, 브랜드, 실적 등 공식적이고 객관적인 정보제공
Contact Information	• 의료기관을 방문하기 위해 문의하거나 연락 할 수 있는 정보를 알려주는 페이지 • 의료관광을 희망하는 고객과 유치기관 담당자가 의료기관에 직접 문의하거나 방문할 수 있도록 주소, 약도, 이메일, 연락처, 담당 진료통역 등을 제공 • 일대일 의사소통을 희망하는 고객을 위해 언어별 전담 상담서비스 안내 등의 정보 제공
FAQ	• 고객이 자주 하는 질문에 대한 답변 페이지 • 고객이 주로 하는 질문에 대한 질의응답을 사전에 정리해서 찾아볼 수 있도록 정보 제공 (예) 비자발급 지원, 진료예약증 발급, 픽업서비스, 통역지원 여부 등
Contents Page	• 의료기관의 주요한 정보를 제공하는 페이지 • 의료관광 특화상품, 우수의료기술, 논문, 진료절차 및 정보, 의료진, 병원시설, 인증, 의료기관 소식 등 다양한 정보 제공 • 타깃국가의 타깃고객, 마케팅 전략에 따라 내용구성이 달라지며 정보제공범위 설정이 요구됨

단원 핵심요약

▶ 커뮤니케이션의 기본 과정은 관념화(Ideation), 기호화(Encoding), 전달(Transmission), 수신(Receiving), 해독 또는 해석(Decoding or Interpretation), 이해, 송신자의 의도대로 수신자가 행동하는 단계 등으로 구성된다.

▶ 커뮤니케이션을 개발하기 위해서 고객으로부터 얻은 정보를 정확하고 명확하게 파악하고 분석하는 것이 매우 중요하다. 마케터는 수집된 정보를 활용하여 고객과 소통할 수 있는 채널을 확보하고 효과적인 커뮤니케이션 방법을 개발할 수 있다.

▶ 의료관광마케터의 전략적 커뮤니케이션 방법으로는 신의료기술이나 나눔의료, 한국의료체험을 대상으로 PR하는방법, 광고, 의료관광 전시회 또는 박람회, 세일즈 콜(Sales Call), 의료세미나 또는 텔레-컨퍼런스(Tele-conference), 신상품 프로모션 행사, 외국인 의사 초청연수 프로그램 운영 등 다양한 방법을 개발하여 활용할 수 있다.

▶ 우리나라에서는 의료광고에 대한 규제가 매우 강해 의료법의 규정을 잘 이해하고, 해외환자 유치와 관련해 허용된 광고의 내용을 확인하여 효과적인 마케팅 커뮤니케이션 전략을 수립할 필요가 있다. 한편, 미국, 중국, 일본, 중동, 유럽 등 주요 표적시장과 잠재고객의 출발지의 의료광고 규제에 대해 숙지하여 효과적인 해외 마케팅 커뮤니케이션 전략을 수립하여야 한다. 광고 전략을 수립할 때는 주요광고매체에 따라 그 비용과 장단점이 상이하므로 마케팅 목적에 맞는 매체를 선택하여야 한다.

▶ 주요 판매 인적자원은 의료기관의 마케팅 담당직원 및 진료통역 담당자, 정부기관 관계자, 유치활동 협력유치기관(에이전시)의 대표 및 담당자 등이 있다.
- 이들의 역할은 고객과 의료기관의 니즈와 욕구를 파악하여 기대와 요구사항을 잘 전달하고 상호간 기대가 충족될 수 있도록 역할을 수행하는 것이다.
- 인적자원의 성과는 유치실적에 따라 금전적(인센티브, 성과급 등) 또는 비금전적(승진, 칭찬, 재량권 부여, 정규직 등) 보상을 해 줄 수 있는데 조직의 성과 관리정책과 인적판매 자원의 요구에 따라 보상체계를 개발하여 관리할 수 있다.

▶ 마케팅은 유형에 따라 구전(입소문) 마케팅, 직접 마케팅, 귀족 마케팅, 공익 마케팅, 감성 마케팅, 컨버전스 마케팅, 브랜드 마케팅, 로열티 마케팅, 체험 마케팅, 디지털 마케팅, 데이터베이스 마케팅 등이 있으며, 표적시장과 고객 및 상품의 특성과 시장의 상황, 마케팅 목표 등을 고려하여 가장 적합한 기법을 구사하여야 한다.

▶ 의료관광시장에서 웹사이트가 고객이 의료기관을 인식하고 만나는 첫 번째 홍보매체임을 감안할 때, 타깃국가의 문화를 반영한 디자인과 정보제공방법 등을 고려하여야 한다.

알아두면 좋아요

마켓 3.0 시대, 환자는 고객이 아니라 친구다.

배성윤 (인제대학교 글로벌경영학부 교수)

몇 해 전, 노벨 경제학상 수상자인 폴 크루그먼이 뉴욕타임즈에 '환자는 소비자가 아니다'란 제목의 칼럼을 올려 화제가 된 적이 있다. 미국의 공보험인 메디케어에 소비자의 선택권을 강화하려는 공화당 측 정책을 비판하면서, 그는 의료분야에서 '소비자'라는 용어가 보편적으로 통용되는 미국의 현실을 개탄했다.

사실 '소비자 주도' 혹은 '고객 중심' 시스템이 가장 잘 갖춰진 미국이 매우 비효율적인 의료제도를 가지고 있다는 것은 시사하는 바가 적지 않다. 폴 크루그먼은 이러한 모순이 의사-환자관계를 단순히 상업적 거래로 보려는 데서 비롯된 것이라고 진단했다. 그렇다고 예전처럼 환자를 더 이상 철부지 자식이나 무지한 학생처럼 보살피고 가르쳐야 하는 존재로 인식하는 것은 이미 시대정신에 부합하지 않는다. 자본주의가 진화하고 시장이 변화하고 있기 때문이다.

최근 동반성장과 상생을 키워드로 하는 따뜻한 자본주의에 대한 관심이 높은데, 마케팅의 아버지 필립 코틀러가 말하는 '3.0 시장'도 궤를 같이 한다. 필요에 의한 실용적 소비가 이루어지던 1.0 시장과, 욕구에 의한 감성적 소비가 중요해진 2.0 시장을 지나, 이제는 신념에 의한 도덕적 소비가 이루어지는 3.0 시장으로 변화하고 있다.

이러한 시장의 변화는 의료분야도 예외가 아니다. 1.0 의료시장에서는 저렴하고 우수한 임상 품질을 중심으로 필요에 기초한 합리적 의료이용이 권장되었다. 한편, 의료의 질적 차이가 줄어들고 병원 간 경쟁이 치열해진 2.0 의료시장에서는 고객의 개념이 본격적으로 도입되고 감성적 접근으로 욕구를 만족시키거나 경험을 증진하는 것이 경쟁력이 되었다. 그리고 이제 막 시작되고 있는 3.0 의료시장에서는 협력과 문화, 진정성을 키워드로 환자의 질병치료를 넘어 예방과 건강증진에 적극적으로 기여하는 착한 병원이 사랑받게 될 것이다.

3.0 의료시장에서 환자로부터 사랑받으려면 환자를 더 이상 시혜의 대상이나 물건을 팔아야 되는 고객으로 보아서는 안 된다. 환자는 진정성으로 대해야 할 친구여야 한다. 그래야 의사와 병원이 환자의 질병치료와 건강증진을 위해 쓴 소리도 할 수 있고 때론 손해 볼 줄 알면서도 발 벗고 문제해결에 나설 수 있으며, 비로소 환자의 아픈 마음도 돌아볼 수 있게 된다.

의사는 환자의 좋은 친구여야 한다. 좋은 친구를 얻으려면 자신이 먼저 좋은 친구가 되어야 한다. 그런 친구의 진정성에 우리는 신뢰로 화답한다. 3.0 시장에서는 신뢰와 공유가치를 창출하는 데 비즈니스 기회가 있다.

출처 : 청년의사신문, 2015년 3월 28일자 [배성윤의 리씽킹 이노베이션] 칼럼
http://www.docdocdoc.co.kr/news/newsview.php?newscd=2015032500026

International Medical Tourism

제 5 장 고객만족도 관리

단원 학습목표

- 마케팅 조사의 개념과 역할, 필요성, 현재 문제점에 대해 학습한다.
- 고객만족도 조사 계획 수립과 자료수집, 결과 분석, 보고서 작성 방법 등을 학습한다.
- 고객관계관리(CRM)의 기본 개념과 데이터베이스 구축, 관계관리 방법 등에 대해 알아본다.

1. 마케팅 조사

1.1. 마케팅 조사의 정의 및 의의

마케팅 조사는 궁극적으로 기업의 전략적 의사결정을 위해 이루어지는 목적 지향적인 활동이라고 정의할 수 있다. 즉, 마케팅 의사결정을 위한 정보의 획득을 목적으로 자료를 체계적으로 수집·분석·해석하는 객관적이고 공식적인 과정이다.

미국마케팅학회에서는 마케팅 조사를 "제품과 서비스를 마케팅하는 데 관련된 문제에 대해서 정확하고 객관적이며 체계적인 방법으로 자료를 수집·기록·분석하는 일련의 활동"이라고 정의하고 있다.

궁극적으로 이러한 마케팅 조사는 거시적 환경, 자사, 경쟁사, 소비자의 행동 등 병원을 둘러싼 다양한 환경요소에 대하여 보다 명확하게 조사하고 분석함으로써 마케팅 의사결정에 도움이 되는 신뢰성과 타당성이 높은 정보를 제공하는 데에 의의가 있다.

1.2. 마케팅 조사의 역할

1) 문제해결 측면에서의 마케팅 조사

마케팅 조사를 실시하여 의사결정을 한다는 것은 주관적인 판단만으로 의사 결정하는 경우보다 비용과 시간이 다소 많이 소요되는 것은 사실이다. 그러나 마케팅조사를 통한 의사결정은 문제해결의 실마리를 제공하는 실제적인 시장상황을 반영하여 의사결정을 함으로써 의사결정의 실패 가능성을 줄이고, 의사결정의 효율성과 효과성을 증진시키는 효과가 있다.

그러나 의사결정자는 마케팅 조사를 실행하기에 앞서서 마케팅 조사를 통해 얻을 수 있는 정보와 조사를 실행하는 과정에서 필요로 하는 비용을 정확하게 파악해야 한다. 즉, 마케팅 조사를 통해 획득할 수 있는 정보가 의사결정에 어느 정도 도움을 줄 수 있는지에 대하여 정확하게 판단하고 합당한 경우에만 조사를 실시하도록 해야 한다.

2) 의사결정 입장에서의 마케팅 조사

기업의 의사결정자는 자신이 내린 의사결정에 대하여 책임을 져야한다. 마케팅 조사는 의사결정자로 하여금 책임에 따른 부담을 덜고, 보다 체계적이며 객관적인 방법으로 의사결정 하도록 유도하는 역할을 한다. 즉, 의사결정자의 개인적 판단에서 오는 편견과 이에 따른 오차를 최소화하고, 시장에 대한 객관적이며 정확한 정보를 수집하여 불확실성에 따른 위험을 최소화하기 위한 방법 중의 하나가 마케팅조사이다. 또한 비교적 정확한 정보를 이용하여 의사결정을 하게 됨으로써 의사결정자는 자신의 결정에 대하여 확신을 가지고 이를 적극적으로 추진할 수 있다.

1.3. 마케팅 조사의 필요성

경쟁이 가속화되고 경쟁 환경이 급변함에 따라 객관적인 정보를 바탕으로 하는 정확하고 효과적인 경영의사결정을 더욱 필요로 하고 있다. 경쟁이 심화되고 기술이 발달함에 따라 상품의 라이프 사이클은 짧아지고, 정보통신의 발달로 고객의 요구는 시시각각 변화하며, 디지털화로 가용한 정보는 급속도로 증가하고 있다. 이러한 여러 가지 상황을 모두 고려하여야 하는 병원의 입장에서는 올바른 의사결정을 내리기가 더욱 어려워지고 있다.

또한, 과거에는 잘못된 의사결정을 내렸을 때 그에 따른 폐해가 치명적이지 않아 이를 극복하기가 상대적으로 용이했지만 오늘날 같이 급변하는 경쟁 환경에서는 실패에 따른 대가가 너무 크기 때문에 이를 극복하기가 쉽지 않다.

이러한 환경에서 기업 의사결정자의 축적된 경험과 직관에 의한 판단만으로는 정확한 의사결정이 어렵기 때문에 의사결정에 활용할 수 있는 객관적인 정보가 더욱더 요구된다.

1.4. 마케팅 조사의 현실적 문제점

마케팅 조사는 정확한 판단력과 다양한 통계적 기법을 필요로 할 뿐 아니라 풍부한 마케팅 지식과 실무적 경험을 활용해야 하는 매우 복잡한 작업이다. 따라서 마케팅조사가 현실적으로 안고 있는 몇 가지의 문제점을 파악하고 이에 대한 장기적인 대처 방안을 마련하는 것이 필요하다. 마케팅 조사를 수행하는 데에 있어서 몇 가지 대표적인 문제점은 다음과 같다.

① 첫째, 마케팅 조사를 담당하고 있는 많은 실무자들조차 마케팅 조사에 관한 지식과 경험이 부족하다. 기업의 마케팅팀에 근무하는 사람들 대부분이 마케팅 조사에 사용되는 다양한 마케팅 조사 기법과 도구를 이해하지 못하고 있는 경우가 많다. 조사가 잘못 수행되거나 분석이 틀려도 이를 찾아내거나 수정할 능력이 부족하여 항상 전문가의 도움을 필요로 하고 있다. 장기적인 관점에서 이러한 상황은 마케팅 조사의 발전에 가장 큰 저해요인 중의 하나이다.

② 둘째, 능력을 갖춘 조사자라 할지라도 기업이 당면하고 있는 마케팅 문제의 본질을 정확하게 파악하지 못하고 자의적인 판단에 따라 독자적으로 조사를 수행하는 경우가 많다. 기업이 당면하고 있는 진정한 마케팅 문제를 찾아내고 이해하기 위해 조사자는 마케팅 관리자와 지속적인 대화채널을 유지해야 하며 특히 독선적인 조사를 지양해야 한다.

③ 셋째, 마케팅 조사와 관련하여 현실적으로 가장 심각한 문제는 조사를 통해 얻은 마케팅 문제에 대한 해결방안이 이를 사용할 마케팅 관리자의 관심을 끌지 못하여 무시되는 경우가 많다. 이러한 일은 조사자가 너무 난해한 기법이나 복잡한 내용으로 의사결정자인 마케팅 관리자를 혼동시키는 경우에 흔히 발생한다. 따라서 조사자는 정보이용자의 능력과 욕구에 맞추어 분석된 정보를 효과적으로 전달할 수 있도록 해야 한다.

④ 넷째, 아직도 마케팅 조사에서 활용할 수 있는 다양한 기법들이 충분히 개발되어 있지 못하다는 점이다. 마케팅 조사를 통해 경제현상이나 인간의 행동을 파악하는 것은 매우 복잡하고 어렵다. 그러

나 이러한 복잡한 현상을 분석하고 이해하는 것이 마케팅 조사의 목적인 바, 이를 보다 효과적으로 분석할 수 있는 방법이 지속적으로 연구·개발되어야 한다.

2. 고객만족도 조사

의료기관은 고객이 의료관광서비스에 어느 정도 만족하고 있는가를 측정함으로써 서비스의 질을 개선하는 것이 매우 중요하다. 고객만족도 조사는 의료기관에서 의료관광서비스에 대한 고객의 만족 정도와 경쟁 의료기관의 서비스에 대한 정보도 얻을 수 있다는 장점이 있다. 즉, 고객만족도 조사는 고객을 통해 의료관광서비스의 현황과 질에 대해 구체적으로 조사하고 이를 분석하고 예측하여 문제점을 해결하고 미래 목표를 설정하도록 돕기 때문에 마케팅 전략 수립에 있어서 그 의미가 매우 크다고 할 수 있다.

의료관광서비스 고객만족도 조사의 목적은 현재와 미래의 고객들이 의료기관과 상호작용하는 모든 측면을 관찰하고 분석하는 것이다. 의료기관은 조사결과에 따라 의료인과 고객관계의 이해도를 높이고 경쟁 의료기관과 비교·분석하여 의료인이 고객만족도에 어떻게 영향을 미치는지 지속적으로 검토하고 보완해야 한다.

2.1. 고객만족도 조사 계획 수립

1) 조사 목적

고객만족도 조사는 타깃국가 소비자의 한국의료와 관광에 대한 인식정도와 의료관광 실태 등을 조사하여 의료관광의 기회요인과 경쟁국가의 의료서비스 수준 및 경쟁력을 비교·분석하여 의료관광 상품 개발, 유치방안 모색, 그리고 고객의 방문 또는 치료 전후 의료관광서비스 만족 정도를 조사하는 것을 목적으로 한다. 고객만족도 조사는 그 목적에 따라 조사기간 설정, 장소 선정, 설문문항 개발, 조사대상 선정, 표집방법 등의 계획을 수립할 수 있으며, 의료기관은 조사결과를 활용하여 마케팅 전략을 수립할 수 있다.

2) 조사 방법

〈표 5-1〉 조사 방법

구분	내용
기간 설정	조사내용 및 목적에 따라 2개월, 3개월 등의 조사기간 설정
장소 선정	조사목적에 따라 특정 지역을 선정
설문문항 개발	현지조사 및 직접 방문과 FGI 인터뷰 등을 통해 설문문항 개발
조사대상 선정	현지 에이전시 담당자, 현지의사, 병원관계자, 의료관광객, 환자 및 보호자 등
표집방법	• 설문조사원 조사 : 만족도 조사 설문에 대한 개괄적인 설명과 설문지 작성 유도 • 설문지 배포 : 세미나, 박람회 등의 행사 참가자를 대상으로 설문지 배포 및 수거 후 기념품 제공 • 직접방문 인터뷰 : 표집대상 주변 사람들 대상 인터뷰
유효표본 결정	제외 설문지 결정 : 조사된 설문지 응답내용 중 불충분한 설문지를 제외할지 여부 결정
분석방법	통계결과 분석방법 및 사용 프로그램 결정

3) 조사 내용

고객만족도 조사는 의료 및 고객서비스의 특성, 브랜드 이미지의 특성, 인구통계학적 특성 등을 구분하여 조사하고 분석한다. 분석된 결과는 고객만족도를 측정한 후 이를 고객만족 향상을 위한 기초자료와 서비스 개선, 마케팅 전략 수립에 활용한다.

(1) 의료서비스의 특성 : 의료시설, 내부 인테리어, 의료인의 용모 및 복장, 의료기술, 치료전후 관리서비스 등

(2) 고객서비스의 특성 : 환자에 대한 태도, 불편사항 처리절차, 불만요소 제거, 진료통역사의 자질 등

(3) 브랜드 이미지의 특성 : 진료비, 병원의 신뢰도, 병원의 이미지 등

(4) 인구통계학적 특성 : 성별, 연령, 직종, 국적, 의료관광 체험 횟수, 한국방문 횟수 등

그 외에 의료관광을 체험하는 고객의 일반 행태, 요구 등을 조사·평가하고, 고객만족도 조사 목적에 따라 한국의료관광에 대한 인식에 대해서도 조사·분석할 수 있다.

2.2. 만족도 조사 자료수집 방법

만족도 조사 자료수집 방법으로는 고객의견카드, 직접조사, 전화조사, 우편조사, 미스터리 쇼퍼(Mystery Shopper), 동영상 촬영, VIP(Visual Imagery Profiling) 등이 있다. 각각의 방법에 대한 구체적인 내용은 〈표 5-2〉에 정리하였다.

〈표 5-2〉 만족도 조사 자료수집 방법

수집방법	내용
고객의견카드	고객 불만카드나 만족카드를 통해 방문 고객과 가족의 서비스 만족 사항이나 불만족 사항에 대해 조사하는 방법
직접조사	내원한 환자 또는 가족에게 설문지를 배부하여 조사하는 방법
전화조사	주요 고객에게 전화를 걸어 질의 응답한 내용을 조사하는 방법
우편조사	회신용 봉투가 첨부된 설문지를 고객에게 직접 전달한 후 회신된 자료를 조사하는 방법
미스터리 쇼퍼	조사자가 고객으로 가장하고 의료기관에 직접 방문하여 자신의 경험을 보고하는 조사하는 방법
동영상 촬영	의료서비스를 받는 시점에서 고객반응을 영상으로 기록하여 현장에서 고객의 모습을 조사하는 방법. 고객의 반응을 솔직하고 자연스럽게 포착할 수 있음
VIP(Visual Imagery Profiling)	글로써 의미를 전달하는 대신에 시각적 영상을 통해 고객이 의료기관을 어떻게 생각하고 있고, 고객에게 브랜드 이미지가 효과적으로 전달되고 있는지 알아보는 방법

2.3. 고객만족도 조사결과 분석

고객만족도 조사결과는 데이터를 정확하게 수집하여 결과를 통계분석하여 의사결정에 필요한 근거로 제시할 수 있어야 한다. 통계분석은 빈도분석에서부터 고급통계분석 등의 다양한 방법으로 분석할 수 있으며, 단순한 자료 정리와 도표만으로도 의사결정이 가능하다. 그러나 정교한 분석과 검증이 필요한 경우도 있다. 의료관광 마케팅 전략 수립을 위해 수집된 자료를 특성과 목적에 맞는 통계기법으로 분석해야 한다. 구체적인 조사결과 분석기법은 〈표 5-3〉에 정리하였다.

〈표 5-3〉 조사결과 분석기법

분석기법	분석내용	마케팅 조사내용 예	요구되는 자료
빈도분석	도수분포표, 구성비, 산출, 분포도, 각종 도표	고객의 인구 통계적 특성, 진료과목별, 일별, 월별 매출실적 (분포, 구성비) 도표로 정리	집단구분 자료
기술분석	변수의 평균, 표준편차, 분산, 최대값, 최소값 등	병원에 대한 인식도, 선호도, 방문률, 매출액 분석	등간 자료 또는 비율자료
교차분석	집단 간 구성비율의 차이 검증, 두 명목변수 간 상관관계	입원과 외래의 수입 차이, 또는 진료, 입원, 기타 사업 간의 수입 차이	집단 구분 자료
상관분석	변수들 간의 상관성 분석	의사에 대한 선호도 관련 요소 규명	등간, 비율자료
t-검정	두 집단 간 평균의 차이 검증	성별 병원 선호도 차이 분석	독립변수(집단구분자료), 종속변수(등간, 비율자료)
분산분석	세 집단 이상의 평균의 차이 검증	연령별 병원 선호도 차이 분석	독립변수(집단구분자료), 종속변수(등간, 비율자료)
회귀분석	종속변수에 대한 독립변수의 설명력과 관계식 도출	수요예측, 판매예측, 촉진 및 광고효과 예측	독립, 종속변수(등간, 비율자료)
판별분석	여러 개의 독립변수를 이용하여 집단을 구별함	우량고객과 불량고객의 판별요인 규명과 소속집단 판별	독립변수(등간, 비율자료), 종속변수(집단구분 자료)
요인분석	변수들의 상관성에 의해 공통요인으로 분류	이미지 차원분석, 변수축약, Life Style 도출	등간, 비율자료(연속변수)
군집분석	유사한 특성을 갖는 소비자 집단을 분류	시장 세분화, Life Style 도출	등간, 비율자료(연속변수)
다차원척도	의료관광 상품간의 유사성 정도를 다차원 좌표상에 나타남	포지셔닝 맵의 작성, 경쟁구조 분석, 최적 포지션 규명	순위, 등간, 비율
컨조인트	새로운 의료관광서비스의 속성 수준별 효용값과 최적속성조합 도출	소비자 효용이 최대화되는 의료관광서비스의 속성 결정	순위자료

2.4. 만족도 조사결과 보고서 작성

고객만족도 조사 분석결과 보고서는 의료관광사업의 성공적인 마케팅 전략 수립을 위한 방향을 제시할 수 있다. 그러므로 고객만족도 조사는 궁극적으로 의료기관이 지향하는 목표의 달성과 의사결정에 기여할 수 있도록 결과를 도출해야 한다. 즉, 분석된 고객만족도 정보는 효과적으로 활용될 수 있도록 조사결과의 적용 가능성을 고려하여 타당성과 신뢰성이 확보되어야 한다.

의료관광 사업을 추진하려는 의료기관의 마케팅 담당자는 전략적으로 고객의 요구도와 불만사항 등 고객만족도 조사결과를 병원 내부 관련부서의 담당직원들이 인식할 수 있게 고객의 입장에서 객관적인 데이터로 제시하고 활용해야 한다. 고객만족도 조사결과 고객의 요구사항이나 불편사항이 조사되면, 그 결과를 토대로 의료관광서비스 개선계획 수립과 실행이 가능하다. 의료기관은 이러한 조사결과를 바탕으로 외국인 환자를 위한 다양한 서비스 개선 및 인프라 구축 등을 할 수 있다. 고객의 요구사항은 의료기관에서의 피드백을 통한 서비스의 개선으로, 고객만족과 질 관리 및 개선과 연결된다.

3. 고객관계관리(CRM)의 기본 개념

3.1. CRM의 정의

고객관계관리(CRM : Customer Relationship Management)란 고객정보를 효과적으로 이용하여 고객과의 관계를 유지·확대·개선함으로써 고객의 만족과 충성도를 제고하고, 기업 및 조직의 지속적인 운영·확장·발전을 추구하는 고객과 관련된 제반 프로세스 및 활동을 말한다. 즉, 고객의 니즈를 파악하여 그들이 편리하고 즐거운 삶을 영위할 수 있도록 도와줌으로써 한 번의 고객을 평생고객으로 만들어, 지속적인 매출과 장기적인 수익을 얻고자 하는 제반 활동과 시스템을 말한다.

평생고객이란 기존의 단발적인 마케팅이 아니라 고객과의 지속적인 관계를 유지함으로써 한 번의 고객을 기업의 평생고객으로 만든다는 것을 의미한다. 또한 기업의 장기적인 수익을 극대화한다는 것은 고객과의 관계를 바탕으로 하여 고객의 평생가치(Life-time Value)를 극대화한다는 것을 의미한다.

3.2. CRM의 필요성

CRM의 필요성이 적극적으로 대두된 가장 핵심적인 이유는 정보기술의 발달로 인한 산업의 디지털화와 정보화 그리고 인터넷의 발달과 확산 때문이다. 즉 컴퓨터와 정보기술의 발달로 산업 내의 많은 자료가 공유되고, 인터넷이라는 획기적인 커뮤니케이션 매체의 등장으로 고객은 외부로부터 많은 정보를 얻고 자신의 것을 손쉽게 전달할 수 있게 되었다. 이와 같이 정보의 자유화와 보편적 서비스화가 급속도로 진행됨에 따라 정보의 단절로 인하여 어느 정도의 제한되던 기업 간의 경쟁이 점차 심해지고 있다. 이러한 경쟁에서 살아남고 발전하는 길은 오직 고객에 있음을 깨닫고 기업이 자신의 역량을 고객에 집중함으로써 CRM이 필요하게 되었다.

3.3. CRM의 도입 배경

1) 강화된 고객의 힘

정보기술의 발달과 인터넷의 확산은 고객으로 하여금 정보를 쉽게 획득할 수 있도록 함으로써 고객의 힘을 강화시키는 역할을 하고 있다. 과거에는 기업이 정보를 가지고 있고 일반적인 커뮤니케이션 매체를 통하여 고객들에게 선별적이며 제한적으로 정보를 제공함으로써 고객을 손쉽게 유인하거나 통제할 수 있었다. 그러나 인터넷으로 인하여 고객의 선택 폭이 크게 확대됨에 따라 선택은 더 이상 기업이 할 수 있는 것이 아니라 고객의 것으로 변해가고 있다.

2) 기업 변화의 필요성

시장에서 산업 간의 경계가 무너지고 시장진입이 용이해짐에 따라 새로운 기회와 위협에 직면하게 된 기업은 변화의 필요성을 강하게 느끼게 되었다.

인터넷의 발달과 확산은 기업의 입장에서는 기회인 동시에 위협 요인이 되고 있다. 시장의 진입 장벽을 낮추고 시·공간적 제약이 약화됨에 따라 기존의 시장을 확대하거나 다양한 틈새시장을 창출하는 것이 가능하게 되었다. 그러나 시장의 진입장벽이 낮춰짐으로써 경쟁이 심화되고 있다. 인터넷이란 매체가 생겨나면서 충분한 자본과 공간 없이 아이디어만 가지고도 시장에 진출하여 사업을 할 수 있게 되었다. 새로운 시장에 진입할 경우 부딪치는 진입장벽이 낮아짐에 따라 경쟁은 점차로 높아질 수밖에 없다.

3) 가격 경쟁 심화

정보의 공개화로 인하여 가격경쟁이 점차 가속화됨에 따라 기업은 생존하기 위하여 충성스럽고 가치 있는 고객을 선별·유지·관리할 필요성을 느끼게 되었다.

요즘은 거의 모든 고객들이 가격에 민감하게 반응하고, 가격에 대해 많은 신경을 쓰고 있다. 이처럼 가격에 대한 관심이 높아지고 있는 이유 중의 하나는 인터넷을 이용한 정보탐색이 쉬워졌기 때문이다.

4. 고객관계 구축

의료기관은 고객의 정보를 통합·관리할 수 있도록 고객관계관리 시스템을 구축해야 하며 이를 기반으로 다양한 고객의 정보를 수집하고 의사결정자가 쉽게 이용할 수 있도록 고객정보를 관리하고 분석해야 한다. 의료기관을 최초 내원하였을 시점부터 진료 및 사후관리에 이르기까지 고객의 진료 패턴 등 모든 고객의 활동들이 확인되어야 한다. 고객의 거주 형태, 내원 경로, 제공 의료서비스의 형태 및 양(입원일수, 치료비 등) 등에 관한 데이터를 준비하여 의료관광서비스 정책의 성과분석과 지원에 활용할 수 있도록 해야 한다.

의료기관은 다양한 고객정보로 고객의 행태, 방문패턴 및 유형, 고객관계 등을 분석하여 고객중심의 프로세스를 개선하고 고객관리 체계를 마련하여 고객만족의 핵심요소인 서비스가 잘 전달되는지 관리할 수 있다. 고객중심의 프로세스는 의료관광서비스가 실행되는 절차로 고객의 입장에서 의료관광서비스의 수준을 결정하는 주요 요소이다. 이는 의료관광서비스의 질 개선과 고객관계 관리를 통해 고객만족도 향상이 곧 다른 고객과의 관계, 즉 재방문 창출에 영향을 주기 때문에 매우 중요하다.

고객에게 만족을 주는 의료서비스 마케팅을 실시함으로써 의료서비스에 대한 재구매율을 향상시켜 의료서비스 제공자는 매출을 증가시키고 서비스 상품이 유지되고 발전하게 된다. 고객만족을 위한 마케팅은 의료기관의 이익을 달성하고 수익구조를 확보하는 중요한 수단이 된다. 의료마케팅은 신규고객의 창출과 충성고객의 확보라는 정책목표를 달성할 수 있어야 한다.

충성고객을 확보하기 위해서는 고객의 성향을 파악하고 대응하며 고객의 욕구를 충족시킨다면 제공 의료서비스에 대한 충성도가 발현되어야 한다. 고객들은 구매를 한 후 더 좋은 대안이 없다고 생각하면 그 제품에 대한 지속적인 관계를 형성하고 기억하여 재구매시 선택하게 된다.

의료서비스를 이용할 때 정보의 제한, 이용의 불편성 등으로 인해 신규고객으로부터는 마케팅 활동만큼의 성과를 조기 달성하기에 어렵다. 따라서 이용 시의 장애요소가 무엇인지를 예측 판단하여 제거하거나 최소화함으로써 상품 구매율을 향상시키도록 노력해야 한다.

4.1. 고객관계관리 데이터베이스 구축(설계)

고객데이터를 관리하기 위해 의료기관은 분석 목적에 따라 필요한 고객정보를 수집하고 고객 데이터베이스를 구축해야 한다. 고객관계관리 데이터베이스는 고객정보를 분류, 수집, 저장하여 분석하는 데 필요한 데이터를 목적에 따라 성별, 연령별, 지역별(국가별), 진료과별, 질병별, 기간별, 입원·외래·건진 등으로 분류하여 정보를 추출하여 활용할 수 있도록 정보를 제공해 준다.

이러한 고객관계관리 데이터베이스를 설계할 때 데이터 사용자 위주로 설계해야 데이터를 쉽게 활용할 수 있다. 고객데이터는 마케팅 전략수립의 관점에서 다양하게 활용이 가능해야 하며 설계자 이외의 다른 직원들이 필요에 따라 데이터 추출이 가능하도록 하기 위해 직원들의 의견을 수렴해야 한다. 또한 고객관계관리 시스템을 설계할 때에는 유연성 있게 설계하여 추후 목적에 따라 시스템을 확대하거나 고급정보를 활용하고자 할 때 보완 가능할 수 있도록 다양한 측면을 고려해서 설계해야 한다. 그리고 고객데이터는 설계와 더불어 데이터를 처음 분류하여 수집하고 저장하는 접점부서의 담당직원이 데이터의 중요성을 인지하여 정확한 데이터를 고객으로부터 받아서 시스템에 입력하는 것이 매우 중요하다. 즉, 정확한 데이터를 시스템에 입력하고 저장한 뒤 지속적으로 고객정보의 변동사항을 업데이트해야 하는 것이 고객관계관리 시스템 구축의 기본이라 할 수 있다.

따라서 의료서비스를 이용한 고객의 정보를 각 의료기관 별로 데이터베이스를 구축하고 정기적으로 의료, 건강 및 관광 관련 뉴스를 e-매거진 형태로 발송하여 고객들이 재구매율 욕구를 가지도록 노력하여야 하며, 보건복지부는 e-매거진 내용 중 국가 홍보가 필요한 부분을 발췌하여 통합 홍보 마케팅 자료로 활용하도록 한다.

4.2. 고객관계관리 데이터 분석과 마케팅

의료기관이 수집된 고객의 정보를 활용하여 마케팅 믹스를 결정하는 것이 고객 데이터베이스를 활용한 마케팅이라 할 수 있다. 고객정보 분석은 인구통계학적, 매출, 유입경로, 국적, 만족 정도 등 다차원적으로 분류할 수 있다.

고객관계관리 데이터 분석에 필요한 자료는 고객의 성명, 나이, 성별, 국적, 주소, 연락처, 가족관계, 유치기관명, 유입경로(인터넷, 친구소개, 유치기관 등), 진료과목, 의사, 진료시간(일정), 외래·입원·건강검진 자료 등이며 이러한 정보는 의료기관 방문 시 접수 등록할 때, 또는 진료예약 등록 시 수집된다.

의료기관은 접수 완료 시 고객이 고유의 등록번호로 관리되면 진료카드 발급으로 병원 내에서 환자의 정보를 확인할 수 있다. 이러한 정보를 근거로 환자가 언제 어느 과에서 어떤 진료를 받았는지와 함께 총 진료비 수납금액(매출액), 지불방법(현금, 수납, 보험사 등), 다음 방문예정일과 진료과목, 주요 질환명 등을 확인할 수 있다. 설문조사를 통해서도 고객의 정보를 수집하고 저장한다.

고객관계관리 데이터베이스가 구축되면 의료기관은 고객의 필요와 욕구를 파악하여 고객을 만족시킬 수 있는 의료관광 상품 개발, 적정가격 결정, 유통경로분석 및 개발, 주요 국가별 광고매체 선정, 홍보활동

계획 등 의사결정을 하기 위한 자료로 활용하고 마케팅 전략을 수립할 수 있다.

4.3. 의사결정요인 연관성 분석

의료기관은 고객 데이터베이스를 활용하여 다양한 의료관광 의사결정요인 연관성을 분석하고 해외환자를 유치할 수 있는 의료관광 마케팅 실행계획을 수립한다.

1) 매출실적에 따른 분석

고객별 매출실적에 따라 차별된 서비스를 제공하는 것이며 마일리지 적립, 매출액 누적점수제 등이 이에 해당한다. 매출실적 분석결과는 기존 고객데이터와 연계하여 기초로 활용한다. 의료기관에서 매출실적을 고객정보로 활용하는 것이 의료분야에서 적절한 방법인가에 대해서는 논란의 소지가 있을 수 있으나 합법적으로 인정되는 의료관광 사업에서는 유치실적 증대를 위해 매출에 근거하여 마케팅 전략을 수립하는 것이 합당하다. 또한 고객과 유치기관을 매출실적별로 등급화하고 분류하여 무료 건강검진권 제공, 감면율 또는 할인율 적용, 프로모션, 통역 및 부가 서비스 지원 등의 다양한 마케팅 방법을 도입할 수 있다.

2) 고객정보 분류 및 분석

고객의 기본정보를 활용하여 고객의 생일, 기념일 등에 전화, 이메일, 우편으로 축하 메시지를 보내거나 고객에게 유용한 건강정보 뉴스레터 발행 및 발송 등 고객만족 서비스 제공과 고객관계 구축으로 재방문을 유도할 수 있다. 의료기관에서 재방문은 항암치료를 위한 입원 또는 정기 건강검진을 위한 재검진, 외래검진 등이 해당되며 이를 위해 의료기관은 고객정보를 활용하여 지속적으로 재진고객을 관리할 수 있도록 고객데이터를 분석·관리해야 한다.

3) RFM분석(Recency, Frequency, Monetary)

의료관광사업의 고객 대상은 환자 또는 유치기관으로 구분되는데 얼마나 자주 의료기관에 방문하는지, 최근에 의료기관을 방문하였는지, 한 번 방문 시에 지불한 비용이 얼마인가 등의 RFM 분석을 통해 고객군별 차별화 전략을 수립할 수 있다. 의료기관에서 쉽게 RFM 분석과 적용이 가능한 환자 또는 건강증진센터 수진자, 질병별 또는 진료과별 환자, 유치기관별로 고객데이터를 분석하는 것이다.

RFM 분석은 의료기관 입장에서 일정기간 동안 높은 매출을 달성한 고객이 가장 가치 있다는 점에 착안하여 분석하는 기법으로 방문빈도수, 최근 방문시기, 방문당 지불금액 등의 세 가지 요소에 가중치를 부여하고 의료관광 상품 개발 및 시장 세분화로 의료관광시장 규모를 예측하는 분석기법이다.

4) 환경 분석

모니터할 환경 분야를 결정하고 정보원, 정보 빈도 및 책임자를 포함한 정보의 수집방법을 확정하면, 자료수집 계획을 실천한 후 자료를 분석하고 분석된 자료를 시장계획의 작성과정에 활용한다. 환경에 대한 정보를 단순히 수집만 하는 것은 충분하지 않다. 정보는 신뢰할 수 있고 타이밍이 적절하여야 하며, 의사결정에 이용할 수 있어야 한다.

4.4. 유형별 고객관계관리 구축 전략

1) 의료관광 의사결정 전 고객관리

의료관광을 선택하고 결정하기 전에 고객들은 치료에 대한 불확실성, 낮은 신뢰도 및 인지도, 비용부담 등으로 인해 의사결정 시 위험부담을 인지하게 된다. 의료기관은 의료관광 잠재고객에게 고객관계 관리를 통해 고객들이 원하는 정보를 구체적으로 제공해야 한다. 의료기관에서 고객이 원하는 정보를 제공함으로써 치료에 대한 불확실성을 낮추고 신뢰를 얻는 방법은 다음과 같다.

- 어떤 경우에 어떤 의료관광서비스의 이용이 가능한지 설명한다.
- 의료관광서비스를 받을 경우 치료 후 효과와 부작용 등을 자세히 설명한다.
- 고객이 선택한 의료관광 서비스 비용을 추정해서 설명하고 알려준다.
- 고객이 의료관광 서비스를 받은 후에 무엇을 기대할 수 있는지 알려준다.
- 고객의 입장에서 고객 이상으로 요구를 잘 알고 있으며, 고객이 원하는 것을 가지고 있음을 자신 있고 과장되지 않게 설명한다.
- 제공되는 의료관광 서비스 수준과 치료절차 등에 대해 상세하게 상담지에 적어가면서 설명한다.
- 특정 의료서비스의 내용(치료기관, 치료방법 등)을 명확히 설명하고 이해시킨다.

가) 구전 효과의 활용

의료기관은 고객에게 신뢰를 높이기 위한 최선의 방법으로 기존고객의 경험을 구전 효과로 활용해야 한다. 즉, 의료기관에 방문했던 고객들로 하여금 자신의 경험담을 잠재고객에게 이야기를 하도록 유도함으로써 의료서비스에 대한 고객의 신뢰를 높일 수 있다. 의료기관은 의료관광서비스에 만족한 고객으로 하여금 잠재고객에게 자신의 체험담을 알리는 성향을 이용한다. 그리고 잠재고객이 기존고객과 접촉할 수 있는 연결고리를 마련하고 타깃시장의 오피니언 리더들을 통한 캠페인 및 프로모션 프로그램을 강화한다.

나) 선정기준의 제시

의료관광서비스의 고객은 대체적으로 의료관광 상품 선택 전과 후에도 두려움, 불확실성, 의심 등의 위험을 느끼며, 의료서비스를 받기 전과 후에 서비스의 질을 평가하는 데 어려움을 겪는다. 그러므로 의료관광 서비스를 선택하고자 하는 고객의 의료기관 선정의 어려움을 해결해 줌으로써 의료기관은 고객을 관리할 수 있게 된다. 의료기관은 고객이 의료관광서비스를 받을 의료기관을 선정할 수 있도록 의료관광 상품의 선정기준이 무엇인지 제시하고, 언제 어떻게 적용되는지 인지해야 한다. 또한 어떤 경우에 어떤 의료관광 상품을 선택할 것인지 고객의 입장에서 정확한 정보를 제공해야 한다.

다) 고객만족관리시스템 구축

의료관광객이 의료관광 상품을 선택하고 결정하기 전에 고객의 불만을 어떻게 처리하고 관리할 것인지 고객만족관리 프로세스를 구축함으로써 고객들의 구매욕구를 자극하고 의사결정에 도움을 주어야 한다.

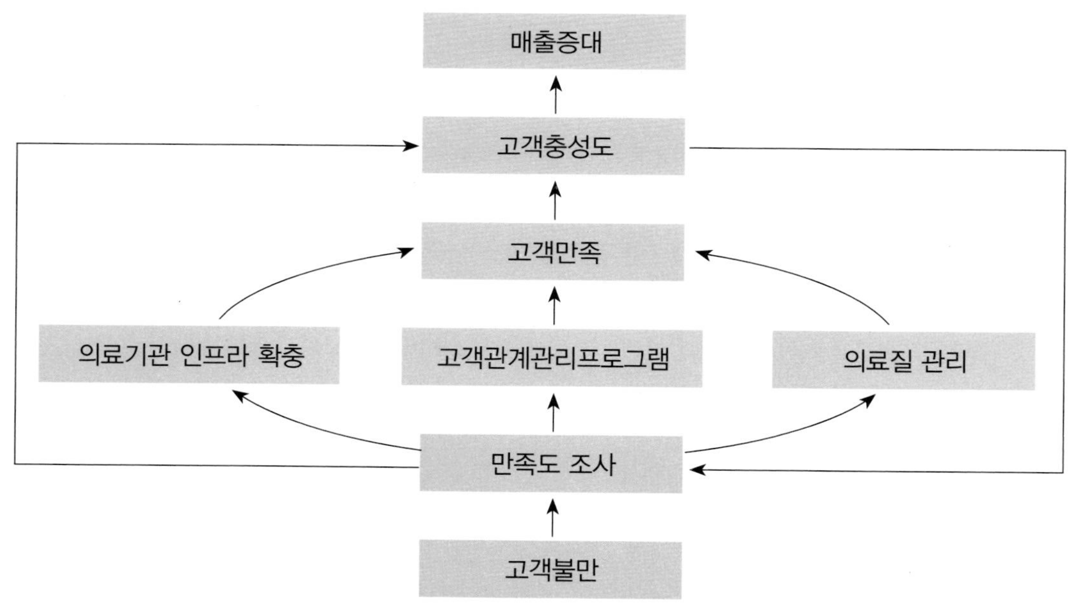

〈그림 5-1〉 고객만족관리 프로세스

2) 고객 접점에서의 고객관계관리

의료관광서비스에 대한 고객의 인식은 고객이 의료관광서비스를 접하게 되는 주요 서비스 단계, 즉 결정적인 순간(MOT) 또는 고객 접점의 순간에 이루어진다. 의료관광서비스의 질은 의료기관인 제공자와 고객이 대면하는 순간 인식되며, 서비스 제공자와 고객이 만나는 순간 상호작용에 의해 이뤄진다. 고객은 의료관광서비스에 대한 기대와 실제 경험이 교차하는 순간에 희비가 엇갈리는데, 경험이 기대에 미치지 못할 때에는 실망하기도 하고 만족하여 충성고객이 되면 의료기관을 알리고 재방문하게 된다.

의료기관에서 일어날 수 있는 고객접점의 결정적인 순간은 예약, 접수, 병원도착, 입원실 입실, 진료실, 입·퇴원 수속, 진료비 정산, 기타 절차 등이다. 의료기관은 이러한 결정적인 순간에 고객유형별(건진, 입원, 외래)로 고객이 접하는 접점에서의 고객만족을 유도할 수 있도록 접점에서 일하는 직원들이 고객에게 정확한 정보를 제공할 수 있어야 한다. 또한 고객은 자신의 정보를 정확하게 제공받을 수 있도록 접점 직원들에게 정확한 정보를 제공해야 한다.

가) 의료관광서비스 사이클

의료기관은 고객들에게 보다 나은 의료관광서비스 제공을 위한 고객 접점에서의 서비스 사이클을 분석하기 위해 먼저 의료관광서비스를 받은 시점부터 완료될 때까지의 과정을 정리하고 고객유형별로 발생할 수 있는 불만을 고객의 입장에서 분석해야 한다.

이러한 서비스 사이클 분석은 고객의 입장에서 고객중심의 주관적인 서비스 질을 파악할 수 있는 방법을 제공하고, 고객 접점에서 고객의 경험과 만족 정도를 확인하고 이에 따른 의료서비스 개선, 고객만족 서비스 제공을 위해 관리해야 하는 고객별 특성 파악 등의 유익한 정보를 준다.

3) 귀국 후 고객관리

가) 불만고객 관리

고객의 불만을 어떻게 정의 내리고 해석하는가에 따라 문제 해결 능력과 정보가 달라진다. 고객의 불만은 기대에 부응하지 못하는 서비스에 대한 고객의 생각과 의견으로 이러한 불만을 토대로 의료기관은 의료관광서비스의 문제점을 파악할 수 있다. 불만고객들은 직접 불만을 잘 표현하지 않고 주위사람들에게 그 문제를 적어도 10명의 다른 사람에게 말하곤 한다. 그러면 의료기관에서 고객의 불만을 제대로 처리하지 않으면 10명의 잠재고객까지 잃게 되므로 한 명의 불만고객이라도 부정적인 영향을 미치지 않도록 고객관계관리 시스템 구축을 해야 한다. 불만고객은 부정적인 메시지를 확산시키는 은밀한 네트워크를 형성하므로 의료기관은 문제점을 조기에 파악하여 문제가 확산되기 전에 신속하게 해결해야 한다. 또한 불만고

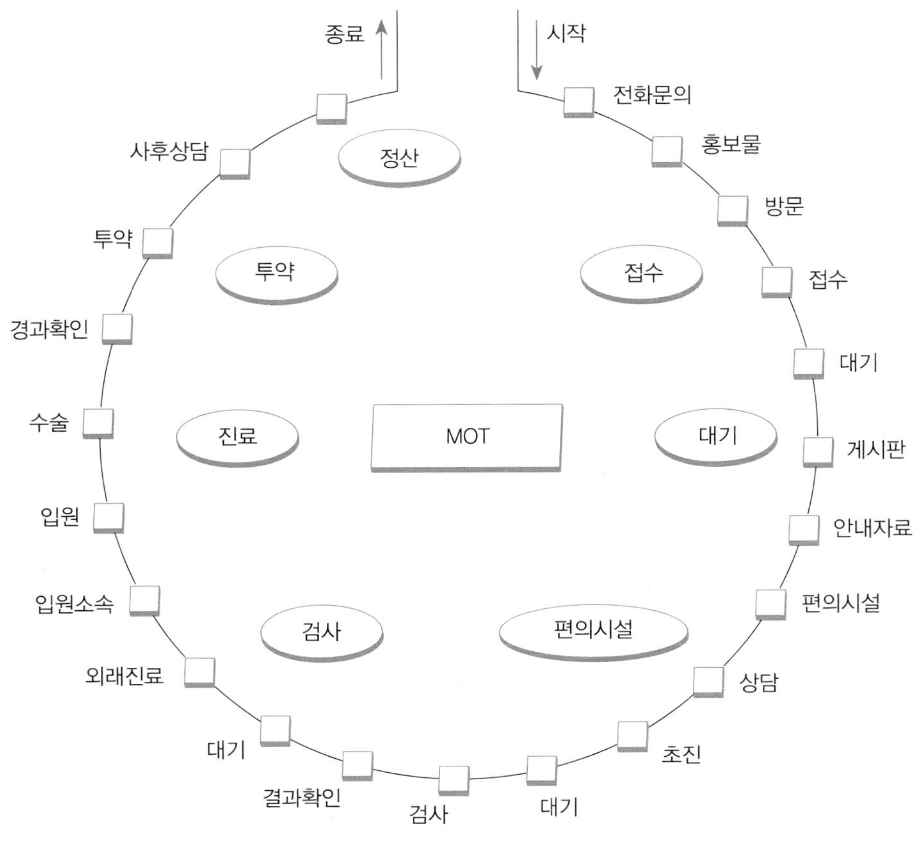

〈그림 5-2〉 의료서비스 사이클

객은 언제든지 다른 경쟁 국가를 선택할 가능성이 높고 해당 국가에 부정적인 이미지가 형성될 경우 해당 의료기관뿐만 아니라 국가 전체에 영향력을 미친다는 점을 인지해야 한다.

(1) 불만고객에 적절한 5가지 응대법

① 모든 고객의 불만은 즉시 바로 기록한다.

② 접수된 불만의 처리과정을 불만고객에게 통보한다.

③ 불만에 대해 즉각적으로 대응한다.

④ 접수된 불만사항은 불만 관련부서 또는 담당자에게 즉각 통보한다.

⑤ 의료기관은 불만이 발생할 소지를 파악하여 사전에 예방조치를 취한다.

(2) 불만 접수 및 처리 단계

① 1단계 : 고객 만족도조사에서 밝혀진 불만사항이 있는가?

② 2단계 : 불만사항이 고객의 입장에서 환자를 만족시키는 데 중요한 요소인가?

③ 3단계 : 불만사항이 일상적으로 접수되는 불평사항인가?

④ 4단계 : 일상적인 불평사항이면 즉시 해결 할 수 있는가?

⑤ 5단계 : 즉시 해결이 불가능하다면 대안은 있는가?

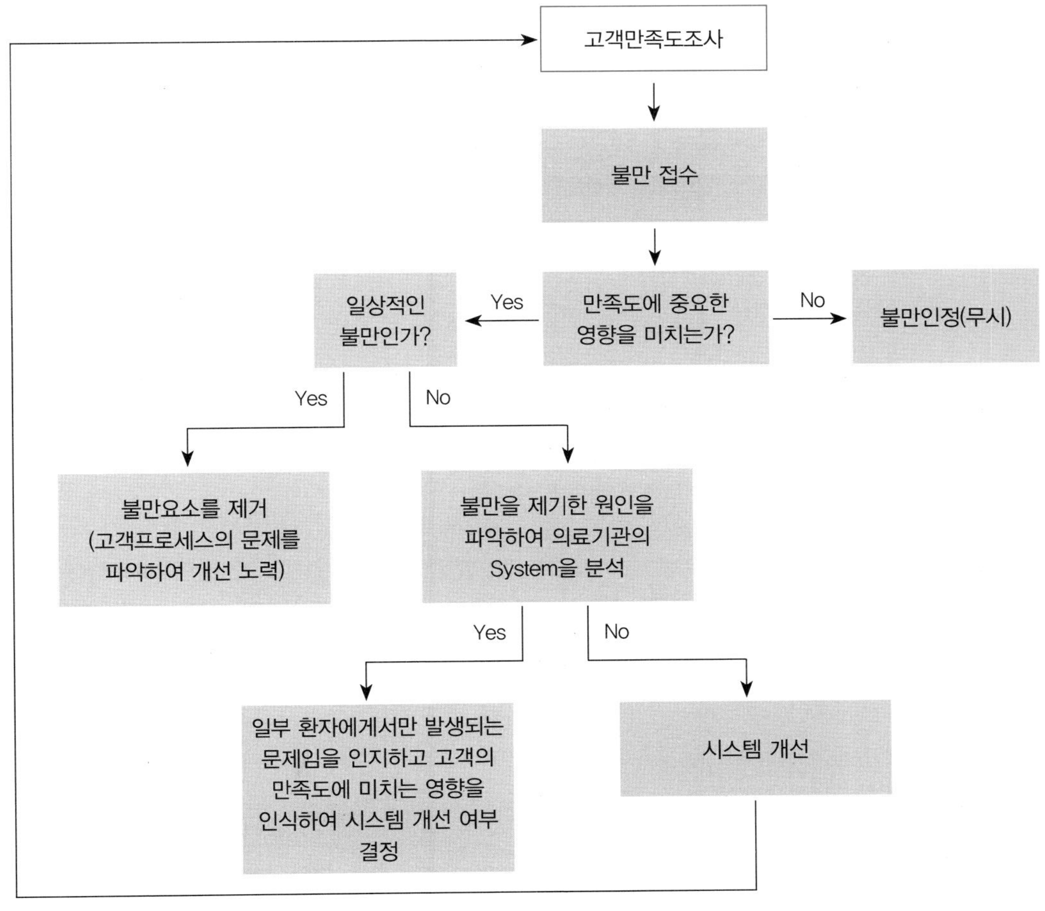

〈그림 5-3〉 고객만족도 조사 및 불만요소 처리절차

나) 고객만족 서비스의 보상

의료기관이 의료관광서비스의 고객만족을 보상함으로써 얻을 수 있는 효과는 다음과 같다.

① 첫째, 의료관광 서비스의 각 요소 중에서 고객이 원하고 기대하는 것에 의료기관의 초점을 맞출 수 있게 해준다.

② 둘째, 의료관광 상품과 서비스를 표준화하고 고객과 직원들에게 의료기관이 목표하는 의료관광 서비스 수준을 알려준다.

③ 셋째, 고객의 피드백을 통해 고객관계관리 시스템 개발을 유도할 수 있다.

④ 넷째, 의료기관에서 의료관광 서비스의 실패사례를 어떻게 극복해야 하는지를 제시해 준다.

⑤ 다섯째, 고객으로 하여금 위험성을 줄이고 장기적 관점에서 의료기관과 의료관광서비스에 대한 고객의 충성도를 강화한다.

〈표 5-4〉 고객만족 서비스의 보상

구분	내용
보상범위	의료관광서비스 보상은 무조건적이어야 한다. 고객의 불만에 단서조항을 제시하거나 고객을 의심해서는 안 된다. 예) 재치료비 전액 지원
고객요구	의료관광서비스 보상은 고객이 실제로 원하는 것이어야 한다. 예) 감면, 환불요청 등 고객의 입장에서 이득이 되도록 보상해야 한다. 고객 불만과 보상은 고객이 알려주는 대로 평가되어야 한다. 예) 환불요청, 재수술 또는 다른 병원 소개 후 치료 등
의사소통	의료관광 서비스 보상은 고객과 직원의 해석이 필요 없이 명확해야 한다. 서비스에 대한 보상으로 의료관광 서비스 질에 대한 명확한 기준과 프로세스 표준을 만들어야 한다. 예) 환자불만 유형별 진료비 환불 규정
불만처리	불만고객은 불만사항을 쉽게 의료기관 담당자에게 전달할 수 있어야 한다. 불만사항의 전달이 쉬운 의료기관은 고객의 소리에 항상 관심을 가지고 있다. 예) 고객의 소리 VOC 접수
신뢰구축	의료관광서비스 불만고객들에게 진료비를 받지 않거나 환불 보상으로 의료기관에 대한 높은 신뢰도를 형성할 수 있다. 의사와 환자의 높은 신뢰는 환자로 하여금 심리적 안정감을 갖게 해주며, 치료 효과를 높여줄 수 있다. 예) 치료에 대한 신뢰와 확신

4) 의료관광서비스 사후관리

의료관광서비스 고객관계관리에서 치료 후 귀국한 환자에게 세심하고 철저한 사후고객관리를 제공하는 것이 매우 중요하다. 국내 의료기관에서는 의료전달체계에 의거하여 협력병원과 의료협력센터를 통해 의뢰된 환자들이 치료 후 협력병원 의사가 직접 의뢰했던 의료기관에서 환자정보를 조회하고 결과를 확인할 수 있는 시스템과 다소 비슷하다. 또한 의료관광서비스를 받은 환자와 가족을 위해 국내 병원들은 u-Healthcare 시스템을 활용하고 있으며, 고객 또는 유치기관은 이러한 시스템을 통해 상담을 요청하거나 예약으로 정해진 시간에 담당 의사들과 의사소통을 할 수 있도록 되어 있어 해외에 있는 환자가 치료 후 귀국하더라도 의사와 치료에 대해 상의할 수 있다.

이러한 시스템과 더불어 사후관리서비스를 위해 국내 의료기관은 해외 의료기관과의 협력네트워크 구축과 의료진 연수프로그램 등을 시행하고 있다. 국내에서 연수받은 의료진과의 네트워크 구축은 치료 후 귀국한 환자에게 문제가 발생했을 경우 국내 의료진과 환자를 관리할 수 있는 현지 의료진과의 네트워크를 가능하게 하여 매우 중요한 역할을 수행한다. 또한 국내 의료기관은 글로벌 네트워크 및 사전·후 관리 시스템 구축의 일환으로 국내병원의 해외진출 사업에 박차를 가하고 있다.

단원 핵심요약

▶ 마케팅 조사는 제품과 서비스를 마케팅하는 데 관련된 문제에 대해서 정확하고 객관적이며 체계적인 방법으로 자료를 수집 · 기록 · 분석하는 일련의 활동이다.

▶ 마케팅 조사가 필요한 이유는 시장환경이 급변하고 기업 의사결정자의 축적된 경험과 직관에 의한 판단만으로는 정확한 의사결정이 어렵기 때문에 의사결정에 활용할 수 있는 객관적인 정보가 더욱더 요구되기 때문이다.

▶ 마케팅 조사는 정확한 판단력과 다양한 통계적 기법을 필요로 할 뿐 아니라 풍부한 마케팅 지식과 실무적 경험을 활용해야 하는 매우 복잡한 작업이다. 그러나 마케팅조사는 현실적으로 다음과 같은 몇 가지 문제점을 안고 있다.

- 첫째, 마케팅 조사를 담당하고 있는 많은 실무자들조차 마케팅 조사에 관한 지식과 경험이 부족하다.
- 둘째, 기업이 당면하고 있는 마케팅 문제의 본질을 정확하게 파악하지 못하고 자의적인 판단에 따라 독자적으로 조사를 수행하는 경우가 많다.
- 셋째, 조사를 통해 얻은 마케팅 문제에 대한 해결방안이 이를 사용할 마케팅 관리자의 관심을 끌지 못하여 무시되는 경우가 많다.
- 넷째, 마케팅 조사에서 활용할 수 있는 다양한 기법들이 충분히 개발되어 있지 못하다.

▶ 의료기관은 고객이 의료관광서비스에 어느 정도 만족하고 있는가를 측정함으로써 서비스의 질을 개선하는 것이 매우 중요하다. 고객만족도 조사는 의료기관에서 의료 관광서비스에 대한 고객의 만족 정도와 경쟁 의료기관의 서비스에 대한 정보도 얻을 수 있다는 장점이 있다.

▶ 고객만족도 조사는 그 목적에 따라 조사기간 설정, 장소 선정, 설문문항 개발, 조사대상 선정, 표집방법 등의 계획을 수립할 수 있으며, 의료기관은 조사결과를 활용하여 마케팅 전략을 수립할 수 있다.

- 고객만족도 조사는 의료 및 고객서비스의 특성, 브랜드 이미지의 특성, 인구통계학적 특성 등을 구분하여 조사하고 분석한다.
- 자료수집 방법으로는 고객의견카드, 직접조사, 전화조사, 우편조사, 미스터리 쇼퍼(Mystery Shopper), 동영상 촬영, VIP(Visual Imagery Profiling) 등이 있다.
- 조사결과는 데이터를 정확하게 수집하여 결과를 통계분석하여 의사결정에 필요한 근거로 제시할 수 있어야 한다. 통계분석은 빈도분석에서부터 기술분석, 교차분석, 상관분석, t-검정, 분산분석(ANOVA), 회귀분석, 판별분석, 요인분석, 군집분석, 다차원척도, 컨조인트 분석 등 고급통계분석에 이르기까지 다양한 방법으로 분석할 수 있다.
- 의료기관의 마케팅 담당자는 전략적으로 고객의 요구도와 불만사항 등 고객만족도 조사결과를 병

원 내부 관련부서의 담당직원들이 인식할 수 있게 고객의 입장에서 객관적인 데이터로 제시하고 활용해야 한다.

▶ 고객관계관리(CRM)란 고객정보를 효과적으로 이용하여 고객과의 관계를 유지 · 확대 · 개선함으로써 고객의 만족과 충성도를 제고하고, 기업 및 조직의 지속적인 운영 · 확장 · 발전을 추구하는 고객과 관련된 제반 프로세스 및 활동을 말한다.

▶ 고객관계관리 데이터베이스는 고객정보를 분류, 수집, 저장하여 분석하는 데 필요한 데이터를 목적에 따라 성별, 연령별, 지역별(국가별), 진료과별, 질병별, 기간별, 입원 · 외래 · 건진 등으로 분류하여 정보를 추출하여 활용할 수 있도록 정보를 제공해 준다.

– 고객관계관리 데이터 분석에 필요한 자료는 고객의 성명, 나이, 성별, 국적, 주소, 연락처, 가족관계, 유치기관명, 유입경로(인터넷, 친구소개, 유치기관 등), 진료과목, 의사, 진료시간(일정), 외래 · 입원 · 건강검진 자료 등이며 이러한 정보는 의료기관 방문 시 접수 등록할 때, 또는 진료예약 등록 시 수집된다.

– 고객관계관리 데이터베이스가 구축되면 의료기관은 고객의 필요와 욕구를 파악하여 고객을 만족시킬 수 있는 의료관광 상품 개발, 적정가격 결정, 유통경로분석 및 개발, 주요 국가별 광고매체 선정, 홍보활동계획 등 의사결정을 하기 위한 자료로 활용하고 마케팅 전략을 수립할 수 있다.

▶ 고객관계관리(CRM) 방법은 고객의 서비스 이용 단계에 따라 의료관광 의사결정 전 고객관리, 고객 접점에서의 고객관계관리, 귀국 후 고객관리, 의료관광서비스 사후관리 등으로 구분할 수 있다.

– 의사결정 전 고객관리 : 구전 효과의 활용, 선정기준의 제시, 고객만족관리시스템 구축

– 고객 접점에서의 고객관계관리 : 의료관광서비스 사이클

– 귀국 후 고객관리 : 불만고객 관리, 고객만족 서비스의 보상

– 의료관광서비스 사후관리 : u-Healthcare 시스템을 활용한 상담 및 협진

알아두면 좋아요

디지털 의료 시대, 이제 아티스트가 되라

배성윤 (인제대학교 글로벌경영학부 교수)

지난해 10월, 우리나라를 포함해 29개국을 대상으로 의사에 대한 신뢰도와 서비스 만족도를 조사한 결과가 뉴잉글랜드 의학저널(NEJM)에 발표되었다. 1위는 스위스, 2위는 덴마크였다. 우리나라는 의사 신뢰도 20위, 서비스 만족도 24위를 기록했다. 의사에게서 받은 서비스에 '만족한다'는 응답은 겨우 25%에 불과했다. 이런 결과를 의료제도나 국민의 성향 탓으로만 돌리기에는 개운치 않은 구석이 있다.

왜 우리 국민들은 의사를 온전히 신뢰하지 못하고 의사가 제공하는 서비스에 만족하지 못하는 것일까? 이를 이해하면, 어떻게 열악한 의료계 현실을 극복하고 혁신할 것인가에 대한 해답을 찾을 수 있을지도 모른다.

세상은 지금 빠르게 변화하고 있다. 오늘날의 경제는 제품을 생산함으로써 부를 쌓아가던 산업화 시대를 지나 '연결'과 '관계'에서 가치가 창출되는 연결경제(connection economy)의 시대에 접어들고 있다. 연결경제 시대에서 우리가 만들어내는 제품과 서비스의 가치는, 얼마나 쓸모 있는 정보를 생산하는지, 얼마나 많은 신뢰를 얻을 수 있는지, 그리고 얼마나 자주 혁신할 수 있는지에 따라 달라진다.

연결과 관계는 사람들의 관심을 얻는 것이 중요하다. 사람들은 자기가 믿는 사람들의 말만 듣는다. 자기 관심을 사로잡는 이들과 거래하고, 도움을 받고자 한다. 세상이 더 삭막하고 냉정해질수록 우리는 더욱 적극적으로 인간적인 느낌을 중시한다. 특히 환자의 건강을 책임지고 있는 의료계가 귀담아 들어야 할 이야기다.

"훌륭한 의사는 병을 치료하지만 위대한 의사는 그 병을 가진 환자를 치료한다."고 했다. 존스홉킨스 의과대학을 설립한 '현대의학의 아버지' 윌리엄 오슬러 경이 남긴 말이다. 의사에게는 병을 치료하는 능력이 필수적이지만 이것만으로 충분한 것은 아니다. 인간적 연민과 공감, 불안과 두려움에 떠는 환자들을 위한 '올바른' 지도는 의학지식과 기술적 숙련도만큼이나 중요하다.

또 환자로부터 받는 신뢰와 공감은 디지털 첨단기술 시대에 의사와 병원에게 경쟁우위를 안겨주는 원천이 된다는 점도 잊어서는 안 된다. 의학지식과 기술적 숙련도는 기계와 장비, 애플리케이션이 대체할 수 있지만, 인간적인 신뢰와 공감을 대신해줄 애플리케이션은 아직 없다.

그래서 의사는 기술자가 아니라 아티스트가 되어야 한다. 병을 치료하는 것은 테크닉으로 충분할지 모르지만, 환자에게 공감하고 그들로부터 신뢰를 얻으려면 예술적 역량이 필요하다.

출처 : 청년의사신문, 2015년 2월 7일자 [배성윤의 리씽킹 이노베이션] 칼럼

http://www.docdocdoc.co.kr/news/newsview.php?newscd=2015020400021

제 2 부

관광서비스 지원관리

International Medical Tourism

제 6 장 관광산업의 이해(1)

단원 학습목표

- 관광의 정의와 관련용어를 이해한다.
- 관광동기와 욕구를 파악한다.
- 관광객의 정의를 이해하고, 유형을 파악한다.
- 관광서비스의 정의를 이해하고, 관광서비스의 특성과 활동의 유형, 역할 수준을 파악한다.
- 관광활동의 정의와 특성을 이해한다.

1. 관광의 이해

1.1. 관광의 정의와 관련 용어

관광은 시대적·역사적 상황에 따라 다른 관점에서 다양하게 정의되고 있다. 관광의 정의를 살펴보면 '관광이란 사람이 여가 시간 중에 휴양, 정신적 고무, 감상, 지식, 체험, 참가 등 생활의 변화를 추구하고자 하는 욕구를 충족시키기 위하여 일상 생활권을 떠나 미지의 자연, 문화 등의 환경 속에서 행하는 일련의 활동'을 말한다. 사전적 의미로서는 '관광이란 다른 나라의 문물, 제도를 시찰하는 것 또는 다른 지방이나 나라의 아름다운 풍속·풍경 등을 구경하며 유람하는 것'이라고 정의한다.

최근에는 관광의 개념을 '일상생활권인 정주지를 떠나, 관광목적지에 체류하면서 경제적 소비를 통하여 삶의 활력, 견문확대, 시찰, 기분전환, 친선교류, 국제회의, 위락 등의 다양한 활동을 하고, 다시 돌아올 목적으로 한시적 활동을 하는 종합 활동의 총체이다'라고 정의하고 있다. 다음은 관광의 목적적 개념, 어원적 개념, 이론적 개념, 그리고 관광과 관련된 용어를 관광·여가·레크리에이션으로 구분하여 살펴보았다.

1.2. 관광의 목적적 개념

1) 교양

관광이란 사람이 일상생활로 다시 돌아올 예정으로 떠나는 것으로서, 영리를 목적으로 하지 않고, 미지의 장소와 세계 또는 다른 나라의 풍물 등을 체험하고 견문을 넓히면서 삶의 질을 제고시키는 것을 말한다.

2) 위락

관광이란 다른 나라의 자연경관·사회·문화·정치·경제·교육·생활풍속·축제·명승·고적·박물관 등을 보고 즐기며(Pleasure), 감상(Appreciation)·유람(Sightseeing)하는 행위를 말한다.

3) 평화

관광은 국내·외의 빈번한 교류를 통하여 상호이해를 증진시켜 평화에 이바지하고 지역생활에 경제적 수혜를 가져다 줄 수 있으며, 건강과 문화적 생활을 향수하고자 하는 세계인의 꿈과 이상을 실현시킬 수 있는 행위를 말한다.

4) 의료

의료관광으로 표현될 수 있으며 질병의 전문적인 치료 및 예방과 건강증진의 목적을 갖고, 보건·의료분야에서 관광자원으로 활용 가능한 부문을 발굴·개발하고 상품화하여 서비스 또는 제품으로 제공하는 사업을 말하며, 외국인 유치를 통한 외화획득 등의 국가경제에 이바지 할 수 있는 행위를 말한다.

1.3. 관광의 어원적 개념

1) 동양 어원

중국 주나라의 목왕이 타국을 여행했다는 기록 및 춘추전국시대의 제자백가의 주유천하하던 모습에서 관광 측면에서 이동의 의미를 엿볼 수 있으며, 〈易經〉, 〈관국지광 이용빈우왕(觀國之光利用賓于王)〉 등에서는 그 지역이나 나라의 실력자가 자기나라의 빛나는 문화 및 제도, 풍속 등의 문물제도를 견문케 하고 식견을 넓히게 하여 자국의 국위를 선양했다는 의미를 내포하고 있다. 우리나라 신라시대 최치원의 〈계원필경집서〉에는 '남이 백 번하면 나는 천 번하여 관광 6년 만에 과거급제자 명단에 내 이름이 오르게 되었다'라는 구절이 있으며 최치원은 관광을 중국의 빛나는 선진문화를 보는 것이라 하였다. 즉 다른 나라의 광명을 보러간다는 것은 그 나라의 풍속, 제도 등의 실정을 시찰하고 견문을 넓힌다는 것을 의미한다.

2) 서양 어원

B.C. 7세기경은 대규모 식민운동과 왕성한 동방무역 등 이동이 활발했던 시기였다. 관광의 기원은 희랍어 Tornus에 근거하고 있으며, 그 의미는 '원을 그리는 도구'로 회전(Turn)의 의미를 가지고 있는 라틴어에서 유래되었다(토루누스 : 도르래의 회전을 의미). 관광의 인접개념인 레저(Leisure)의 어원은 라틴어 'Licere'와 희랍어 'Schole'에 기초하고 있으며, 휴식, 기분풀이, 자기계발, 자유정신(Free Spirit)이라는 의미를 담고 있다. 특히 희랍어인 Schole(School의 기원)는 '학교·연구·학습·연습·유희'라는 뜻으로 '학문 참가, 음악과 예술, 국가행정 등에 참여하고 즐김으로써 선인이 되기 위한 덕을 쌓는다.'는 의미의 모든 활동을 뜻한다. 고대 그리스의 철학자 아리스토텔레스(aristoteles, BC 384~BC 322)는 '행복·이지·레저'는 인생의 궁극적인 목표이며, 특히 레저는 학문을 하며 사색하고 명상하는 것이자, 지식과 삶의 보람(행복)을 얻는 터전이다. 즉 시민으로서의 생활을 실현하는 원천으로 설명하고 있다.

레크리에이션(Recreation)은 여가선용, 기분전환, 위안, 오락, 취미 등의 뜻을 갖고 있다. 삶의 여정에서 즐거운 활동을 통하여 행복을 영위하고 재충전 역할을 하는 활동을 말한다. Herman Kohn (1922~1983)은 "여가 동안 참여하는 활동은 즐거움과 기쁨을 혹은 인간의 보람된 삶을 살찌우게 하는 활동이다"라고 말하였다. 관광이란 인간의 기본적인 욕구를 충족시키는 행위로, 생활의 변화를 추구하는 즐거움을 위한 여행이라는 의미를 강하게 지니고 있으며, 일시적으로 타지에서 체재하고 견문을 확대하여 개인적 욕망(단순 경제소비 및 문화활동, 치유 및 치료행위)을 충족시키고 다시 정주지로 돌아온다는 개념을 담고 있다. 이러한 관광에 대한 서양의 어원은 관광을 동적이고, 구체적이며, 이동하는 행위와 소비 행위적 개념으로 파악하고 있다.

3) 한국 어원

우리나라 표준국어대사전에서는 관광(觀光)을 "다른 지방이나 다른 나라에 가서 그곳의 풍경·풍습·문물 따위를 구경함"이라고 정의한다. 우리나라에서 사용된 관광의 용어는 고려 말기에 중국을 다녀온 학자나 사신들이 남긴 기행문을 〈관광록_북경을 갈 때 지은 기행시〉으로 불렀고, 조선 초기 학자인 서거정은 자신의 책 〈사가집(四佳集)〉에서 '관광'을 "상국(上國)의 문물을 본다"는 뜻으로 규정한 것으로 보아 고려 말기에서 조선 초기가 관광이라는 말을 본격적으로 사용한 시점이라고 여겨진다. 또한 우리나라에서 진정한 의미의 관광이 시작된 시기는 개항(1875) 이후 외국문물이 유입한 당시로 본다. 우리가 주지해야 할 것은 이미 고려 말부터 관광에 대한 개념이 정착되어 있었고, 실제로 적지 않은 관광의 형태가 존재하고 있었다는 사실과 조선시대에는 관광목적지 '관동팔경' 등과 아울러 관광 상품 '관금강(觀金剛)', '관화(觀火)', '관사(觀射)'가 존재하고 있었다는 사실이다. 따라서 한국 관광역사의 시점은 최소한 600년 전으로 볼 수 있다.

1.4. 관광의 이론적 정의

1) UN (United Nations)

1948년 12월 10일 UN인권선언에서는 "관광은 평화를 상징하는 여권"이며, 모든 사람은 합리적인 노동시간의 단축과 정기 유급 휴가를 포함하여 휴식과 여가의 권리를 가진다고 정의한다.

2) UNWTO(세계관광기구, World Tourism Organization)

관광객은 관광을 목적으로 하는 여행자를 원칙으로 하되, 건강 및 치료, 가정 사정 등의 이유로 해외에 여행하는 자, 회의에 출석하기 위해 여행하는 자, 과학·행정·외교·종교·스포츠 등의 대표자와 수행원의 자격으로 여행하는 자, 상용목적으로 한 상담여행자, 호화선박으로 각지에 주유 중 입국하는 자, 다른 나라의 교육기관에 견학 및 시찰목적으로 입국하는 자 등을 포함하여 정의한다.

3) 세계레저레크리에이션협회(WLRL; World Leisure and Recreation Association)

여가는 개인의 자질을 계발하고, 자신의 관심사항을 추구하며, 생활의 질을 향상시키고 수많은 기회 가운데 개인이 원하는 것을 선택하여 자신의 주관과 경험을 축척하는데 있다고 본다. 또한 인간의 기본권으로 정부는 이 권리를 인정, 보호하는 것이 의무이며 국민의 여가를 존중해야 하고, 궁극적으로 정부는 이를 관철하는 데 필요로 한 서비스를 제공하는 것이 기본적인 임무라고 정의한다.

4) H. Schülern(쉘레른, 1911, 독일)

관광이란 일정한 지역 혹은 다른 나라를 방문하여 체재하고 다시 되돌아가는 외국 관광객의 유입이라고 하는 형태의 모든 현상과 사상, 특히 경제적인 사상을 포함한 개념을 말한다.

5) Artur Börmann(뵈어만, 1931, 독일, 관광론, Die Lehre Vom Fremdenverkehr)

관광이란 휴양, 견문, 유람, 상용 등의 목적을 갖거나 혹은 그 밖의 이유로 정착하지 않는 지역에서 일시적 체재를 목적으로 그 지역까지 떠나는 여행을 말한다.

6) Robert Glücksmann(글뤽스만, 1935)

관광이란 어떤 지역에 있어서의 일시적인 체재와 그 지역 주민들과의 모든 관계의 총화, 즉 평화적인 교류의 모든 것으로 본다.

7) F. W. Oglivie(오길비, 1933, 관광이동론)

관광객의 요건으로 "복귀할 의사를 가지고 1년을 초과하지 않는 기간 동안 거주지를 일시적으로 떠날 것, 여행 중 소비되는 돈은 반드시 그의 거주지에서 취득한 것이어야 하고, 여행 중 취득한 것이 아닐 것"으로 정의한다.

8) W. Hunziker & K. Krapf(훈지커와 크라프, 1942, 스위스, 일반관광론)

일반관광론 개요에서 관광은 외국관광객이 그곳에 체재기간 중 계속적이든 혹은 일시적이든 간에 추호도 영리활동을 실행할 목적으로 정주하지 않는 한, 그 외국관광객의 체재로 인하여 발생하는 모든 관계 현상의 총체적 개념이라고 정의한다.

9) P. Bernecker & Grundlagenlehre des Fremdenverkehrs(1962, 오스트리아, 관광원론)

개인의 자유의사에 의해서 일시적으로 타지로 이동한다는 사실 및 이와 결부된 모든 관계 또는 모든 결과를 관광이라고 정의한다.

10) J. Médecin(1966, 프랑스, 사회문화적 이론)

관광이란 인간이 기분전환을 하기 위하여 휴식을 취하고 새로운 활동을 통하여 여러 가지 변화된 문물과 미지의 자연경관을 감상함으로써 쌓게 되는 여행으로, 풍부한 경험과 교양을 얻게 되는 기회가 된다. 그리고 이는 곧 정주지를 떠나 체재하게 됨으로써 성립되는 여가활동의 일종이다.

1.5. 관광·여가·레크리에이션의 개념

관광과 관련된 유사개념 중 비교적 체계적으로 개념 규정이 명확하게 이루어져 있고 그 대표성이 인정될 수 있는 여가(leisure), 레크리에이션(recreation)에 대한 상관성은, 상호간의 개념적 한계가 공통성과 상이성을 동시에 가지고 있어 특성상 명확한 구분을 짓는 데에는 어려움이 있다.

여가에 대해서는 시대와 환경에 따라 학자들의 견해가 다양하게 나타나고 있다. 일반적으로 시간, 활동, 상태, 제도 등으로 구분하여 〈표 6-1〉과 같이 여가에 대한 정의를 내리고 있으며, 여가의 개념은 몇 가지 관점을 포괄적으로 수용하여 "가정생활, 노동과 사회적 의무로부터 자유로운 상태 하에서 휴식, 기분전환, 자기계발과 사회적 성취를 위하여 활동하게 되는 자유재량시간"이라고 정의한다.

〈표 6-1〉 여가의 정의

구 분	학 자	정 의	비 고
시간	S. R. Parker C. K. Brightbill	가용시간 24시간-(생리시간+근로시간+근로와 관련시간)	
활동	J. Dumazedier A. Wylson	여가활동 : 의무감에서 벗어나 자유롭게 즐길 수 있는 활동	
상태	Aristoteles J. Pieper G. Dahl	자유정신(free spirit), 자유의지(free will) : 심리적 해방과 마음의 평화	
제도	M. Kaplan	노동으로부터 해방과 재생산의 수단	사회제도와 가치패턴과 관계하여 설정
포괄적 정의	① N. P. Gist, S. F. Feva ② P. Weiss	가정생활, 노동 및 사회적 의무로부터 자유로운 상태 하에서 휴식, 기분전환, 자기계발 및 사회적 성취를 위하여 활동하게 되는 자유 재량적 시간	① 활동+시간 ② 시간+상태

관광의 본질은 이동을 말하며, 이동의 목적은 레크리에이션을 추구하고 일상생활을 떠나는 소비활동으로써, 반드시 돌아오는 것을 전제로 한다.

레크리에이션은 여가 내에서 자기 몸의 휴식과 수양, 또는 즐거움을 추구하기 위하여 자발적으로 이루어지는 활동이나 경험으로 활동의 개념이 강하다. 또한 레크리에이션은 여가 내의 활동, 자발적·사회적으로 인정할 수 있어야 하고, 참가자에게 만족을 준다고 하는 특성을 내포하고 있다.

레크리에이션의 종류는 활동이 행해지는 장소에 따라 실내 레크리에이션(indoor recreation)과 실외 레크리에이션(outdoor recreation)으로 구분할 수 있다. 실내 레크리에이션은 집안이나 건물 안에서 할 수 있는 레크리에이션 활동을 총칭하며, 실외 레크리에이션은 공간(space)과 자연자원을 필요로 하는 레크리에이션 활동이다.

앞에서 설정한 관광의 개념을 준용하여 여가와 레크리에이션의 상관성을 살펴보면, 관광은 여가 내에서 이루어지는 활동으로서 레크리에이션과는 상이성을 나타내면서도 공통성을 가지는 속성이 있다.

2. 관광동기와 욕구

2.1. 관광동기의 역사적 배경

고대 이집트의 신전 순례, 기원전 5세기경 그리스의 역사가 'Herodotus'의 견문기 등에 따르면 기원전 관광의 행위는 체육, 요양, 종교의 형태로 이루어졌다. 그리고 고대 로마시대의 여행 동기와 목적은 종교, 요양, 식도락, 예술, 등산이었으며, 그리스도와 그의 제자들의 전도여행, 그리스도교의 12사도 묘의 성지여행, 초기 기독교인들의 묘지 'Catacombe di San Callisto'와 '성 베드로 대성당'등은 오늘날까지도 세계인의 관광지로 널리 알려져 있다.

그리스와 로마시대에는 여행이 극히 소수의 상류계급에만 한정되어 있었는데, 로마의 중심인 대광장(Foro)을 기점으로 한 아피아 가도(Via Appia), 해상 교통로의 연결, 민박을 개조한 여관업, 간이식당 타베르나(Taberna), 식당 겸 숙박시설인 포피나(Popina)가 각지에 건축되어 영업을 하고 있었던 것이 여행을 가능하게 했던 배경이었다. 아울러 치안유지에 의한 안전성, 화폐경제의 보급, 학문의 발달에 의한 미지의 세계에 대한 동경 등의 관심은 관광객을 증대시키는 결과로 작용하였으며, 이는 오늘날의 관광산업 발달과 그 맥을 같이한다.

한편 중세의 십자군의 전쟁(1096~1270)은 성지 예루살렘 순례여행에 대한 열망과 호기심을 일으켰으며, Marco Polo(1254~1324)의 〈동방견문록〉은 동방여행에 대한 기대감을 주기에 충분하였다. 그리고 1492년 Christopher Columbus(1451~1506)의 서인도제도 발견, Vasco da Gama(1460–1524)의 인도양 횡단, 1519년 Magellan의 대서양 횡단, 1771년 G. Vancouver의 아메리카 북서 안 탐험, J. R. Forster(1754~1794)의 세계일주 견문록 등은 장거리 여행에 대한 열망을 일으켰으며, 여관 길드(Inn Guild)의 발전으로 여행이 더욱 용이해졌다.

한편 괴테(J. W. V. Goethe), 셀리(P. B. Shelley), 바이런(G. G. N. Byron) 등의 문학작품의 배경장소는 관광지가 되어 잠재 관광객들에게 큰 호기심과 함께 미지의 세계를 여행하고픈 자극을 주었다. 이 시대를 역사학자들은 '교양관광의 시대', '그랜드 투어(Grand Tour)'의 시대라고 일컫는다.

아래의 그림은 관광동기 측면의 단계별 발전과정을 나타내고 있다.

① 초기 발전단계
(고대~중세, 귀족 및 특권층, 종교적 행위)

▼

② 중기단계
(중세~1830년대, 부유층 평민, 종교행위, 항해시대)

▼

③ Tour 시대
(1841~1930년대, 초기기획 관광시대, 소규모 겸 목적관광)

▼

④ Tourism 시대
(1930~1945년, 부유층, 다양한 매체를 이용한 지적탐구관광)

▼

⑤ Mass Tourism 시대
(1945~1990년대, 일반관광시대, 레저 및 레크리에이션을 위한 본격적인 기획관광 실행)

▼

⑥ Social or Welfare Tourism 시대
(21세기, 국민 일반대중관광, 공공 및 국민의 후생증대 관광)

〈그림 6-1〉 관광동기 측면의 단계별 발전과정

2.2. 관광동기와 관광욕구의 이론적 정의

오늘날 관광은 다양하고 복잡한 인간의 활동으로 연구되고 있다. 인간의 이동으로 시작되는 관광에 대한 연구는 사회현상 측면의 관광통계로부터 비롯되었다.

관광에 대한 최초의 연구논문인 〈이탈리아의 외국인 이동 및 관광지 소비에 대하여 (L. Bodio, 1899)〉, 〈이탈리아에 있어서의 외국인 이동(A. Niceforo, 1923)〉, 〈관광객 이동의 계산방법 개량에 대하여(R. Benini, 1926)〉 등은 19세기 말부터 증가하고 있던 유럽과 북미주 사이의 관광객의 동기와 욕구를 파악하여 관광객 유치 전략을 수립하는 것이 목적이었다. 이들 연구의 주된 관심사는 관광동기, 관광객의 수, 소비액, 체류기간 등이었다.

1) A. Mariotti(1927, 이탈리아, 관광경제 강의)

관광을 '외국인의 관광객의 이동'으로 명명하였으며, 지역개발과 체재 및 관광목적지에 대한 연구, 관광활동을 능동적 관광과 수동적 관광으로 구분하여 설명하고 있다. 또한, 관광동기를 수요자 측면과 공급자 측면으로 바라보는데, 수요자 측면에서는 관광객의 이동을 촉진하기 위해 자극이 될 수 있는 활동에 대해서, 공급자 측면에서는 관광지에서 받아들이는 수용태세와 환경조성을 위한 활동으로 구분하여 연구하고 있다. 관광객의 동기를 자연발생적 흡인력(자연·문화·예술·보건·고고학적 관광동기), 파생적 흡인력(관광시설, 호텔조직, 서비스적 동기)으로 구분하고, 두 가지 흡인력이 잘 조화되어 질 때 관광중심지가 될 수 있다는 '관광흡인 중심지이론'을 주장한다.

2) R. Glücksmann(1935, 독일, 일반관광론)

관광행동을 일으키는 관광객의 동기를 여행하려고 하는 사람의 '관념적인 것(필요성 인식, 자연적 현상)'과 '물질적인 것'으로 나누고 물질적인 것은 육체적인 원인과 경제적 원인으로 분류하고 있다. 또한 관광학의 연구 분야를 "광천 요양학, 의학, 심리학, 기상학, 지리학, 국민경제학, 사회학, 경영경제학과 같은 여러 학문분야까지도 관광론의 범위 내에 내포되어 있는 것이다"라고 주장하였다. 그리고 관광정책을 하나의 종합적이고 체계화된 단순한 정책으로서만 생각하지 말고, 정치, 문화, 사회, 상업, 무역, 교통정책 등과 같은 융합되고 복합적인 정책으로 다가가야 한다고 설명한다.

3) A. Börmann(1931, 독일, 관광론)

관광동기 측면에서 관광객의 이동에 영향을 미치는 주원인은 그 관광지의 상태, 경제적, 정치적 정세와 이에 따른 모든 대책과 관광산업의 조직과 관리 상태이다. 그러므로 관광론의 주요 연구과제는 이와 같은 모든 대책 및 사실들을 고찰하고 연구하는 것이라고 주장한다. 특히 관광의 결정요인은 일반결정요인(자연, 경제, 정치상태)과 특수결정요인(시설, 행사, 선전, 행정 등)으로 구분하여 설명한다.

4) W. Hunziker & K. Krapf(1942, 스위스, 일반관광론 개요)

관광동기를 개인 자신을 지탱해 가기 위한 여행으로서의 관광(보양과 요양여행, 직업 이주여행), 종족을 유지하기 위한 여행으로서의 관광(친지방문, 신혼, 종교, 성묘관계로서의 여행), 개인 발전을 목적으로 한 여행으로서의 관광(연구 및 교육목적, 종교적 근거에 의한 신앙목적, 위락목적의 여행)으로 분류하고 있다.

5) P. Bernecker(1962, 오스트리아, 관광원론)

관광동기 측면에서 관광원론을 관광개념과 종류에 의한 분류, 형태에 의한 분류로 나누어 설명한다. 또한, 관광주체로서의 인간의 역할을 중시하며 "관광의 주체는 인간이다"라고 주장한다. 관광을 통하여 개인의 성격을 개량할 수도, 완성할 수도 있으므로 관광이 동기의 자극이 될 수 있으며, 인간의 오해, 편견, 의혹, 공포 등을 제거하고 친숙해질 수 있는 사상과 감정의 씨를 뿌려주는 좋은 기회가 된다고 설명한다.

관광개념과 종류에 의한 분류

- 보양 – 전지요양, 문화적–교양, 사회적–신혼, 체육–스포츠, 정치적–대관식 참석, 경제적–관광용품 전시장 견학관광

형태에 의한 분류

- 출발지에 의한 분류–국내관광과 국제관광
- 국제수지 계산상의 효과에 의한 분류–정의관광과 부의관광
- 금융상의 분류–자기자금 · 융자금 · 차입금
- 체재기간에 의한 분류–장기체재와 단기체재
- 계절상에 의한 분류–춘하추동
- 숫자상에 의한 분류–개인관광과 단체관광
- 교통수단의 종류에 의한 분류–철도여객관광과 항공여객관광
- 여행준비와 실시기관에 의한 분류–여행업 이용의 유무 관광
- 관청의 영향력 정도 여부에 의한 분류–여행제한의 규제 유무 관광

(6) Plog. Stanley C(2004, 미국)

관광객의 행동을 안전지향형(Psychocentrics)과 모험지향형(Allocentrics)의 사이코그래픽 모형(Psychographic Model)으로 나타낸다. 안전지향형 관광객은 패키지 상품, 가족 또는 단체관광, 소극적 여행정보 추구, 비교적 가까운 거리, 잘 알려진 관광목적지 등을 선호하며, 모험지향형 관광객은 특별한 흥미여행(SIT; Special Interest Tour), 개인여행 추구, 새로운 목적지여행 추구, 비교적 먼 거리 등 적극적인 여행정보 추구자로 설명한다.

관광욕구는 관광행동을 일으키는 심리적 원동력을 의미하며, 관광욕구를 관광행동으로 나타나게 하는 심리적 에너지를 관광동기라고 한다.
관광동기의 유발요인에는 교육 · 문화적 동기, 휴양 · 오락동기, 망향적 동기 등이 있다.

2.3. 관광행동의 형태

관광동기 및 행동요인을 연구하고 파악하는 것은 관광 전체를 이해하는 데 기초가 된다고 할 수 있다. 이것은 관광객의 행동에 영향을 주는 요인을 파악함으로써, 관광욕구를 만족시켜 줄 수 있는 상품기획과 콘텐츠개발 및 마케팅 활동의 구현에 유용한 자료가 될 수 있기 때문이다.

1) 관광욕구

관광행동의 원인이 되는 심리적 원동력을 관광욕구라고 말한다. 욕구는 인간의 어떤 특정적 행동에 대응하는 것이 아니라 보편적으로 존재하는 것으로 A Mariotti(1940)는 “관광을 하고자 하는 욕구는 인간에게는 거의 본능적인 것이며, 이주민의 이동과 각 종족의 중심지 형성 등은 욕구에 의하여 이루어진다.”고 주장한다. 또한 심리학자 A. H. Maslow(1954)는 인간행동을 설명하기 위한 욕구의 구조 5단계를 다음〈그림 6-2〉와 같이 설명한다.

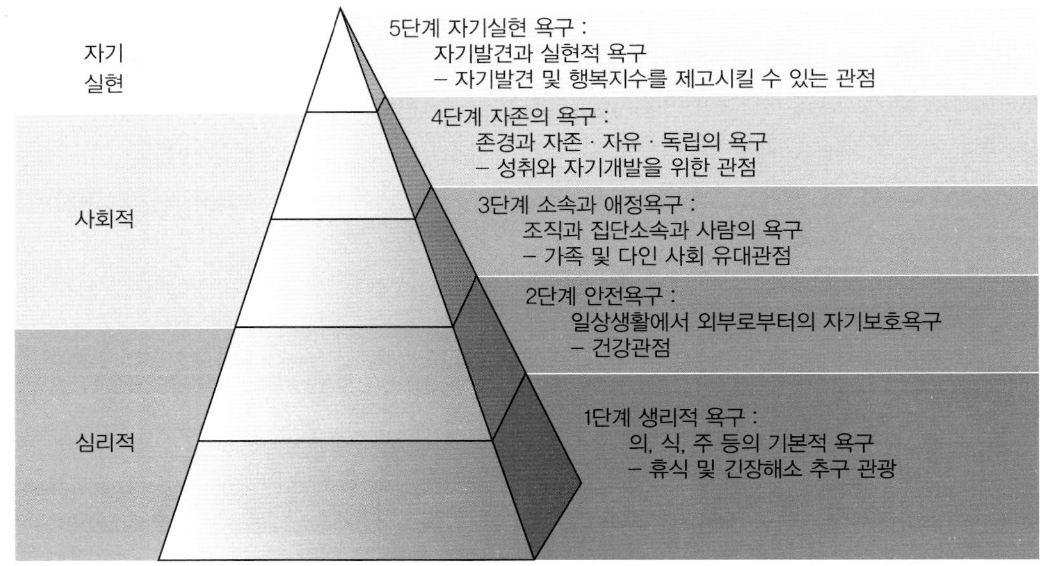

〈그림 6-2〉 Maslow(1954)의 욕구 5단계

Maslow는 인간의 욕구를 크게 심리적, 사회적, 자기실현적 욕구로 구분되며, 낮은 단계에서 높은 단계로 전이된다고 설명하였다. 즉 1단계 차원의 욕구가 만족된 후에야 다른 차원의 욕구동기가 발생된다는 계층적 욕구발전단계를 주장하였다.

맥 클랜드(Mc Clelland)는 욕구성취 이론에서 인간이 사회문화적으로 습득한 욕구를 성취욕구, 친화욕구, 권력욕구로 구분하였다.

〈표 6-2〉 맥 클랜드의 욕구성취이론

욕구 유형	욕구의 종류
성취욕구	우연이나 운에 의존하기 보다는 개인의 능력과 노력에 의한 성취에 집중
친화욕구	다른 사회구성원과의 사회적 관계를 형성하고 유지하는 일에 중점
권력욕구	자신이 속한 집단 내에서의 영향력과 통제에 대해 많은 관심을 가짐

머래이(Murray)는 동기의 근본을 이루고 있는 인간의 욕구를 7개 범주로 구분하고 이를 28개의 심인성 욕구(psychogenic needs)로 세분화하여 제시하였다.

〈표 6-3〉 심인성 욕구 유형

욕구 유형	욕구의 종류
① 물질 욕구	취득, 보전, 정돈, 보유, 건설
② 야망, 성취, 신분 욕구	우월감, 성취, 인정, 과시, 비범성, 과오회피, 방어, 저항
③ 권력 욕구	지배, 존경, 동일시, 자율, 위반
④ 억제 관련 욕구	비난회피
⑤ 감정 관련 욕구	친교, 거부, 양육, 동정심, 유희
⑥ 사회적 상호 작용 관련 욕구	인식, 노출
⑦ 가학적 욕구	공격, 비하

〈표 6-4〉 이인화의 관광욕구의 유형과 종류

욕구 유형	욕구의 종류
① 실용적 욕구	삶의 필요한 부분을 충족시키고 생활을 편리하게 하고자 하는 욕구
② 자기표현 욕구	자신이 속한 집단에 대해 경제적 · 사회적 위치를 나타내고 매력적으로 보이고 싶은 욕구
③ 쾌락적 욕구	정신적 · 신체적 즐거움 추구
④ 사회적 욕구	우정, 친분, 교류 등의 사회적 상호작용에 대한 욕구

관광행동은 그들의 구매동기에서 출발한다. 관광객은 어떤 욕구가 있을 때 충족하기 위한 관광 상품과 서비스를 찾게 된다. 이러한 욕구충족을 위한 행동을 촉발하도록 하는 것이 관광동기이다.

한편 R. Glücksmann(1935, 독일)은 욕구체계를 감정적(신앙심 등), 정신적(지식욕구 등), 육체적(치료 욕구 등), 경제적(상업 등)인 것으로 구분하였고, C. W. Graves(1974)는 인간은 주어진 존재차원에서 특징적인 행동형태와 가치관을 갖는다는 이론을 주장한다.

2) 관광행동을 촉진시키는 심리적 에너지를 관광동기라 할 수 있다.

매킨토시(Macintosh, 2001)는 관광행동에 신체적 동기(건강관련 동기 등), 문화적 동기(탁구의 문화를 알려고자 하는 동기 등), 사회 및 대인적 동기(새로운 사람을 만나 정을 쌓고자 하는 동기 등), 명예 및 지위를 얻고자 하는 동기(존중과 인정을 받고자 하는 동기 등) 등 다양한 동기가 작용한다고 주장한다. 일본의 다나카(田中善一, 1950, 관광사업론)는 R. Gücksmann의 관광욕구이론에 기초하여 감정적 동기

(Feeling Motive)로 사향심·고유심·신앙심을 들고, 신체적 동기(Physical Motive)로 치료·보양욕구를, 정신적 동기(Spiritual Motive)로 지식·견문·환락욕구를, 경제적 동기(Economical Motive)로 쇼핑·상용 욕구를 들었다. 또한 이마이(今井省吾也, 1969)는 여행 동기를 긴장해제의 동기(자연에의 접촉과 사랑 등), 자기 확대 달성 동기(미지에의 동경), 사회존재 동기(여가선용을 상식으로 생각함)로 구분하였다.

3) 관광행동은 다양한 형태로 분류될 수 있다.

P. Bernecker(1962, 오스트리아)는 목적에 따라 요양관광(방문치료 등), 문화관광(수학, 견학여행 등), 사회적 관광(신혼여행 등), 체육관광(스포츠 관람 등), 정치적 관광(국제행사 등 정치적 이벤트 참여), 경제적 관광(전시회 등 참가)으로 구분하였다. 또한 주최자(관광자) 측면에서 관광수단(이용교통기관) 우위형, 관광행선지 우위형, 목적지 우선형, 숙박지 우위형으로 분류할 수 있고 동반자 형태에 따라 개인, 가족, 단체관광 등으로 분류할 수 있다.

관광행동은 관광객이 목적지, 기간, 경비, 이용할 시설 등 관광에 필요한 모든 사항을 결정하고 행동화 하는 전 과정을 말하며, 기본적으로 비용, 시간, 건강, 정보 등의 조건이 필요하다고 할 수 있다. 그러므로 관광대상과 주체를 연결시킬 수 있는 기능이 작용되어야 하며, 이러한 구체적인 요인에는 여가(시간)의 확대, 자유재량 소득(비용)의 확대, 호기심(정보)의 확대, 건강 유무의 확대 등과 같은 4대 조건의 확립과 아울러 기분의 전환, 자아의 확대, 역할의 전환, 행동권의 확대, 호기심 증진, 신분의 확대, 동조 모방감 등 7개 요인에 의하여 관광행동이 유발될 수 있다고 본다.

2.4. 관광상품 선택 동기

고객의 행동을 유발하는 동기요인에는 내재 요인과 외적 요인이 있다. 개인의 내적 동기요인은 임의로 조절할 수 없는 부분이므로, 마케터는 외적 자극요인에 의해 고객의 동기를 활성화하여 구매행동을 유발하도록 한다. 고객의 선택행동에 자극이 되는 동기요인에는 아래와 같은 것들이 있다.

〈표 6-5〉 관광상품 선택동기

선택 동기	설 명
기능적 동기	관광상품이 제공하는 기능 및 유용성에 의해 업체 및 상품선택
미적 · 감정적 동기	고객의 감성적 가치에 의해 서비스상품 선택
사회적 동기	인정과 존경 등 사회적 동기에 의해 서비스상품의 구매선택
상황적 동기	특별이벤트나 가격할인 등 잠재 고객들의 일시적 관여도를 높이고 효익을 자극
호기심 동기	사람들의 흥미와 관심을 유도

3. 관광객의 이해

3.1. 관광객의 정의

UNWTO(세계관광기구, 1991)는 관광객을 "관광을 목적으로 하는 여행자"로서, 관광객은 관광행위를 하는 모든 사람을 총칭하는 개념을 말한다. 그리고 관광통계에 포함되는 관광객은 1박 이상 체재하는 관광객과 당일 방문자(국경지역상인, 크루즈여객, 승무원)를 포함하고 있으며, 관광목적으로는 다양한 관광 활동, 건강 및 치료, 성지순례 및 종교 활동, 상업적인 비즈니스 및 전문적인 업무, 레저 및 레크리에이션, 친구 및 친지방문 등으로 정의하고 있다. 또한 내국인이 국내를 여행하는 국내관광객(Domestic Tourist)과 관광객의 이동이 국경을 넘어 이루어지는 국제관광객(International Tourist)으로 구분하고 있다.

그리고 비관광자를 이주자, 유랑자, 통과여객, 망명자, 주둔 외국군인, 외교관 및 영사, 매일 매일 일상적인 업무관계로 오가는 자로 정의한다.

관광객의 개념은 사회 변화에 따라 다양하게 변화된다. 여성의 사회참여, 관광정보의 신속화, 행복추구를 위한 가치관의 변화, 도시현상의 가속화, 노동시간의 단축 및 소득수준의 향상, 관광진흥정책 등의 정책변화 등은 관광객의 개념정립에 매우 중요한 요소가 된다.

또한 질적인 삶의 추구와 행복지수 제고 측면에서 관광객은 여행을 통하여 발견의 기쁨(Discovering Pleasure), 노고의 즐거움(Comfort of Efforts), 여행을 자유롭게 기획하는 즐거움(Planning Pleasure for Free Excursion), 단체관광의 즐거움(Pleasure of Group Sightseeing), 감정적 즐거움(Feeling Pleasure), 경험을 얻는 즐거움(Obtaining Pleasure of Experience), 타국인과의 교류의 즐거움(Pleasures for the Expanded Knowledge and New Friends), 창조성 계발의 즐거움(Pleasures of Creative Activities)을 얻는다.

3.2. 관광객의 유형

관광객의 유형은 관광자의 성격 및 라이프 스타일에 따라 다르게 나타난다. 즉 사람마다 갖고 있는 소비행동에 따라 그 목적지가 다르고, 그 목적지에서의 관광활동이 다르게 소비된다.

관광객의 유형은 사이코그래픽스(Psychographics)에 의한 분류로서 조직화된 관광객과 비 조직화된 관광객으로 분류하기도 하며, 관광객의 성격 혹은 심리적 특성에 따라 분류하기도 하였다. 그리고 관광객의 역할에 따른 분류를 피어스(Perace), 깁슨 외(Gibson & Yiannakis) 등이 구분하였다.

관광객의 유형은 관광자의 일반적 속정에 따라 구분될 수 있는데, 경제·사회적 속성과 가장 밀접한 관계가 있다고 파악된다. 즉 소득과 거리의 측면에서 일반적으로 소득이 높을수록 장거리 여행으로, 소득이 낮을수록 단거리 여행으로 나타난다.

① 여행상품 등급에 따른 분류 : 디럭스 관광객(Deluxe Tourist), 슈페리어 관광객(Superior Tourist), 스탠더드 관광객(Standard Tourist), 이코노미 관광객(Economy Tourist)
② 체재기간에 따른 분류 : 장기숙박관광객, 단기숙박관광객
③ 출입국 수속에 따른 분류 : 일반관광객, 기항지상륙관광객, 통과상륙관광객
④ 여행목적에 의한 분류 : 위락관광객 겸 목적관광객
⑤ 여행기획자에 의한 분류 : 주최여행자, 주문여행자, 공최여행자
⑥ 여행규모에 의한 분류 : 개인관광객, 단체관광객
⑦ 안내 조건에 의한 분류 : IIT[Inclusive Independent Tour, TE(Tour Escort, 국외여행 인솔자) 동행하지 않음], ICT(Inclusive Conducted Tour, TE 동행함)
⑧ 여행방향에 따른 분류 : 국내관광객, 외국인관광객, 국외관광객
⑨ 여행형태에 따른 분류 : 패키지관광객, 시리즈관광객, 유람선관광객, 국제회의관광객, 포상관광객, 시찰초대관광객(Familiarization Tourist), 선택관광객(Optional Tourist), 특별흥미관광객(SIT; Special Interest Tourist)

또한 Cohen은 관광객 유형을 단체대중관광객, 개별대중관광객, 탐험관광객, 현지 해결형 관광객으로 나누었다.

① 단체대중관광객 : 단체 패키지 여행상품을 구매하여 잘 알려진 유명관광지를 찾는 형태로서 다른

관광객들과 단체로 행동하길 원하며, 사전에 결정된 여유가 없는 여정을 따른다.

② 개별대중관광객 : 단체로 여행을 하면서도 약간의 자유 시간을 선호하는 사람들이다. 단체대중관광객에 비해 새로운 체험을 원한다.

③ 탐험관광객 : 스스로 예약을 포함한 여행준비를 하는 사람들로 의도적으로 다른 관광객들과의 접촉을 피한다. 이 유형에 속한 사람들은 현지주민을 만나 상호작용을 하면서도 어느 정도 편안함과 안전함을 원한다.

④ 현지 해결형 관광객 : 이 유형은 결정된 여정도 없이 현지에 도착해서 관광목적지와 숙박시설을 결정한다.

이와 같이 다양한 관광객 유형 분류 중에서 가장 보편적으로 이용되는 유형은 휴가형 관광객(leisure traveler), 비즈니스 관광객(business traveler)이다. 그러므로 관광객 시장의 추세를 이해하는 것은 중요하다. 왜냐하면 추세분석 및 전망을 통해서 관광마케터는 미래의 수요와 세분시장을 예측하고 준비할 수 있기 때문이다.

미국을 기준으로 12개의 세분시장이 부각되는 시장으로 전망되고 있다. 정도의 차이는 있으나 다른 국가에 적용시켜도 큰 무리는 없을 것 같다.

① 환경지향 생태관광객
② 건강지향 관광객
③ 부부동반 관광객
④ 본인예약형 관광객
⑤ 성지순례형 관광객
⑥ 청소년 관광객
⑦ 염가유람선 관광객
⑧ 저가항공권이용 관광객
⑨ 아시아 관광객
⑩ 신혼여행 관광객
⑪ 문화추구 관광객
⑫ 패키지 관광객

의료관광코디네이터의 항공서비스

의료관광객은 기본적으로 해외 이동(항공기)을 통해서 국내 의료관광서비스를 체험한다. 이를 위해 필요한 항공권 예약 및 변경, 예약에 대한 사항, 항공사에서 제공하는 항공서비스를 이해하고 항공서비스와 연계한 서비스(Rent a car, Pick up, Sending) 업무를 알아야 한다.

4. 관광서비스 이해

4.1. 관광서비스의 정의

1) 서비스교역 측면에서의 관광서비스

관광서비스는 관광부문에서 서비스 영역을 지칭하는 용어로써 인적서비스에 의존하는 비중이 매우 높게 나타난다. 관광현상 구성요소는 관광자원, 관광산업, 관광행동, 관광정보, 관광정책요소 등과 아울러 각 부문 모두 서비스적 요소와 가시적인 관계로 연결되어 있다. 예를 들면 모든 관광상품은 유형적인 요소 즉 관광쇼핑물품, 식음료, 호텔시설 등과 무형적인 요소 즉 종사원의 인적서비스 등을 포함하고 있다. 또한 관광서비스는 기능적, 비즈니스적, 구조적 측면에서 정의할 수 있다. 그리고 모든 인적자원서비스는 행위(Deeds), 과정(Processes), 성과(Performances)로 산출된다. 따라서 관광서비스는 관광현상의 범주 안에서 관광객의 욕구만족을 위하여 모든 자원을 이용하여 제공되어지는 효용성 있는 기능의 행위라고 정의할 수 있다.

한편, 국제관광서비스 측면에서 일반협정(GATS)의 서비스 분류표는 UN의 서비스 협상에서 논의되어져 12개 부문(SECTOR) 내 154개 업종으로 구분되어졌다. 여기에는 관광 및 여행관련서비스, 레크리에이션·문화 및 스포츠서비스, 교통서비스, 보건 및 사회적 서비스, 유통서비스, 환경서비스, 사업서비스, 통신서비스, 건설서비스, 교육서비스, 기타 서비스를 포함한다. 부문 9(SECTOR 9)인 관광서비스(Tourism and Travel Related Services)분류는 여행알선서비스(Travel Agencies and Tour Operators Services), 관광안내서비스(Tourist Guides Services), 호텔 및 레스토랑(Hotels and Restaurants), 기타(Others)의 4가지로 분류하고 있다.

다음 〈표 6-6〉은 WTO의 관광서비스 분류를 정리하여 나타내고 있다.

〈표 6-6〉 관광서비스 분류표

<table>
<tr><th>구분</th><th colspan="3">UN중심상품분류(UN Central Production Classification)</th><th>일반협정(GATS)상 내용</th></tr>
<tr><td>여행안내
서비스</td><td colspan="3">CPC7471; 여행업 및 관광운영업</td><td>여행 및 관광기획, 숙박기획, 승객
및 수하물 수송, 여행자보험서비스,
여행정보컨설팅</td></tr>
<tr><td>관광안내
서비스</td><td colspan="3">CPC7472; 관광안내업</td><td>대리점 또는 독립적으로 제공되는
안내서비스(개인적 안내서비스 및 독립적
특수목적 안내서비스는 불 포함)</td></tr>
<tr><td rowspan="13">호텔 및
레스토랑
서비스</td><td rowspan="9">CPC641;
호텔, 모텔 및
기타 서비스</td><td colspan="2">6411; 호텔서비스</td><td rowspan="9">호텔 및 기타 숙박서비스,
숙박객 음식 및 음료제공서비스</td></tr>
<tr><td colspan="2">6412; 모텔서비스</td></tr>
<tr><td rowspan="7">6419; 기타
서비스</td><td>64191; 어린이 캠프서비스</td></tr>
<tr><td>64192; 홀리데이센터 및
홈서비스</td></tr>
<tr><td>64193; 임대차서비스</td></tr>
<tr><td>64194; 유스호스텔 및
신장서비스</td></tr>
<tr><td>64195; 캠핑 및
캐러반부지제공서비스</td></tr>
<tr><td>64196; 침대차 또는 기타
교통유사서비스</td></tr>
<tr><td>64199; 기타 숙박서비스</td></tr>
<tr><td rowspan="4">CPC642</td><td colspan="2">6421; 정통레스토랑 음식제공서비스</td><td rowspan="4">호텔 및 기타 숙박서비스,
숙박객 음식 및 음료제공서비스</td></tr>
<tr><td colspan="2">6422; 셀프서비스 음식제공서비스</td></tr>
<tr><td colspan="2">6423; 케이터링서비스</td></tr>
<tr><td colspan="2">6429; 기타 음식제공서비스</td></tr>
<tr><td colspan="5">기타</td></tr>
</table>

서비스교역에 관한 일반협정(GATS)에서는 서비스교역의 공급형태를 한 회원국의 영토로부터 다른 회원국 영토로의 공급(서비스의 국경이동, Cross-Border Supply), 한 회원국 서비스 공급자의 다른 회원국 영토 내의 상업적 주재를 통한 공급(상업적 주재, Commercial Presence), 한 회원국 서비스 공급자에 의해 다른 회원국으로의 사람 이동을 통한 공급(인력이동, Movement of Natural Persons), 다른 회원국의 소비자에 대한 한 회원국의 영토 내에서의 공급(해외소비, Consumption Abroad)의 4가지 형태로 분류

하고 있다.

이들 서비스교역의 공급형태 중 인력공급을 위한 사람의 이동에 대한 제한이 가장 엄격하고, 해외소비에 대한 부문은 대부분이 개방적인 편이다. 우리나라는 일반협정의 관광분야 측면에서 최초로 구체적인 약속 및 양허(Specific Commitments)를 보장하고 있다. 관광서비스 분야 개방허용내용을 살펴보면, 여행알선업(여행사업, KISC63061)을 양허하고 있으며, 관광안내업(KISC63069 일부)은 국내법상 독립적으로 영위할 수 없고, 여행사만 영위하도록 되어 있어, 약속표에 여행알선업체만이 관광안내업을 할 수 있다는 시장접근상의 제한을 명시하고 있다. 또한 호텔업(KSIC5510, 호텔업, 여관업, 하숙업, 회원제 숙박시설 운영업, 기타 숙박업 포함) 및 레스토랑업(KSIC5521, 한·중·일·서양식 음식점업, 간이체인음식점업, 기타 음식점업 포함)에 대한 개방을 허용하고 있다.

3가지 측면에서의 관광서비스 정의는

① 첫째, 기능적 측면은 관광업체의 수입을 위해 종사원이 관광객에게 봉사하는 정신으로 자신이 맡은 업무에 임하는 것을 의미한다.

② 둘째, 비즈니스적 측면을 살펴보면, 관광객이 관광활동을 통해 호감과 만족도를 느끼면서 발생하는 가치 있는 지식과 행위의 총체를 의미한다.

③ 셋째, 구조적 측면은 관광업체가 관광객의 요구에 따라 소유권 이전 없이 제공하는 상품성 있는 무형의 행위 또는 편익의 일체를 의미한다.

2) 관광사업 측면에서의 서비스

미국 마케팅 학회(1960)는 "서비스란 판매를 위해 제공되거나 상품의 판매와 관련하여 준비되는 제반활동, 편익, 만족"이라고 정의한다. 그리고 서비스의 특성으로 무형성, 이질성, 소멸성, 불가분성 등을 제시한다. 관광사업 측면에서 서비스 구성부문은 직접서비스(본원적 서비스) 제공자와 지원서비스(부가적 서비스) 및 조직서비스로 구분하고 있다.

직접서비스 부문은 여행사, 레스토랑, 항공사, 호텔 등과 같이 직접 관광객들에게 서비스 활동 및 상품을 제공하는 분야를 말하며, 지원서비스는 관광기획자, 관광출판업자, 관광리서치 기업 등과 같이 관광객에게 간접적으로 서비스를 제공하는 서비스 부문을 말한다. 또한 조직서비스 부문은 지자체 등 정부기관, 공기업, 관광교육 및 기획업자, 훈련기관 등 대체로 비상업적, 장기적, 간접적으로 서비스를 제공하는 사업부문으로 구분된다.

미국 상무성(1989)의 관광관련 사업서비스 측면의 표준산업 분류는 관광운송서비스, 철도 및 공항서비스, 지역 및 장거리 버스운송서비스, 렌트카 서비스, 택시서비스, 고속버스 운송서비스, 전세버스운송서비스, 버스터미널서비스, 수상보트서비스, 수상택시서비스, 심해해저관광서비스, 마리나서비스, 공항수송서비스, 여행업서비스, 여행기획과 운영서비스, 식음료서비스, 관광식당서비스, 관광사진서비스, 스포츠 및 레크리에이션 캠프서비스, 연극공연서비스, 밴드 및 오케스트라 제공 서비스, 경마서비스, 놀이공원서비스, 미술과 및 박물과 관광서비스, 식물원 및 동물원 관광서비스, 전문 스포츠클럽 제공서비스, 습지 및 생태관광서비스 등으로 세분화하여 구분한다.

한편 우리나라 관광진흥법 제2장 제3조와 관광진흥법 시행령 제2조는 관광사업서비스 분류를 여행업, 관광숙박업(호텔업 및 한국전통호텔업 등), 관광객 이용시설업(관광유람선업, 관광공연장업 등), 국제회의업, 카지노업, 유원시설업, 관광편의시설업(관광식당업, 외국인 전용 유흥음식점업, 관광토속주 판매업 등) 등으로 구분하고 있다.

4.2. 관광서비스의 특성

관광서비스는 관광산업의 수입증대에 기여하기 위한 종업원의 헌신, 봉사하는 자세와 업무에 대하여 최선을 다하는 태도를 말한다.

즉 서비스 산업은 소비자 자신, 상품, 정보를 주변환 대상으로 하여 각종의 고유한 가공활동 또는 생산공정(Process)의 변환활동을 통하여 그 이전 상태와 다른 사람·상품·상품·정보로 탄생된다.

따라서 서비스 기업의 생산 활동은 사람·상품·정보를 주변환 대상으로 하여 생산 공정을 통하여 변환활동을 수행하는 과정이라고 말할 수 있으며, 최종생산물은 유형적으로 존재하지 않고 그 생산 공정 자체를 상품화한 것이다. 생산 공정과정에서의 생산, 흐름도, 사람들과의 접촉서비스, 주요 구성요소에 대한 충분한 이해가 필요하다.

관광서비스 특성

서비스 전달과정(Service Delivery Flow)이 중요하다고 할 수 있다. 항상 고객의 관점에서 관광서비스가 연출되어 고객만족으로 산출되도록 노력하는 자세가 필요하다. 이와 같은 측면에서 관광서비스의 특성은 인적서비스의 의존성, 고객욕구에 따른 변동성, 상호보완적인 연계성, 고객참여에 따른 동시성, 최고급 지향성으로 설명할 수 있다.

제품과 서비스는 형태유무, 분리여부, 고객참여여부, 질적유지 상태에 따라 다르다.

관광서비스 구성측면에서 관광고객, 서비스 수행 종사원, 물리적 환경(관광시설 및 조직, 전략 등), 관광 매력물(관광대상), 관광서비스 지원시스템으로 구분할 수 있다.

또한 관광서비스의 구조는 크게 생산부문 관광서비스(여행사의 상품기획, 호텔 및 식음료 업체의 주방, 숙박업체의 세탁, 객실업무 등)와 전달부문 관광서비스(관광종사원의 서비스, 관광시설서비스, 각종 서비스 지원시스템, 정보, 광고 및 홍보, 판매 및 조사와 가격 등의 서비스)로 구분된다.

그리고 관광서비스 평가의 특수성 측면으로는 관광 상품과 같은 경험 재를 선택할 때는 유형 제품을 구입할 때와는 다소 다른 평가 전략이 채택된다. 즉 광고와 같은 비인적 정보 보다는 구전이나 지인의 소개 등 인적원천(Personal Sources)에 대한 의존도가 높다. 또한 물리적 시설이나 가격을 근거로 무형적 서비스의 질을 평가한다. 정보입수와 대안평가 작업이 어려우므로 고려 대상을 처음부터 작게 가지는 경향이 있다. 그리고 한 곳에서 만족할 만한 서비스를 받으면 부득이한 경우를 제외하고 굳이 상표전환을 하지 않는다.

이러한 관광서비스는 일반적으로 무형성, 생산과 소비가 동시에 이루어지거나 생산현장(관광지 여행, 호텔투숙, 여행체험 등)에 직접 참가해서 소비가 이루어지는 동시성, 이질성, 소멸성 등의 특징을 가지고 있다.

① 무형성 : 무형성이란 유형의 제품과는 달리 서비스는 구매 이전에는 볼 수도 느낄 수도 맛볼 수도 냄새 맡을 수도 들을 수도 없다. 이것은 서비스는 실체가 아닌 수행·체험·경험이기 때문이기 때문이다. 서비스 제공자는 고객에게 서비스를 보여주기 위하여 전시하거나 설명하는데 어려움이 있으며, 서비스 구매자는 제공되는 서비스에 대해 오감을 이용한 평가를 할 수 없기 때문에 서비스에 대한 모호한 이미지를 가지며, 또한 평가에 어려움이 많다. 따라서 소비자의 구매는 신용에 바탕을 둔 신용구매인 경우가 많으며 제공되는 서비스의 질은 서비스 자체와 주변의 환경에 따라 평가되는 경향이 많다.

② 동시성 : 동시성은 서비스 경험은 동시에 생산되고 소비된다는 것을 의미한다. 유형재는 먼저 생산되고 보관할 수 있지만, 서비스는 생산·판매·사용·평가가 동시에 이루어진다. 많은 서비스들의(의료서비스, 호텔, 여행, 항공, 교통 등) 생산과정에는 고객의 참여가 필수적이며, 구매자는 생산과정에서 종사원과 직접적인 접촉을 하며 참여한다. 생산과 소비의 동시성은 또한 생산자와 판매자가 일체감을 형성하여 서비스 행위를 창출한다는 것을 의미한다.

③ 이질성(Heterogeneity) : 이질성은 서비스 경험의 질은 고객의 지각(Perception)에 의해 측정되기 때문에 고객에 따라 변동성과 이질성이 나타나는 것이며, 또한 서비스는 많은 종류의 상품과 서비스를 포함하고 있어서 선호하는 상품과 서비스도 고객마다 다르기 때문에 매우 복잡하다고 할 수 있다. 서비스는 고객과 서비스 제공자의 감정적 반응에 전적으로 의지할 수밖에 없기 때문에 표준화하

기가 어렵다는 것이다.

④ 소멸성 : 소멸성이란 서비스가 저장될 수 없다는 것을 의미한다. 서비스 상품은 생산과 소비가 동시에 일어나기 때문에 저장이 불가능하며, 한 번 잃은 서비스 기회는 회복하기가 어렵다. 유형재의 제품은 만들고 소비가 안 되면 저장했다가 나중에 팔면 되지만, 서비스는 생산과 소비가 동시에 이루어지기 때문에 미리 생산하기 불가능하고, 일정시점에서 소비되거나 사용되지 못한 서비스는 영구히 소멸된다.

관광서비스는 관광과 관련하여 제공되는 서비스이기 때문에 일반적인 서비스의 특성 이외에 관광으로 인한 특징을 갖고 있다. 관광서비스의 특성은 다음과 같다.

① 사람에 대한 복합적 활동 서비스 : 관광서비스 활동은 첫째, 사람을 대상으로 한다. 둘째, 유형적 활동과 무형적 활동을 모두 포함하는 복합적 활동의 서비스를 제공한다. 즉 관광서비스는 인적서비스의 의존성이 매우 강한 서비스이다.

② 재량권이 많은 서비스 : 관광현장에서 고객과 종사원이 상호작용을 하면서 서비스는 변경되거나 추가되거나 일부가 제거될 수 있다. 이때 그 판단의 권리를 재량권이라 한다. 즉 관광객은 숙박시설, 지역관광, 쇼핑, 렌트, 항공, 지상 교통 등의 다양한 조직들이 제공하는 관광서비스를 다양하게 경험한다. 그리고 이들 조직은 상호의존적으로 하나의 조직으로 작용하여 전체에 긍정적 또는 부정적 영향을 미친다.

③ 만족은 깨달음과 감동서비스 : 관광서비스는 관광과 관련한 인간의 욕구와 욕망을 충족시키고 감동(깨달음)에 도달하도록 하는 모든 활동이다.

④ 서비스의 단기성 : 관광서비스는 짧은 시간 노출로 관광객의 평가를 받는 시간이 매우 짧은 편인 서비스이며, 반환하거나 교환이 불가능하다.

⑤ 감정적 관계성 : 관광서비스는 관광객과 접촉하면서의 감정적인 느낌이 발생되기 때문에 이러한 감정적 느낌이 구매행위에 영향을 미친다. 이를 '참가에 의한 고(高)접촉 서비스'라고 하며, 고객이 서비스 현장에 직접 참가하는 서비스를 '순수서비스'라 하고, 서비스종사원과 접촉하는 정도가 높은 서비스를 '고접촉서비스'라고 한다. 관광서비스는 신체적 이동과 정신적 자극을 처리하는 서비스이기 때문에 고객은 반드시 집을 떠나 신체적·정신적으로 서비스 생산과정에 참여한다. 고객은 서비스 제공 장소에 서비스 제공기간 동안 존재해야 하며, 종사원과 높은 접촉을 유지한다.

⑥ 유형적 단서 : 관광객은 관광을 하면서 얻는 유형적 실마리나 증거물에 의해서 평가한다. 기대는 만족에 영향을 미친다. 기대와 경험이 일치되었거나 또는 기대 이상의 좋은 경험을 했을 때 고객은 만

족에 도달하고, 기대에 미치지 못했을 때 고객은 불만족을 느끼게 된다. 관광은 무형의 경험을 추구하기 때문에 이에 대한 관리가 어렵다. 그러므로 고객이 갖게 되는 기대 및 욕구에 대해서 현실적인 수준을 유지할 수 있도록 관리하는 데 주의를 기울여야 한다.

⑦ 계절성 : 관광서비스는 계절적 요인에 매우 탄력적이며, 성수기와 비수기가 뚜렷하기 때문에 할인행사와 이벤트 등의 마케팅 활동영역을 통한 비수기의 촉진활동이 매우 중요하다.

⑧ 모방의 용이성 : 관광종업원들에 의해 관광서비스가 제공되며, 관광객이 직접 경험하기 때문에 서비스의 모방이 용이하다.

관광서비스의 특성을 요약하면, 무형성, 이질성, 소멸성, 생산 · 전달 · 소비의 동시성, 인적서비스 의존성, 서비스의 단기성, 감정적 관계성, 유형적 단서, 계절성, 상호의존성, 모방의 용이성 등이 있다.

4.3. 관광서비스 활동의 유형과 역할

관광서비스 활동의 관광객을 위한 다양한 서비스는 주체인 관광객과 객체인 관광대상인 관광자원, 주체와 개체의 매개서비스인 항공, 철도, 버스, 크루즈 및 기타 서비스 등의 모든 영역에서 살펴볼 수 있다. 즉, 관광객을 위하여 관광관련업자(Principal)를 상호알선하고 필요한 서비스를 수행하는 여행서비스, 숙박 및 부대시설을 이용하도록 하는 관광숙박서비스, 다양한 교통수단을 효용성 있게 사용하도록 해주는 관광교통운수서비스, 각 지역의 고유한 음식과 다양한 관광객들의 미각에 맞는 음식을 제공해주는 식음료 및 식당서비스 등이 있다. 따라서 관광서비스 활동은 여행서비스 업무, 호텔서비스 업무, 항공운송서비스 업무, 해상운송서비스 업무 등이 포함된다.

1) 여행서비스

국내관광진흥법 제3조 제1항의 여행업에 대한 정의에 의하면, “여행자 또는 운송시설·숙박시설·기타 여행에 부수되는 시설의 경영자를 위하여 당해 시설이용의 알선이나 계약체결의 대리, 여행에 관한 안내, 기타 여행의 편의를 제공하는 업”이라고 정의한다. 즉 여행서비스업이란 관광객과 관광관련 시설업자와의 사이에서 관광시설의 예약, 수배, 시설의 이용알선, 계약체결의 대리, 관광안내 등 관광관련서비스를 제공하고, 관광 상품을 생산하여 판매서비스 함으로써 그 대가를 받는 사업이라고 할 수 있다. 여행업은 여행자 또는 운송·숙박시설, 그 밖에 여행에 수반되는 시설의 경영자 등을 위하여 시설에 대한 이용알선이나 계약체결의 대리, 여행에 관한 안내 등의 그 밖의 여행 편의를 제공하는 업을 말한다.

여행업의 서비스 기능에는 상담서비스 기능, 예약 및 수배서비스 기능, 관광안내서비스 기능, 판매서비스 기능, 여권 및 비자 수속대행서비스 기능, 발권서비스 기능, 여정관리서비스 기능, 공항탑승수속(Sending and Meeting)서비스 기능, 정산서비스 기능 등이 있다.

여행업의 역할은 관광자의 다양한 요구를 충족시키기 위해서 불편을 해소하고, 여행의 모든 어려움을 해결해 주는 등 관광자의 입장에서 관광객을 도와주는 것이다. 따라서 여행사는 관광객들에게 신뢰성을 얻어야 하며, 관광객에게 유용한 관광정보의 판단력을 갖게 해주고, 관광 전반에 대해 시간과 비용을 절약할 수 있다는 확신과 아울러 저렴한 여행요금 등 경쟁력 있는 가격을 제공하는 능동적 활동이 요구된다. 특히 관광객이 관광관련시설업자로부터 직접 관광관련요소(국내외여행상품, 항공권, 숙박이용권, 철도 및 각종 운송서비스이용권 등)를 구입하는 것 보다 여행업자를 통하여 구입할 경우 훨씬 저렴한 가격에 구입할 수 있기 때문에 관광객은 여행업자를 찾게 된다.

여행서비스는 여행상품을 기획하고 개발하여, 관광지, 운송시설, 숙박시설, 그 밖에 관광관련 시설들을 알선하고 계약체결의 대리역할을 하는 등의 관광에 필요한 총체적인 업무를 수행하는 여행사 내 서비스 활동을 말한다. 또한 여행서비스는 창구서비스, 예약서비스, 안내서비스, 수속대행서비스 등이 포함된다.

2) 숙박서비스

관광숙박서비스업(Tourism Lodging Service Industry)은 관광숙박에 필요한 시설 및 설비를 갖추고 관광고객을 숙박시키는 산업으로, 호텔(Hotel), 레지던스(Residence), 리조트(Resort), 여관(Inn), 하숙(Lodging), 유스호스텔(Youth Hostel) 등과 같이 수수료 및 계약에 의하여 관광숙박 이용자들에게 숙박설비서비스를 제공하는 서비스사업을 말한다.

호텔은 불특정 다수의 고객을 대상으로 이익을 목적으로 서비스를 제공하는 곳으로서 관광산업의 핵심이 되는 산업분야이다. 호텔은 숙박과 식음료를 제공하는 주요 서비스 외 스포츠, 레저, 레크리에이션 시설, 회의장, 전시장, 결혼식장, 연회장을 포함한 다양한 부대시설 서비스 등을 제공한다. 이러한 호텔서비스는 객실서비스, 식음료서비스, 기타서비스로 구분하여진다.

우리나라 숙박시설업의 종류에는 종합관광호텔업, 일반관광호텔업, 수상관광호텔업, 한국전통관광호텔업, 가족호텔업, 휴양콘도미니엄업, 여관업, 여인숙업, 민박업, 유스호스텔업, 야영장업, 연수원 및 기숙사, 레지던스업 등이 있다.

국내관광진흥업 제3조 제2항에서 관광숙박업은 크게 호텔업과 휴양콘도미니엄업으로 나뉘며, 호텔업은 관광객의 숙박에 적합한 시설을 갖추어 이를 관광객에게 제공하거나 숙박에 부수되는 음식, 운동, 오락, 휴양, 공연 또는 연수에 적합한 시설 등을 함께 갖추어 이를 이용하게 하는 업을 말하며, 휴양콘도미니엄업은 관광객의 숙박과 취사에 적합한 시설을 갖추어 이를 당해시설의 회원, 공유자, 기타 관광객에게 제공하거나 숙박에 부수되는 음식, 운동, 오락, 휴양, 공연 또는 연수에 적합한 시설 등을 함께 갖추어 이를 이용하게 하는 업으로 정의한다.

한편, 현재의 호텔서비스 기능은 과거의 숙박, 식음료제공 기능 이외에도 숙박, 음식제공, 집회, 집회공간, 문화서비스, 레크리에이션, 상업서비스, 메디칼호텔 등과 같이 건강관리와 비즈니스서비스 기능까지 갖춘 종합적인 서비스의 연출공간의 제공과 아울러 그 지역사회의 경제, 사회, 문화, 예술 및 커뮤니케이션의 활용공관으로서의 포괄적인 서비스기능을 수행하고 있다. 호텔서비스는 구매시간의 단기화로 관광고객에 의한 서비스 평가시간이 매우 짧으며, 접객요원, 장식품, 기물, 유니폼 등과 같은 호텔서비스 부문이 상호보완적으로 이루어져 총체적인 만족을 가져다준다는 것이 특징이다. 즉 객실부문 서비스(프런트, 프런트오피스, 하우스키핑), 식음료 및 식당서비스, 연회서비스, 기타 서비스(주차관리, 전화교환, 여행정보, 비서업무 등)의 서비스가 서로 연계되어 고객의 기대와 욕구를 만족시키는 서비스로 연출되어야 한다는 것이다.

호텔의 객실서비스는 다음과 같이 3가지로 구분할 수 있다.

① 첫째, 유니폼 서비스(Uniformed Service)는 호텔 내 차량정리, 차량수배안내, 수화물관리 등의 호텔에 도착하고 떠나는 고객에게 정확하고 신속하게 제공하는 서비스를 말한다.

② 둘째, 프론트 오피스 서비스(Front Office Service)는 호텔이 고객을 최초로 만나는 지점인 동시에 최후로 고객을 환송하는 장소로 호텔에서 가장 중요한 역할을 담당하는 서비스이다. 프론트 서비스는 객실예약, 입실 및 퇴실관리, 안내, 비용정산, 객실 키 관리 등을 담당하는 서비스를 말한다.

③ 셋째, 하우스 키핑 서비스(House Keeping Service)는 객실의 관리 및 객실부문에서 제공되는 서비스를 생산하는 곳이다. 일반적으로 하우스 키핑 서비스 업무는 객실정비, 청결관리, 객실설비관리, 가구관리, 비 품류 정비, 소모품공급, 세탁물관리 등을 담당한다. 호텔투숙객은 대부분을 객실에서 보내게 되므로 투숙기간 내 고객만족을 위해 중요한 역할을 담당하는 서비스라 할 수 있다.

일정한 기준에 의한 분류체계는 어떤 범주에서 분류된 서비스와 그렇지 않은 서비스 사이의 유사점과 차이점을 분명하게 알 수 있게 해주기 때문에 서비스와 고객에 대한 이해를 높여 서비스의 질을 향상시키는 데 필요한 전략을 세우는데 적용할 수 있다.

(1) 제공시점에 따른 분류

관광서비스는 서비스가 제공되는 시점에 따라 관광 상품의 판매 및 예약 전에 제공되는 서비스, 관광 상품의 판매 및 예약과정에서 제공되는 서비스, 관광체험활동 중에 제공되는 서비스, 관광체험활동이 종료된 후 제공되는 사후서비스 등으로 분류할 수 있다.

(2) 제공형태에 따른 분류

관광서비스의 제공형태는 사람에 의해서 제공되는 인적 서비스와 물리적인 시설이나 자원을 사용하거나 소유하도록 하는 물적 서비스로 구분할 수 있다.

(3) 관광사업의 종류에 따른 분류

관광진흥법에 의해 분류된 관광사업의 종류로는 여행업, 관광숙박업, 관광객 이용시설업, 국제회의업, 카지노업, 유원시설업, 관광편의 시설업 등이 있다.

다음 〈표 6-7〉은 산업연관표상의 관광산업분류를 정리한 것이다.

3) 항공운송 서비스

항공운송 서비스는 고속성과 안정성, 정시성과 운임의 경제성, 기내 서비스의 쾌적성, 노선 개설의 용이성, 국제성 등의 특성이 있으며, 항공예약, 발권, 서비스, 공항여객서비스, 객실서비스, 기타부문서비스로 구분할 수 있다.

① 예약, 발권 서비스는 직접 판매서비스, 간접 판매서비스, 인터라인 서비스가 있다.

② 여객서비스는 체크인 카운터 서비스, 보딩 게이트 서비스, 도착 서비스가 포함된다.

③ 객실 서비스는 승객이 탑승하기 전부터 기내 시설물, 기내용품 설치 등 탑재와 관련된 준비과정의 업무를 포함하는 개념을 말한다. 즉 객실서비스는 승객이항공기에 탑승하여 운항, 도착할 때까지 이루어지는 제반 서비스를 의미한다. 객실 서비스에는 승객에 대한 인사, 좌석안내, 수화물정리, 좌석벨트점검, 비상안전 서비스, 등급별 서비스를 비롯한 신문·잡지제공, 음료제공, 기내식제공 등 다양한 기내서비스가 포함된다.

④ 기타 서비스는 특수 서비스, 여행 편의를 위한 우대 서비스, 의무 서비스, 리무진 버스 서비스, 항공기 지연 운항에 따른 피해보상 서비스 등이 있다.

⑤ 부가 서비스는 타 지역 송부 서비스, 인터넷 구매 서비스, 항공사 간 연결탑승 서비스, 공항라운지 서비스, 팩스 전송서비스 등이 있다.

〈표 6-7〉 산업연관표상의 관광산업분류

관광산업명칭	산업연관표 403부문 통합방식		비고
1. 소매업(관광쇼핑)	322	소매(O)	관광객의 관광기념품 구매, 농산물, 섬유가죽제품 등 유통마진 등이 해당
2. 식음료	323	일반음식점(O)	음식점, 유흥음식점, 주점업 등
	324	주점(O)	
	325	기타 음식점(O)	
3. 숙박업	326	숙박(O)	관광숙박업, 호텔업 및 여관업
4. 여객운송	327	철도여객운송(O)	육상운송, 내항운송, 외항운송
	328	철도화물운송	
	329	도로여객운송(O)	
	330	도로화물운송	
	331	택배	
	332	연안 및 내륙수상운송(O)	
	333	외항운송(O)	
	334	항공운송(O)	
5. 운수보조업	335	육상운수보조서비스(O)	여객 자동차 터미널 주차장 운영업
	336	수상운수보조서비스(O)	
	337	항공운수보조서비스(O)	
	338	하역	
	339	보관 및 창고	
6. 차량임대업	368	기계장비 및 용품 임대(O)	관광 관련 자동차 임대 등
	369	청소 및 소독 서비스	
	370	인력공급 및 알선	
7. 여행업	371	기타 사업 서비스(O)	일반 및 국외여행업, 여행보조 및 예약서비스업
8. 문화예술 공연	386	문화 서비스(국공립)(O)	문화예술공연(영화 공연, 박물관 연극, 음악)
	387	문화 서비스(기타)(O)	
	388	영화제작 및 배급(O)	
	389	영화상영(O)	
	390	연극, 음악 및 기타 예술(O)	
9. 운동경기	391	운동 및 경기관련 서비스(O)	경기장운영, 스포츠 서비스, 골프장/스키장
10. 오락 및 유흥	392	기타 오락 서비스(O)	게임장, 갬블링(gambling) 등

- 서비스의 어원은 라틴어의 Servus에서 나온 용어로서, '노예가 주인에게 충성을 바쳐 거든다'는 의미이다. 이것은 점차적으로 상대를 위한 봉사를 의미하는 것으로 변화하였다.
- 호텔은 숙박이 대부분 이용목적이므로 객실 서비스는 가장 중요한 역할을 담당한다. 이러한 객실서비스는 유니폼서비스, 프론트 오피스 서비스, 하우스 키핑 서비스로 역할이 구분되어 있다.
- 항공운송서비스의 성격에는 무형성, 재고불가능성, 변동성, 소유권 비이전성, 서비스품질의 측정곤란성이 있다.
- 항공운송서비스의 특징은 항공기라는 자본집약적인 하드웨어를 활용하여 여객을 안전하게 운송하는 것으로써 지상서비스인 좌석예약, 항공권 발권, 탑승수속 등의 서비스와 기내서비스인 기내 식음료, 면세상품 판매, 비디오 영상서비스, 승무원서비스 등이 조합되어 생산되어진다.

5. 관광활동의 이해

5.1. 관광활동의 정의

현대사회는 많은 사람들이 직장의 업무와 가사 일에 일시적으로 벗어나고자 하는 욕구가 증가하면서 일상 여가보다 관광활동을 더 중요시 하는 사람들이 점차적으로 증가하고 있다.

관광활동은 강한 위락적인 요소와 함께 일련의 소비활동에서 비롯된 복합적인 현상을 말하며, 관광자의 행동 자체가 곧 소비활동을 말한다. 이 소비는 관광활동과정에서 경제적 행위로 이어져 관광목적지 등에 금전의 이동을 가져다준다.

관광객의 소비활동에 의해 생산되는 각종 관광사업의 이윤을 경제적 효과라고 말하고, 이를 보다 세분하여 국제수지개선과 지역경제에의 기여효과로 구분할 수 있다. 관광행동에 대한 연구는 크게 수요자 측면과 공급자 측면으로 구분하여 이루어진다. 아울러 관광객의 심리에 영향을 주는 요인을 파악함으로써 관광사업을 활성화할 수 있으므로 관광객 행동에 대한 연구의 중요성이 강조되고 있다. 따라서 관광객 행동은 '관광자의 관광상품 구매의사결정이 어떻게 이루어지며, 관광활동에 영향을 미치는 요인은 무엇인가'에 대하여 연구하는 것으로 정의할 수 있다. 즉 관광객의 활동에 영향을 미치는 지각·학습·개성·성격·동기·태도 요인 등의 연구와 사회문화적으로 영향을 미치는 문화·사회계층·준거집단·가족 요인 등을 파악하는 것을 말한다.

관광객의 의사결정과정은 관광욕구인식, 관광정보의 수집과 탐색 및 대안평가, 관광상품구매, 관광준비, 관광참여 및 활동, 관광경험 후 평가의 단계로 이루어진다.

관광욕구 인식이란 관광객이 어떠한 원인에 의하여 관광에 참여하게 되는지를 파악하는 것으로 관광동기 이전의 상태를 말하며, 이를 파악하여 관광상품 공급자는 관광상품기획에 대한 아이디어 및 동기를 얻을 수 있다. 관광동기는 관광객의 관광활동을 일으키는 중요한 요인이며, 관광동기와 그 속성에 대한 연구는 관광객들의 관광습관과 목적지 결정은 물론 그들의 미래관광패턴을 예견하는데 매우 중요하다고 판단된다. 즉 관광활동은 자기해방, 자기표현, 자아실현, 자기개발, 건강추구, 행복추구 등의 삶의 질을 향상시키기 현대인들의 여가활동을 말한다.

관광정보의 수집과 탐색한 관광정보를 수집하고 어느 상품이 좋은지 탐색하는 단계로써 독립적이고 다양한 과정을 거치며, 대안을 평가하기도 한다. 대안평가에 영향을 주는 변수들로는 과거구매경험에 대한 만족도, 상표애호도(Brand Loyalty), 가족, 준거집단 등이 있다. 그리고 관광상품구매는 관광자 자신의 기준에서 가장 효율성 있는 상품을 선택하게 되는데, 구매 후 =소비까지의 기간이 길다는 특성이 있다. 이때 관광객의 관여도(Involvement)가 높을수록 구매의사 결정이 늦어질 수 있다. 예를 들어 크루즈(Cruise), 신혼여행, 오로라 탐험, 의료관광 등을 결정할 때는 의사결정의 과정이 신중해진다.

관광활동에 대한 국내·외 학자들의 개념적 정의를 살펴보면, 다음과 같다.

① Lutzin(1973)은 신체적 활동, 사교적 활동, 문화적 활동, 자연활동, 정신적 활동으로 정의하고 있다.

② Lang(1996)은 관광객들이 추구하는 활동 형태로 시장을 세분화하고, 관광기획자들에게 단순화하고 집약된 활동 그룹을 제공하여 적절한 상품과 시설을 개발하도록 하였다. 또한 여가, 레크리에시션, 관광행동의 중요한 결정변수들을 인식하는데 도움을 주는 접근방법을 연구하였다.

③ Bryant & Morrison(1980)등은 관광활동은 가장 중요한 상품을 세분화 시킬 수 있는 기준이 될 수 있으며, 여가, 레크리에이션, 관광연구조사에 광범위하게 적용되는 것으로 설명하고 있다.

④ 손대현(1995)은 관광을 위락을 목적으로 하는 여행, 사업활동과 관계되는 여행, 시스템 접근법에 의한 관광, 문화인류학의 관점에서 내려진 관광으로 정의하고 있다.

관광준비단계는 관광객이 관광목적 및 목적지에 대한 문화 및 가장 최신(Updated)의 정보를 얻어 관광기대와 함께 필요한 여행용품을 구입하는 과정을 말한다. 관광참여 및 활동단계는 관광객이 관광에 적극적으로 참여하고 활동하는 단계로써, 미지의 기대 속에 유·무형의 관광대상물을 접하게 된다. 또한 관광객은 참여 중 문화와 환경이 다른 관광 내·외적인 요인들로 인하여 불평행동을 겪을 수도 있다. 이때 공급자는 관광자의 불평행동을 수용하여 최대한 만족하는 상황으로 이끌 수 있도록 노력하여 충성고객으로 재탄생시킬 수 있어야 한다. 관광경험 후 평가단계는 관광을 마치고 돌아온 관광자의 행동으로써, 관광진행 중에 경험하였던 추억을 회상(Recall)하기도 하고, 불만족·만족스러운 부분에 대하여 주변 사람들에게 구전(Word-mouth)하게 되며, 만족한 고객은 재방문고객(Revisitor)이 된다. 따라서 관광기업이나 해당 관광지자체는 리서치 등을 통하여 관광자의 구매 후 평가를 확인하고, 항상 만족도 제고와 아울러 관광지를 관광객이 기대수준 이상의 경험을 간직할 수 있는 곳으로 만들도록 노력해야 한다.

다음의 〈그림 6-3〉은 관광행동 결정과정단계를 나타낸 것이다.

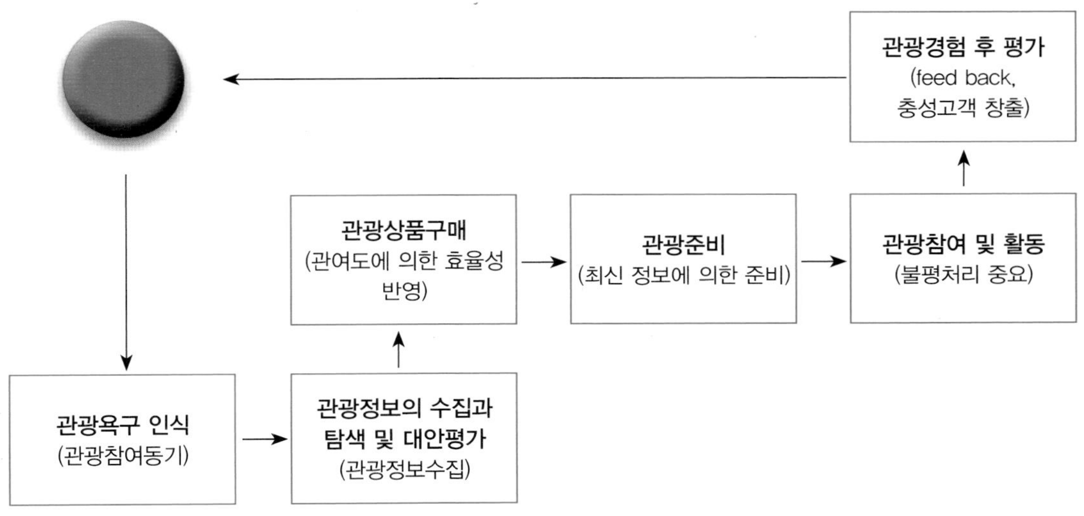

〈그림 6-3〉 관광행동 결정과정단계

관광객의 관광행동 결정과정단계는 관광목적을 충족시키고자 하는 목표지향적인 행동으로 관광의 욕구가 생기고 그 욕구를 충족시키기 위해 대안을 탐색 또는 평가하여 최종적인 의사결정을 내린 후 관광활동에 참여하고 돌아와 전체를 평가하는 과정을 말한다. 이러한 의사결정 과정의 5단계는 관광욕구단계 → 정보탐색과 평가단계 → 관광의사결정단계 → 여행준비와 관광경험단계 → 관광만족도 평가단계가 있다(Methieson & Wall, 1983).

5.2. 관광활동의 특성

관광활동의 특성을 살펴보면, 관광객의 관광활동이 일반소비자 행동과 본질적으로 다른 것은 아니지만 특수한 몇 가지 측면이 존재한다. 즉 관광서비스 측면의 무형성, 비분리성, 이질성, 소멸성이라는 서비스상품 고유의 특성과 아울러 고객과 서비스제공자와의 상호작용의 중요성, 특수한 유통경로, 관광 내·외적 환경의 중요성, 인적서비스의 부조화성, 커뮤니케이션의 특성, 품질평가의 즉시성 등 기타 다양한 특성들을 가지고 있다. 따라서 관광객의 행동은 이러한 관광서비스의 특성들로 인하여 구매의사결정과 개인적 영향요인, 환경적 영향요인, 관광현장에서의 행동반응 측면에서 독특한 특성을 지니고 있다.

1) 지각과 관광활동

관광객은 관광목적지에서 오감(시각·청각·미각·후각·촉각)을 통하여 들어온 정보와 자극에 의하여 관광객이 갖고 있는 개성, 경험, 희망사항, 가치, 기대수준 등의 요인에 따라 해석하게 된다. 관광자의 지각(Perception)이란 관광객이 자극에 대해 어떤 의미를 받아 구체적이고 의미 있게 조직, 선택, 해석하는 과정을 말한다.

관광객의 주관적 지각이 관광활동에 개입할 가능성이 크다. 자신이 주관적으로 인식하는 바에 의해 광고를 이해하고, 상품을 평가하며 가격에 반응하기 때문이다. 그러므로 관광객의 지각은 그들의 심리적·행동적 반응에 구체적인 영향을 미칠 수 있으므로 관광활동의 지각과정과 현상을 바로 이해할 수 있어야하며, 특히 관광서비스 품질지각, 가격지각, 고객기대지각, 위험지각, 공정성지각에 대한 이해가 필요하다. 관광활동의 만족은 관광객이 관광활동을 위해 지불한 경제적·심리적·사회적인 모든 비용에 대비해 얻어지는 주관적인 효용을 의미하고, 여기에서 만족이란 관광활동을 하는 사람이 기대했던 관광지와 방문에 대한 성과 측면에서 방문의 투자비용과 편익을 비교한 결과라고 할 수 있다.

2) 동기와 관광활동

관광객의 관광상품서비스 구매는 개인의 동기와 밀접한 관계가 있으며, 관광객의 구매욕구를 자극하는 선택동기에는 기능적 동기(객실의 편안함, 접근성 등), 미적·감정적 동기(관광지의 분위기, 인테리어 등), 사회적 동기(대인적 상호작용에 의한 인정과 존경 등), 상황적 동기(가격할인, 이벤트개최 등의 효익추구), 호기심(새로운 관광거리 추구 등)이 있다. 이와 같은 관광객의 동기는 개인의 심리적 요인과 외적마케팅 자극요인에 의하여 표출된다. 또한 욕구차원은 실용적 욕구(Utilitarian Needs), 자기표현욕구(Self-expressive Needs), 쾌락적 욕구(Hedonic Needs), 사회적 욕구(Social Needs)로 구분된다.

3) 선택속성과 관광활동

관광선택속성은 관광객이 관광을 선택할 때 중요시하는 속성의 중요도와 관광을 선택하여 이용한 후 지각하는 만족도를 의미한다. 따라서 상위속성이 선택속성이라면 하위속성은 속성 중요도와 속성 만족도가 된다. 또한 관광선택속성은 관광객들이 관광지에서 보고 느끼고 경험한 모든 총체적 현상들이라고 말할 수 있다. 이처럼 관광선택속성에 관한 연구는 호텔 및 외식산업, 관광목적지속성에 관한 연구 등의 다양한 분야로 세분화되어 있다.

의료관광이 활발해지기 위해서는 선택속성과 속성수준이 세계적으로 통용되는 표준화된 기준수준으로 갖춰져야 한다. 의료관광 선택속성에 관한 연구는 국제의료관광객유치를 위한 차원에서 활발하게 이루어지고 있다. 다음 〈표 6-8〉은 의료관광평가의 선택속성에 관한 선행연구이다.

〈표 6-8〉 의료관광의 선택속성에 관한 선행연구

평가구성요소 대분류	대분류 순위 평균	대분류 순위	구성요소 소분류	소분류 순위 평균	소분류 순위
목적지의 접근성	3.45	4	교통의 편리성	1.51	1
			관광매력물의 접근성	2.60	2
			지역주민의 환대성	2.77	3
			의료관광예약의 효율성	3.55	4
			편안한 출입국 서비스	3.60	5
			동반자를 위한 서비스	4.79	6
의료관광의 정보성	4.98	5	의료관광 광고 및 홍보성	1.41	1
			개최 본부와의 정보교류	1.58	2
			인터넷을 통한 정보획득	1.69	3
			다양한 언어로의 홍보 및 정보성	2.57	4
목적지의 효용성	2.07	1	뛰어난 의료기술	1.48	1
			적정한 참가비용	2.02	2
			뛰어난 전문용어 소통	2.29	3
			만족할 만한 안내서비스	2.93	4
			가치 있는 연계 여행프로그램	3.48	5
의료관광의 경영성	2.46	2	관광주최자에 대한 신뢰성	1.94	1
			주최자의 개최능력과 태도	2.20	2
			종사원들의 서비스	2.87	3
			의료관광의 평판	3.45	4
			의료관광지의 안전한 위생	3.57	5

〈표 6-8〉 의료관광의 선택속성에 관한 선행연구(계속)

평가구성요소 대분류	대분류 순위 평균	대분류 순위	구성요소 소분류	소분류 순위 평균	소분류 순위
시설 및 설비성	3.23	3	뛰어난 의료관광시설	1.98	1
			편안한 숙박시설	2.36	2
			치료자를 위한 다양하고 특별한 먹거리	2.87	3
			안전한 시설	2.88	4

의료관광의 중요한 속성 중 상대적 중요도에 대한 분석결과, 믿을 만하고 안전한 치료활동이 가장 중요한 선택속성으로 분석되어진다. 그리고 외국인 환자를 위한 원스톱 치료시스템, 훌륭한 휴양 및 숙박시설, 뛰어난 역사·문화관광지의 순으로 조사되었다. 여기서 믿을만하고 안전한 치료활동이란 외국인 의료관광자의 특성을 고려한 안전한 치료행위, 불필요한 진료규제, 가격대비 가치 있는 치료서비스 수준 등을 나타낸다. 훌륭한 휴양 및 숙박시설은 효율적인 가격, 편안하고 깨끗한 숙박시설, 입맛에 맞는 음식의 수준을 나타낸다. 뛰어난 역사·문화관광지란 가치 있는 문화 및 역사 관광유적지의 볼거리, 먹거리, 즐길 거리의 수준을 나타낸다. 외국인 환자를 위한 원스톱 치료시스템이란 신속성, 수용성, 타국과 비교하여 가치 있는 우수한 의료관광시스템을 나타낸다. 또한 각 속서의 속성 수준별 효용을 살펴보면 믿을만하고 안전한 치료활동에서는 가격대비 가치 있는 치료서비스가 가장 높았고, 훌륭한 휴양 및 숙박시설에서는 입맛에 맞는 음식의 수준이 높게 조사되고 있다. 뛰어난 역사·문화관광지속성에서는 즐길 거리속성 수준이 가장 높게 나타났고, 외국인 환자를 위한 원스톱 치료시스템에서는 신속성의 효용이 높게 분석되고 있다.

다음 〈표 6-9〉는 의료관광의 선택속성과 속성수준을 나타낸다.

〈표 6-9〉 의료관광의 선택속성과 속성수준

선택속성	속성수준
믿을 만하고 안전한 치료활동	안전한 치료행위, 불필요한 진료규제, 가격대비 가치있는 치료서비스
훌륭한 휴양 및 숙박시설	효율적인 가격, 편안하고 깨끗한 숙박시설, 입맛에 맞는 음식의 수준
뛰어난 역사 · 문화관광지	가치있는 문화 및 역사 관광유적지의 볼거리, 먹거리, 즐길거리
외국인 환자를 위한 원스톱 치료시스템	신속성, 수용성, 타국과 비교하여 가치 있는 우수한 의료관광시스템

4) 관여도와 관광활동

관광소비자 관여도(Involvement)란 상품구매나 소비상황에 대해 개인이 지각하는 중요도나 관심도를 의미한다. 관여도가 높을 때 관광소비자는 상품에 대해 정서적·인지적 몰입을 하게 되고, 상품 효용을 극대화하고 위험을 최소화시키려 구매결정태도가 조심스러워진다. 일반적으로 고관여도는 상품가격이 높고, 구매 빈도수가 낮으며 상품의 자기표현이 두드러질 때 나타난다. 고관여 관광객에 대한 설득적 커뮤니케이션으로는 광고뿐만 아니라 지인에 의한 구전, 직원의 상품추천, 홍보자료, POP(Point of Purchase) 등이 있다. 그리고 인지적 호기심(세밀한 상품정보) 및 인지적 반응(지지주장, 반박주장)에 따라 구매 태도가 달라진다.

다음 〈표 6-10〉은 관여도 측면의 소비자 의사결정을 나타낸다.

〈표 6-10〉 관여도 측면의 소비자 의사결정

	고관여 (High Involvement)	저관여 (Low Involvement)
의사결정(정보탐색, 대안적 상표고려)	복잡한 의사결정(Complex Decision Making) 크루즈의료관광, 자동차 등	제한적 의사결정(Limited Decision Making) 시리얼, 스낵식품, 저가관광상품 등
습관(정보탐색이 없거나 한 가지 상표만 고려	상표충성도(Brand Loyalty) 향수, 구두, 만족한 관광상품 등	타성(Inerta) 일상적인 상품, 식료품 등

5) 학습과 관광활동

관광객의 학습이란 관광객의 미래 관광활동에 영향을 미치는 상품 및 관광소비지식과 경험을 획득하는 과정이라고 말할 수 있다. 관광자의 신중한 상품구매에 대한 의사결정은 관광자의 과거 경험에 기초하여 이루어진다.

관광상품을 구매하는 관광객은 소비자이자 문제해결자이며, 이들은 어디로, 언제, 얼마의 비용으로 떠날 것인가 하는 다양한 환경(경제, 사회, 심리, 문화적 환경, 국내·외적 환경 등)에 따라 선택이 달라진다. 이 과정에서 학습은 관광상품 구매에 중요한 결정요인이 된다. 즉 문화적 가치, 관광태도, 성취행동, 관광환경 지식, 동기, 개인 및 사회적 욕구 충족의 방법 등은 학습의 결과이다. 이러한 학습과정에는 인지적 학습(사고과정 학습)과 행동주의적 학습(자극과 반응에 의한 호의적 태도, 수단적 조건화), 대리학습(다른 사람들의 행동결과를 관찰, 모방)이 있다.

6) 태도와 관광활동

태도(Attitude)란 한 사람이 어느 대상에 갖는 긍정적 또는 부정적 감정의 양을 의미하며 태도에는 반드시 대상물이 존재하며, 학습을 통하여 형성된다. 또한 태도는 반응에 대한 일관성 있는 우호적 또는 비우호적인 가치판단이며, 외부자극에 의하여 변화될 수 있다. 대부분 태도는 경험을 통해 형성되며, 태도를 구성하는 요소로 3각 이론(인지적 요소, 감정적 요소, 행동·의도적 요소)과 단일차원이론(감정적 요소만 태도의 범주에 포함시킴)이 있다. 단일차원이론이 소비자행동론에서 채택되고 있으며, 단일차원모형은 AIDA 모형의 단계를 거치며, 효과단계모형(Hierarchy of Effects Mode)l의 단계로 설명되어진다.

AIDA모형
주의(Attention) → 관심(Interest) → 욕구(Desire) → 구매행동(Action)

효과단계모형
인식(Awareness) → 지식(Knowledge) → 호감(Liking) → 선호(Preference) → 확신(Conviction) → 구매(Purchase)

관광소비자의 태도란 브랜드, 상품, 광고 등의 마케팅 자극에 대하여 지속적으로 나타나는 학습된 선유경향(Predisposition)으로 볼 수 있다. 관광고객의 상품에 대한 관광활동은 인지적·감성적 관여도의 상호작용에 따라 달라질 수 있으며, 관광객이 관광목적지를 선택하는 관광활동 태도는 편익, 매력성, 이미지, 접근성, 관광비용 등이 크게 영향을 미친다. 이러한 태도속성 평가모형에는 다속성태도모형(Multi-Attribute Attitude Model), 로젠버그모형(Rosenberg Model), 이상점모형(Ideal-Point Model), 정교화가능성모형(Elaboration Likelihood Model) 등이 있다.

한편 Aaker(1997)는 유명 브랜드의 개성에 대해 연구하여, 브랜드 개성을 다섯 가지 차원(성실함, 활기참, 유능함, 세련됨, 강인함/투박함)으로 요약하였다. 브랜드를 통한 반복구매는 충성도를 뜻하므로 관광고객충성도는 브랜드 동일시(Brand Identification)의 결과에 기인한다고 말할 수 있으며, 관광소비자들의 자아개념과 브랜드 개성이 부합된다. 즉 브랜드이미지와 자아이미지가 일치되고, 자아이미지를 향상시킬 때 해당 브랜드평가는 더욱 호의적으로 형성되며 고객충성도는 제고된다. 다음은 브랜드 개성의 다섯 가지 차원 및 각 차원의 측정변수를 나타내고 있다.

〈표 6-11〉 브랜드개성의 다섯 가지 차원 및 각 차원의 측정변수

다섯 가지 차원	각 차원의 측정변수
성실함(Sincerity)	꾸밈없는, 가정적인, 소도시의, 정직한, 성실한, 실제적인, 건강한, 독창적인, 즐거운, 우수어린, 친근한
활기참(Excitement)	과감한, 첨단유행의, 짜릿한, 활기찬, 신선한, 젊은, 환상적인, 독특한, 최신의, 독립적인, 현대적인
유능함(Competence)	신뢰가는, 열심인, 안정적인, 지적인, 기술적인, 대기업의, 성공적인, 선도적인, 자신감 있는
세련됨(Sophistication)	상류층의, 우아한, 멋있는, 매력적인, 여성적인, 부드러운
강인함/투박함(Ruggedness)	외향적인, 남성적인, 서부의, 거친, 투박한, 강한

7) 가치와 관광활동

가치는 관광객의 선택활동과 의사결정에 있어서 판단의 기준이 되며, 우선순위를 결정하는 역할을 한다. 또한 가치란 어떤 행동이나 현상에 대해 개인적·사회적으로 의미를 부여하고 선호하는 지속적인 신념이며, 관광자의 가치관은 바람직하거나 옳다고 생각하는 현상에 대한 신념들로 구성된다. 관광객 개인들의 가치구조는 관광활동에 반영되며, 구매행동을 통하여 가치 있는 상품을 얻음으로써 궁극적으로 최종가치에 다가가려 한다. 따라서 가치는 관광활동에 지속적으로 영향을 미치는 근본적인 동기가 된다. 이러한 관광객의 가치관은 상품구매태도에 영향을 미치고, 태도는 다시 행동으로 이어져 관광객의 상품선택행동뿐만 아니라 관광객의 불평행동에까지 영향을 미친다.

Rokeach(1973, RVS;Rokeach Value Survey)는 삶의 목표와 원칙이 되는 인간의 가치체계를 궁극적 가치(Terminal Value)와 수단적 가치(Instrumental Value)로 구분하였다.

궁극적 가치

즐거움, 안락한 생활, 신나는 생활, 성취감, 아름다운 자연 · 예술, 평등, 가족의 안정, 자유 · 독립, 행복 · 만족, 내적 조화, 자존심 · 자부심, 사회적 안정, 현명함, 세계평화, 국가안보, 구원, 진실한 우정, 성숙한 사랑 등이다.

수단적 가치

궁극적 가치에 중요한 행동원칙이 가치로 유능함, 쾌활함, 깨끗함, 창조적 풍부한 상상력, 독립적, 지적, 논리적, 책임감, 가기통제, 용기, 용서, 남을 도움, 정직, 사랑, 개방적, 관대함, 순종, 예의바름 등이 속한다.

Kahle(1985, LOV; List of Values)은 관광소비자의 가치항목요인을 내부가치, 외부가치, 사회적 가치로 나누고 이를 내부가치항목은 성취감, 자아실현, 흥겨움·재미, 자기존중으로, 외부가치항목은 생활의 안정, 타인으로부터의 존경, 즐거운 생활로, 사회적 가치항목은 따듯한 인간관계, 소속감으로 분류하였다.

관광객의 가치를 측정하는 데 있어서 궁극적으로 추구하는 효익과 편익, 최종적인 가치와 연결되는 과정을 파악하는 것이 무엇보다 중요하다. 이것은 신규 관광상품기획 및 시장세분화에 실제적인 적용될 수 있기 때문이다.

8) 라이프스타일과 관광활동

관광소비자의 라이프스타일에 영향을 미치는 결정요인들은 문화적 요인, 사회적 요인, 경제적 요인, 인구통계적 요인, 개인적 요인으로 구분할 수 있다. 먼저 사회적 요인은 국가, 지역, 가족, 음식, 주거, 의복, 전통문화, 문화적 가치를 말한다. 사회적 요인은 소속집단, 준거집단, 교제대상 및 범위를 말하며, 경제적 요인은 직업, 소득, 주거지역, 가용자산, 국가경제상황 및 인프라를 말한다. 그리고 인구통계적 요인은 연령, 성별, 교육수준, 종교, 결혼유무, 독신, 다인 가족·1인 가족·다문화가정 등의 가족구성원을 말하며, 개인적 요인은 개성, 가치관, 자아개념, 취미, 특기, 성장환경, 건강상태으로 구분할 수 있다. 라이프스타일을 측정하는 방법으로 AIO분석법(Wells & Tigert, 1971)과 VALS-1프로그램, VALS-2프로그램이 있다.

9) 사회·문화적 요인과 관광활동

관광자의 관광활동은 사회적·문화적 요인에 의하여 크게 영향을 받는다. 문화적 요인으로는 공통적인 가치관을 공유하는 하위집단(Subcultural), 사회적 행동의 규범이 되는 문화가 있다. 사회적 요인으로는 사회계층은 교육수준, 소득수준, 직업, 개인적 성취도와 인지도, 주거지 및 주거형태, 가문, 사회적 활동 및 타인에 대한 영향력, 사교활동, 가치관과 교양, 생활양식과 소비패턴이 대표적이며, 이러한 사회적 계층은 구매상품이 상류층은 보다 높은 가치를 구매, 하류층은 물품을 구매하며, 유통면에서는 점포선택의 차이가 있으며, 커뮤니케이션 형태에서는 상류층은 추상적 언어사용, 하류층은 직설적·단정적 언어를 사용한다. 매체이용습관은 뉴스와 대담 등이 있으며, 구매 및 재무관리행동은 계획구매 등이 포함된다. 정보탐색행동은 인터넷 및 인적 자원의 다양한 매체를 말하며, 가격지각은 경험이나 외적 정보에 품질을 평가하는 것을 말한다. 또한 브랜드지각은 폭 넓은 지식 등을 말하고, 주택 및 주거환경은 사회적 지위의 상징, 생활을 위한 장소를 나타낸다. 식습관은 건강, 맛과 양의 차이가 나타난다.

사회적 집단의 영향력은 보상적인 힘, 강제적인 힘, 합법적인 힘, 전문적인 힘, 준거적인 힘으로 나타난다. 준거집단(Reference Group)은 행동규범이나 가치를 제공함으로써 개인의 사고와 태도, 행위에 직·간접적인 영향을 미치는 집단으로, 학연·지연·혈연에 바탕 둔 준거집단, 유명연예인의 행동양식에 영향을 받는 준거집단, 종교집단, 동호회 등이 속한다. 이러한 준거집단의 기능으로는 정보제공(상품구매 등), 규범제공(선택의 규범), 가치표현 기준과 대상의 제공(상품구매와 사용에 대한 준거점을 제시)에 있다. 준거집단의 유형에는 공식·비공식집단, 1차 집단(가족 등 빈번한 교류가 있는 집단), 2차 집단(동창회, 협회 등), 회원집단과 비회원집단, 열망집단과 회피집단 등이 있다.

결과적으로 사람들이 관광을 하는 진정한 이유는 사회·문화적 환경과 개인의 특성에 따라 얼마든지 다를 수 있으나, 어떤 문제의 해결을 위한 개인의 의사결정은 목표 지향적인 행동임에 틀림없다. 다시 말해 주어진 어떤 시점에서 이루어지는 목표 지향적 의사결정은 상황과 여건을 고려한 욕구해결로서 목표·목적 지향적인 문제해결이다.

5.3. 관광활동(행동)의 활용

관광소비자는 관광욕구의 충족을 위해서 자신의 구매능력과 조건을 고려하여 적절한 대안을 선택한다. 그러므로 마케터는 관광소비자들이 자사의 제품 및 서비스를 어떻게 평가하고 무엇을 원하는지를 정확하게 파악하고 대응해 나갈 수 있어야 한다.

1) 소비자의 욕구충족

소비자는 자신의 욕구충족을 위해서 제품 및 서비스를 구매한다. 그러므로 관광마케터는 자사의 제품을 목표시장의 욕구와 일치시키기 위한 마케팅 관리를 위해 전략적으로 접근하여야 한다.

2) 소비자 지향적 조직구조

소비자의 욕구충족은 소비자 중심의 마케팅 관리에 의해 이루어질 수 있으며, 이를 위한 소비자 지향적인 조직구조에 의한 전사적 마케팅(total marketing)으로의 체계적인 관리가 필요하다.

3) 시장변화와 마케팅 전략

소비자의 구매력은 경제적 환경에 따른 가처분 소득의 영향을 받는 한편, 소비자의 구매동기는 상황과 자극에 따라 매우 유동적이다. 관광마케팅 관리자는 시장의 변화를 탐색하고 유용한 전략에 이용할 수 있어야 한다.

4) 올바른 소비자의 선택

관광마케터는 세분시장에서 적중할 수 있는 표적시장을 선택함으로써 표적시장의 욕구에 효율적으로 영합할 수 있는 전략을 수립할 수 있어야 한다. 또한 자원과 능력은 선택적 집중화에 의해 효율성과 역량을 극대화해 나가야 한다.

5) 관계마케팅

관계마케팅은 고객과의 지속적이며 감성적인 관계유지를 통해 시장으로부터 목적을 달성하는 것이다.

6. 관광자 행동의 이해

관광자 행동이란 세 가지 요소의 상호작용을 말하며 여기에는 '관광자의 심리', '소비자를 둘러싼 사회환경', '관광기업의 마케팅 전략'으로 이루어진다.

의료관광산업의 기업들이 관광자의 개인적 행동과 환경적 요인을 이해하는 것은 마케팅 전략(marketing strategy)을 효과적으로 수립하기 위한 것이다.

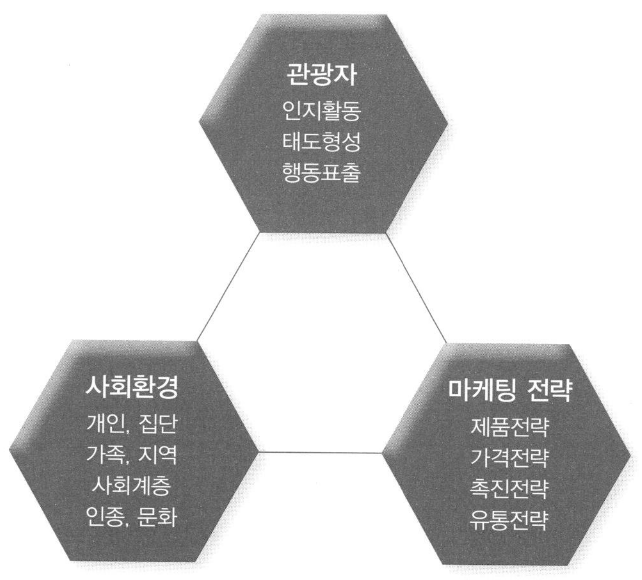

〈그림 6-4〉 관광자행동의 3요소

마케팅전략이란 소비자의 인지작용과 태도형성에 영향을 주기 위하여, 기업이 운용할 수 있는 마케팅 믹스 또는 마케팅 요인인 4P(제품, 가격, 촉진, 유통)를 적절히 조정하고 배합하는 것을 말한다.

관광행동의 기본은 개인 관광자(individual tourist)의 심리작용으로, 관광상품에 관한 마케팅 정보가 주어지면, 관광객은 이를 지각, 이해, 평가하는 인지작용을 거쳐 관광상품에 대한 선호도를 결정짓는 태도를 형성하게 되고 행동으로 나타나게 된다.

이러한 관광객의 행동을 예측하기 위해서는 그 관광자가 속해 있는 사회 환경에 대한 분석이 필요하다. 이를 통해 마케팅 전략을 추진함으로 관광객에게 관광상품과 서비스를 전달할 수 있다.

단원 핵심요약

▶ 관광욕구는 관광행동을 일으키는 심리적 원동력을 의미하며, 관광욕구를 관광행동으로 나타나게 하는 심리적 에너지를 관광동기라고 한다.

▶ 관광동기의 유발요인에는 교육 · 문화적 동기, 휴양 · 오락동기, 망향적 동기 등이 있다.

▶ 관광행동은 관광객이 목적지, 기간, 경비, 이용할 시설 등 관광에 필요한 모든 사항을 결정하고 행동화하는 전 과정을 말하며, 기본적으로 비용, 시간, 건강, 정보 등의 조건이 필요하다. 그러므로 관광대상과 주체를 연결시킬 수 있는 기능이 작용되어야 하며, 이러한 구체적인 요인에는 여가(시간)의 확대, 자유재량 소득(비용)의 확대, 호기심(정보)의 확대, 건강 유무의 확대 등과 같은 4대 조건의 확립과 아울러 기분의 전환, 자아의 확대, 역할의 전환, 행동권의 확대, 호기심 증진, 신분의 확대, 동조 모방감 등 7개 요인에 의하여 관광행동이 유발될 수 있다고 본다.

▶ 의료관광객은 기본적으로 해외 이동(항공기)을 통해서 국내 의료관광서비스를 체험한다. 이를 위해 필요한 항공권 예약 및 변경, 예약에 대한 사항, 항공사에서 제공하는 항공서비스를 이해하고 항공서비스와 연계한 서비스(Rent a car, Pick up, Sending) 업무를 알아야 한다.

▶ 관광서비스를 3가지 측면에서의 정의를 살펴보면 다음과 같다.
- 기능적 측면은 관광업체의 수입을 위해 종사원이 관광객에게 봉사하는 정신으로 자신이 맡은 업무에 임하는 것을 의미한다.
- 비즈니스적 측면을 살펴보면, 관광객이 관광활동을 통해 호감과 만족도를 느끼면서 발생하는 가치 있는 지식과 행위의 총체를 의미한다.
- 구조적 측면은 관광업체가 관광객의 요구에 따라 소유권 이전 없이 제공하는 상품성 있는 무형의 행위 또는 편익의 일체를 의미한다.

▶ 관광서비스의 특성은 인적서비스의 의존성, 고객욕구에 따른 변동성, 상호보완적인 연계성, 고객참여에 따른 동시성, 최고급 지향성으로 설명할 수 있다.

▶ 관광서비스의 특성을 요약하면, 무형성, 이질성, 소멸성, 생산 · 전달 · 소비의 동시성, 인적서비스 의존성, 서비스의 단기성, 감정적 관계성, 유형적 단서, 계절성, 상호의존성, 모방의 용이성 등이 있다.

▶ 여행서비스는 여행상품을 기획하고 개발하여, 관광지, 운송시설, 숙박시설, 그밖에 관광관련 시설들을 알선하고 계약체결의 대리역할을 하는 등의 관광에 필요한 총체적인 업무를 수행하는 여행사 내 서비스 활동을 말한다. 또한 여행서비스는 창구서비스, 예약서비스, 안내서비스, 수속대행서비스 등이 포함

된다.

▶ 국제의료관광코디네이터는 해외 의료관광객에 대한 마케팅, 유치, 예약(항공사 · 호텔 · 여행사 · 관광자원 등), 공항영접과 환송, 병원 내의 진료서비스 및 지원, 보험처리, 관광활동지원, 통역 등 의료관광 서비스를 지원하며 고객과 접촉하게 된다. 또한 국제의료관광코디네이터는 의료관광객 태도형성에 영향을 줄 수 있는 자극을 줄 수 있어야 하고, 행동을 예측 및 분석할 수 있어야 하며, 이를 통해 고객에게 접근할 수 있는 관광마케팅 전략을 수립할 수 있어야 한다.

알아두면 좋아요

존스홉킨스병원 유치한 싱가포르, VIP의료관광 싹쓸이

미국 수도 워싱턴DC에서 자동차를 타고 북동쪽으로 60㎞쯤 달리면 볼티모어에 도달한다. 항구도시로 출발해 조선 · 제철 등 공업도시로 성장하며 이민자들에게 '아메리칸 드림'을 꿈꾸게 했던 도시다. 20세기 들어 철도교통 쇠퇴로 잠시 쇠락하다 서비스 중심 도시로 새롭게 태어났다. 인구 62만명이 살고 있는 볼티모어는 이제 교육 · 의료 중심 도시로 변모해 미 전역에서 젊은이와 부유층을 끌어모으고 있다. 그 핵심 원동력은 다름 아닌 '존스홉킨스(Johns Hopkins)' 대학과 병원이 제공하고 있다. 존스홉킨스병원은 서울대병원처럼 비영리 의료법인이다. 의사 1915명을 비롯해 약 3만명이 일하고 있다. 볼티모어시에서 가장 많은 직원을 채용하고 있고 세금도 가장 많이 낸다. 병상 1145개에 연간 외래환자 약 50만명, 입원환자 약 5만명을 치료하고 있다. 의대에는 정규직 교수 2700명, 비정규직 교수 1250명, 박사급 연구원 1250명 등 5200명이 환자 진료와 함께 임상연구와 교육을 진행 중이다. 병원과 의대는 19세기 중반 무역 · 금융업으로 성공한 기업인 존스 홉킨스가 당시 700만달러를 출연해 1889년, 1893년 각각 설립했다. 존스홉킨스병원은 미국 언론(US News &World Report)이 미국 내 엄선된 5000개 병원을 대상으로 평가를 시작한 1991년 이후 22년간 1위를 기록했다. 2012년 2위, 지난해 3위로 밀리긴 했지만 세계 최고 병원이라는 데 이의를 제기하는 사람은 거의 없다. 암, 위장, 비뇨기과, 정신과, 정형외과, 류머티즘, 재활치료 등 16개 전문 분야에서 최고 점수를 받았다.

존스홉킨스병원은 세계 최고 브랜드를 앞세워 볼티모어 주변 도시와 워싱턴에 지점 병원을 개설했다. 건강관리 · 가정방문 진료 사업에 진출했고, 2000년부터는 싱가포르 사우디아라비아 등 세계 각국으로 진출했다. 존스홉킨스병원그룹은 한 해 외래환자 280만명, 응급병동 환자 35만명 등을 치료해 연간 70억달러(2015회계연도 기준 · 약 7조7000억원) 매출을 올리고 있다.

이 가운데 '존스홉킨스 싱가포르' 병원은 존스홉킨스병원 합작 투자로 성공한 대표적 병원으로 꼽힌다. JCI(국제의료평가위원회) 인증을 받은 싱가포르 첫 의료기관으로 현재 탄톡셍병원에 입주해 동남아시아 부유층 암환자를 유치해 진료하고 있다.

12개국 출신 의사 9명과 레지던트급 의사 5명이 미국 존스홉킨스병원 의술과 최신 정보로 유방암, 대장암, 폐암, 전립선암 등 각종 암환자를 치료하고, 필요하면 미국 병원으로 송출하고 있다. 이 병원 입원실은 30개로 최신 스위트룸 형태로 꾸며져 있다. 동남아 · 중동에서 부유층 1400여 명이 매년 존스홉킨스 싱가포르병원을 찾는다.

미국 '메이오 클리닉(Mayo Clinic)'도 도시 전체를 먹여살리는 병원으로 유명하다. 메이오 클리닉은 미국 내륙 북동쪽에 위치한 미네소타주 로체스터에 둥지를 틀고 있다. 로체스터 인구가 약 10만명인데 이 가운데 절반이 메이오 클리닉 관련 종사자다. 호텔, 공항을 모두 메이오에서 운영한다. 이 때문에 미국인들은 이 지역을 '메이오 인더스트리 타운'이라고 부른다. 병원 하나를 잘 키우면 도시 전체가 잘 먹고살 수 있다는 것을 보여준다. 메이오 클리닉은 지난해 미국 병원 평가에서 1위에 올라 존스홉킨스병원을 위협했다. 실제로 메이오 클리닉은 미국 의사들 본인이 중병에 걸렸을 때 가장 가고 싶은 병원 1위에 항상 꼽힌다. 로체스터에는 세계 각국에서 메이오 클리닉으로 몰려드는 환자와 동행 가족들을 위해 호텔과 쇼핑상가를 비롯해 각종 시설이 들어서 있다. 여행객들 의료와 관광 지출 규모는 기본적으로 500만원 이상에 달한다. 병원이 경제 활성화에 미치는 영향은 지대하다. 의료서비스는 고도 지식산업이지만 노동집약적 산업이기도 해 고용창출 효과가 크기 때문이다. 현대경제연구원은 '투자개방형 의료법인의 경제적 효과' 보고서를 통해 "존스홉킨스대학 · 병원과 같은 해외 유명 의료법인을 도입하고 의료산업을 한국 핵심 산업으로 키울 경우 18만7000개 고용창출과 10조5000억원의 부가가치를 창출해낼 수 있다"고 밝혔다.

전문가들은 존스홉킨스나 메이오 클리닉과 같은 세계 일류 병원을 국내에 유치하면 국내 환자보다 중국과 동남아, 러시아 극동, 중앙아시아 부유층을 유인하는 효과가 클 것이라고 분석한다.

〈출처 : 매일경제, 2015.05.12〉

International Medical Tourism

제 7 장 관광산업의 이해(2)

단원 학습목표

- 관광산업의 정의를 이해한다.
- 관광산업의 유형을 파악한다.
- 관광산업의 시스템을 이해하고, 관광산업의 효과에 대해 학습한다.

1. 관광산업의 정의

관광산업이란 관광주체인 관광객의 욕구를 충족시켜 주기 위하여 서비스를 제공하는 모든 경제 조직적 행위의 총체라고 정의할 수 있다.

관광진흥법에 의하면 '관광사업은 관광자를 위한 운송, 숙박, 음식, 오락, 휴양 또는 용역을 제공하거나 기타 관광에 부수되는 시설을 갖추어 이를 이용하게 하는 사업'이라고 정의하고 있다. 관광산업의 다양한 정의를 살펴보면 다음과 같다.

1) 다나카(田中喜一, 1973)

관광산업에 대한 학자들의 정의를 살펴보면, 관광왕래를 유발하는 각종 요인에 대한 조화적 발달을 도모(교통, 관광시설 개발, 자연·문화적 관광개발과 보호 등)함과 동시에 그 이용을 촉진함에 따라 경제적·

사회적 효과를 얻는 조직적인 인간 활동을 말한다.

2) 일본교통공사(JTB, 1972)

관광산업은 관광현상이 가져온 여러 가지 효과를 인정하고, 그 요소를 조직화하여 훈련을 실시하여 체계를 정비함으로써 국가번영과 인류복지증진에 크게 기여하는 다목적의, 총체적인 활동으로 정의하면서, 현대적 조류의 관광사업에 맞는 목적과 내용이 구체적으로 설명되어 있다.

3) 이노우에(井上萬壽藏, 1973)

관광객을 위하여 운송·숙박·음식·운동·오락·휴양 또는 용역을 제공하거나 기타 관광에 부수되는 시설을 갖추어 이를 촉진 또는 수용하기 위해 행해지는 인간 활동의 모든 것이라고 설명하면서, 관광왕래에 대한 가치와 효과를 인식하고 그 실태에 맞게 규정하였다.

4) 한국의 관광진흥법 제2조

관광산업이란 관광객을 위하여 운송·숙박·음식·운동·오락 또는 용역을 제공하거나 그 밖에 관광에 딸린 시설을 갖추어 이를 이용하게 하는 업이라고 정의한다.

관광산업은 관광의 의의를 살리고 관광현상을 활발하게 하려는 일련의 활동의 총체이며, 관광객들의 다양한 행동에 따른 연관사업 활동을 통하여 다각적인 효과를 거두려는 인류의 평화와 복지를 위한 사업이라고 정의된다.

또한 관광산업은 관광자의 이동을 원활하게 하는 모든 요소를 유기적으로 결합하여 적극적인 수요창출을 이뤄내야 하며, 다양한 관광행동과 현상에 대처할 수 있는 기능이 요구되는 사회공익성을 지닌 사업이라 할 수 있다.

이전의 관광산업은 민간분야에서 주로 담당하였으나 오늘날 공공분야(정부)는 경제성장의 원천으로서 관광산업을 개발하는데 상당한 금액을 투자하고 있으며 점차적으로 정부의 역할이 커지고 있다.

관광산업은 관광객을 위하여 재화나 서비스를 제공하고 관광왕래를 통하여 국제친선, 문화교류, 국제수지 개선, 국민의 세계화, 경제성장 및 무역수지 개선 등에 크게 기여하는 산업이다. 이러한 관광산업은 한 국가에 있어서 사회공공성과 개인영리성을 동시에 추구하는 사업이며 그 규모 및 종사자가 더욱 증가하고 있는 국제적 사업의 보편적 특성으로서 관광객이 관광목적뿐만 아니라, 이동에 의하여 관광현상에 참여하게 됨으로써 이와 관련된 소비대상층이 매우 다양해지고 관광사업의 범위가 전체산업에 직·간접적으로 연결되어 있는 특성이 있다.

또한 관광산업은 타 사업과 비교하여 정부나 지방자치단체에서 이동의 편의나 정책적 관심을 기울여야만 가능한 부분이 포함되어 있기 때문에 공익적인 특성을 가지고 있으며, 또한 유통과정에서는 '서비스'라는 무형의 전달방법을 대부분 포함하고 있다.

관광사업의 유사용어로는 관광산업, 관광기업 등이 있다. 관광산업은 클라크(Clark)의 산업분류 혹은 산업구조의 이해를 위한 분류방식을 원용하여 관광산업의 포괄적 용어로 사용하였다. 그리고 관광기업은 경제적 효과를 중시한 경영학적 관점의 용어라고 할 수 있다. 곧, 관광기업이라고 사용할 때에는 영리를 목적으로 한 개인적 관광사업을 뜻하며, 관광산업은 관광 관련 전체 사업을 표현할 때 사용한다.

관광사업은 서양에서는 관광산업과 구분 없이 tourism이나 tourism industry, tourist industry 또는 travel industry 라는 용어로 넓게 사용되고 있으며, 동양에서는 광의의 개념으로 관광산업, 협의의 개념으로 관광기업이라는 용어로 쓰거나, 일반적으로 두 개념을 절충한 관광사업이라는 용어를 사용하고 있다.

즉 관광사업의 개념은 광의적 개념으로는 국가, 지방자치단체, 공공기관이 특정한 목적을 가지고 지역전체의 관광사업을 관광정책에 근거하여 재정투자와 민간투자를 활용, 관리 통제하여 지역전체 관광현상에 대해 실행하는 종합적 사업을 의미하고 있다. 협의의 개념으로 관광사업은 관광행위의 현상에 대해 관광행정기관과 기업들이 행하는 개별적인 경영사업을 의미하며 일반적으로 광의의 개념은 관광사업, 협의의 개념을 관광산업이라고 한다.

2. 관광산업의 유형

관광사업의 유형은 그 사업의 주체, 제공되는 서비스와 상품의 종류, 관광객와의 접촉 정도에 따라 관광사업의 범위 및 구성이 매우 다양하고 광범위하다.

관광산업의 관광진흥법에서 규정하는 관광사업은 총 7가지로 분류된다.

2.1. 관광진흥법상의 분류

관광산업 측면에서 우리나라 관광진흥법 제3조는 관광사업의 종류를 다음과 같이 정의하고 있다.

1) 여행업

여행업은 관광객과 여행업의 공급업자 사이에서 이들 양자를 접목시키는데 있다.

2) 관광숙박업

① 호텔업 : 관광호텔업, 수상관광호텔업, 한국전통호텔업, 가족호텔업, 호스텔업 등이 있다.

② 휴양콘도미니엄업

3) 관광객 이용시설업

① 전문휴양업 : 민속촌, 해수욕장, 수렵장, 동물원, 식물원, 수족관, 온천장, 동굴자원, 수영장, 농어촌휴양시설, 활공장, 등록 및 신고 체육시설, 산림휴양시설, 박물관, 미술관 등이 있다.

② 종합휴양업 : 제1종 종합휴양업, 제2종 종합휴양업

③ 자동차야영장업

④ 관광유람선업(일반관광유람선업, 크루즈업)

⑤ 관광공연장업

⑥ 외국인전용 관광기념품판매업

4) 국제회의업

① 국제회의시설업

② 국제회의기획업

5) 카지노업

6) 유원시설업

종합유원시설업, 일반유원시설업, 기타 유원시설업 등이 있다.

7) 관광편의시설업

관광유흥음식점업, 관광극장유흥업, 외국인전용 유흥음식점업, 관광식당업, 시내순환관광업, 관광사진업, 여객자동차터미널시설업, 관광펜션업, 관광궤도업, 한옥체험업 등이 있다.

2.2. 학문적 분류

1) 관광기업

관광객과 직접적으로 관계를 맺는 영리를 목적으로 하는 기업들을 말한다.

예) 여행업, 숙박업, 쇼핑업, 교통업, 관광정보제공업, 관광개발업 등

2) 관광관련기업

관광객과 간접적으로 관계되어 사업을 수행하고 있는 업체를 말한다.

예) 세탁업, 오락업, 식품업, 요식업, 청소용역업, 일반소매업, 관광출판물업체 등

3) 관광행정기관

공적 관광사업을 추진하는 행정기구로 국가, 정부, 지방자치단체 등에 속해 있다. 관광기업, 관광관련기업, 관광자와 직간접적으로 영향을 주고받으며 관광개발 및 진흥업무를 진행한다.

4) 관광공익단체

공적 관광업무를 수행하는 관광공사, 관광연구원, 관광협회 등의 공익법인과 관광인력을 양성하는 교육기관을 말한다.

2.3. 사업목적에 따른 분류

1) 공적 관광사업

국가, 지방자치단체, 공적 기관인 관광협회 등의 관광사업 및 비영리단체의 관광관련사업을 말한다.

2) 사적 관광사업

민간관광기업, 관광관련기업이 있다.

〈표 7-1〉 관광사업의 분류

사업분류	내 용	세 분류
여행업	여행자 또는 운송시설 · 숙박시설, 그 밖에 여행에 딸리는 시설의 경영자 등을 위하여 그 시설 이용 알선이나 계약체결의 대리, 여행에 관한 안내, 그 밖의 편의를 제공하는 업	일반여행업, 국외여행업, 국내여행업
관광 숙박업	호텔업 및 휴양콘도미니엄업	관광호텔업, 수상관광호텔업, 한국전통호텔업, 가족호텔업, 호스텔업, 콘도미니엄업
관광객 이용 시설업	• 관광객을 위하여 음식 · 운동 · 오락 · 휴양 · 문화 · 예술 또는 레저 등에 적합한 시설을 갖추어 이를 관광객에게 이용하게 하는 업 • 대통령령으로 정하는 2종 이상의 시설과 관광숙박업의 시설 등을 함께 갖추어 이를 회원이나 그 밖의 관광객에게 이용하게 하는 업	전문휴양업, 종합휴양업, 자동차야영장업, 관광유람선업, 관광공연장업, 외국인전용 관광기념품판매업
국제 회의업	대규모 관광 수요를 유발하는 국제회의(세미나 · 토론회 · 전시회 등을 포함)를 개최할 수 있는 시설을 설치 · 운영하거나 국제회의의 계획 · 준비 · 진행 등의 업무를 위탁받아 대행하는 업	국제회의시설업 국제회의기획업
카지노업	전문 영업장을 갖추고 주사위 · 트럼프 · 슬롯머신 등 특정한 기구 등을 이용하여 우연의 결과에 따라 특정인에게 재산상의 이익을 주고 다른 참가자에게 손실을 주는 행위 등을 하는 업	
유원 시설업	유기시설(遊技施設)이나 유기기구(遊技機具)를 갖추어 이를 관광객에게 이용하게 하는 업	종합유원시설업, 일반유원시설업, 기타유원시설업
관광 편의 시설업	상기의 관광사업 외에 관광진흥에 이바지할 수 있다고 인정되는 사업이나 시설 등을 운영하는 업	관광유흥음식업, 관광극장유흥업, 외국인전용유흥음식점업, 관광식당업, 시내순환관광업, 관광사진업, 여객자동차터미널시설업, 관광펜션업, 관광궤도업, 한옥체험업, 외국인관광 도시민박업

자료: 관광진흥법 제3조 관광사업의 종류(공포일 2011.04.14.)

의료관광과 관련이 직·간접적으로 많이 있는 관광사업을 위주로 살펴보면 위와 같은 주요 관광사업이 있다. 먼저 여행업에 관한 여러 정의를 종합하면 "여행업이란 여행자와 여행 관련 기관 사이에서 여행자에게 예약·수배·대리·이용·알선 등의 여행서비스를 제공하고 그 대가를 받는 사업"이라 정의한다.

2.4. 여행업

1) 여행업의 기능을 구체적으로 살펴보면 다음과 같다.

① 여행자를 위해 운송·숙박시설을 대행하여 알선

② 여행자의 안내와 여권의 발급을 위한 수속대행

③ 여행에 관한 정보제공기능 및 상담

④ 예약 및 수배기능과 여행상품 판매

⑤ 각종 승선권 등의 발권

⑥ 여행일정 관리

⑦ 정산(settlement)

이와 같이 여행업의 기능은, 관광객의 입장에서 볼 때에 다음과 같은 특징으로 요약된다.

- 여행사는 여행에 관련해 전문가적인 입장에 있기 때문에 관광객들은 여행사를 신용하여 여행에 대한 불안감을 해소할 수 있다.
- 여행사는 가장 공평하고 새로운 정보판단력을 가지고 있다.
- 관광객은 복잡한 여행일정에 따른 제반 수배를 여행사에 위탁함으로써 시간절약을 할 수 있다.
- 여행사는 여행자의 대량공급을 통한 가격의 할인이 가능해져 염가판매를 할 수 있기 때문에 여행자의 이익을 대변할 수 있다.

2) 여행업의 주요 역할

고객과 소재제공자로서 교통기관이나 숙박시설 등의 중간에 서서 예약, 수배, 대리, 이용, 알선하는 것이 여행업자의 핵심적인 역할이다. 또한 여행사는 서비스산업이므로 관광 그 자체를 판매하는 것이 아니다. 관광은 인간의 행동을 수반하지 않으면 안 되는 것이고 관광의 구성요소에 서비스를 추가하여 이를 상품화하여 판매하는 것이다. 여행업의 역할을 구체적으로 살펴보면 다음과 같다.

① 관광객을 위한 편의제공

② 안심·안락·안전한 관광이 되도록 함

③ 교통기관, 숙박시설, 지역 및 관광대상의 체계화

④ 편리하고 간단하게(여행상품 선택으로)

⑤ 여행사의 창의와 연출로 관광전문가의 전문성 인정

⑥ 매력 있는 상품제조

⑦ 자유로운 관광의 package tour 제조 판매

⑧ 보이는 상품으로 연구(무형의 상품을 유형으로)

⑨ 관광관련 공급업자의 알선

⑩ 관광관련 공급업자의 상품판매

3) 여행업의 종류는 관광진흥법 시행령에서 일반여행업, 국외여행업, 국내여행업으로 분류하고 있다.

4) 일반여행업은 국내 또는 국외를 여행하는 내국인 및 외국인을 대상으로 하는 여행업(사증을 받는 절차를 대행하는 행위를 포함)을 말한다.

국외여행업은 국외를 여행하는 내국인을 대상으로 하는 여행업(사증을 받는 절차를 대행하는 행위를 포함)이다. 국내여행업은 국내를 여행하는 내국인을 대상으로 여행상품의 제작판매와 알선 및 안내를 하는 것을 주 업무로 하는 여행업을 말한다. 국내여행업은 내국인을 대상으로 한 국내여행에 국한하고 있어 외국인을 대상으로 하거나 또는 내국인을 대상으로 한 해외여행은 이를 법으로 금지하고 있다. 그러므로 해외의료관광객의 관광안내 및 주선은 국내 및 국외여행업에 해당되지 않으며 해외의료관광객의 국내여행을 알선하기 위해서 국제의료관광코디네이터는 일반여행업에 의뢰하여야 한다.

5) 여행상품의 구성요소는 여러 여행소재의 다양한 결합으로 이루어진다.

여행상품의 구성요소를 구체적으로 살펴보면 다음과 같다.

① 교통수단은 한 지점에서 다른 지점으로 이동시키는 모든 교통수단, 즉 대형 승합차, 소형 승합차, 항공기, 기차, 여객선, 마차, 인력거 등의 모든 이용 가능한 교통수단을 포함한다.

② 숙박기관은 호텔·모텔·유스호스텔·여관·여인숙 등 잠을 잘 수 있는 모든 숙박기관을 포함한다.

③ 음식은 인간이 가진 여러 욕망 가운데 기본적인 욕구가 식욕인 것처럼 여행 중의 즐거움도 식사에 있을 만큼 식사요소는 그 비중이 매우 크다. 식사에는 동·서양식을 포함한 모든 식사를 포함하며, 식사와 곁들여 진행되는 각종 쇼(show)도 포함된다.

④ 쇼핑은 여행의 즐거움 가운데 하나는 여행지에서의 상품구입이다. 그 지역의 토산품을 구입함으로써 오래도록 추억을 간직할 수 있다. 여기에는 농축산물·어패류·공산품·민예품·토산품·특산물 등 모든 상품이 포함된다.

⑤ 여행목적지는 매력물, 편의시설, 하부구조, 교통·수송, 환대·접대 등을 포함하는 개념이다. 여행목

적지는 그 지역의 문화·역사·제도·관습·풍속·예술·스포츠를 포함한 여가활동을 즐길 수 있는 장소를 포함한다.

⑥ 여행안내원은 여행의 소프트적 요소로서의 안내원은 여행의 가치증진상품으로서 존재한다. 안내원에는 전속안내원, 일용안내원, 특정지역 및 특정장소 안내원, 여행관리자(tour escort)를 포함한다.

⑦ 여행보험은 여행일정 중 우연히 발생할 수 있는 사고에 대한 안전장치이다.

⑧ 연결체계(link system)은 연결체계는 여행대상과 여행대상 간의 연결, 상품과 상품의 연결, 의사소통의 연결, 교통수단의 연결, 판매조직망의 연결, 판매서비스 연결 등을 포함한다.

2.5. 카지노

1) 카지노의 개념

카지노란 웹스터 사전에 의하면 '회의, 춤, 특히 전문 갬블링(professional gambling)을 위해 사용되는 건물이나 넓은 장소', 또는 '도박시설이 있는 오락장'으로 정의되고 있다. 관광진흥법에서는 "전용영업장을 갖추고 주사위·트럼프·슬롯머신 등 특정한 기구 등을 이용하여 우연의 결과에 따라 특정인에게 재산상의 이익을 주고 다른 참가자에게 손실을 주는 행위 등을 하는 업"으로 규정하고 있다. 여기에 입장하는 자는 외국인(해외이주법 제2조의 규정에 의한 해외 이주자를 포함)에 한하도록 규정되어 있으나 태백·정선 지역에 설립된 강원랜드 카지노는 내국인의 출입이 가능한 유일한 곳이다.

카지노는 관광산업의 한 영역을 차지하는 산업이며 관광객이 관광과정에서 즐기는 여가활동으로 인식할 때, 이것을 단순한 도박으로 해석하는 것은 잘못된 것이다. 카지노는 하나의 여가선용을 위한 건전한 위락형 게이밍(gaming) 산업으로 인식되어야 한다.

2) 국내 카지노 현황

우리나라에서는 내국인 전용 카지노(강원랜드)가 1개소 있으며, 나머지는 외국인 전용 카지노로서 외국인 의료관광객들을 위해 운영되어진다.

다음 〈표7-2〉는 관광사업의 분류중 국내 카지노 현황을 정리한 것이다.

〈표 7-2〉 관광사업의 국내 카지노 현황

시·도	업 소 명 (법 인 명)	허가일	운영 형태 (등급)	종사원수 (명)	'12 매출액 (백만원)	'12 입장객 (명)	전용영업장 면적(㎡)
서울	파라다이스워커힐카지노 【(주)파라다이스】	'68. 3.5	임대 (특1)	942	372,756	430,275	3,178.4
	세븐럭카지노 서울강남점 【그랜드코리아레저(주)】	'05.1.28	임대 (컨벤션)	1,363	266,654	396,832	5,380.01
	세븐럭카지노 힐튼호텔점 【그랜드코리아레저(주)】	'05.1.28	임대 (특1)	472	212,823	912,288	2,811.9
부산	세븐럭카지노 부산롯데호텔점 【그랜드코리아레저(주)】	'05.1.28	임대 (특1)	262	80,516	207,562	2,234.3
	파라다이스카지노 부산 【(주)파라다이스글로벌】	'78.10.29	직영 (특1)	307	81,173	104,208	2,283.5
인천	파라다이스 인천 카지노 【(주)파라다이스글로벌】	'67. 8.10	임대 (특1)	343	77,450	44,566	1,311.57
강원	알펜시아카지노 【(주)코자나】	'80.12.9	임대 (특1)	39	670	9,831	689.51
대구	호텔인터불고대구 카지노 【(주)골든크라운】	'79. 4.11	임대 (특1)	203	15,082	51,548	3,473.37
제주	더케이카지노 【(주)엔에스디영상】	'75.10.15	임대 (특1)	149	16,385	27,190	2,359.1
	파라다이스그랜드카지노 【(주)파라다이스제주】	'90. 9.1	임대 (특1)	130	37,083	46,748	2,756.7
	마제스타카지노 【AK벨루가(주)】	'91. 7.31	임대 (특1)	109	9,754	18,382	1,953.6
	로얄팔레스카지노 【(주)풍화】	'90.11.6	임대 (특1)	98	15,929	20,319	1,353.18
	파라다이스롯데제주카지노 【(주)두성】	'85.4.11	임대 (특1)	148	35,662	35,486	1,205.4
	더호텔엘베가스제주카지노 【(주)지앤엘】	'90. 9.1	직영 (특1)	158	13,129	37,357	1,026.6
	하얏트호텔카지노 【(주)벨루가오션】	'90. 9.1	임대 (특1)	74	7,626	17,389	803.3
	골든비치카지노 【(주)골든비치】	'95.12.28	임대 (특1)	131	8,329	23,606	823.9
16개 업체(외국인대상)			직영:2 임대:14	4,928	1,251,021	2,383,587	33,644.34
강원	강원랜드카지노【(주)강원랜드】 (내국인 대상)	'00.10.12	직영 (특1)	1,697	1,209,332	3,024,511	12,792.95
17개 업체(내 · 외국인대상)			직영:3 임대:14	6,625	2,460,353	5,408,098	46,437.29

자료 : 문화체육관광부 2013. 5월 기준

2.6. 관광객이용시설업과 관광편의시설업

관광객이용시설업은 관광객을 위하여 음식·운동·오락·휴양·문화·예술 또는 레저 등에 적합한 시설을 갖추어 이를 관광객에게 이용하게 하는 업과 대통령령이 정하는 2종 이상의 시설 및 관광숙박업의 시설 등을 함께 갖추어 이를 회원이나 그 밖의 관광객에게 이용하게 하는 업을 말한다. 2011년 기준, 전문휴양업 50개, 종합휴양업 20개, 자동차야영장업 12개, 관광유람선업 45개, 관광공영장업 7개로 전체 323개소에 이른다.

관광편의시설업은 관광진흥법에서 관광사업 중 여행업, 관광숙박업, 관광객이용시설업, 국제회의업, 카지노업을 제외한 사업이나 시설 가운데 관광진흥에 도움이 된다고 인정되는 것으로 문화체육관광부령이 정하는 바에 따라 지역별 관광협회에서 지정하도록 되어 있다.

2.7. 국제회의업

관광진흥법에서는 국제회의산업에 관련된 관광사업에 국제회의업이 있다. 국제회의업이란 "대규모 관광수요를 유발하는 국제회의(세미나·토론회·전시회 등을 포함)를 개최할 수 있는 시설을 설치·운영하거나 국제회의의 계획·준비·진행 등의 업무를 위탁받아 대행하는 업"으로 정의하고 있다. 국제회의업은 국제회의시설업과 국제회의기획업으로 나눌 수 있다.

국제회의시설업은 대규모 관광수요를 유발하는 국제회의를 개최할 수 있는 시설을 설치하여 운영하는 업을 말하고, 국제회의기획업은 대규모 관광수요를 유발하는 국제회의의 계획, 준비, 진행 등의 업무를 위탁받아 대행하는 업을 말한다.

1) 국제회의시설업

국제회의시설업은 대규모 관광수요를 유발하는 국제회의를 개최할 수 있는 시설을 설치·운영하는 업으로서 현황은 다음과 같다.

〈표 7-3〉 국제회의 시설업 현황(2013)

구 분	시 설	수용인원(대회의장)
컨벤션센터	7	3,400석
호텔회의장	132	97,946석
준회의장	41	42,577석
계	180	163,923석

전시컨벤션센터의 건립과 추진현황을 살펴보면 다음과 같다.

〈표 7-4〉 전시컨벤션센터 현황

완공년도	시 설 명	규 모		문화체육관광부 지원사항
		대회의장	전시장	
2000.05	COEX(서울)	7,000석	36,027㎡	• 관광진흥개발기금 231억융자('99) ※ 2002.3.15 시설업 등록
2001.09	부산컨벤션센터(BEXCO)	2,800석	26,325㎡	• 국고 10억('99) 지원 • 기금 195억 융자('98–'00) ※ 산자부 500억 지원 ※ 2001.4.26 시설업 등록
2001.04	대구전시컨벤션센터(EXCO)	4,200석	12,000㎡	• 기금 60억 융자 • 시설보강 31.2억원 지원 • 산자부 750억 지원 • 2001.3.30 시설업 등록
2003.03	제주관광종합센터(ICC Jeju)	4,300석	2,586㎡	• 국고 420억 지원(교부세 30억 별도) – 10억('00), 150억('01),180억('02), 80억('03) ※ 2003. 5. 7 시설업 등록
2005.04	한국국제전시장(KINTEX)	2,000석	53,541㎡	※ 산자부 753억 지원 ※ 시설업 등록중
2005.09	김대중컨벤션센터(KCC)	2,000석	10,800㎡	※ 산자부 434억 지원 ※ 2004.11.16 시설업 등록
2005.09	창원컨벤션센터(CECO)	2,000석	9,259㎡	• 국고 61억 지원(증축지원) ※ 산자부 150억 지원 ※ 중소기업청 50억 지원 ※ 2005.8.1 시설업 등록
2009. 4	대전컨벤션센터(DCC)	2,500석	2,520㎡	• 국고 153억 지원 ※ 2008.6.17 시설업 등록
2009.10	송도컨벤시아	2,000석	8,416㎡	※ 2009.1.19 시설업 등록
2010.10	구미코(GUMICO)	380석	3,402㎡	※ 지식경제부 185억 지원 ※ EXCO 위탁 경영

자료 : 문화체육관광부(2010)

2) 국제회의기획업

국제회의산업의 다양성이나 전문성은 국제회의 전문용역업체들의 설립과 발전을 초래했으며, 국제회의산업 선진국에서는 국제회의 전문용역업체들이 대부분의 국제회의·전시회 등의 준비·운영업무를 주최 측으로부터 위임 받아 회의개최에 따른 인력 및 예산을 효율적으로 관리한다. 다음은 국제회의기획업의 주요 업무를 정리한 것이다.

① 회의구성에 관한 전반적인 책임
② 주최 측 및 참가자와의 연락관계 유지
③ 주요위원회 회의의 준비와 참가
④ 회의장 및 서비스홀의 준비 및 임차
⑤ 회의와 관련된 자료발송실시(사전 프로그램, 등록서 등)
⑥ 참가자 등록업무
⑦ 호텔예약
⑧ 사교행사에 관한 행정업무
⑨ 각종 문서의 준비
⑩ 전시장 및 전시회 참가자와의 연락관계 유지
⑪ 기술부문 행사의 협조(서류·필름·전시 등)
⑫ 홍보업무
⑬ 정식인원 및 임시고용원에 대한 통계
⑭ 회계업무
⑮ 수송 및 관광업무

그 밖에도 통역기자재 렌탈과 회의 전후의 여행알선 등 폭넓은 업무를 담당하고 있으며, 국제회의기획업은 국제회의를 보다 효율적으로 운영하기 위하여 전문회의기획가·통역사·속기사 등 국제회의 또는 전시회 행사와 관련된 각종 전문서비스를 제공하는 역할을 한다.

국제의료관광코디네이터는 각 유형의 관광사업과 관련하여 관련 있는 관광정보를 준비하여 활용하여야 한다.

① 각 여행사의 여행상품과 예약 연락처
② 호텔예약을 위한 각 호텔별 위치 및 가격대와 예약 연락처
③ 항공사별 예약 연락처
④ 주변 관광자원(자연적 · 문화적 관광자원, 쇼핑, 식당, 공연 등) 소개
⑤ 회의시설로 활용 가능한 컨벤션 센터 및 호텔 연회장
⑥ 렌트카 예약처
⑦ 환율정보 제공
⑧ 병원 name card 등의 관광정보를 알고 충분히 활용하여야 한다.

3. 관광산업의 시스템

관광산업시스템이란 관광현상을 일으키는 총체적 구조로써, 관광기업 및 그 관련기업, 공익단체, 행정기관 등으로 구성되어 있으며, 그 관광사업을 구성하고 있는 기관이나 업종은 다종다양하고 복잡하다.

일반적으로 관광현상은 관광의 3요소인 관광주체(관광자)와 관광자원인 객체, 주체와 객체를 연결 시켜주는 매체, 즉 관광에 대하여 알선 및 대행을 해주는 시설과 편의시설, 교통시설, 숙박시설, 식음료시설, 유흥 및 오락시설 등이 있다(Leiper, 1979). 또한 현대적 관광구조체계의 구성요소를 관광자, 관광대상, 교통, 정보·촉진 등의 4가지 요소로 볼 수 있는데, 여기에서 국내·외 관광환경인 행정(관광정책 등), 기술(SNS 서비스, 교통수단의 발달 등), 정치(관광규제제한), 경제(유가 및 환율 문제), 사회(인구구조의 변화, 여가시간의 증가), 문화(삶의 질 추구 등), 보건(조류독감, SARS, 전염성 질병 등)은 관광행동에 많은 영향을 준다.

관광사업은 관광자의 관광행동에 직접 대처하는 영리목적의 활동으로 교통, 숙박, 여행알선, 레크리에이션, 관광객 이용시설, 기타 다양한 인적·물적 서비스 등을 제공하는 사업이다. 또한 관광정책의 추진을 통해 관광진흥의 촉진을 도모하고 관광관련기관 및 사기업관광사업에 대한 지도육성과 관광자 유치활동을 강화한다. 구체적으로는 관광자원의 보호육성, 이용촉진, 관광시설의 정비 및 개선, 관광지의 개발 및 운영지도, 관광수요촉진을 위한 홍보활동, 관광서비스의 질 향상, 관광조사 연구 활동, 국내·외 관광관련기관과의 유대강화 등을 포함한다. 다음 〈그림 7-1〉은 관광사업의 구성조직을 나타낸다.

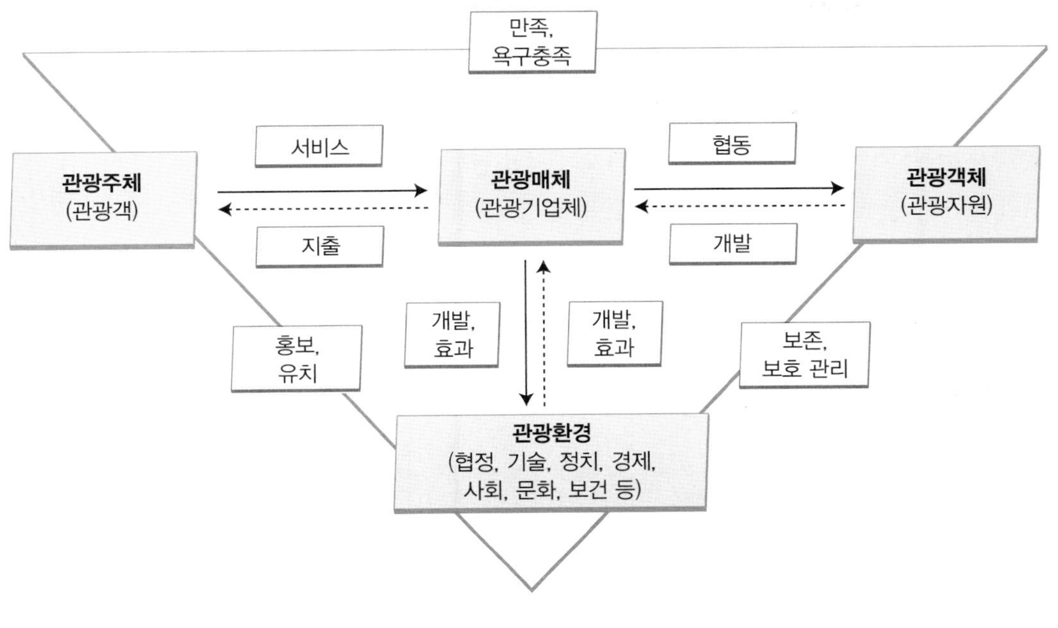

〈그림 7-1〉 관광사업의 구성조직

3.1. 관광의 구조

관광을 구성하고 있는 3가지 요소는 관광자인 관광주체, 관광대상물인 관광객체, 그리고 주체와 객체를 상호 연결해주는 관광매체로 구분할 수 있다.

1) 관광주체

관광주체는 관광행동을 하는 관광자(관광객)를 의미한다.

관광자는 관광현상을 설명하는 데 있어서, 중심적 위치에 있으면서 관광의 경험을 원하는 수요자를 말한다. 관광자는 관광객체와 관광매체가 제공하는 환경적 배경과 관광자 자신의 욕구나 동기, 성격과 같은 내적 요구와 가족, 문화, 생활양식과 같은 외적 요인 등에 따라 관광행동이 유발되는 관광수요자이다. 이처럼 관광의 대중화와 국제화가 진행되는 가운데 관광주체의 관광욕구가 더욱 다양화·세분화되고 있기 때문에 이들의 욕구를 충족시킬 수 있는 다양한 관광대상 개발에 관심을 가져야 한다.

2) 관광객체

관광객체는 관광주체인 관광자를 유인하고 관광욕구를 충족시키는 역할을 하며, 관광대상을 의미한다. 이러한 관광대상은 관광자원과 관광시설이 포함된다.

관광자원에는 자연적·사회적·문화적·위락적·산업적 관광자원이 있으며, 유형적인 자원뿐만 아니라 관광객의 욕구를 불러일으키고 충족시키는 모든 유형의 자원이 포함된다.

3) 관광매체

관광매체에는 관광주체와 관광대상을 심리적·물리적으로 연결시켜 주는 관광서비스를 제공하고 관광객체의 관광개발과 진흥을 촉진시키는 기능과 역할을 수행한다. 관광매체의 사적서비스에는 다양한 관광사업이 해당하는데, 공간적인 매체인 교통수단, 도로, 수송시설과 시간적 매체인 숙박, 휴게시설, 유흥·오락시설, 쇼핑시설, 기능적 매체인 여행수배, 관광가이드, 여행정보 등이 포함된다.

그리고 관광대상을 개발하고 목적지를 진흥·홍보하고 관리하는 것은 민간에서는 할 수 없지만 필요한 조치로서 정부와 공적기관이 역할을 수행한다.

3.2. 현대적 관광구조체계

현대적 관광구조체계의 구성요소는 크게 관광자, 관광대상, 교통, 정보·촉진의 4가지 요소로 볼 수 있다.

⑴ 관광자는 관광주체의 중심적인 구성요소로서 관광자를 둘러싸고 있는 사회·경제적 배경과 심리적 요인에 영향을 받아 관광을 목적으로 여행하고자 하는 사람을 말한다.

⑵ 관광매력물은 관광자의 관광행동을 유발하고 여행하면서 관광자가 즐기면서 이용할 수 있는 관광대상과 자원을 말한다.

⑶ 부대시설은 관광매력물과 관련된 제반시설로서 관광자의 관광욕구를 더욱 효과적으로 충족시키고, 관광활동을 보장할 수 있는 각종 편의시설을 말한다.

⑷ 기반시설은 관광자원의 보존과 개발, 지역주민들의 일상생활 기능을 지원하는 각종 기반시설로 도로, 상하수도, 통신 등이 포함된다.

⑸ 관광교통은 관광이 기본적으로 일상 생활권에서 떠나는 이동을 전제로 하는 활동이므로 출발지와 목적지를 연결시켜주는 중요한 수단이다. 교통은 관광객들의 이동을 가능하게 하는 공간적 매체로서 항공업, 육상교통업, 해상교통업 등 교통사업은 관광사업에서 가장 중요한 위치를 차지하는 분야이다.

(6) 관광자의 다양한 관광욕구를 충족시킬 수 있는 신속하고 정확한 정보체계를 구축하고 제공하는 일이 중요하다.

3.3. 관광사업시스템의 이해

관광사업시스템은 출발지와 여행 및 목적지, 그리고 마케팅의 4가지 요소로 구성되어진다.

첫 번째 요소인 출발지는 여행에 있어 어떤 요인이 여행자의 기본욕구를 충족시킬 수 있을지를 결정하는 요소이다. 이러한 요소에는 여행의 대안, 관광공급자의 시장투입 및 구매결정이 이루어지는 과정을 포함하는 여행의 내·외부 영향을 강조한 시장수요의 소비자 행동론적 접근방법이 요구된다.

두 번째 요소인 여행에서는 사회적·심리적·경제적 특징에서 많은 요인들이 고려되어야 한다. 여기에는 주요여행의 세분시장을 제공하고 여행의 흐름 및 교통수단의 기술과 분석이 요구된다.

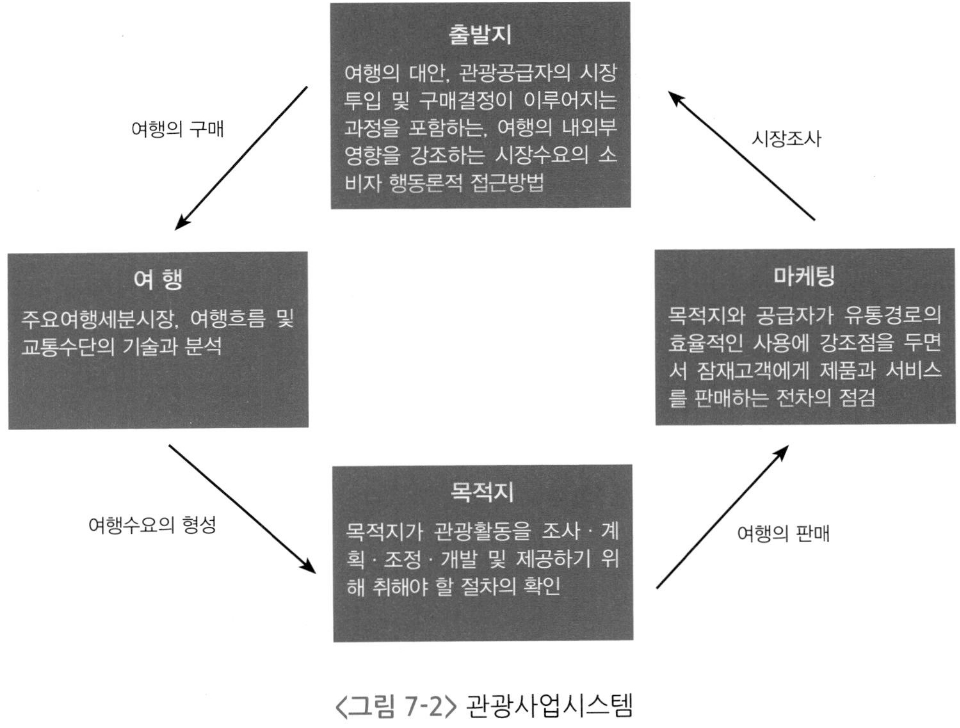

〈그림 7-2〉 관광사업시스템

세 번째 요소는 목적지와 목적지의 개발과정이다. 여기에는 관광의 편익과 비용, 그리고 관광을 발전시키기 위한 정책 및 요구되는 촉진의 정도를 포함한다.

네 번째 요소는 마케팅 전략으로써 여행공급업자들이 제공하는 서비스와 차별화된 유통경로의 유효성에 관한 것이다. 마케팅은 여행상품의 판매를 목적으로 목적지와 공급자간 유통경로의 효율적인 사용에 강조점을 두고, 잠재고객에게 제품과 서비스를 판매하는 것을 말한다.

4. 관광산업의 효과

관광산업의 효과는 경제적 효과, 사회적 효과, 문화적 효과, 환경적 효과로 구분되어지며 관광산업의 효과를 분석할 때, 긍정적인 부분과 부정적인 부분을 동시에 살펴보아야 한다.

4.1. 유형

1) 경제적 효과(소득효과, 산업효과, 지역경제의 개발효과)

관광산업은 여가활동을 위한 여행인 동시에 일련의 소비활동에서 비롯되는 현상이다. 즉 관광객의 관광행동이 곧 소비활동이며, 관광 도중 소비되는 금액들은 각종 관광사업과의 금전적 이동이라고 할 수 있다. 이러한 관광산업의 긍정적 측면으로는 먼저 국제수지개선효과를 들 수 있으며 국민소득창출, 고용창출, 재정수입증대효과, 지역경제개발효과, 국내산업 진흥효과, 자원절약효과, 국제무역의 촉진효과, 경제구조의 다변화 효과 등이 따른다. 특히 관광사업의 발달에 의한 소득효과는 관광사업에 필요한 투자에 의한 경우와 관광객의 소비에 의한 경우가 있으며, 이런 경우 투자소득효과, 소비소득효과, 외화획득효과 등이 있다.

관광은 한 나라의 인문자원과 자연자원을 경관자원으로 활용하는 자원절약산업으로 외화획득, 고용 및 소득의 증대, 경제구조의 개선, 관광산업을 진흥시키는 편익을 제공한다. 그리고 관광산업체가 획득한 외화수입은 관련업체의 생산활동과 연계되고 파급되어 종사원의 소득증대는 물론 그 나라의 경제성장에 영향을 미친다. 지역경제활성화 측면으로 관광자들에 의한 관광소비는 지역관련사업을 번창시키며, 지역주민의 고용창출과 경제발전에 기여하게 된다. 아울러 외래 관광객들이 소비하는 숙식비, 유흥비, 기념품 구입 및 관광교통비 등에 부과되는 각종 세금은 중요한 국가재정수입원이 된다. 이와 같이 관광사업의 발전은 지역주민의 소득향상에 직접적인 영향을 미치고 주민의 과소비 현상을 방지하며 교통의 편리를 추구하여 지역생산성을 높이는 지역경제 개발효과를 가져다준다.

한편, 관광산업의 부정적 효과는 산업구조의 불안정성, 선진국 의존심화의 우려, 계절적 수용의 편재성, 물가상승초래, 고용의 불안정성, 지역경제 누수현상에 대한 우려, 자연환경에 미치는 환경오염문제, 기회비용평가의 공정성 문제 등이 제기되고 있다.

2) 사회적 효과

사회적 효과는 자연발생적으로 야기되는 지역주민들과 방문객들 간의 경제적 영향과 함께 부정적인 측면으로 지역주민에 대한 위화감 및 긴장감을 발생시킬 수도 있다는 것이다. 반면 국민건강 측면에서는 심신피로를 회복시키고 삶의 활력을 증진하는 효과가 있으며, 이 효과는 사회적 측면의 국민후생복지효과로 볼 수도 있다.

한편 관광지에서의 도덕성 문제, 지역의 정체성훼손, 미풍양속을 해치는 문제 등과 아울러 호화·사치·퇴폐성 해외여행 형태와 같은 사회 부정적인 관광문제 등이 제기되고 있다.

3) 문화적 효과

관광은 이질적인 문화를 상호 전달하는 매개로서의 기능을 수행한다.

또한 국제적으로 한류, K-POP 등의 문화에 대한 홍보 등 국제친선과 문화교류 향상에 크게 기여함으로써 민간외교로서의 관광의 역할과 함께 문화의 전달매개체로서의 효과를 가져 온다. 즉 외래 관광객에게 고유한 관광자원을 소개하고 선전함으로써 국가 이미지를 향상시켜 국위선양은 물론 국가 또는 각 지방의 전통문화와 풍속 등을 발전시키는 계기를 마련할 수 있으며, 지역주민의 향토애와 자긍심을 갖게 할 수 있다.

관광은 다양한 면에서 한 국가의 문화정체성에 영향을 미칠 수 있다. 문화의 상품화는 문화를 교환하는 과정에서 보다 강한 문화가 약한 문화를 지배하는 현상과 아울러 고유문화를 희석시키는 문화유산의 수탈, 문화마찰, 문화충격(Cultural Shock), 문화동화(Cultural Assimilation)등을 야기할 수 있음에 유의해야 한다.

4) 교육적 효과

관광을 통한 교육적 효과는 견문을 확대하고 새로운 지식을 얻게 되며, 변화에 대한 욕구를 충족할 수 있다. 이는 견학, 시찰이라는 관광의 형태로 이루어져 관광자에게 직접체험에 의한 지식증대를 가져다 준다.

5) 환경적 효과

관광자원으로 지정되어 각광받는 세계문화유산 관광지, 명소, 사적지 등은 편의시설을 추가·개선·개발함으로써 자원의 가치를 재인식하게 된다. 지역의 자연미관이 크게 개선되고 관광자원보호에 대한 관심이 증대되며, 아울러 관광편의를 위한 전력·통신·도로망·상하수도 건설과 확충 등은 관광객들과 지역주민들에게 편익을 제공한다.

그러나 관광지의 개발로 인한 자연의 파괴, 대규모 위락·숙박시설개발로 인한 오폐수의 다량유입, 다수의 관광객 유출입에 따른 자연훼손, 쓰레기폐기물과 수질오염, 생태계변화, 혼잡현상유발, 주거조건악화 등 관광산업이 가져오는 환경의 부정적 효과가 동시에 제기된다. 따라서 친환경개발 및 지속가능한 개발 등의 올바른 관광개발인식이 수반되어야 한다.

4.2. 효과분석 방법

관광 지출액을 관광산업부문의 최종수요로 삼아 산업연관표에서 도출된 유발계수행렬에 적용함으로써 직접효과 및 다른 산업에 미치는 직·간접적인 경제파급효과를 측정할 수 있다.

관광부문 생산유발액을 측정하기 위해서 관광관련 지출액을 최종수요에 대입하고 다른 산업의 최종수요를 "0"으로 처리하여 생산유발계수행렬에 최종수요의 역행렬을 곱하면 관광 지출액에 의한 생산유발액을 계산할 수 있다.

$(I-A)^{-1} \times C = O$

단, (I–A)–1 : 생산유발계수행렬

C : 관광지출액이 대입된 최종수요 역행렬

O : 생산유발효과의 역행렬

고용효과, 취업효과, 소득효과, 부가가치효과, 세수유발승수효과, 수입유발승수효과도 위의 수식에 고용유발계수, 취업유발계수, 소득유발계수, 부가가치유발계수, 세수유발계수, 수입유발계수의 행렬을 적용하면 경제적인 파급효과를 분석 할 수 있다.

4.3. 효과분석체계의 흐름

한국은행에서 제공하는 전국 산업연관표(2008년 기준)를 기초로 하여 자료의 특성을 분석한다. 이는 관광산업과 다른 산업 간의 연관분석을 실시하기 위하여 산업연관표상의 관광산업을 국제기준 및 국제표준산업분류를 기준으로 관광산업을 분류하고 타산업 부문은 통합분류한다. 먼저 한국은행의 산업연관표를 관광산업 포함 총 37개 산업으로 재분류·통합하고 관광산업은 10개의 세부 관광산업으로 분류한다. 분류·통합된 전국 산업의 중간 투입액을 총 산출액으로 나눈 투입계수를 산출하여 레온티에프의 역행렬 계수를 구한다. 역행렬 계수에서 도출된 생산유발계수 행·열을 바탕으로 소득유발계수, 취업유발계수, 부가가치유발계수 등을 도출하여 관광산업의 파급효과를 산출하고, 관광산업의 특징을 분석하며, 다른 산업과의 파급효과를 비교·분석한다.

내국인 및 외래객의 관광관련 지출액을 추정하여 내국인의 국민국내관광에 지출에 의한 유발승수효과 분석 및 외국인의관광지출에 의한 유발승수효과 분석를 분석·비교한다.

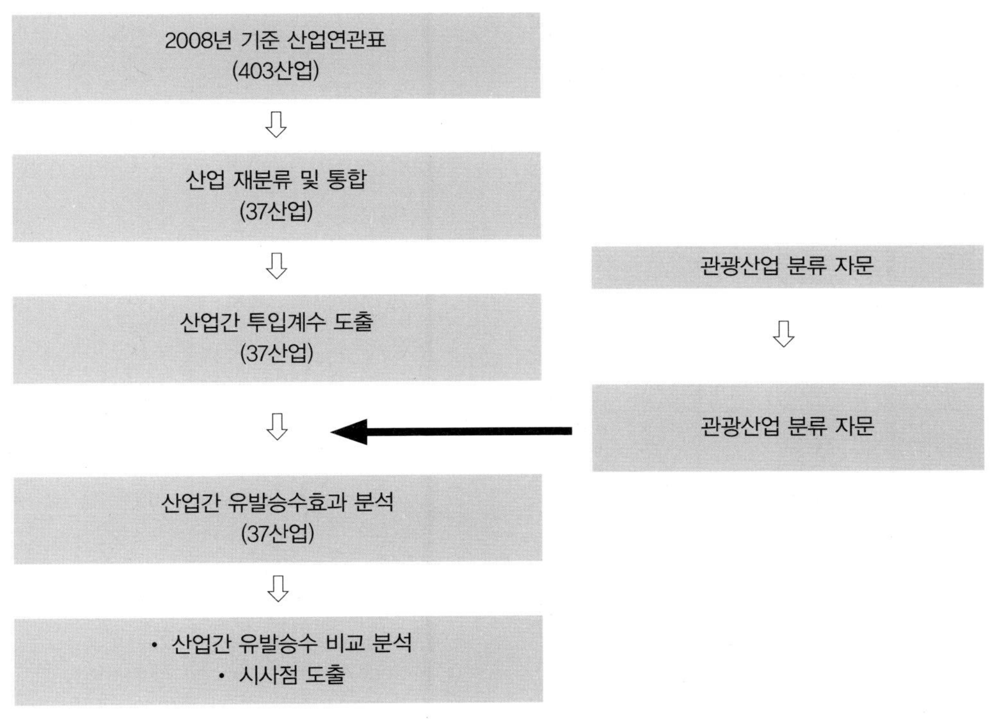

〈그림 7-3〉 관광산업 경제효과분석

자료 : 관광산업이 경제효과분석(문화관광연구원, 2010)

4.4. 효과분석 사례

2008년 국내·외 관광객의 관광지출 생산유발승수효과는 총 59조 4,481억 29.5백만 원으로 국내관광객 35조 1,373억 59.7백만 원, 외래관광객의 24조 3,107억 69.8백만 원으로 분석된다. 여기에서 소득유발승수효과는 총 9조 6,201억 6.4백만 원으로 파악된다. 취업유발승수효과의 경우 국내관광객이 42만 4,063명을 외래관광객이 67만 187명을 창출해 총 109만 4,250명의 취업유발승수효과를 나타내었다.

고용유발승수효과의 경우에도 국내 관광객이 22만 4,763명, 외래관광객이 17만 39명을 창출해 총 39만 4,802명의 고용을 유발하였다.

또한 부가가치유발승수효과는 국내관광객이 13조 5,917억 48.6백만 원, 외래관광객이 9조 7,761억 72.6백만 원으로 총 23조 3,679억 21.2백만 원의 부가가치를 창출하였다.

다음 〈표 7-5〉는 관광산업의 경제효과분석표이다.

〈표 7-5〉관광산업의 경제효과분석

(단위 : 백만원, 명, %)

파급효과	국내관광객		외래관광객		합계
	(1)	비율	(2)	비율	(1+2)
1. 생산유발효과	35,137,359.7	59.1	24,310,769.8	40.9	59,448,129.5
2. 소득유발효과	5,562,286.5	57.8	4,057,819.9	42.2	9,620,106.4
3. 취업유발효과(명)	424,063	38.8	670,187	61.2	1,094,250
4. 고용유발효과(명)	224,763	56.9	170,039	43.1	394,802
5. 부가가치유발효과	13,591,748.6	58.2	9,776,172.6	41.8	23,367,921.2
6. 수입유발효과	7,156,459.4	62.7	4,250,867.4	37.3	11,407,326.8
7. 세수유발효과	2,402,068.8	63.1	1,405,970.0	36.9	3,808,038.8

자료 : 문화관광연구원, (2010)

5. 관광종사원에 대한 이해

5.1. 관광종사원

관광종사원은 관광서비스업의 업무를 담당하는 사람을 말하며, 좁은 의미로는 관광진흥법에 규정된 관광업무에 종사하는 사람을 말하는 관광통역안내원, 호텔지배인, 국외여행인솔자, 국내여행안내원 및 현관·객실·식당의 접객업무 종사원·유원 시설업 종사자 등이 해당되고, 넓은 의미로서는 관광과 관련된 서비스를 제공하는 업무종사자 모두가 포함된다.

관광종사원들의 주요업무를 살펴보면 다음과 같다.

(1) 호텔서비스사는 호텔현관에서 고객영접, 전송, 호텔에서 고객을 객실까지 안내, 고객의 입실과 퇴실 및 각종 정보제공, 호텔에서 고객의 환영, 테이블 안내, 주문받기, 서명 등의 업무를 담당한다.

(2) 호텔관리사는 총지배인을 보좌하여 관광호텔의 프론트 또는 식음료부서 등의 업장업무 지휘 및 감독을 담당한다.

(3) 호텔경영사는 관광호텔의 프론트 또는 식음료부서 등 모든 부서의 업장에 대한 업무지휘 및 감독의 업무를 담당한다.

(4) 국내관광안내사는 내국인에게 우리나라의 관광지를 안내한다.

(5) 관광통역안내사는 외국인에게 우리나라의 관광지를 안내한다.

(6) 조리사는 주방에서 조리업무를 담당한다.

(7) 조주사는 바 또는 독립된 주점에서 칵테일 등을 조주, 서빙을 한다.

(8) 제빵사 및 제과사는 제과점, 제빵점에서 제과 제빵업무를 수행한다.

(9) 국제회의기획가는 국제회의의 기획에서 실행과 정리업무를 담당한다.

(10) 항공예약 및 발권담당자는 항공사 또는 여행사에서 항공권의 예약 및 발권업무 수행을 한다.

(11) 통역사 번역사는 수행통역, 순차통역, 동시통역, 영상번역, 자막번역, 전문번역 등을 담당한다.

(12) 카지노딜러는 카지노 게임의 진행업무를 담당한다.

(13) 국제의료관광코디네이터는 외국인 의료관광객의 유치뿐만 아니라 입국에서 출국까지 필요한 공항영접 및 환송, 원무지원, 진료서비스 및 지원, 요양, 관광활동, 보험. 통역 등 모든 관련 서비스를 지원한다.

5.2. 관광종사원의 기본태도

관광종사원의 기본정신은 다음과 같은 몇 가지를 반드시 포함해야한다.

봉사성은 병원 여행사, 항공사, 호텔 등 관련기업의 종사자는 고객에게 형식에 치우친 사무적이고 수동적인 서비스를 해서는 안 되며, 항상 마음에 우러러 나오는 최상의 고객서비스를 해야 한다.

청결성은 공공위생과 개인위생으로 나눌 수 있으며, 공공위생은 고객이 이용하는 공공장소와 제반시설 및 집기류 등의 청결상태에 고객이 불편을 느끼지 않도록 유지해야 한다.

능률성은 모든 업무의 능률을 올리기 위해 매사에 적극적이고 능동적인 자세로 일을 수행해야 하며 효과적으로 일을 처리하도록 기능을 향상시켜야 한다.

경제성은 최소의 경비지출로 최대의 영업이익을 얻고자함을 말하며, 절약정신과 주인의식을 가지고 직무관련 소비되는 경비의 지출을 최대한 절감하여 이익증대에 힘써야 한다.

그 이외에는 정직성과 환대성등의 기본정신이 있다.

5.3. 관광종사원의 정신자세

1) 고객의 말에 귀를 기울여라
2) 칭찬하라
3) 항상 긍정적인 태도를 취하라
4) 시스템을 갖춰라
5) 고객의 이름을 기억하라 등이 관광종사원들의 필수 정신자세이다.

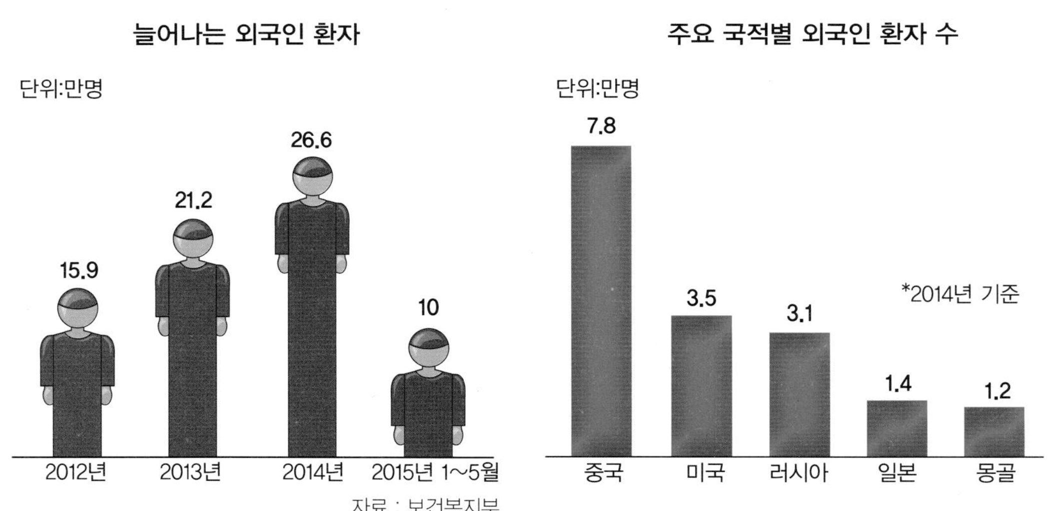

<그림 7-4> 주요 국적별 외국인 환자 수(2014)

또한 관광종사원이 갖추어야 할 요건에는 먼저 서비스기업의 종사원들이 최상의 서비스를 고객에게 제공하는데 있어 가장 중요한 요건인 인성을 들 수 있다. 서비스제공자들의 궁극적인 목표가 고객만족이기 때문에 종사원들의 올바른 인성은 고객에게 친절, 봉사, 신뢰, 긍정적인 태도, 감정이입, 유동성, 사교성 등을 제공한다. 다양한 고객에게 고객감동 서비스를 제공하기 위해서는 미래지향적이고 진취적인 서비스 마인드 없이는 불가능하다. 그 밖의 주인의식을 갖고 고객서비스를 제공해야 하며, 커뮤니케이션 능력 또한 상호간친근감, 서로에 대한 이해 촉진 및 명료성 등을 증대시킬 수 있다.

단원 핵심요약

▶ 국제의료관광코디네이터는 각 유형의 관광사업과 관련하여 관련 있는 관광정보를 준비하여 활용하여야 한다.

- 각 여행사의 여행상품과 예약 연락처
- 호텔예약을 위한 각 호텔별 위치 및 가격대와 예약 연락처
- 항공사별 예약 연락처
- 주변 관광자원(자연적 · 문화적 관광자원, 쇼핑, 식당, 공연 등) 소개
- 회의시설로 활용 가능한 컨벤션 센터 및 호텔 연회장
- 렌트카 예약처
- 환율정보 제공
- 병원 name card 등의 관광정보를 알고 충분히 활용하여야 한다.

▶ 관광산업의 효과는 경제적 효과, 사회적 효과, 문화적 효과, 환경적 효과로 구분되어지며, 관광산업의 효과를 분석할 때, 긍정적인 부분과 부정적인 부분을 동시에 살펴보아야 한다.

- 경제적 효과(소득효과, 산업효과, 지역경제의 개발효과)
- 사회적 효과
- 문화적 효과
- 교육적 효과
- 환경적 효과

▶ 고객서비스 7대 죄악(Service Sins)

- 관광객을 기다리게 하는 경우
- 고객과 다투는 행위
- 지저분하고 전문가처럼 보이지 않는 행위
- 부정확하거나 일치하지 않은 정보를 제공하는 행위
- 고객 앞에서 동료 종사원들과 다투는 행위
- 곡개의 욕구가 중요하지 않거나 하찮다고 여기는 행위
- 고객의 요구사항을 다른 종업원에 넘기는 행위

알아두면 좋아요

의료관광 허용 뒤 일자리 3만개 생겼다.

외국인 환자 유치가 허용된 2009년 이후 국내 병원을 찾아 치료받은 외국인이 100만명을 넘어섰다. 이로 인해 생겨난 국내 일자리는 지난해 3만개에 달한 것으로 분석됐다.

보건복지부는 지난해 한국에서 치료받은 외국인 환자는 26만6500여명이며 올 들어서도 10만명을 넘은 것으로 집계됐다고 28일 발표했다. 지난 6년간 국내 의료서비스를 이용한 외국인 환자는 누계 기준으로 100만 명을 넘었다. 정부는 의료관광을 활성화하기 위해 2009년 5월 의료법을 개정, 금지돼 있던 병원의 환자 유치를 외국인에 한해 허용했다. 외국인 유치가 허용된 첫해 6만 여명이던 외국인 환자는 연평균 34.7% 급증했다. 외국인 환자의 국적도 2009년 141개국에서 지난해 191개국으로 늘었다. 지난해 한국에 온 외국인 환자를 국적별로 보면 중국인이 가장 많았다. 중국인 환자는 7만8000여명으로 전체의 29%를 차지했다. 다음은 미국(13%) 러시아(12%) 일본(5%) 순이었다. 진료과목별로는 내과를 찾은 환자가 7만9000여명(29.5%)으로 가장 많았고 성형외과(14%) 건강검진(13%)이 뒤를 이었다. 외국인 환자가 한국에서 쓴 돈도 많아졌다. 지난해 외국인 환자의 1인당 평균 진료비는 208만원을 기록해 처음으로 200만원을 넘어섰다. 전년보다 11.8% 증가했다. 지난해 외국인 환자들이 쓴 총 진료비는 5569억원. 2009년부터 6년간 진료비를 합치면 약 1조5000억원에 달한다.

1억원이상 진료비를 사용한 고액 환자는 지난해 210명으로 전년(117명)보다 80% 늘었다. 국적별로는 아랍에미리트(UAE · 평균 1537만원) 카자흐스탄(413만원) 러시아(349만원) 순으로 1인당 진료비가 많았다.

보건복지부 관계자는 "의료관광으로 인한 관광, 숙박비 등 부대 효과가 더 클 것"이라며 "환자가 가족과 함께 국내 병원을 찾는 경우도 많다"고 말했다.

복지부 관계자는 "이 같은 추세라면 올해는 32만 명, 2017년엔 50만 명까지 외국인 환자가 증가할 것으로 예상한다."고 덧붙였다.

한국개발연구원(KDI)의 '글로벌 헬스케어산업 경제적 파급효과' 보고서에 따르면 외국인 환자 유치로 지난해에만 2만9600개의 신규 일자리가 생겨났다. 의료업뿐만 아니라 교통, 숙박, 음식, 통역 등 다른 서비스 분야에서도 일자리가 만들어졌다. 일반적으로 외국인 환자 25만 명당 평균 2만8000개의 일자리가 창출된다. 정부 목표대로 2017년 50만 명의 외국인 환자를 유치하면 5만6000개의 신규 일자리가 생기는 셈이다. 현재 법으로 막혀 있는 투자개방형 의료법인이 허용될 경우 해외 환자 유치 효과는 더 커질 것으로 예상된다. 현행 의료법상 국내 의료법인은 첨단기기를 도입하거나 신규 시설에 투자를 하려고 해도 주식이나 채권 발행이 불가능하다. 시장에서 자금을 조달해 의료서비스 질 개선이나 일자리 창출에 사용할 수 없다는 얘기다.

KDI와 한국보건사회연구원은 투자개방형 의료법인 도입 시 한 해 최소 1만 명에서 최대 3만7000명의 고용창출 효과가 있을 것으로 추계했다. 세계 외국인 환자 유치 시장에서 한국의 경쟁력이 강화되는 것은 물론이다. 정부는 국회에 계류돼 있는 국제의료사업지원법부터 통과시켜야 한다는 입장이다. 건전하게 외국인 환자를 유치하는 의료기관 등에는 세제 혜택과 같은 인센티브를 주고, 불법 브로커에겐 과태료를 매길 근거가 되는 법이지만 여야 간 이견으로 처리가 미뤄지고 있다. 배병준 보건산업정책국장은 "외국인 의료시장의 지속적인 성장을 위해서는 유치기관 평가와 우수 유치기관 지정, 불법 브로커와 거래한 의료기관 제재 등이 필수"라고 말했다.

[추가] 투자개방형 의료법인주식회사처럼 일반 투자자에게서 자본금을 조달해 운영하고 수익금을 투자자에게 되돌려주는 형태의 수익추구형 의료법인. 주요국 중에선 한국, 일본, 네덜란드 등 일부 국가만 금지하고 있다.

출처 : 한국경제, 2015.05.28.

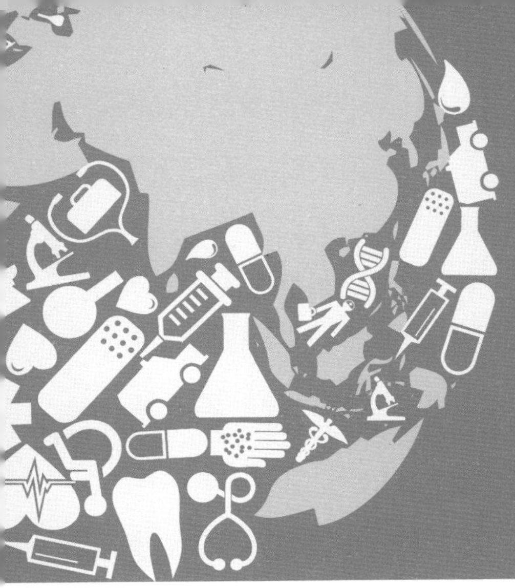

제8장 항공서비스의 이해

단원 학습목표

- 항공운송업의 정의를 이해한다.
- 항공운송업의 현황과 유형을 파악한다.
- 항공수배업무의 정의를 이해한다.
- 항공수배업무의 특성을 파악한다.

1. 항공산업의 이해

항공운송사업(Air Transport Industry)은 일정한 요건을 갖춘 항공사가 항공기를 이용하여 고객에게 운송서비스를 제공하여 운임으로 수익을 얻는 상업적 활동으로써 항공예약은 항공사의 상품인 좌석이나 화물공간을 판매하는 일종의 영업행위이다. 또한 항공서비스의 특성인 한시성·소멸성으로 항공상품을 관리하기 위한 예약업무는 사전예약방식으로 운영된다.

1.1. 항공운송업의 정의

항공법 제2조 제1항은 "항공기는 민간항공에 사용하는 비행기, 비행선, 활공기, 회전익 항공기, 기타 대통령령이 정하는 것으로서 항공에 사용할 수 있는 기기"라고 말한다. 또한 항공법 제2조 제31호에 의하면 "항공운송사업이란 타인의 수요에 응하여 항공기를 사용하여 유상으로 여객 또는 화물을 운송하고 그 대가로 항공료와 항공운임을 승객과 화물주로부터 받아 운영하는 사업"으로 정의한다. 즉 항공운송업이란 관광교통업의 한 부문으로 항공기에 여객과 화물 및 우편물을 탑재하고 국내외의 공항항로로 다른 공항까지 운항하는 현대식 운송시스템에 대한 대가를 받아 경영하는 사업을 총칭한다.

이러한 항공운송업은 이용자들에게 시간의 절약, 편리함, 안락함, 안전함 등 여러 장점을 제공함으로써 지구촌을 일일생활권으로 묶어 놓았으며, 항공운송 초기단계에 이용자가 특정계층에 한정되었으나 이제는 여타 교통수단과 마찬가지로 일반대중이 이용하는 교통수단으로 그 기능을 다하고 있다. 결국 항공기술의 발달은 목적지에 도달하는 데 소요되는 물리적 시간(Physical Distance)을 단축시킬 수 있었기 때문에 관광수요(Tourist Demand)를 촉진하는 역할을 한다.

우리나라 항공법의 목적은 항공기의 안전운항확보(항공기, 항공종사자, 항공로, 비행장, 항공보안시설, 항공기 운항 등에 관한 안전성 확보방법), 항공운송사업의 질서 확립(사업의 공공성 확·보, 사업감독 등), 항공기법의 국제적 통일(항공의 안전성, 능률성 확보를 위한 규제, 수속 등의 국제적 통일 도모 등)에 두고 있으며, 항공법의 특성은 국제성, 강제성, 국가성, 통일성이다.

우리나라는 1948년 대한항공공사(KNA; Korean National Airlines)를 창설하여 1949년 서울–강릉, 서울–광주–제주, 서울–옹진 간 국내선을 개설하였다. 그리고 항공행정의 방향제시, 항공안전, 항공시설, 항공운송사업의 질서, 외국항공사의 취항규정 등의 마련을 목적으로 1961년 전문 10장 143조로 구성된 새로운 항공법을 제정하였으며, 1963년에는 항공과를 항공국으로 승격시키고 1979년 정부 간 각종 국제회의와 항공협정체결 및 개정 등 국제민간항공발전을 위하여 국제항공을 전담하는 국제과를 신설하였다.

아울러 국제공항업무를 전문적으로 취급하기 위하여 1980년 한국공항공단을 설립하고 국제항공 수요의 급증에 대처하기 위하여 1999년 인천국제공항공단을 출범시켰다.

항공기 운송사업의 3가지 구성요소

1) 항공기 : 운송수단

2) 공항 및 항공터미널 : 항공기의 이착륙장소와 출입국서비스제공

3) 항공노선 : 항공기의 운항로이자 운송권 확보

1.2. 항공운송업의 현황과 유형

1) 항공운송의 현황

최근 항공운송산업은 유가의 가파른 상승으로 인한 유류할증료 부가와 노선조정 등 항공산업계 전반의 경영환경이 크게 악화되고 있으며, 반면 저가항공사가 일부노선의 운항을 확대하면서 해당 노선의 소비자들의 선택권이 넓어지고 있는 경향을 보이고 있다.

불과 얼마 전까지 항공운송시장의 20% 이상을 점유하던 초대형항공사가 파산하는가 하면, 새로운 시장진입 기업이 기존시장을 위협하는 등 새로운 강자로 등장하기도 한다. 일본의 에어시스템은 JAL에 합병되고, KLM은 에어프랑스에 합병되는 등 생존을 위해서 국적을 초월한 합병을 불사할 정도로 항공업계의 경쟁이 치열하다.

또한 아시아지역의 항공수요 증가로 저가항공사가 새로운 시장으로 부상함에 따라 진에어, 에어부산, 제주항공, 이스타항공 등의 국내 저가항공사들이 긴장하고 있다. 따라서 세계 항공수요는 테러위협, 유가상승 등 부정적 요인에도 불구하고 아·태 지역을 중심으로 건실한 성장세를 유지할 것으로 예상한다.

한국의 항공운송산업은 2004년 고속전철 개통과 고속도로 확충으로 인한 항공수요 격감, 가격중심의 사고를 갖춘 고객들과 기존 국내선의 적자상태, 양국적 항공사들의 비용절감을 위한 노선조정, 항공유가의 고공행진 등의 열악한 상황에서 저렴한 원가를 통해 경쟁의 우위를 점하고 있다.

한편 우루과이라운드 서비스 일반협정(GATS)에서의 개방 대상은 항공운송보조서비스업 가운데 CRS 판매 및 마케팅, 항공기 수리 및 유지서비스이다. 그리고 국제항공운송기구(ICAO)는 다자간 항공자유화가 운송권의 자유화로 발전될 것으로 전망한다. 이와 같이 국제항공운송의현황은 미국의 항공자유화정책과 이에 대한 아시아국가와 유럽국가의 대응과 발전으로 설명할 수 있다. 미국은 1978년 항공산업 규제완화 정책 이후 항공산업으로의 진입, 운임 및 공급 등을 항공사가 자유로이 결정하도록 하였으며, '완전한 하늘의 개방' 정책을 펴오고 있다. 이후 항공사의 인수 및 합병의 과정을 거쳐 현재에는 소수의 대형항공사(Major Carrier)와 다수의 지역항공사(Regional Carrier) 체재로 정착되었다.

대형항공사들은 시장을 유지하고 경쟁력을 제고하기 위하여 주요 공항을 기점으로 하는 Hub & Spoke System을 구축하고, 컴퓨터 예약제도(CRS; Computer Reservation System)를 도입하여 경영합리화를 꾀하고 있다. 또한 국제관계에도 규제완화를 적용한다는 정책에 항공자유화 협정으로 대체 중이며, 세계 50여개 국가와 항공자유화 협정을 체결하였다. 우리나라는 1998년 4월에 체결하였다.

유럽연합(EU)은 세계 항공환경의 변화에 대응하여 1997년 역내 자유화 및 역외 공동대처의 정책을 시행하여 왔다. 이에 따라 EU회원국 내에서 자유로운 항공사 설립, 운임 및 운행횟수의 설정이 가능해졌고,

회원국 내의 운송이 허용되었으며, 역외 국가와의 항공협력에 대해서 EU를 통한 공동보조를 취하는 정책을 취하고 있다.

아시아·태평양 지역에서는 항공운송의 높은 경제성장률을 바탕으로 1986년 일본은 신공항 정책을 통하여 기존의 JAL 이외에 ANA, JAS에 국제선 취항을 허용하였다.

우리나라는 제2민항인 아시아나항공의 설립과 아울러 저비용항공사(LCC; Low Cost Carrier)인 제주항공, 진에어, 이스타항공, 티웨이, 부산항공 등의 설립이 허가되어 국내외 관광목적지에 활발하게 취항 중이다. 이러한 항공운송업의 변화는 범세계적인 규제완화(Deregulation) 및 항공자유화 추세와 함께 초국적화, 세계화(Globalization), 지역주의화, 민영화 및 항공사 간 제휴(Alliance) 등으로 진전되고 있다.

그러나 신규 항공사들의 시장진입, 기존 항공사의 공급과잉, IATA의 역할약화 등으로 협정운임의 할인에 의한 가격경쟁이 심화되고 이로 인하여 수요침체와 규제완화가 맞물려 현재 민간항공업계는 초과공급과 과당경쟁에 의한 수익성 악화 현상에서 벗어나지 못하고 있다.

2) 항공운송의 유형

항공운송의 형태는 크게 사업형태, 운송객체 및 운송지역으로 구분된다.

항공산업(aviation industry)은 항공기의 개발 및 생산 활동과 관련된 항공기산업(aircraft industry)과 항공기를 이용한 운송활동과 관련된 항공운송산업(airtransport industry)으로 나눌 수 있다. 관광객과 관련있는 항공운송산업은 크게 정기항공(scheduled air transport), 전세기항공(chartered air transport), 부정기항공(non-scheduled air transport)으로 나눈다.

항공법의 제2조 제26호에서는 '항공운송사업이라 함은 타인의 수요에 응하여 항공기를 사용하여 유상으로 여객 또는 화물을 운송하는 사업'으로 규정하고, 그 유형으로 정기항공운송사업, 부정기항공운송사업으로 구분하고 있다.

한편 항공운송사업의 3요소는 항공기(Aircraft), 공항(Airport), 항공노선(Route)이다. 항공기의 가치는 속도, 탑재력, 연료소모량, 항공기정비의 용이성, 부품조달의 용이성 등에 의하여 평가된다.

항공회사에서 제공하는 상품은 항공기를 이용한 운송 서비스이다. 특히 항공좌석의 판매가 예약의 형태로 이루어질 수 있도록 유도하여, 확정된 발권에 따라 수입을 창출하고 운송의 준비를 하게 하는 역할을 한다.

항공사업의 특성

- 고속성 : 단시간 내에 전 세계 주요도시 상호간을 연결, 속도의 제고
- 안전성 : 다른 교통수단보다 안전성이 우월, 항공기의 안정성, 운항노선, 운항지원시설, 기술적 지원 등
- 정시성 : 타 교통기관에 비하여 항공기의 정비 및 기상조건에 의사여 크게 제약을 받기 때문에 정시성 확보가 관건, 서비스 품질제고 및 고객의 신뢰도 추구
- 경제성 : 시간가치와 서비스가치를 고려, 대형화, 시설과 장비의 현대화, 자동화, 경영합리화 등
- 쾌적성과 편리성 : 객실 내 시설, 기내서비스 등
- 국제성 : IATA에 의한 운임협정, 취항도시, 운항횟수, 총 공급좌석 등
- 독과점성 : 항공산업에 대한 경쟁력 측면의 규제, 노선 등
- 공공성 : 항공운송은 국제성을 띠고 있어 국익과도 관계, 이용자 차별금지와 영업의 계속성 등
- 서비스성 : 고정적인 상품요소와 인적서비스 중심의 유동적 상품요소를 동시에 추구
- 노선개설의 용이성 : 공항이 있는 곳이면 항공노선의 개설이 용이

(1) 형태에 따른 분류는 정기항공운송사업과 부정기항공운송사업으로 구분할 수 있다. 정기항공운송사업은 정해진 노선을 따라 한 지점과 다른 지점 사이에 노선을 정하고 정기적으로 항공기를 운항하는 항공운송사업을 말하며, 일정시간표에 따른 정시 운항하는 항공기를 대상으로 하는 운송사업으로 운항의 정기성, 대중에 대한 공개성이 특징이다. 부정기항공운송사업은 정기적이 아닌 필요에 따라 운항하는 항공기를 대상으로 하는 운송사업을 말한다. 이는 특정 지점 간을 비정기적이나 수시로 운항하는 경우와 계절적 수요를 중시하며 특수에 따라 특정구간을 지점 대 지점 사이의 연결하여 전세기 형태로 운항하는 경우가 있다.

(2) 객체에 따른 분류는 화물운송서비스와 여객운송서비스로 구분할 수 있다. 화물운송서비스는 운송대상이 화물인 경우의 운송사업을 말하며, 여객운송서비스는 운송대상이 여객인 경우의 운송사업을 말한다. 유동적 상품으로서의 서비스는 출발지에서부터 목적지까지의 운송에 관련되는 일체의 서비스를 포함하게 되는데, 여객의 경우 좌석의 예약, 항공권의 발권, 시내 공항간의 지상 운송, 공항에서의 탑승수속, 항공기내 서비스, 목적지 도착 후의 수화물 처리 등 기타 서비스의 일체를 말한다.

〈표 8-1〉 항공사의 유형별 분류

구 분	유형화 기준	분 류
운송대상	• 여객 • 화물	• 여객항공사 • 화물항공사
운항범위	• 지리적 범위	• 국제항공사 • 지역항공사 • 국내항공사
운항형태	• 사전 발표된 시간 • 임대	• 정기항공사 • 전세기항공사
운항국가	• 항공사의 소재	• 국적항공사 • 외국항공사
소유형태	• 국가에서 운영 • 기업	• 국영항공사 • 민영항공사
규모 및 네트워크	• 항공기 대수 • 취항노선	• 대형항공사 • 중소형항공사
서비스	• 마케팅 접근법	• 풀서비스항공사 • 저가항공사
취항유무	• 국내 취항 여부	• 취항항공사 • 미취항항공사

(3) 지역에 따른 분류는 국내운송사업과 국제운송사업으로 구분할 수 있다. 국내운송사업은 국내지역을 대상으로 하는 항공운송사업을 말하며, 자국의 항공법에 의해 규제를 받거나 통제를 받는다. 국제운송사업은 각 국가 간을 대상으로 하는 항공관련 운송사업으로서 항공운송권한의 상호교환을 전제로 하는 각국 정부 간 항공협정에 의해 영향을 받는다.

1.3. 항공운송업의 주요특징

항공운송업은 경기순환에 따라 변동성이 큰 산업으로 크게 여객운송과 화물운송 두 부문으로 구분된다. 여객부문 중 휴가목적의 여객운송의 경우 가격민감도가 높아 개인의 현재 가처분 소득과 미래수입에 대한 기대치에 따라 변동성이 크게 나타난다. 비즈니스 목적의 여객운송의 경우 물동량의 변동성은 상대적으로 낮은 편이나, 정보기술의 발달에 힘입어 화상회의나 전화회의로 대체되는 경우가 점차 늘어나 이

또한 경기변화에 대한 민감도가 높다. 한편 화물운송부문은 거시경제와 연관되어 있어 무역량에 따라 물동량이 좌우된다.

그리고 계절적 영향으로 성수기에 항공사들은 높은 탑승률과 함께 가격을 인상할 수 있는 Bargaining Power를 갖으며 티켓판매에 따른 선수금의 증가도 현금흐름에 긍정적으로 작용한다. 반면 비수기에는 이미 판매된 티켓에 대한 서비스 제공비용이 발생하게 되나 티켓판매 둔화에 따른 선수금 감소로 현금 흐름이 저하된다.

따라서 성수기에는 상당한 금액의 잉여현금흐름을 창출하는 건실한 항공사들이라 할지라도 비수기에는 부(–)의 현금흐름을 보이기도 하는 것이다.

항공운송업은 자본집약적 산업으로서 항공기 임대료, 연료비, 노무비, 정비료, 착륙비 등의 고정비 부담이 높아 특정 목적지로 가는 항공운송의 경우는 탑승률(Load Factor) 등에 관계없이 거의 동일한 비용이 들기 때문에 영업 레버리지가 높은 편이다. 이에 항공사들은 리스를 통해 항공기를 확보하는 경우가 많아 레버리지도 대체로 상당히 높은 특성이 있다.

1.4. 항공운송업의 용어정리

항공운송업에서 자주 사용되는 전문용어의 내용은 〈표 8-2〉와 같이 정리할 수 있다.

그 밖의 항공용어들을 정리하면, 다음과 같다.

- AP(Advance Purchase) : 출발일을 기준으로 항공권 구매 시한
- AUTH Number : 판매가 승인번호로서 항공권상에 반드시 기재되어야 함.
- Cabin Class : 실제 항공편에 설치 운영되는 등급(First, Prestige, Economy)
- Commission : 항공권 판매 분에 대해 여행 대리점에게 지급하는 보전
- 수수료
- Deadline : (발권) 운임지불과 발권이 완료되어야 하는 날짜. 출발일을 기준으로 최소/최대 몇 날/몇 달 이전 또는 예약일을 기준으로 최소/최대 몇 날/몇 달 이후로 설정 → '데드라인 이전'은 데드라인 당일에 이루어진 업무도 포함
- ENDS(Endorsement) : 항공사 간에 항공권 또는 항공편에 대한 운송 권리를 양도하기 위한 이서
- F/B(Fare Basis) : 운임의 종류를 나타내는 Code이며, ATPCO에서는 Fare Class Code(FCC)라고 함.
- GPD(General Pricing Directory) : 가격운영지침. 매년 4월 1일부로 적용하는 판매가 및 관련지침으로 지역 본부별로 작성, 배포되고 있음.

〈표 8-2〉 항공운송업의 용어

개 념	구 분	내 용
항공예약시스템 (CRS)	수입의 극대화기능	• 수입의 극대화기능 : 과거의 판매실적자료를 검토. 미래의 예약추세를 예측하여 초과예약을 효율적으로 관리. 할인요금과 정상요금을 최적으로 조합하여 수입극대화 도모 • 마케팅 지원기능 : 고객관리 · 손익계산 및 청구서 발행 등 여행대리점의 각종 업무를 예약 관리
Passenger Name Record(PNR)	마케팅 지원기능	• 예약점수 당시 개개단위의 승객의 예약기록 항공권의 발행, 승객의 운송 및 기내 서비스 등 항공영업 운송업무의 대부분은 PNR에 기록된 데이터에 기초하여 수행 → 구성요소 : 성명, 여정, Record Locator(시스템 내에 예약기록을 유지하기 위한 주소), General Fats(승객의 요청사항 또는 예약업무에 필요한 승객의 정보), Airport Fats(승객의 요청사항 또는 공항에서 조치해야 할 승객에 대한 서비스 사항), Remark(승객 또는 항공사의 업무 참고사항), Received From(예약 또는 변경을 요청한 사람에 관한 정보), 항공권, Time Limit(예약확인 및 기타 조치를 위해 설정한 통보사항), 전화번호
항공권 항공권	전산발권 항공권	• 항공사의 CRS시스템을 통하여 승객의 예약기록에 반영된 예약기록 • CRS에 의한 항공권 발행의 장점은 신속한 발권과 매표보고서가 자동으로 생산
	BSP 항공권	• BSP제도(여객대리점간의 업무간편화를 위해 도입)에 가입한 대리점용 항공권으로서 항공사명 및 항공번호가 사전에 인쇄되어 있지 않은 항공권으로서 항공권 발행시점에 발행항공사명 및 번호를 항공권에 표기
Miscellaneous Charge Order(MCO)		• MCO 발행 경우 ① 여행자의 제반 여행비용 ② 초과수하물요금 ③ 화물로 운송되는 수하물운임 ④ 포괄적인 여행의 지상비용 ⑤ 호텔 및 차량렌트 비용 ⑥ PTA 운임징수 ⑦ 환불
FARE BASIS	YSD25	• Economy Class Student Discount Fare(유효기간 1년, 할인율 25%)
	YHEEIME	• Economy Class High Season Excursion Fare(유효기간 1개월)

- HIP(Higher Intermediate Point) : 중간 높은 운임. 여정에서 출발지–목적지 운임보다 더 높은 출발지–중간지점 또는 중간지점–중간지점, 중간지점–목적지 간의 운임이 있으며 높은 운임만큼 올려 적용하는 것
- MCO(Miscellaneous Charges Order) : 추후 발행될 항공권의 운임 또는 해당 승객의 항공여행 중

부대서비스 요금을 징수한 경우 등에 발행되는 지불 증표

- MSP(Minimum Selling Price) : 각 항공사는 노선구조, 운항회수, 수요의 동향, 경쟁사의 가격 등 여러 가지 요인을 고려하여 실제 판매 활동을 하는 공시 운임에서 할인된 시장 가격
- OJT(Open Jaw Trip) : 가위 벌린 여정; 여정 중간에 Surface가 있는 형태
- R/I(Reissue) : 항공권 재발행; Revalidation으로 처리할 수 없는 항공권 상의 변경으로 항공권을 재발행하는 것(항공사, 목적지, Cabin Class 변경 등)
- Rerouting(RRT) : 항공권 재발행이 필요한 여정 변경 또는 타 사항의 변경
- Revalidation(REVL) : 항공사에 의해 공식적으로 변경된 것임을 확인하는 Stamping이나 기록하는 것을 의미하며, 출발지/목적지/도중체류 지점/운임변경은 해당되지 않음.
- RT(Round Trip) : 왕복 여정; 출발지에서 출발지로 다시 돌아오는 여정으로 Outbound 여정과 Inbound 여정의 운임이 동일한 여정
- SPA(Special Prorate Agreement) : 특별 정산 협정; 일반적인 Interline 정산방식이 아닌, 항공사 상호간에 특정 구간에 대해서 상호간에 합의한 금액으로 정산할 것을 정하는 계약
- S/O(Stopover) : 도중 체류; 승객이 중간지점에 도착 후 24시간 이후에 출발하도록 되어 있는 경우 (운임의 종류에 따라서 도중 체류가 불가한 경우도 있음)
- Surcharge : 운임과는 별도로 징수되는 추가 금액(유류할증료, Y-PLUS Surcharge 등이 있음)
- Surface : 비항공 운송구간; 승객이 항공편을 이용하지 않고, 다른 교통수단을 이용하여 여행함으로써 여정 상 항공 여행이 일시 중단된 구간
- Tariffs : 항공사의 공시된 운임, 요율 그리고 관련된 조건들
- T/C(Tour Conductor) : 적어도 10명 이상 승객의 전 여정, 또는 부분 여정에 동반자 또는 책임자 역할을 하는 사람(항공권상에 CGOO으로 표시됨)
- TOJT(Turnaround Open Jaw) : 목적지 가위 벌린 여정(예: ICN/OSA*/-TYO/ICN)
- TPM(Ticketed Point Mileage) : TPM 매뉴얼(Ticketed Point Mileage Manual)에 공시된 두 지점 간의 거리로, 구간 직항 마일을 사용
- Transfer : 환승; 승객이 한 항공사에서 동일 항공사로 또는 다른 항공사로 항공편을 변경하는 것
- Waive(WVR) : 해당 운임에 규정된 여러 가지 제한사항 중 일부에 대해 준수의무를 적용하지 않는 것임.
- Y-PLUS Class : 제공되는 좌석은 C Class이나 Y Class에 준하는 서비스를 제공하면서 운임은 Y Class 운임에 Surcharge를 추가 징수함을 의미한다.

2. 항공수배업무의 이해

2.1. 항공수배업무의 정의

항공수배업무(GDS; Global Distribution System)란 고객의 요청에 의해 항공편의 예약 및 항공원의 발행 등 여행에 필요한 각종 서비스를 제공하는 컴퓨터예약시스템을 말한다. 전산단말기를 통해 항공예약, 발권운송은 물론 운임 및 기타 여행에 관한 종합적인 서비스를 제공한다. 일반적으로 우리나라에서 많이 사용하는 항공예약시스템(CRS)으로는 TOPAS, ABACUS, AMADEUS, SABER, WORLDSPAN, GALILEO 등이 있다.

이러한 항공수배업무는 단순하게 항공예약만을 하는 것이 아닌 고객이 원하는 최적의 항공기에는 어떤 것이 있으며, 항공기에 실제 고객이 탑승했을 때 만족할 만한 서비스를 얼마나 제공하고 있는지, 공항접근성은 편리한지 등을 사전에 점검하고 분석하는 것을 포함한다. 항공수배업무는 출국수속, 예약, 수배, 발권 등을 업무량에 따라서 분리하는 것이 일반적인 방법이지만, 예약과 수배를 함께하거나 업무량이 적을 때에는 발권업무도 추가하여 분리하는 경우도 있다. 항공수배능력은 판매를 촉진하는 매개수단이 된다. 그리고 상품의 질적 제고를 도울 수 있는 고객만족의 기초가 되는 중요한 업무라고 할 수 있다.

1960년대 초반 미국의 대형 항공사들이 자사업무의 효율화를 위해 개발한 CRS는 1970년대 말 항공사 및 여행사에 보급되기 시작하였고, 이후 지속적인 경쟁과정을 거쳐 전 세계 호텔과 렌터카시스템 그리고 사실상 모든 항공사의 좌석과 항공편에 자유롭게 접근할 수 있도록 발전하였다.

CRS 사용은 전문성이 요구되기 때문에 CRS 회사에 의해 운영되는 전문적인 훈련과정을 통해 CRS 사용자를 양성하고 있다. 그리고 CRS 사용자 교육훈련을 CRS 회사는 경쟁력확보의 기반으로, 항공사 및 여행업체는 상품판매에 필요한 지식과 기술을 습득하는 교육과정으로, 사용자는 여행업분야의 전문가가 되기 위한 필수과정으로 인식하고 있다. 다음은 한국시장에서 약 70%의 시장점유율을 보이는 TOPAS CRS시스템의 예약엔진 구조이다.

원래 항공사의 업무자동화를 위하여 개발된 CRS는 여행사에 보급되면서 항공사의 영업도구로 이용되었다가, 이후 전문사업자가 나타나면서 하나의 독립적인 사업영역으로 자리 잡게 되었다. 이들 CRS 회사의 시장지배력(경쟁력)은 자사시스템의 보급률과 사용자들의 시스템 이용률에 달려있다. 즉 보다 많은 항공사 및 여행업체에 자사시스템을 보급하고, 보다 많이 사용하도록 해야 하는 것인데, 이러한 측면에서 CRS 회사에게 있어 사용자 교육훈련은 영업전략 실행의 첫 단계로 볼 수 있다. CRS 회사는 자사시스템 사용자를 양성하여 이들을 통해 자사시스템이용률을 극대화하고자 한다. 대부분의 여행업체에게 있어

CRS는 자사여행상품을 판매하는 데 필수불가결한 수단으로 인식된다. 미국의 여행사 중 95%가 적어도 1개 이상의 CRS를 사용하고 있으며, 국내의 경우에도 항공사 및 여행사를 통한 항공권 판매비율이 전체에 90%에 이르고 있다.

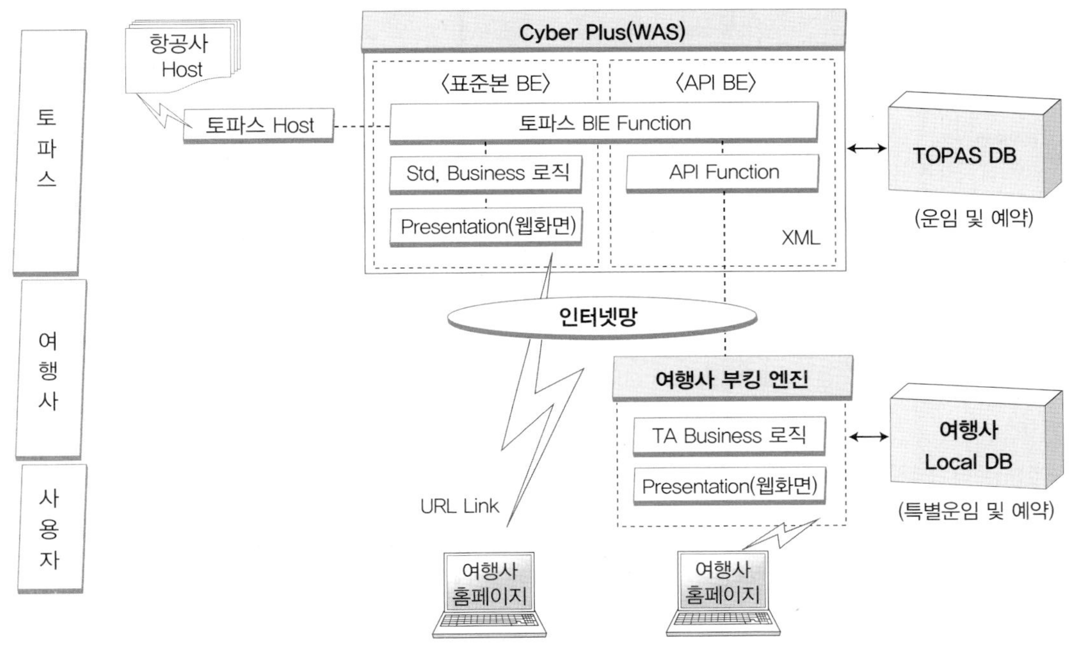

〈그림 8-1〉 TOPAS CRS 시스템의 예약엔진 구조

여행업체는 항공사, 호텔, 렌터카, 철도 등 여행상품 공급업자들의 상품을 대리판매하거나 혹은 자신을 상품화하여 판매하는데, 이 과정에서 CRS는 이들 여행업체가 공급업자들의 상품에 직접 접근하여 판매 및 수배할 수 있도록 해주는 중요한 도구이다. 따라서 여행업체에 있어 CRS 사용자 교육훈련은 자사의 여행상품(여행상품 공급업체들의 상품)을 판매할 수 있는 지식과 기술을 학습하는 기본 교육훈련과정인 것이다. 아래의 〈그림 8-2〉는 GDS와 여행·관광업무의 연관을 나타내고 있다.

한편 세계 여러 국가의 항공사는 전략적 제휴(Alliance)관계를 맺어 서비스를 마치 한 회사에서 제공하는 것처럼 시스템을 운용하고 있으며, 국가별로 취항 노선이 제한되어 있는 경우에는 이미 취항중인 항공사들과 제휴를 통해 영업범위를 확대하기도 한다. 또한 다른 항공사의 좌석 일부를 배정받아 판매하거나 제휴를 맺은 항공사들이 좌석을 공동판매한 후에 수익을 나누는 방식 등으로 전략적 서비스를 제공한다.

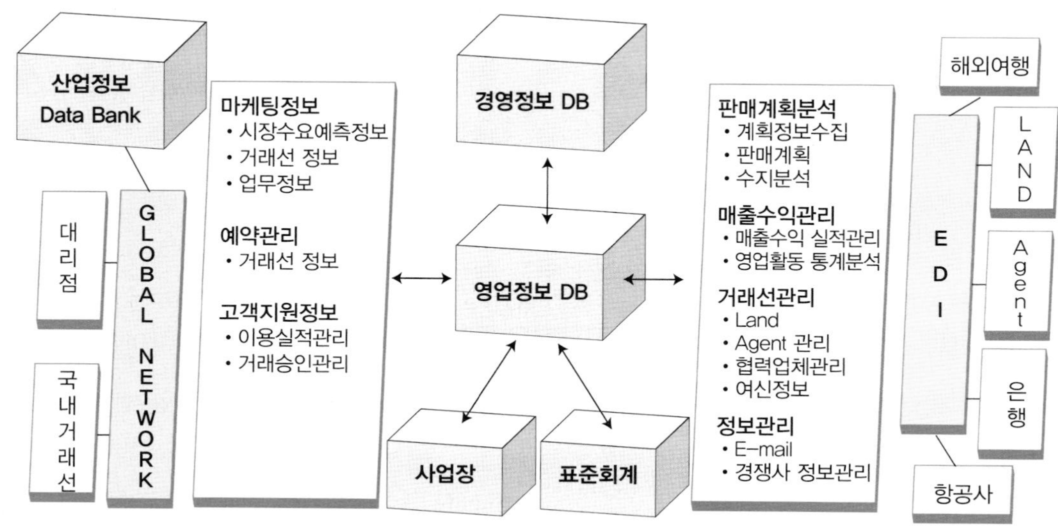

〈그림 8-2〉 GDS와 여행·관광업무의 연관도

예를 들면 전략적 제휴를 통한 글로벌 얼라이언스(Global Alliance)는 두 항공사 간의 좌석공유나 상용고객 우대제도 교환과 같은 단순한 항공사 간 협력체재를 넘어 공동스케줄과 공동마케팅, 공동기술개발 등 사실상 단일회사처럼 움직이는 다자간 기업연합체의 성격을 띤다. 이처럼 여러 항공사가 하나의 시스템으로 통합되어 운용되어짐으로써 고객들은 이들 항공사를 이용할 때 마치 하나의 항공사를 이용하는 것과 같은 편리함을 느낄 수 있다. 제휴관계의 항공사들을 이용하는 승객들은 한 번의 탑승수속으로 원하는 목적지까지 갈 수 있고, 누적된 마일리지로 제휴항공사노선을 무료로 이용할 수 있으며, 항공사들의 세계 각 지역의 다양한 서비스 정보(예약, 여정변경, 항공권 재발행 등)를 즉시 받을 수 있다.

2.2. 항공사 서비스

항공수배업무는 여행자를 대신하여 항공권 예약 및 발권과 기타요청사항 등을 항공사를 통해 확보하는 업무이며 항공사의 서비스 업무는 다음과 같다.

1) 예약서비스

고객이 원하는 가장 편리한 예약방법 제공, 즉 전화·인터넷·팩시밀리 예약과 기내 면세점 예약서비스이다. 전화예약서비스, 사이버예약서비스, 자동예약서비스, 팩시밀리예약서비스, 기내 면세품 예약서비스 등이 포함된다.

2) 발권서비스

티켓을 원하는 고객에게 온라인상에서 해결되는 전자발권서비스이다. 전자항공권서비스 등이 포함된다. 현재에는 인천국제공항청사안에서도 무인으로 발권서비스가 제공된다.

3) 공항서비스

유모차, 휠체어, 애완동물 운반함 대여 등 공항에서부터 시작되는 서비스이다. 도심공항 터미널, 기내 Seat-map, 사전좌석배정, 미국 사전입국심사, 유모차 대여, 라운지, 패밀리, 휠체어, 애완동물 운반함 대여, 외투보관서비스 등이 포함된다.

4) 기내서비스

항공기 안에서의 기내서비스, 기내 면세점 사전예약, 엔터테인먼트 서비스, Sleeper First Class이다. 기내서비스 타임 스케줄, 국내선 로고상품 판매, 기내 면세품 사전예약, 에어쇼, 엔터테인먼트 등이 있다. 엔터테인먼트에는 하이라이트 안내, 오디오 프로그램 안내, Boarding Music 안내, 영화 프로그램 안내, 단편물 프로그램 안내, 기내 도서 안내, 채널 안내 등이 제공된다.

2.3. 항공사 예약

항공예약은 항공기가 출발하면서 판매되지 못한 좌석의 상품가치가 소멸되는 약점을 보완하기 위하여 실제 상품의 생산시기보다 앞서서 예약을 통하여 상품을 판매하고 관리하는 것이다. 또한 항공기의 대형화가 이루어짐으로써 항공좌석의 공급과잉상태에 이르자 항공사 간의 경쟁심화로 이를 극복하기 위한 방안으로 항공예약의 업무에 고객서비스를 추가하여 제공하였다.

항공예약시스템은 자사의 항공좌석 예약뿐만 아니라 승객의 여정에 수반되는 다른 항공사의 항공편에 대한 예약도 일괄적으로 처리를 해주는 기능으로 발전하였고, 인터넷의 발달로 컴퓨터만 있으면 언제 어디서든지 예약과 발권이 가능하게 되었다. 항공예약시스템은 다음과 같이 기능별로 나누어 운영되고 있다.

1) 예약접수계

관광객으로부터 예약전화를 접수하여 항공관광일정의 작성 및 좌석예약, 부대서비스의 예약과 편의, 관광정보를 제공하여 주는 업무를 맡고 있다. 좌석을 예약의 형태로 판매하는 가장 중요한 부분이며, 관광객이 최초로 항공사를 접촉하게 되는 분야이기 때문에 예약이 항공사의 얼굴 또는 항공사의 목소리라고도 불리는 이유가 여기에 있다.

2) Information계

관광자가 전화로 문의하여 오는 항공관광자 또는 관광국 등에 관련된 정보를 제공하여 주는 업무를 맡고 있다. 전산예약시스템의 참고자료를 이용하기도 하며 OAG, TIM 등 필요한 자료를 비치하여 참고한다.

3) 서비스계

특수관광자 및 제한관광자와 대면 서비스가 필요한 관광자를 직접 취급하는 업무를 맡고 있다.

4) 단체계

단체관광객에 대한 예약, 출발확인 및 기타 단체취급업무 등을 맡고 있다.

5) 출발확인계

이미 예약된 관광객의 탑승예정 여부를 사전에 확인하며 ① 예약기록의 재확인 ② 비행기편 스케줄 변경에 따른 관광자의 취급 ③ 특수관광객의 예약처리 ④ 비행편 공급좌석의 최대 활용을 위한 지점 초과예약의 실시 ⑤ 비행편 출발 후에는 탑승한 관광객의 기록을 최후로 확정, 정리하는 작업을 한다.

2.4. 항공예약 시 유의사항

1) 관광일정의 연속성 유지

관광일정의 항공기 도착지점과 다음 관광일정의 항공기 출발지점은 일치되어야 한다. 항공편 이외의 운송수단(버스, 기차, 선박 등)이 관광객의 관광일정에 포함되어 항공관광일정이 연속성을 유지하지 못하는 경우 불연속 관광일정에 대한 출발 및 도착정보를 반드시 다음 여정의 해당 항공사에 제공하여야 한다.

2) 항공발권시한의 준수

항공권을 발권하기로 약속된 시기까지 발권이 이루어지지 않을 경우 예약이 취소될 수 있으며, 항공권의 발권시한은 각 항공사마다 별도의 규정이 있음으로 유의한다.

3) 예약재확인

관광객이 관광도중 특정지점에서 72시간 이상 체류하고자 하는 경우에는 최소한 항공기 출발 72시간 전까지 다음의 연결항공편에 대한 예약을 재확인한다.

4) 최소 연결시간(MCT; Minimum Connecting Time)의 확인

관광객의 일정에 연결편이 있을 때 연결지점에 도착하여 다음 연결편을 갈아타는데 소요되는 최소 연결시간을 확인한다. 스케줄에 따라서 국제선에서 국제선, 국내선에서 국제선, 그리고 국제선에서 국내선의 연결시간이 상이하며, 이때의 최소연결 소요시간은 공항의 규모와 교통정보에 따라 상이하다. 따라서 최소연결 소요시간을 확보한다.

5) 항공권 구입시한(Ticketing Time Limit)의 준수

항공사는 No-Show를 방지하기 위하여 예약당시에 예약을 확약해 주면서 항공편에 대한 구입시한(Ticketing Time Limit)을 부과하고 있다. 순수 항공권(Air Ticket)을 구입하기로 약속된 시점까지 구입하지 않은 경우에는 항공사가 예약을 취소할 수 있다.

항공예약 시 중요한 용어 중 하나는 PNR(Passenger Name Record)이다. PNR(Passenger Name Record)은 Address 또는 예약번호라 하며, 예약기록을 정해진 영역에 따라 예약전산시스템에 기록해 놓은 것을 나타내는 용어이다. PNR에 대한 구체적 내용을 살펴보면 다음과 같다.

(1) 구성요소

PNR의 필수구성요소로서 성명, 여정, 전화번호는 반드시 입력해야 한다. 그 밖에 승객의 타입에 따라 기내식, 사전좌석배정, VIP, 임산부안내 등과 같은 형태로 특별전문이나 공항에서의 서비스사항을 요청할 수 있도록 하는 메시지 작업이 가능하다.

(2) PNR 작성 시 주의사항

- 타인 또는 대리인의 성명을 잠정적으로 대신 입력하는 것은 불가하다(양도불가).

- Full Name을 기재하며 반드시 여권상의 영문명과 동일하게 입력한다.
- 외국인·내국인 상관없이 성을 먼저 기입하며 성과 이름은 /로 구분한다. 예) WON/BIN
- 요청좌석 수와 승객명 수가 반드시 일치해야 한다.
- 1개의 PNR(예약기록)에 TOPAS는 50명, ABACUS는 99명의 이름입력이 가능하다.

(3) PNR 완성 후 각종 서비스 신청

- 승객에 따라 휠체어, 기내식, 아기바구니 등의 서비스를 신청할 수 있다.
- 서비스 신청은 적어도 출발 24시간 전 이내에 해야 한다(특히 아기바구니의 경우 좌석 수의 제한이 있으므로 미리 신청해야 함).
- 아기바구니는 6개월 미만, 신장 100cm 미만, 체중 15kg 미만의 유아만이 이용할 수 있고, 그 외 유아는 부모가 안고 탑승해야 한다. 성인은 만 12세 이상을 말하며, 소아(Child)는 만 2세 이상에서 만 12세 미만(성인정상요금의 약 75%)이고, 만 14일에서 만 2세 미만(성인정상요금의 10%수준)의 유아에 대하여 좌석을 지급하지 않는다.

〈표 8-3〉은 PNR 종류에 따른 TITLE 표기와 PNR 상태코드 흐름도를 보여주는 표이다.

〈표 8-3〉 PNR 종류에 따른 TITLE 표기

성별에 따른 TITLE		신분에 따른 TITLE	
남자	MR	교수	PROF
여자	MS	선장	CAPT
유 · 소아 여자	MISS	의사	DR
유 · 소아 남자	MSTR	성직자	REV
		영국귀족	SIR, LORD LADY

3. 항공수배업무의 특성

3.1. 항공수배업무의 변화

국제항공운송협회(IATA)의 전자항공권(E-TICKET)시스템은 1990년 미국의 Low Cost Carrier인

Value Jet을 시작으로 세계 주요 항공사에서 도입하였다. 전자항공권제도는 기존의 실물항공권이 없어지는 편의성뿐만 아니라 발권비용의 절감, 인건비 절감, 유통구조의 변화, 고객서비스 확대 등 많은 효과를 가져왔다. 그리고 여행·항공산업체는 인터넷을 통해 E-비즈니스를 하고 있으며, 2005년 중순경부터 BSP E-Ticket 도입이 추진돼 온 한국은 현재 E-TICKET 발권비율이 97~98%에 도달하고 있다.

한국의 BSP(Bank and Settlement Plan)는 항공사와 대리점 간의 여객운반판매, 판매보고, 판매관리를 간소화, 표준화한 업무절차이다. BSP에 가입한 대리점은 BSP에서 수령한 항공권으로 대리점에서 직접 발권할 수 있다. ATR(Air Ticket Request)은 여객대리점 중 담보능력의 부족으로 항공권을 자체적으로 보유하지 못하고, 승객으로부터 요청받은 항공권을 해당항공사에서 직접 구입하는 대리점을 말한다. 항공·여행업의 경쟁력 강화와 국제관광객을 위한 능동적이고 창조적인 서비스는 웹(Web)과 CRS(Computer Reservation System), GDS(Global Distribution System) 등의 여행정보서비스를 통하여 구현할 수 있다.

우리나라 여행·항공업계는 그동안 인터넷을 기반으로 한 전자상거래를 이용하여 생존할 수 있는 방안을 강구하여 기존의 실물항공권을 대신할 수 있는 전자티켓시스템을 도입하여, 온라인 기술을 예약과 발권에 적용해 왔다.

3.2. 항공수배업무의 특성

항공기의 대형화와 더불어 항공사는 항공좌석의 효율적인 판매와 경영합리화를 위하여 항공권 판매대리점을 두고 여행사와 긴밀한 협조관계를 맺고 있다. 항공권 판매대리점은 항공사를 대리하여 항공예약업무, 발권업무, 부대서비스 예약업무, 기타 여행정보의 제공업무 등 제한된 공급석의 범위 내에서 이용률을 극대화하고 있다. 항공수배업무는 무엇보다 좌석의 확보, 고객의 여정에 수반되는 특별한 사전준비, 수익성 향상기능준비 등이 포함되어 있다. 이에 대한 원활한 업무진행 및 수배의 혼란을 최소화하기 위해서는 항공사 및 GDS, CRS가 맺은 준수사항에 따라 예약 및 수배기능을 수행해야 한다.

항공수배업무자는 수배업무를 담당하는 직무자로서 몇 가지의 기본사항이 있다.

첫째, 고객의 희망사항을 정확히 이해한다.

둘째, 고객이 희망하는 교통수단, 숙박시설에 정확히 예약·확보한다.

셋째, 수배의 진행사항을 정확하고 자세하게 기록한다.

위와 같은 기본사항을 항공수배업무자는 반드시 숙지하여야 한다.

1) 국제선 주요 도시코드

다음은 국제선 도시코드를 3 LETTER CODE로 표현한 표와 국내선 주요 도시코드, 중국 내 주요 도시코드를 나타내는 표이다.

〈표 8-4〉 PNR 상태코드 흐름도

요청코드	응답코드	상태코드
HS	→	HK → RR(CFM)
SS	→	HK(확약)
SS	US	HL(대기)
SS	UC	XS(취소)
NN	PN → KK	HK
NN	PN → UU	HL → KL → HK
NN	UC/NO	XK
LL	→	HL

〈표 8-5〉 PNR 상태코드 흐름도

도시코드	도시명	도시코드	도시명
TYO	TOKYO	ANC	ANCHORAGE
OSA	OSAKA	ATL	ATLANTA
FUK	FUKUOKA	BOS	BOSTON
KOJ	KAGOSHIMA	CHI	CHICAGO
KIJ	NIGATA	DTT	DETROIT
SPK	SAPPORO	DFW	DALLAS FORT WORTH
NGO	NAGOYA	HOU	HOUSTON
OIT	OITA	HNL	HONOLULU
BKK	BANGKOK	NYC	NEW YORK

〈표 8-6〉 국내선 주요 도시코드

도시코드	도시명	도시코드	도시명
KAG	GANGNUENG	YEC	YECHEON
SEL	SEOUL	CJJ	CHEONGJU
CJU	JEJU	YNY	YANGUANG
PUS	BUSAN	KPO	POHANG
KWJ	GWANGJU	HIN	JINJU
TAE	DAEGU	RSU	YEOSU
KUV	GUNSAN	USN	ULSAN
MPK	MOKPO	WJU	WONJU

〈표 8-7〉 중국 내 주요 도시코드

도시코드	도시명	도시코드	도시명
BJS	BEIJING	NKG	NANJING
CAN	GUANGZHOU	SHA	SHANGHAI
CGQ	CHANGCHUN	SHE	SHENYANG
CKG	CHONQING	SIA	XIAN
CTU	CHENGDU	SYX	SANYA
DDG	DANDONG	SZV	SUZHOU
DLC	DALIAN	TAO	QINGDAO
HGH	HANGZHOU	TSN	TIANJIN
HRB	HARBIN	WUH	WUHAN
KMG	KUNMING	YNJ	YANJI
KWL	GUILIN	YNT	YANTAI

2) 국제선 주요 항공사코드

다음 〈표 8-8〉은 국제선 주요 항공사코드와 한 국가의 동일 도시 내에 여러 공항이 있는 경우의 복수 공항코드를 나타내는 표이다.

<표 8-8> 국제선 주요 항공사코드 I

항공사코드	항공사명	항공사코드	항공사명
AKL	AUCKLAND	BAH	BAHRAIN
SYD	SYDNEY	PAR	PARIS
ROM	ROME	FRA	FRANKFURT
JED	JEDDAH	LON	LONDON
MOW	MOSCOW	ZRH	ZURICH

<표 8-8> 국제선 주요 항공사코드 II

항공사코드	항공사명	항공사코드	항공사명
AA	AMERICAN AIRLINES	KL	KLM–ROYAN DUTCH A.L
AC	AIR CANADA	LH	LUFTHANSA GERMAN A.L
AF	AIR FRANCE	MH	MALAYSIA AIRLINE SYSTEM
BA	BRITISH AIRWAYS	NH	ALL NIPPON AIRWAYS
CA	AIR CHINA	NW	AIR NEW ZEALAND
CO	CONTINENTAL AIRLINES	NZ	ASIANA AIRLINES
CX	CATHAY PACIFIC	OZ	PHILIPPINE AIRLINES
DL	DELTA AIRLINES	PR	QANTAS AIRWAYS
GA	GARUDA INDONESIA	QF	SINGAPORE AIRLINES
JD	JAPAN AIR SYSTEM	SQ	SINGAPORE AIRLINES
JL	JAPAN AIRLINES	TG	THAI AIRWAYS INTL
KE	KOREAN AIR	VP	VASP BRAZILIAN A.L
GUM	GUAM	LAX	LOS ANGELES
HKG	HONGKONG	MIA	MIAMI
JKT	JAKARTA	PDX	POTLAND
KUL	KUALALUMPUR	SEA	SEATTLE
MNL	MANILA	SFO	SAN FRANCISCO
SGN	HO CHIMINH CITY	YVR	VANCOUVER
SIN	SINGAPORE	YTO	TORONTO
TPE	TAIPEI	WAS	WASHINGTON
BJS	BEIJING	SAO	SAO PAULO
CAI	CAIRO	MEX	MEXICO CITY
SHA	SHANGHAI	AMS	AMSTERDAM

〈표 8-9〉 국제선 주요 복수항공사코드

도시코드	공항코드	공항명
NYC	JFK EWR LGA	JOHN F KENNEDY AIRPORT OF NYC NEWARK AIRPORT OF NYC LA GUARDIA AIRPORT OF NYC
PAR	CDG ORY	CHARLES DE GAULLE AIRPORT OF PAR ORLY AIRPORT OF PAR
LON	LHR LGW	HEATHROW AIRPORT OF LON GATWICK AIRPORT OF LON
OSA	ITM KIX	ITAMI AIRPORT OF OSA KANSAI INTL AIRPORT OF OSA
TYO	NRT HND	NARITA AIRPORT OF TYO HANEDA AIRPORT OF TYO
WAS	DCA IAD	RONALD REAGAN NTL AIRPORT OF WAS DULLES AIRPORT OF WAS

3) 항공용어 Keyword 약어

다음은 항공업무에서 사용하고 있는 가장 기초적인 전문용어들을 나타낸 표이다.

〈표 8-10〉 항공업무 전문용어 I

약어	전문	내용
AD	AGENT DISCOUNT	대리점 할인, 대리점 우대
ADC	ADDITIONAL CHARGE	추가요금
ADD ON	ADD ON	국내선 추가
ADRS	ADDRESS	주소, 예약번호
ADT	ADULT	성인, 어른
AGT	AGENT	여행사, 대리점
APEX	APEX FARE	할인운임 중 하나
APR	APRIL	4월

〈표 8-10〉 항공업무 전문용어 II

약어	전문	내용
ATTN	ATTENTION	주의
BBML	BABY MEAL	유아식, 아기식사
BAGGAGE	BAGGAGE	수하물, 짐
BBR	BANKER'S BUYING RATE	은행매입율
BLND	BLIND PASSENGER	맹인
BLOCK SEAT	BLOCK SEAT	예비좌석
BOARDING PASS	BOARDING PASS	탑승권
BOOKING	BOOKING	예매, 예약
BSP	BANK SETTLEMENT PLAN	은행정산제도
CNL CHRG	CANCELLATION CHARGE	취소수수료
CC	CREDIT CARD	신용카드
CFM	CONFIRM	확약, 확인
CHD	CHILD	소아
CHECK IN	CHECK IN	탑승, 수속
CHTR	CHARTER FLT	전세기
CHNT	CHANGE NAME TO	명단 변경
COMM	COMMISSION	수수료
CPN	COUPON	쿠폰
CRS	COMPUTER RESERVATION SYSTEM	예약시스템
CRT	CATHODE RAY TUBE	컴퓨터단말기
CTC	CONTACT	연락처
DAPO	DO ALL POSSIBLE	가능한 노력하라
DEAF	DEAF PASSENGER	귀가 먼 승객
DEC	DECEMBER	12월
DEP	DEPARTURE	출발
DIRECT FARE	DIRECT FARE	직행운임
DVD	DIVIDE PNR	분리된 예약
EFF	EFFECTIVE	유효한
E/D CARD	E/D CARD	출입국 카드

<표 8-10> 항공업무 전문용어III

약어	전문	내용
EMBARGO	EMBARGO	탑승제한
ENDS	ENDORSEMENT	양도
EUPA	EUPA	구주노선
EXBAG	EXTRA BAGGAGE	초과 수하물
EXTRA FLT	EXTRA FLIGHT	특별기편
FEB	FEBRUARY	2월
FIX	FIX	확정
FULL BKG	FULL BOOKING	만석
GI	GLOBAL INDICATOR	방향지표
GO SHOW	GO SHOW	예약 없이 가는 것
GRPS	GROUP	단체
GV10	GROUP FARE	그룹 요금
HIP	HIGHER INTERMEDIATE FARE	중간 높은 운임
HTL	HOTEL	호텔
I	IGNORE	무시하다
INF	INFANT	유아
INTL	INTERNATIONAL	국제적인
ITIN	ITINERARY	여정
JAN	JANUARY	1월
MCT	MINIMUM CONNECTING TIME	최소 연결 시간
MIN STAY	MINIMUM STAY	최소 체류 시간
MSG	MESSAGE	전문, 메시지
NMC	NAME CHANGE	이름변경
NBR	NUMBER	번호
NS	NO SHOW	예약 후 탑승하지 않은 손님
VOID	VOID	무효의

4) E-TICKET(전자항공권)

E-TICKET이란 발권 및 구매 관련 정보를 PAPER TICKET의 형태로 발급하지 않고, 해당 항공사의

컴퓨터시스템에 항공권의 모든 세부사항을 저장하여 필요 시 환불이나 항공권의 재발행 상황 등을 전산으로 자유롭게 조회하고 사용자의 요구에 맞게 처리할 수 있는 방법을 말한다. 불필요한 시간과 인력을 단축할 수 있는 제도로 급변하는 시장환경에 부응할 수 있는 새로운 형태의 발권시스템으로 E-TICKET 사용이 세계적으로 증가하고 있다. 우리나라는 2005년부터 전자항공권을 시행하였다.

(1) 전자항공권의 장점

- 항공권 분실을 걱정할 필요가 없다.
- 여정/운임 안내서(Itinerary & Receipt)를 고객의 E-mail을 통하여 수신받아 인쇄하기 때문에 종이항공권 수령 시 발생할 수 있는 부대비용(우편료, 택배비, 퀵서비스비 등)이 발생하지 않는다.
- 항공사마다 전자항공권에 대하여 특별할인요금을 적용하므로 종이항공권에 비하여 저렴하다.

(2) 주의해야 할 점

- 발권 후 E-mail로 송부하는 여정/운임 영수증(ITR: Itinerary & Receipt)을 인쇄해 귀국 시 까지 반드시 소지하여야 한다.
- 영수증은 출입국심사와 세관수속 시 필요하며 마일리지 입력 시와 해외공항수속 시에도 제시를 요청받을 수 있기 때문이다.
- 한 사람이 대표로 여러 장을 예약하여 전자항공권으로 구매한 경우라 하더라도 여정/운임 영수증은 전원 개별 소지하여야 한다.
- 여정운임에 대한 기존의 종이항공권을 대체하는 증서로써 고객의 전 여정 및 지불운임에 대한 모든 정보가 기재되어 제공된다.
- 해당 국가 입국심사 시 항공권의 제시를 요청받는 경우 동 여정/운임 안내서를 제시하면 된다.
- 모든 여정을 마칠 때 까지 여정/운임 안내서를 반드시 소지하여야 한다.
- 발권을 하면 여정/운임 안내서는 고객의 E-mail로 전송되며, 프린트하여 사용하면 된다.

(3) 전자항공권 발행확인서의 인쇄

- 항공여정 및 행선지, 본인성명, 여권번호, 승인번호 등을 확인한 후 확인서를 출력하여 여권과 함께 소지한다.
- 여행 중 분실할 경우, 가까운 공항 또는 호텔 등 PC 사용이 가능한 장소에서 E-mail에 수신된 확인서를 출력하면 탑승 가능하다.

- 공항카운터에서 출력한 확인서와 여권을 공항카운터에 제시하고 해당 구간의 항공권을 수령한 후 출발한다.
- 목적지 전에 경유지가 있는 경우, 해당 경유공항의 공항카운터에서 같은 방식으로 확인서와 여권을 제시하고 항공권을 받는다. 다음 〈그림 8-3〉은 전자항공권의 견본 사례이다.

e-Ticket Itinerary/Receipt

승객성명 Passenger Name KIM/ MS
e-티켓번호 e-Ticket number 1805994886XXX ④ POWERED BY TOPAS

· 여정 Itinerary ⑤ 예약번호 Booking Reference 736-

출발 도착 Departure Arrival	⑥ Class 클래스	⑦ Date 날짜	⑧ Time 시간	Terminal 터미널	Status 예약상태	Not Valid 유효기간 ⑨ Before 시작	Not Valid 유효기간 ⑨ After 종료	Baggage Allowance 무료수하물 허용량	Reference 예약번호
SEOUL ICN SYDNEY SYD	M	MAR07 MAR07	19:25 07:25	1	OK			20K ⑩	D4VZHY
	KE 811 ⑪ OPERATED BY KOREAN AIR			⑫ FareBasis 운임 YOW/SD25				KOREAN AIR	

· 항공사 직원을 위한 e-티켓 정보입니다. For Airline Staff

Restriction	NON ENDS
Conj.Ticket No.	
Fare Calculation	G*SEL KE SYD Q34.00 1189.17 NUC1223.17END ROE920.430000
Fare Amount	KRW 1125900
Equiv. Fare Paid	
TAX	KRW 2500YQ 27000BP 16000WY
Total Amount	KRW 1171400
Form of Payment	. 6CSKUSZ. AGT. CC MC********* ***1908/****/E00
e-Ticket Issue Date/Place	12MAR07 / (주) / 173 / 02- CHOI/ EMS

* 본 e-티켓 확인증과 함께 제공된 법적 고지문을 반드시 참고하여 주시기 바랍니다.
* e-티켓 확인증은 탑승수속시, 입출국/세관 통과시 제시하도록 요구될 수 있으므로 반드시 전 여행 기간 동안 소지하시기 바랍니다. e-티켓 확인증의 이름과 여권상의 이름은 반드시 일치해야 합니다.
대부분의 공항에서 탑승 수속 마감 시간은 해당 항공편 출발 40분 전(미주, 유럽 출발편은 1시간 전)으로 되어 있으니, 해당 항공편 출발 예정시각 최소 2시간 전에는 공항에 도착하시기 바랍니다.
단, 일부 공동 운항편의 경우 운항 항공사의 규정에 따라 탑승 수속 마감시간이 다를 수 있습니다.

〈그림 8-3〉 전자항공권 견본

5) 항공여행용어

- 경유지(Intermediate Point) : 항공기가 운송상이나 기술상의 목적으로 정기적으로 착륙하도록 지정된 중간지점을 말한다. 경유지에서 승객은 자사나 타사의 접속편으로 옮겨 타거나 Stopover를 할

수 있다.

- 공항코드(Airport Three Letter Code) : 현재 국가를 분류하는 코드로서 국제표준 규격인 ISO 3166-1(ISO 3166-1-Alpha-2 Code Elements)는 2자리 코드로 2013년 239국가가 공식적으로 등록되어있다.
- 국제표준시(GMT; Greenwich Mean Time) : 영국 그리니치 천문대를 통하는 자오선에서의 평시를 세계 공통의 표준시각으로 한 것이다. 항공기운항 시나 항공관제에서 통상적으로 GMT를 사용한다.
- 기내반입수하물(휴대수하물, Hand-carry Baggage) : 가로, 세로, 높이의 합이 115cm 이내인 것으로, 승객이 항공기 내로 직접 운반하여 보통 좌석 밑이나 선반에 올려놓을 수 있다.
- 스탠바이(Stand By Go Show) : 항공예약 없이 공항에서 탑승대기자로 등록하는 경우로, 좌석상황에 따라 좌석을 배정받게 된다. 성수기, 명절 등 특별히 예약이 어려운 경우를 제외하고는 탑승하는 경우가 많다.
- 오픈티켓(Open Ticket) : 보통 돌아오는 날짜를 구체적으로 정하지 않고 예약한 항공권을 말한다. 6개월이나 1년 등 장기해외여행일 경우 돌아오는 정확한 날짜를 지정하여 우선 예약하고 현지에서 동일한 항공권으로 오픈기간에 한해서 승객이 변경을 예약하여 탑승할 수 있다.
- 예약초과(Over Booking) : 항공사에서 효율적인 항공좌석의 판매를 위해 일정한 비율의 승객에 대해 실제 판매가능 좌석 수보다 초과하여 예약을 받는 것을 말한다. 예약 승객이 공항에 나타나지 않을 경우를 대비한 것으로, 이때에는 공항에 일찍 도착해서 탑승수속을 하여야만 한다.
- 유실물 취급소(Lost and Found) : 공항이나 역에 있는 분실물 취급소
- 중간기착(Stopover) : 장거리 노선의 경우 비행기의 급유와 승무원 교대, 기체점검 등으로 중간기착지에서 머무른다(국내선-4시간/국제선-24시간 이상). 보통 공항에서 체류하는 시간을 기준으로 24시간 이내면 Transit이고, 그 이상이면 Stop-over로 분류한다.
- 출국수속(Boarding) : 예약한 항공회사의 체크인 카운터에 자신이 구매한 항공권을 탑승권(Boarding Pass)으로 교환하는 절차를 말한다. 카운터에서 여권, 항공권, 수하물을 제시하면 탑승권, 항공권, 도착지에서 수하물을 찾을 수 있는 수하물표를 받는다.
- 출입국신고서(Embarkation/Disembarkation Card) : 표준절차에 의거하여 해외여행자가 출입국 시에 의무적으로 기입해서 제출해야하는 양식이다. 국가에 따라서 신고서의 크기, 양식 등이 서로 다를 수 있으며 공항에서 탑승수속 시나 도착 전 기내에서 받을 수 있다.
- 좌석공유(Code Share) : 항공사 간의 특정 구간의 좌석을 일정부분 공동으로 사용하는 방법으로 각 항공사가 자사항공기를 직접 투입하지 않고도 운항하는 것과 같은 운영을 할 수 있다.

- 화물기(Cargo Aircraft) : 승객이송을 위한 여객기가 아닌 상품 또는 화물을 수송하는 항공기
- 환승(Transfer) : 도착지 이전에 중간기착지에서 다른 비행기로 갈아타는 것을 의미하며 갈아탈 수 있는 표는 Transfer Ticket이라 한다. 이때 갈아타면서 기내에 두고 온 물건이 없도록 주의해야 하며 수하물이 없어지는 경우가 있으므로 반드시 수하물표(Baggage Tag)를 확인해야 한다.

6) 음성알파벳(ICAO PHONETIC ALPHABET)

숫자와 비슷한 알파벳을 구별하기 위해 만든 음성알파벳으로 주로 항공권예약 시에 정확한 Name을 전달하거나 확인할 때 사용한다. 다음 표는 항공업무 시에 사용되고 있는 ICAO(세계 민간항공기구)의 음성알파벳을 나타낸다.

〈표 8-11〉 ICAO 음성알파벳

LETTER	PHONETIC ALPHABET	LETTER	PHONETIC ALPHABET
A	ALPHA	N	NOVEMBER
B	BRAVO	O	OSCAR
C	CHARLIE	P	PAPA
D	DELTA	Q	QUEEN
E	ECHO	R	ROMEO
F	FATHER	S	SMILE
G	GOLF	T	TANGO
H	HOTEL	U	UNIFORM
I	INDIA	V	VICTORY
J	JULIET	W	WHISKY
K	KILO	X	X-RAY
L	LIMA	Y	YANKEE
M	MICHLE	Z	ZURU

7) 항공여행예약 및 수배서비스 사항

(1) 항공여정의 작성

전 세계 어느 곳이든지 최종 목적지까지 여객이 원하는 시간대로 편리하게 여행할 수 있도록 국내항공사의 좌석은 물론 외국항공사의 좌석예약도 CRS를 이용하여 신속히 처리한다.

(2) 호텔예약

세계 주요 도시에 있는 호텔의 관련사항(호텔명, 요금, 전화번호 등)을 승객에게 안내하여 승객이 원하는 호텔에 예약해 준다.

(3) 관광, 렌터카, 기타 교통편

세계 주요 도시별로 관광명소, 가볼 만한 곳을 안내(소요시간, 경비 등) 해주고 원하는 승객에게는 관광예약 및 렌터카, 항공여행과 연결되는 기타 교통편(선박, 육로교통 등)의 예약도 처리해 줄 수 있다.

(4) Special Meal 예약

종교, 건강, 취향에 의한 기내식의 특별음식을 원하는 경우 사전(출발 2일 전까지)에 예약을 받아 제공한다.

(5) 제한여객운송준비

환자, 비동반 소아(12세 미만), 임산부(8개월 이상), 80세 이상 노인 등 여행 중 특별한 주의가 필요한 승객은 의사의 건강진단서, 서약서 등 소정의 서류를 예약 시 접수하여 처리한다.

(6) 도착통지

여객이 목적지에 있는 친지에게 도착을 알리기를 원할 경우 전화번호, 성명, 전달내용을 접수하고 해당 지점으로 전문을 발송하여 신속히 전달해 준다.

(7) 항공화물 수송서비스

관계서류를 철저히 확인하여 다양한 내용품을 보호하여 화물포장, 화물운송장 발행, 접수 후 탑재, 도착지 화물에 대한 세관반입신청을 한 후 접수인에게 화물 및 관계서류를 인도해 준다. 항공화물의 특성은 편도수송 및 반복적인 거래, 야간수송이 많고, 계절적인 변화가 거의 없다는 것이다.

(8) 기타 여행정보

여행지소개, 항공요금, 출입국절차 등 기타 여행에 필요한 모든 정보를 제공한다.

여객운송서비스는 예약, 발권, 운송을 거쳐 판매가 완료된다. 즉 예약을 통하여 생산될 상품의 판매를 촉진하고 소요량을 예측하여 생산의 규모를 계획하고 예약이 확정된 발권을 통하여 수입을 확정하며 운송을 준비하는 역할을 담당하고 있다. 예약기록에 포함된 승객 성명, 여정, 서비스 등급을 이용하여 승객에게 항공권을 발급하고, 예약을 완료한 승객의 명단과 각 승객이 요청한 특별 서비스 사항 등은 자동적으로 운송시스템으로 이관되어 공항에서는 check-in을 실시할 수 있으며 승객이 요청한 특별 서비스도 미리 준비하여 제공하도록 되어 있다.

3.3. 예약서비스 내용과 예약경로

예약은 항공좌석의 정확한 운용관리 및 효율적인 판매를 통한 이용률의 극대화로 항공사의 수입을 제고하고 항공 여행객의 편의를 도모하는 데 그 목적이 있다.

좌석예약 및 판매에서부터 항공 여정의 작성, 기타 부대서비스로 각국의 공항소개, Visa 및 여권에 관련된 사항, 주요도시의 hotel 및 city tour에 대한 정보 및 예약, 렌터카, 각국의 환율 등 여행에 필요한 제반 정보 및 편의를 제공하는 역할을 하고 있다. 예약서비스 내용은 다음과 같다.

1) 항공여정의 작성

승객이 원하는 목적지까지 편리하고 경제적인 항공 여정을 작성해 준다.

2) 부대서비스 예약 제공

세계 주요 도시의 호텔 예약, 관광 렌터카 등 기타 교통편 등 관광관련 정보 등을 제공하고 그 예약을 대행한다.

3) 기타 여행 정보 제공

항공 요금, 출입국 수속 절차, 여행지의 안내 등 여행 관련 정보를 제공한다.

예약경로는 승객이 해당 항공사나 항공사의 전 지점을 직접 방문하거나 또는 전화, 항공사의 인터넷 홈페이지 등을 이용할 수 있다. 또한 여행대리점이나 다른 항공사를 이용하여도 예약이 가능하며 예약은 항공사예약 전산시스템에 의해 모두 전산 처리되어 기록된다.

3.4. 예약에 필요한 사항

1) 항공사 필요사항

① 성명 : 승객의 여권 상 이름

② 비행 여정 스케줄의 확인 : 여행의 구간, 출발지, 도착지, 출발 및 도착예정일, 항공편명 등의 비행여정을 확인한다. 이는 항공사 방문 및 전화문의 등의 방법 외에도 각 항공사별로 제작된 시간표나 Office Airline Guide Book을 참조하여 필요한 비행 편 스케줄을 직접 확인할 수 있다.

③ 항공좌석등급 : 실제 항공편에 설치, 운영되는 등급으로 승객이 실제 탑승하는 등급을 말한다. 종류로는 일등석(first class), 비즈니스석(business class), 일반석(economy class)이 있다.

④ 연락 가능한 승객의 연락처 : 스케줄 변동 통지 시 필요한 전화번호 등

2) 승객의 요구사항

① 선호좌석 : 창가, 통로, 유아용 Bassinet Seat, Bulkhead Seat, Upper Deck 좌석 등 항공사에 따라 운영 방법이 다소 차이는 있으나 보통석의 경우 2일전까지 선호하는 좌석을 요구할 수 있다.

② 특별음식 : 예약 시 기호, 종교, 연령 등에 관련된 이유로 정상적인 기내식을 취식하지 않는 승객의 경우 특별 음식을 예약 시 요구할 수 있다.

③ NSML(No Salt, No Sugar)

④ DBTC ML(Diabetic Meal)

⑤ Low Fat or Fat Free Meal

⑥ Low Cholesterol Meal

⑦ Low Calorie Meal

⑧ Soft Bland Diet Meal

⑨ Gluten Free Meal

⑩ No Dairy Product Meal

⑪ Fruit Only, Fish Only 등

기타 특별서비스는 노약자, 장애자의 경우 휠체어서비스 요구 등 제한승객 운송서비스 및 최초 여행자, 유아 등의 특별한 서비스가 필요한 승객의 경우 공항에서의 안내 요청 및 도착 통지의 특별서비스를 신청할 수 있다. 이러한 특별서비스는 항공사의 도움을 필요로 하는 승객을 위해 승객의 공항 출발 시점으로부터 경유지 및 도착지 공항에서의 예약, 발권, 운송 및 객실 전 분야에 걸쳐 제공되는 토탈서비스를 의미한다. 대한항공의 한 가족 서비스나 아시아나 항공의 Family Service 등이 예이다.

3) 항공권의 일반적 사항

① 항공권은 첫 구간 여행 개시 일에 유효한 운임을 적용 : 모든 항공권은 운임산출 규정이 정하는 바에 따라 최초 국제선 출발국가의 통화로 징수하며, 한국 출발 여정의 경우에는 1995년 4월 1일부로 한화(KRW)를 출발지 국가 통화로 사용하게 되었다. 항공요금의 적용은 일반적으로 국제선 첫 구간의 여행 개시 일에 유효한 요금을 적용한다. 항공권 발행 후 운임변동이 생겼을 경우, 여행개시 전이라면 운임의 변동분을 추징하고, 인하분은 환급하여야 하며, 여행개시 이후에 변동이 발생한 경우에는 항공권의 유효기간 내에 한해서 해야 한다.

② 항공권은 타인에게 양도가 불가능 : 어떠한 경우에도 한 번 발행된 항공권은 타인에게 양도가 불가능하며, 항공권의 모든 권한은 'Name of Passenger'난에 명시된 승객에게만 주어진다.

③ 항공권의 탑승용 쿠폰은 반드시 순서대로 사용 : 탑승용 쿠폰(Flight Coupon)은 승객용 쿠폰(Passenger Coupon)에 명시된 순서에 입각하여 사용되어져야 하며, 탑승을 위하여 Flight Coupon을 제출 시에는 잔여구간의 Flight Coupon 및 승객용 쿠폰을 동시에 제시하여야 한다.

④ 항공권은 적용하는 운임에 따라 그 유효기간이 상이 : 정상운임의 경우에는 여행개시일로부터 1년이며, 여행을 개시하지 않았을 경우에는 항공권 발행일로부터 1년이다. 특별운임의 경우에는 그 요금이 제시하는 운임규정에 따라 유효기간이 상이하며 대체로 최대·최소 체류기간을 함께 제한하는 경우가 대부분이다. 유효기간의 계산은 여행개시일 또는 발행일 다음날로부터 계산된다. 유효기간이 월(Month)로 규정되어 있을 경우에는 동일일자의 해당 월까지 유효하다. 또한 유효기간이 연(Year)으로 규정되어 있을 때는 일 년 뒤의 같은 날로 하며, 항공권은 유효기간 만료일의 자정까지 유효하다. 즉 마지막 항공권의 사용을 관광만료일 자정 이전에만 개시하면 된다. 항공권을 재발행하는 경우의 유효기간은 최초 발생 항공권의 유효기간 중 남은 기간에 한한다. 단, 유효기간의 변경을 적용한 요금이 전체로 변경되는 경우에는 제외된다.

⑤ 항공권 변경 시 여정변경에 대한 제한사항을 점검 : 운임변경이 없는 단순한 예약사항의 변경은 항공권 상에 예약 스티커(sticker)만 새로 부착한다. 스티커에 의한 예약변경으로 항공권 유효기간에

영향을 주는 경우는 항공권과 동일한 스티커를 승객용 쿠폰(Passenger Coupon)에도 부착해야 한다. 구간변경으로 운임변경이 발생하는 경우에는 항공권을 재발행(reissue)하며, 다른 항공사에서 발행한 항공권을 재발행하거나 탑승예정 항공사를 변경하게 되는 경우에는 최초 항공권 발행 항공사로부터 사전에 승인(endorsement)을 받아야한다.

항공권의 유효기간

15일 유효기간 : 01APR 출발 - 16APR 유효

3개월 유효기간 : 30SEP 출발 - 31DEC 유효

1년 유효기간 : 15JAN2004 - 15JAN2005 유효

3.5. 항공수배업무의 특성

항공수배업무의 특성에는 정확성, 신속성, 신뢰성, 대안성, 경제성, 간결성, 확인과 재확인, 서비스성, 구체성 등이 있다.

1) 정확성

여행자과 여행업자의 요구사항 및 여행조건에 정확하게 수배하며, 이용날짜와 이용시간 및 좌석의 등급을 정확하게 기록하고 수배의뢰서에 입각하여 이를 고객에게 확인하도록 해야 한다.

2) 신속성

항공기의 좌석이나 숙박시설의 객실은 한정되어 있으며, 수배우선순위를 정하고 구입에 착수해야 한다. 항공운송에서 신속성의 가치는 항공운송업에서 가장 중요시 되고 있다.

3) 신뢰성

항공사로부터 수배의뢰사항에 대한 회신이 늦어질 경우 담당 직원이 진행사항을 명확하게 제공함으로써, 고객의 불안요인과 불만족 요인을 제거할 수 있다.

4) 경제성

항공교통은 항공관제와 공항의 기술적인 제약으로 실제로 이용이 곤란하거나 불가능해 질 수도 있으며, 도심과 공항간의 접근성에 따른 어려움 때문에 타 교통수단을 이용하는 경우도 있다. 이와 같이 목적지까지의 소용되는 경제적·교통적 능률에 따라 이용한 운송수단이 변화한다. 따라서 여행객의 시간가치는 교통수단을 선택하는데 중요한 요소가 된다.

5) 확인성

필요한 사항을 완전하게 담고 있어야 하며 불완전한 의뢰사항에 대해서는 한 번 더 확인한다. 세부사항을 다시 한 번 확인하고 정확하게 또 확인해야한다.

6) 서비스성

관광산업에 있어서 대표적인 특성이 서비스성이다. 항공관련 업무는 서비스업의 대표적 업무이고, 항공상품의 80%이상이 인적 서비스에 의존하며 항공사업체의 성패의 관건이 서비스 제공자의 서비스품질에 의존되고 있다.

7) 구체성

수배의뢰·지시는 구체적이어야 한다. 상대방에의 수배의뢰에 있어서 내용·지시를 가능한 구체적으로 예시하고, 구체적인 지적(instruction)에 따라 서로의 업무를 간소화하고 대폭적인 스피드 업을 도모해야 한다.

3.6. ETAS(Electronic Travel Authority System)

ETAS는 호주 정부에서 자국의 관광산업육성을 위하여 관광이나 상용목적으로 방문하는 관광객을 대상으로 VISA발급의 절차를 간소화한 시스템을 말한다. 승객이 항공사 또는 여행사를 통해 비자 신청을 할 때, CRS & GDS를 이용하여 비자 신청이 가능한 시스템이다. 신청 즉시 호주 이민국으로부터 비자 승인을 받게 되며, 탑승 수속 시에는 신속한 비자 확인 및 호주 도착 시 신속한 입국심사가 가능한 제도이다. 승인이 떨어지지 않을 시에는 호주 대사관에게 연락을 해야 하며 실제 비자가 없어 불안한 경우에는 화면상에 나타나는 비자 승인을 프린트하여 제시하면 된다.

호주의 여행에서는 반드시 전자비자를 받아야 하며, 신청 시 대부분은 쉽게 받을 수 있으며 유효기간은 12개월이다.

TOPAS Sellconnect를 이용하여 승객의 여권번호(passport no), 국적(nationality), 여권상의 생년 월일(date of birth), 성별(male / female), 출생국가(country of birth), 여권만료일(passport expiry date), 여권발급국가(issuing state), 여권발급날짜(date of issue), 여권발급기관(issuing authority), 성(family name), 이름(given name)등을 입력하여 비자를 신청한다.

(1) TOPAS Sellconnect를 통한 호주 VISA 신청 및 승인확인

(2) 탑승수속 시 시스템으로 VISA 취득여부 확인 및 탑승수속 기록 송부

(3) 호주 도착 후 DIMA SYSTEM을 통하여 신속한 IMMIGRATION사열이 이루어짐

단원 핵심요약

▶ 항공기 운송사업의 3가지 구성요소는 다음과 같다.

- 항공기 : 운송수단
- 공항 및 항공터미널 : 항공기의 이착륙장소와 출입국서비스제공
- 항공노선 : 항공기의 운항로이자, 운송권 확보

▶ 항공사업의 특성은 다음과 같다.

- 고속성 : 단시간 내에 전 세계 주요도시 상호간을 연결, 속도의 제고
- 안전성 : 다른 교통수단보다 안전성이 우월, 항공기의 안정성, 운항노선, 운항지원시설, 기술적 지원 등
- 정시성 : 타 교통기관에 비하여 항공기의 정비 및 기상조건에 의사여 크게 제약을 받기 때문에 정시성 확보가 관건, 서비스 품질제고 및 고객의 신뢰도 추구
- 경제성 : 시간가치와 서비스가치를 고려, 대형화, 시설과 장비의 현대화, 자동화, 경영합리화 등
- 쾌적성과 편리성 : 객실 내 시설, 기내서비스 등
- 국제성 : IATA에 의한 운임협정, 취항도시, 운항횟수, 총 공급좌석 등
- 독과점성 : 항공산업에 대한 경쟁력 측면의 규제, 노선 등
- 공공성 : 항공운송은 국제성을 띠고 있어 국익과도 관계, 이용자 차별금지와 영업의 계속성 등
- 서비스성 : 고정적인 상품요소와 인적서비스 중심의 유동적 상품요소를 동시에 추구
- 노선개설의 용이성 : 공항이 있는 곳이면 항공노선의 개설이 용이

▶ IATA(International Air Transport Association) : 순수민간의 국제협력기구로써, 국제 항공운송업분야에서 그 수행하는 업무가 많으며, 수행 기능은

- 국제항공요금의 결정, 항공기양식통일, 연대운임청산, 일정한 서비스제공, IATA 운송회의에서 결정되는 규정 등 전 세계 IATA항공사와 대리점에 대하여 구속력을 가지고 있으며 각국 정부는 이를 인정하고 있다.
- 조직에는 총회 · 집행위원회 이외에 재정 · 기술 · 법무 · 운수 · 보건 등 5개 상설위원회가 있고 해마다 연차 총회가 열린다.
- 국제민간항공기구(ICAO; International Civil Aviation Organization)등 관련기관과 협력하여 항공운송발전과 제반문제연구, 안전하고 경제적인 항공운송, 회원업체 사이의 우호증진 등을 목적으로 한다.

▶ 전자항공권의 장점은 다음과 같다

- 항공권 분실을 걱정할 필요가 없다.
- 여정/운임 안내서(Itinerary & Receipt)를 고객의 E-mail을 통하여 수신받아 인쇄하기 때문에 종이항공권 수령 시 발생할 수 있는 부대비용(우편료, 택배비, 퀵서비스비 등)이 발생하지 않는다.
- 항공사마다 전자항공권에 대하여 특별할인요금을 적용하므로 종이항공권에 비하여 저렴하다.

알아두면 좋아요

이스타항공, MICE 산업과 시너지 효과 창출

이스타항공과 한국마이스협회는 29일(월) 오후 마이스협회 사무실에서 이스타항공 최종구 부사장과 한국마이스협회 김응수 회장 및 관계자들이 참석한 가운데 MICE산업 발전 및 양기관의 상호 협력을 내용으로 하는 협약식을 가졌다.

이번 협약식을 통해 양기관은 MICE 산업을 기반으로한 활동의 항공편 지원 및 MICE 행사 시 이스타항공 항공편 우선탑승, MICE 행사 참석을 통한 공동 마케팅활동 등을 통해 양기관의 시너지 효과를 창출할 예정이다.

MICE 산업이란 기업회의(meeting), 포상관광(incentives), 컨벤션(convention), 전시(exhibition) 분야를 말하는 서비스 산업으로 기업 및 다양한 행사를 통한 항공 및 관광산업을 결합한 사업을 이어나갈 수 있다.

지난 2003년 설립된 한국 마이스협회는 250여 곳의 회원사를 통한 MICE 관련 교육, 프로모션, 연구사업, 대정부 제도 건의, 해외기관 제휴, MICE산업 지원 등의 활동을 통해 관광산업진흥에 앞장서고 있는 단체이다.

이스타항공 최종구 부사장은 "최근 급성장하고 있는 MICE산업 주관 단체인 한국마이스협회와 협약을 체결해 더욱 의미있게 생각한다"며 "항공사의 인프라와 MICE 산업을 연계한 다양한 활동을 지속적으로 펼쳐 시너지 효과를 창출해 나갈 계획"이라고 말했다.

〈출처 : 이뉴스투데이, 2015.06.30.〉

International Medical Tourism

제 9 장 지상업무 수배서비스의 이해

단원 학습목표

- 숙박업의 개념을 학습한 후, 숙박업의 종류와 특성을 파악한다.
- 숙박업의 조직구성과 기능, 예약시스템을 이해한다.
- 관광교통의 정의를 이해하고 유형과 특성을 파악한 후, 관광교통 예약시스템을 학습한다.
- 외식업의 정의를 이해하고, 외식업의 유형과 특성, 국가별 외식문화의 특성을 파악한다.
- 관광쇼핑 서비스와 공연안내 서비스를 이해한다.
- 관광정보의 정의를 이해하고, 관광정보의 매체유형, 관광지 안내 및 예약시스템을 숙지한다.

1. 숙박시설의 이해

숙박업은 체류와 숙박을 통하여 관광객을 안전하게 보호하고 휴식을 제공하는 기능을 담당한다.

1.1. 숙박업의 개념

숙박업(Lodging Industry)이란 숙박시설의 건설과 경영을 목적으로 상업적인 활동을 하면서 숙박에 필요한 시설 및 설비를 갖추고 고객과의 계약에 의하여 숙박시키는 것으로, 호텔, 하숙, 합숙소 등과 같이 이용자들에게 숙박서비스 수수료를 받고 설비를 제공하는 업체를 말한다.

관광진흥법 시행령 제2조에 의하면, 관광숙박업은 호텔업과 휴양콘도미니엄업으로 구분되며, 호텔업은 관광호텔, 수상관광호텔업, 한국전통호텔업, 가족호텔업, 호스텔업으로 구분한다. 또한 관광진흥법 제3조 제2항 제2호에 의하면, 호텔업이란 관광객의 숙박에 적합한 시설을 갖추어 이를 관광객에게 제공하거나 숙박에 딸리는 음식·운동·오락·휴양·공연 또는 연수에 적합한 시설 등을 함께 갖추어 이를 이용하게 하는 업으로 정의하고 있다.

숙박업의 역사는 인간의 사회행동과 이동을 같이하여 발전하였으며, 이때부터 일시적으로 머물 수 있는 공간이 필요하게 된 것이 숙박업의 기원이다. 고대의 숙박시설은 상업·종교상의 목적으로 여행하는 여행자, 관리, 외교사절을 위한 비영리시설로서 지주에게만 허용되었다. 로마시대에는 교역이 성행하였으며 여행 자체를 즐기기 위한 여행자목적으로 발달하였고, 중세 유럽의 관광은 성지순례(Pilgrim)의 형태였다. 여행객들의 숙박장소로는 종교적으로 제공되는 수도원이나 교회 또는 도로변의 간이 숙박시설이 주로 이용되었다. 14세기 이후 문예부흥운동(Renaissance)은 유럽 중심의 세계관을 파괴시켜 지중해 중심의 무역을 신대륙으로 확대시키면서 상업적 여행이 증대되었고, 여행객의 증대와 함께 숙박시설의 역할을 해오던 수도원이 영리추구의 숙박업소로 변형되면서 독립적으로 운영되기 시작하였다. 현대의 숙박시설에 영향을 미친 숙박시설은 19세기 중엽부터 나타났으며, 상류사회의 세련되고 호화로운 시설 및 서비스를 제공하는 현대 호텔은 루이 14세 시기에 건설된 베르사유 궁전을 모델로 한다.

18세기 영국의 산업혁명과 19세기 상용 여행자의 증가는 저렴하고 쾌적한 숙박시설의 발달을 가져왔으며, 스타틀러(E. M. Statler)는 일반 서민들이 지불 가능한 요금의 호텔객실을 제공하였고, 최고의 서비스 즉, 편리함(Convenience), 쾌적함(Comfort), 합리적 가격(Reasonable Price)을 호텔경영가치로 내걸고 건물의 구조로부터 종업원의 관리, 원가관리 등 경영관리시스템의 단순화, 표준화, 과학적 관리를 추진하였다. 이러한 상용호텔의 특성은 합리적인 이윤추구를 위한 경제적인 경영시스템을 추구하여 호텔의 체인화를 이룬다는 것이다.

1920년대의 경제 대공황으로 많은 호텔들이 경영수지 악화를 겪으며 호텔 경영구조를 경영 계약방식 즉 부동산 및 금융전문기법 도입에 의한 체인호텔 구조로 변경하며 세계적인 시스템을 구축하게 되었다.

이후 현대적 호텔의 개념은 국제화·대중화·다양화 추세에 따라 기존의 편리하고 안전한 숙식과 아울러 여가·오락·휴식·문화·건강·사교 및 비즈니스 공간의 복합적인 기능을 행사하는 공간으로 매우 다양하게 발전되고 있다.

1.2. 리조트(Resort)의 정의와 개념

리조트란 '자주 방문하는 장소'라는 의미의 프랑스어 resortir(re=again, sortier=to go out)에서 유래하였다.

웹스터사전은 리조트를 'a place providing recreation and entertainment especially to vacationers'로 정의하고, 특별한 목적, 휴가와 건강회복 등을 위해 사람들이 찾아가는 장소이자 종합레크리에이션센터로 중세 유럽의 순례자들을 위한 휴양과 건강과 관련된 숙박지로 정의한다.

관광진흥법 제3조 제3항에 의하면 리조트란 관광객 이용시설업으로 규정하고 있으며, "관광객을 위하여 음식·운동·오락·휴양·문화·예술 또는 레저 등에 적합한 시설을 갖추어 이를 관광객에게 이용하게 하는 업, 대통령령으로 정하는 2종 이상의 시설과 관광숙박업의 시설 등을 함께 갖추어 이를 회원이나 그 밖의 관광객에게 이용하게 하는 업"으로 정의하고 있다. 또한 동법 제2조 제3항에 의하면, 관광객 이용시설업의 종류를 전문휴양업, 종합휴양업(제1종 종합휴양업, 제2종 종합휴양업), 자동차야영장업, 관광유람선업(일반관광광유람선업, 크루즈업), 관광공연장업, 외국인전용 관광기념품판매업으로 구분하고 있다. 즉, 관광객의 휴양이나 여가선용을 위하여 숙박업시설이나 음식점, 운동 및 오락시설, 민속, 문화자원소개시설, 관람시설 등 휴양에 적합한 시설을 갖추어 이를 이용하게 하는 업으로 규정하고 있다.

이와 같이 리조트의 특성은 다양한 서비스의 제공이라는 기능적 측면과 즐거움 및 다양한 경험을 제공한다는 측면이 강조되고 있으며, 체재성, 자연성, 휴양성, 보양성, 다기능성의 요건을 갖추고 있어야 한다.

그리고 현대의 리조트는 자연친화적 레저, 가족중심의 레저활동을 위한 고유의 테마체험을 계절과 기후에 상관없이 즐길 수 있는 사계절 종합휴양지로 변화하고 있다. 따라서 현대 리조트는 리조트테마를 부각시킬 수 있는 지역특성, 레크리에이션, 스포츠, 상업, 문화, 교양, 숙박 등을 위한 시설을 복합적으로 갖추고 있으며, 수영장, 스키장, 골프장, 각종 놀이시설, 콘도·호텔 등의 시설들을 중심으로 사계절 형 시설들을 마련하여 고객들의 다양한 체험과 위락을 위한 종합휴양지로 인식되고 있다. 우리나라의 경우 법규정상 리조트라는 개념에 정확히 상응하는 규정은 없으나 유사한 개념으로 종합휴양업 또는 종합휴양지라는 용어로 정의할 수 있다. 이는 국민의 건전한 여가선용을 위하여 일정한 장소에 민족문화 자원의 소개시설, 유희, 오락시설, 식음시설, 숙박시설, 기타 휴양시설 등을 복합하여 운영하는 사업으로 규정하고 있다.

1.3. 리조트의 종류

1) 타운리조트(Town Resort)

지역적인 특성을 살린 상품을 중심으로 지역의 토지이용과 지역사회 활동을 충분히 연계한 리조트이다. 해변, 호수, 스노우 스키, 온천시설, 중요 역사 및 고고학적 테마를 살려 조성된다.

2) 기획된 리조트(Integrated Resort)

계획하여 개발된 리조트로, 해변, 호수, 해양위락, 스키장, 산악경관, 주요 자연적 형상, 주요 건축물, 역사적 지역, 건강증진적 기후지대 같은 특정형상지역에 조성된다. 넓은 공간과 경관이 중요한 요소이고, 조직화된 관광시설물들은 관광개발자 및 경영자가 독점적으로 사용하기 위하여 계획되고 개발된다.

3) 격오지리조트(Retreat Resort)

특정 지역 내에 25~30개 정도로 조성되며, 주변 환경이 수려한 독립된 휴가환경으로 작은 성이나 산에 있는 지역의 고유문화 및 환경과 함께 계획된 리조트를 말한다.

4) 입지유형에 따른 리조트

산악지형 리조트, 해변형 리조트, 전원(농원)리조트, 온천리조트 등으로 구분할 수 있다.

5) 이용목적과 시설형태에 의한 분류

스포츠리조트(Sports Resort), 헬스스파리조트(Health Spa Resort), 휴양촌(Vacation Village), 마리나리조트(Marina Resort), 스키리조트(Ski Resort) 등으로 구분할 수 있다.

1.4. 숙박업의 종류와 특성

관광진흥법 제2조 제2항에 의하면, 호텔업을 관광호텔업, 수상관광호텔업, 한국전통호텔업, 가족호텔업, 호스텔업으로 구분하고, 호텔업을 사업활동 내용에 의하여 분류하면 다음과 같다.

1) 입지조건에 의한 분류

대도시 대형고급호텔(Metropolitan Hotel), 시티호텔(City Hotel), 다운타운호텔(Down Town Hotel), 교외호텔(Suburban Hotel), 산간호텔(Country Hotel), 공항호텔(Airport Hotel), 기항지호텔(Seaport Hotel), 터미널호텔(Terminal Hotel), 고속도로변 호텔(Highway Hotel)로 분류된다.

2) 숙박목적에 의한 분류

상용호텔(Commercial Hotel), 국제회의용 호텔(Conventional Hotel), 휴양지호텔(Resort Hotel)로 분류된다.

3) 숙박기간에 의한 분류

단기체재 호텔(Transient Hotel), 주거 호텔(Residential Hotel), 장기체재 호텔(Permanent Hotel)로 분류된다.

4) 숙박시설에 의한 분류

자동차여행자용 호텔(Motel), 보트여행자용 호텔(Botel), 요트여행자용 호텔(Yachtel), 청소년 호텔(Youth Hostel)로 분류된다.

5) 요금 지불방식에 의한 분류

3식+숙박요금 포함 호텔(American Plan Hotel), 숙박료와 음식료 별도 호텔(European Plan Hotel), 숙박료+아침식사요금 포함 호텔(Continental Plan), 호텔요금+조식+중식 또는 석식 중 1식을 택하는 호텔(Semi Pension Plan, Demi Pension 또는 Modified American Plan)로 분류된다.

6) 경영방식에 의한 분류

연쇄경영식 호텔(Chain Hotel), 경영지도호텔(Franchise Hotel), 단독경영호텔(Independent Hotel), 주식회사호텔(Corporation Hotel)로 분류된다.

7) 등급에 의한 분류

특1등급(무궁화 수 5개로 문화체육부장관이 지정), 특2등급(무궁화 수 5개로 문화체육부장관이 지정),

1등급(무궁화 수 4개로 도지사가 지정), 2등급(무궁화 수 3개로 도지사가 지정), 3등급(무궁화 수 2개로 도지사가 지정)으로 분류된다.

8) 기타 형태

여관여인숙(Inn), 유럽식 여인숙(Pension), 스페인 민속숙박(Pardor), 대상숙박업소(Caravansary), 수도원 숙박(Monastery), 유럽분양방식 호텔(Eurotel), 특정기간만 운영하는 숙박시설(Lodge)로 분류된다.

9) 우리나라 관광법규상의 분류

우리나라 관광진흥법시행령 제2조 제2항에 따른 숙박관련 호텔업은 관광호텔업·수상관광호텔업·한국전통호텔업·가족호텔업·호스텔업으로 구분되고 있다. 각각에 대한 정의 및 지정기준은 다음과 같다.

- **관광호텔업** : "관광객의 숙박에 적합한 시설을 갖추어 이를 관광객에게 이용하게 하고 숙박에 딸린 음식·운동·오락·휴양·공연 또는 연수에 적합한 시설 등을 함께 갖추어 이를 관광객에게 이용하게 하는 업"으로 정의하고 있다. 이에 대한 법적 기준은 욕실 또는 샤워시설을 갖춘 객실을 30실 이상 갖추고 있을 것, 외국인에게 서비스제공이 가능한 체재를 갖추고 있을 것, 부동산의 소유권 또는 사용권을 확보하고 있을 것 등으로 지정기준을 정하고 있다.
- **수상관광호텔업** : "수상에 구조물 또는 선박을 고정하거나 매어 놓고 관광객의 숙박에 적합한 시설을 갖추거나 부대시설을 함께 갖추어 관광객에게 이용하게 하는 업"으로 정의하고 있다. 이에 관한 법적 기준은 수상관광호텔이 위치하는 수면은 공유수면 관리법 또는 하천법에 의하여 관리청으로부터 점용허가를 받을 것, 욕실 또는 샤워시설을 갖춘 객실이 30실 이상일 것, 외국인에게 서비스제공이 가능한 체제를 갖추고 있을 것, 수상오염을 방지하기 위한 오수저장처리시설 및 폐기물처리시설을 갖추고 있을 것, 부동산의 소유권 또는 사용권이 있을 것으로 지정기준을 정하고 있다.
- **한국전통호텔업** : "한국전통의 건축물에 관광객의 숙박에 적합한 시설을 갖추거나 부대시설을 함께 갖추어 관광객에게 이용하게 하는 업"으로 정의하고, 이에 관한 법적 기준은 건축물의 외관은 전통가옥의 형태를 갖추고 있을 것, 이용자의 불편이 없도록 욕실 또는 샤워시설을 갖추고 있을 것, 외국인에게 서비스제공이 가능한 체제를 갖추고 있을 것, 부동산의 소유권 또는 사용권이 있을 것으로 지정기준을 정하고 있다.
- **가족호텔업** : "가족단위 관광객의 숙박에 적합한 시설 및 취사도구를 갖추어 관광객에게 이용하게 하거나 숙박에 딸린 음식, 운동, 휴양 또는 연수에 적합한 시설을 함께 갖추어 관광객에게 이용하게 하는 업"으로 정의하고 있다. 이에 관한 법적 기준은 가족단위 관광객이 이용할 수 있는 취사시설이

객실별로 설치되어 있거나 매 층별로 공동취사장이 설치되어 있을 것, 욕실 또는 샤워시설을 갖춘 객실이 30실 이상일 것, 객실별 면적이 19제곱미터 이상일 것, 외국인에게 서비스제공이 가능한 체제를 갖추고 있을 것, 부동산의 소유권 또는 사용권이 있을 것(다만, 회원을 모집하는 경우에는 법적 소유권을 갖고 있어야 함)으로 지정기준을 정하고 있다.

- **호스텔업** : "배낭여행객 등 개별 관광객의 숙박에 적합한 시설로서 샤워장, 취사장 등의 편의시설과 외국인 및 내국인 관광객을 위한 문화정보 교류시설 등을 함께 갖추어 이용하게 하는 업"으로 정의하고 있다.

1.5. 기타 숙박시설의 종류

1) 여관(Inn)

외국에서의 인(Inn)이란, 질적으로 호텔의 호화스러움에 비교할 수 없는 간결한 내용의 숙박시설을 의미한다. 근래 미국에는 호텔의 기계화에 따른 냉담한 서비스의 반동적 현상이자 새로운 경향으로 흔히 명명하고 있다. 여관은 도시의 인구증가, 상공업과 교통의 발달은 숙박시설의 발달도 함께 가져왔으며, 처음 등장한 여관은 주로 일본식이었으나, 점차 서양식 여관과 온돌방으로 된 한국식 여관도 생겨났다. 1960년대 이후 공업화·도시화가 본격적으로 이루어지면서 인구이동이 심화됨에 따라 여관의 수도 급격히 증가하였다.

2) 펜션(Pension)

펜션의 유래는 고대 그리스의 여러 도시국가에서 여행자들에게 빵과 와인을 무료로 제공하는 간이식당 형태의 민박에서 찾을 수 있다. 우리나라에는 2000년 1월 28일 제주도 개발특별법 및 동법 시행령에 농어촌 휴양펜션업의 등록 및 사업계획에 관한 사항 등을 포함시키면서 처음 소개되었다. 제주국제자유도시특별법 제53조에서의 휴양펜션업은 "관광객의 숙박·취사와 자연체험에 적합한 시설을 갖추어 이를 당해 시설의 공유자·회원 기타 관광객에게 제공하거나 숙박 등에 이용하게 하는 업"으로 규정하고 있다. 펜션은 제주도, 강원도 지역을 중심으로 발전하였으며, 주5일 근무제가 확산되면서 전국적으로 많은 관광객들이 기존 숙박시설을 탈피하여 경관이 좋은 가정집과 같은 펜션을 찾아 가족과 함께 휴가 및 휴일을 즐기는 분위기가 형성되었다. 펜션은 특히 저렴한 가격과 호텔에 뒤지지 않는 시설, 여기에 취사까지 가능하기 때문에 알뜰여행을 지향하는 계층에 인기를 얻고 있다. 개인의 경우 많은 자본을 투자하지 않고 펜션을 분양받거나, 또는 개인이 건축하여 자유롭게 이용하면서 일반투숙객에게 시설을 제공하여 일정금액을 받는 재테크의 일환으로도 인기가 있다. 2003년 8월 6일 공포된 관광진흥법 시행령 개정안에 따라 관광펜션업을 관광편의시설업으로 규정하고, "관광시설을 운영하고 있는 자로서 자연·문화체험관광에 적합한 시설을 갖추어 이를 관광객에게 이용하게 하는 업"으로 아래와 같이 법적 지정 기준을 정하고 있다.

- 자연 및 주변 환경과 조화를 이루는 3층 이하의 건축물일 것
- 객실이 30실 이하일 것
- 취사 및 숙박에 필요한 설비를 갖출 것
- 바비큐(Barbecue)장, 캠프파이어장 등 주인의 환대가 가능한 1종류 이상의 이용시설을 갖추고 있을 것(다만, 관광펜션이 수개의 건물, 동으로 이루어진 경우에는 그 시설을 공동으로 설치할 수 있다.)
- 숙박시설 및 이용시설에 대하여 외국어 안내표기를 할 것

3) 민박(Home Stay)

민박이란 본래 숙식제공을 본업으로 하지 않는 민가가 방문객을 숙박시켜 영업활동을 하는 숙박시설로서 계절적·임시적으로 영업하는 민가의 부업으로 발전되고 있다. 특히 관광지 또는 관광지와 인접한 지역에 위치한 일반 가정집에서 관광객이 투숙할 수 있도록 최소의 숙박시설을 갖추어 이를 관광객에게 이용하게 하고 일정한 요금을 받는 시설로 전문적인 숙박시설이라기 보다는 가정에서 하는 부업에 가깝다. 민박형태의 특성은 크게 지역적 특성에 따라 농촌민박과 도시민박으로 나누어지며 사업적 특성에 따라 사업적, 준사업적, 비사업적 등으로 나눌 수 있다. 농·수협의 민박은 농촌, 산촌, 어촌이라는 잔연환경을 토대로 하여 다른 숙박업체보다는 저렴한 가격으로 경제적 이익을 추구하고 있다. 도시에서의 민박은 'Home Stay'라는 말로 주로 사용되며 비사업적으로 운영되고 자녀의 언어능력과 문화교류향상을 목적으로 외국인을 숙박시키는 형태가 일반적이다.

4) 롯지(Lodge)

일시적으로 체재하기 위한 특정기간만 개업하는 숙박시설로서 농촌에 있는 간이 호텔인데 이렇게 작은 가옥과 특정시즌만 사용하는 별장 등의 뜻을 갖고 있는 전형적인 프랑스의 시골 숙박시설이다.

5) 여텔

여관과 호텔을 복합한 형식의 숙박시설로서 객실은 양식과 한식(또는 일식)을 적당히 배합하고 호텔형식의 서비스를 가미할 수 있는 시설이다.

6) 호스텔

펜션보다는 상위의 숙박시설로 스페인이나 포르트칼에서 흔히 볼 수 있는 저렴한 서민용 호텔이라 할 수 있다.

7) 회관호텔

한 빌딩에서 호텔과 회관의 역할을 함께 할 수 있는 호텔을 말한다.

8) 산장(Hermitage)

산장은 별장과 크게 차이는 없으나 심산유곡이나 내륙관광지에 자리잡고 있다. 주로 이용자는 휴양객과 등산객, 스키어(skier)들인데 시설도 간소하고 객실도 많이 확보하지 않는 소규모 숙박시설을 말한다.

9) 샤토(Chateau)

샤토는 일명 맨션이라고도 불리는데 영주나 지주의 대저택 또는 호화저택을 지칭했으나 오늘날은 관광지의 아담한 소규모의 숙박시설을 말한다.

10) 샤레이(Chalet)

본래 스위스식의 농가집으로 샤레이는 열대지방의 숙박시설의 한 형태인데 그 규모는 대체로 방갈로보다 작고 건물의 높이도 낮은 것이 특징이다.

11) 마리너(Marina)

'마리너'라는 것은 해상 관광에 적합한 유람선을 위한 정박지 또는 중계항으로서의 시설 및 관리체계를 갖춘 곳을 말한다.

12) 캠핑(Camping)

야회에서 휴식과 레크리에이션 활동을 텐트나 캐빈을 이용하여 야영할 수 있도록 설비되어 있는 지역으로 화장실, 수도시설, 전기시설, 오물처리장이 갖추어져 있다.

1.6. 관광숙박업의 특성

숙박시설에서 객실환경이란 관광객에게 객실을 판매하기 위한 촉진적인 제반여건을 말한다. 관광숙박업이란 관광자의 욕구를 충족시키기 위한 숙박시설이 보유한 인적요소와 시설 서비스 및 기타 제반경영요소를 조직화하여 운영하는 경영활동이라고 할 수 있다.

관광숙박업은 다양한 동기에 의해 유발되는 방문객이 머물 수 있도록 장소와 서비스를 제공하면서 편안하고 안전한 관광활동을 보장하기 위한 관광인프라 비즈니스이다. 그리고 관광숙박시설은 관광산업의 중심에서 역할을 수행하고 있으며, 이러한 비중은 정책적, 경제적, 사회문화적 측면에서 날로 확대되고 있는 추세이다.

호텔과 같은 숙박업은 운영 측면에서 무형의 훌륭한 서비스가 상품으로 인지되고 있는 점, 각기 상이한 업무집단 간의 상호협동의 중요성, 고정비(냉난방비·시설관리 유지비·인건비 등)의 과다지출, 비저장성 상품의 존재, 성·비수기 존재, 연중무휴 운영성 측면의 특성이 있다. 시설특성측면으로는 시설의 조기노후화, 비생산적 공간의 확보, 초기 투자비용의 과다를 들 수 있다. 산업특성 측면에서 관광객에게는 필수적인 시설이며 숙박업은 관광산업 발전과 성장을 위한 기반시설에 주요한 역할을 담당하고 있다.

오늘날 삶의 질이 향상됨으로써 관광객은 다양한 매체를 통하여 정보를 접하게 되고 이로 인하여 관광객의 욕구도 예전에 비해 많이 다양해지게 되었다. 과거에는 선택의 폭이 좁았기에 숙박시설의 시설 및 서비스를 고려하지 않고 관광목적지에 인접한 숙박시설을 선택하였지만, 현재는 도로여건이 좋아짐으로써 관광목적지에 인접하지는 않았어도 관광객이 마음에 드는 시설이라면 선택하기도 한다.

그리고 다양한 숙박시설이 하나의 관광지에 근접하여 공존함으로써, 고객들은 자신들의 취향에 맞게 숙박시설을 선택할 수 있는 선택의 폭이 넓어졌다. 고객들이 숙박시설을 선택하는 다양한 선택요인이 존재하며, 숙박시설들은 고객을 유치하기 위한 경쟁을 하게 되었고, 효과적으로 관광객을 유치하기 위해서는 고객의 선호도를 파악하여 각 숙박시설별로 고객들이 원하는 것을 발견하는 것이 무엇보다 중요하다. 고객의 숙박시설별 선호도를 파악하여 숙박시설의 효과적인 운영과 질적 향상으로 향후 경쟁력을 높여야 한다.

1.7. 객실상품의 종류

호텔의 객실상품은 이용하는 고객에 따라 그 내용이 다를 수 있다. 즉 침대, 가구, 부착물, 인테리어 등의 구성에서부터 침대의 크기, 침대의 수에 이르기까지 호텔이 추구하는 고객지향적인 경영정책과 시장세분화에 의해 전략적으로 이루어져야 한다. 또한 의료관광담당자는 고객의 구성원 및 예약요청에 대하여 정확한 침대 종류와 침대 수에 의한 분류와 객실타입을 숙지하여 혼선을 없애야 한다.

1) 침대 종류에 의한 분류

- **싱글 베드 룸(Single Bed Room)** : 객실에 좁은 침대 한 개가 들어 있는 방으로 한 사람이 이용하게 되며 보편적으로 가격도 그 호텔에서 가장 저렴하다. 하지만 우리나라 호텔들은 건물구조상 작은 방이 있는 경우를 제외하고는 싱글 룸을 만들지 않는다. 일반적으로 더블 룸 또는 트윈 룸에서 한 사람 요금을 지불하고 일인이 사용한다.
- **더블 베드 룸 (Double Bed Room)** : 한 객실에 두 사람이 사용할 수 있는 1개의 침대가 들어있는 방을 더블 베드 룸이라 한다. 침대방의 일반적인 형태이며 비즈니스 고객이나 부부 동반인 관광객이 주로 사용한다.
- **트윈 베드 룸(Twin Bed Room)** : 한 객실에 싱글 베드가 2개 들어 있어 두 사람이 동시에 투숙할 수 있는 객실을 말하며 방의 크기는 더블 베드 룸과 같다. 동성인 관광객 또는 중국과 일본 관광객이 주로 사용한다.
- **트리플 베드 룸(Triple Bed Room)** : 트윈 베드 룸에 한 사람이 더 추가되어 세 사람이 동시에 투숙할 수 있도록 싱글 베드가 비치되어 있거나 이동식 침대를 배치하는 경우이며, 주로 가족이나 단체객이 이용한다.
- **더블 더블 베드 룸(Double Double Bed Room)** : 트윈 베드 룸과 같은 개념이지만 고객이 좀 더 안락하게 취침할 수 있도록 2인용 침대를 한 사람씩 쓸 수 있도록 배려하고 있다. 하지만 우리나라에서는 찾아보기 힘든 객실타입으로 고객의 요청이 있을 경우, 반드시 가능한 호텔이 있는지 확인하고 확답해 주어야 한다.
- **온돌 룸(Ondol Room)** : 객실의 크기는 더블 베드 룸과 같지만 객실내부의 장식은 한국식으로 꾸민 방을 말하며 객실 내의 집기 비품도 한식의 문갑, 보료, 낮은 탁자, 이불 등을 비치하고 한국적인 장식을 특색 있게 배치한다. 온돌 룸에는 침대가 없는 것이 특징이다.
- **기타** : 고객의 요청에 의해 추가로 준비하는 보조침대(Extra Bed)는 보통 12세 이상의 경우는 추가요금이 있고, 12세 이하의 경우는 무료로 제공되므로 해당 호텔별로 요금정책을 확인하여야 한다. 3~4세 이하의 어린이를 위한 어린이용 침대(Baby Cot), 안락의자에 침대가 장치된 침대(Couch Bed) 등이 있다.

침대 종류와 침대 수에 의한 분류는 호텔 객실판매의 기본적인 분류방법이지만, 이용고객의 기호에 맞게 객실을 꾸미고 제공하는 것은 새로운 서비스 상품개발로서 고객의 욕구와 요구에 바탕을 둔 고객지향적인 경영방법이라고 볼 수 있다.

2) 이용목적에 의한 분류

- **보통 객실**(Normal Room, Standard Room) : 가장 일반적인 객실로서 호텔에서 가장 많이 보유하고 있거나 가격대가 평균요금인 객실을 일반객실 또는 보통객실이라 한다.
- **가족용 트윈 베드 룸**(Family Twin Bed Room) : 휴양지 호텔이나 도심 호텔에서 볼 수 있는 객실형태로서 어린이를 동반한 부부가 투숙할 수 있도록 넓은 침대(부부용)와 좁은 침대 한 개(자녀용)로 이루어진 트윈 베드 룸을 패밀리 트윈 베드 룸이라 한다. 요금은 더블 베드 룸보다 조금 높거나 같다.
- **이그제큐티브 룸**(Executive Room) : 호텔의 귀빈층 객실은 보통 객실의 중간 형태로서 단체 고객이 아닌 비즈니스 여행자를 위한 객실층을 말하며, 보통 객실보다 높은 요금을 받는다. 객실 크기는 보통 객실보다 좀 더 크며, 침대는 킹 사이즈 베드, 객실 내 사무를 볼 수 있도록 간단한 문구류와 책상, 인터넷이 연결되어 있다. 또한 클럽라운지를 무료로 개방하여 아침식사, 온종일 커피, 주스, 홍차, 과일 등을 제공하며 저녁에는 해피아워(Happy Hour)라고 하여 하루의 피로를 풀 수 있는 대화의 장을 만들어 클럽에서 투숙하는 고객에게 칵테일, 와인, 청량음료, 주스와 간단한 전채요리, 과일 등을 제공한다.
- **특실**(Suite Room) : 특실의 기본 단위는 침실 한 개와 거실 한 개로 꾸며지고 호텔의 운용에 따라 특실의 종류를 다양하게 구성하여 일반 특실에서부터 프레지던트·펜트하우스 특실 등 다양한 이름을 붙여 고가의 가격으로 판매한다. 특실의 등급이 높을수록 고급스러움의 극치를 보이며 욕실에는 기본적으로 기포욕조(Jaccuzzi), 정원, 비데, 벽난로, 칵테일 코너, 소회의실, 비서실 등을 갖추고 있다.
- **레지덴셜 룸**(Residential Room) : 사업목적의 장기체류고객을 위한 객실로서 작게는 원룸형부터 크게는 아파트 같은 공간을 제공하며, 실내는 응접실·주방·세탁실·욕실 등을 갖추고 있다. 주로 외교관, 사업가, 파견근로자, 연예인 등이 주 이용고객이며, 이용고객의 경우 가족과 함께 가정에서와 같이 편안한 생활을 할 수 있어 그 선호도가 높아지고 있다. 의료관광의 경우에도 가족단위 동행 및 장기체류 시 이용할 수 있는 객실이다.

3) 객실위치에 따른 분류

- **아웃사이드 룸(Outside Room)** : 호텔 건물의 바깥쪽을 향하는 객실로서 외부의 경관을 내다볼 수 있는 전망이 좋은 객실을 말한다.
- **인사이드 룸(Inside Room)** : 호텔건물의 내부 또는 뒤쪽에 위치하는 객실이다.
- **커넥팅 룸(Connecting Room)** : 객실과 객실 사이에 통용문이 있어 외부의 문을 통하지 않고도 객실 사이를 자유롭게 왕래할 수 있도록 설계된 객실이다. 주로 자녀를 동반한 가족단위의 고객이나 단체여행객들이 선호하는 객실이다.
- **어드조이닝 룸(Adjoining Room)** : 인접된 객실로서 나란히 위치하는 객실을 의미한다. 호텔에 투숙하는 고객들은 일행이 동반하는 경우 대부분 옆방을 이용하고 싶어한다. 이런 고객들을 위해 객실배정 시 같은 층 같은 방향으로 객실을 배정하게 된다.

1.8. 객실요금의 종류

1) 공표요금(Tariff)

호텔의 공식적인 요금. 즉, 공표요금은 Full Charge, 혹은 Full Rate로서 할인되지 않은 정상적인 요금인 정찰가격을 말한다.

2) 할인요금Discount Rate)

공표요금에서 할인된 가격이 적용된 객실요금을 말한다.

- **싱글 할인요금(Single Discount Rate)** : 고객이 Single Room(1인실)을 예약했지만, 호텔측의 사정으로 Double Room 혹은 Twin Room을 제공할 경우 객실요금은 고객이 예약한 싱글요금을 적용해야 한다.
- **비수기 요금(Off Season Rate)** : 호텔의 이용률이 낮은 비수기에 한하여 공표요금에서 할인해 주는 요금을 적용해야 한다.
- **기업체 할인요금(Commercial Rate, Corporate Rate)** : 호텔과 계약을 체결한 기업체나 공공단체, 또는 장기투숙객 등에게 일정한 금액을 할인해 주는 요금이다. 의료관광기관에서도 호텔과의 계약을 체결하여 할인된 요금과 안정된 객실을 확보할 수 있다.

- **단체할인요금**(Group Discount Rate) : 국내·외 여행사의 단체객 및 정부기관, 협회, 학회 등에서 개최하는 국제회의 혹은 세미나에 참석하는 단체 투숙객에게 특별히 할인되는 요금을 말한다. 의료관광객의 급증에 따라 단체의 수가 많은 경우는 여행사를 통한 객실예약도 가능하다.

1.9. 숙박업의 조직구성과 기능

숙박업은 기능 측면에서 숙박기능, 음식제공기능, 집회공간기능, 문화서비스기능, 레크리에이션기능, 상업서비스의 기능, 건강관리서비스의 기능, 비즈니스서비스기능을 가진다.

숙박시설 이용객의 숙박시설 선택과정은 상점 선택과정과 마찬가지로 각 숙박시설들의 특성과 소비자 자신의 평가기준을 개인적 상황에 적용하여 속성의 중요성을 지각하고 비교하는 과정을 거쳐 이루어진다. 그리고 숙박시설 이용객들이 숙박시설을 선택할 때 개념적인 과정을 통해 선택하는데, 이 과정은 점포 선택과 마찬가지로 평가기준, 지각된 숙박시설의 특성, 비교과정, 마음에 드는 숙박시설과 마음에 들지 않는 숙박시설 등의 변수로 나타나게 된다.

또한 과거 이용했던 숙박시설에 대한 이미지나 경험이 좋았을 경우, 이용객은 타 시설 등과의 비교에서 크게 뒤지지 않는다면 다시 그 숙박시설을 재방문하게 된다. 일반적으로 숙박시설의 선택속성으로는 안전과 보완상태, 편리한 위치, 명성, 숙박시설에 대한 이미지, 적절한 가격, 청결상태, 조용한 분위기, 다양한 식음료시설, 편리한 예약과 투숙절차, 실내장식과 인테리어, 서비스 수준, 친절한 종업원, 종업원의 숙련된 업무처리, 식음료의 품질, 비즈니스시설, VIP서비스 등을 들 수 있다.

최근에는 숙박시설에 대한 트렌드가 많이 변화하였고, 선택 시 고려요인 또한 다양해졌다. 현대의 숙박시설 선택속성으로 숙박시설 주위의 편의시설, 즐거운 분위기, 간단한 조리시설, 숙박시설의 규모, 다양한 레저시설, 주변관광지와의 연계, 독특성, 종업원과의 대화 정도, 프라이버시, 고품격(과시성), 입지조건, 다양한 체험프로그램, 객실용품 제공, 놀이시설, 조망(주변경관), 수경요소, 주차의 편리성, 이용고객의 수준, 회원권 소지 여부, 쾌적성, 과거 투숙경험, 가격의 정확성, 객실당 투숙인원, 사전정보 제공 정도, 예약불이행 시 페널티 정도, 부대시설 이용편리성, 웹사이트 운영 여부 등의 추가적 요인을 들 수 있다.

다음 〈표 9-1〉은 관광숙박 서비스의 속성요인을 나타내고 있다.

〈표 9-1〉 숙박서비스 속성요인

숙박서비스 요인명	속	성
인적서비스요인	• 친절한 종업원 • 서비스 수준 • 예약 편리	• 종업원의 업무처리 • 종업원과의 대화
시설경영서비스요인	• 주차 • 가격 • 식음료품질	• 안전 • 청결 • 체험프로그램
위치서비스요인	• 조망 • 관광지연계 • 위치	• 수경 • 입지조건
품질이미지서비스요인	• 고품격 • 명성 • 고객수준	• 이미지 • 즐거운 분위기 • 독특성
정보서비스요인	• 부대시설 • 투숙경험 • 사전정보	• 웹사이트 • 가격정확

숙박업의 기능은 다음과 같이 정리해 볼 수 있다.

1) 숙식의 기능

가장 기본적인 기능이며 숙박업 고유의 기능이라고 할 수 있다.

2) 정신적 휴양의 기능

숙박업의 기능은 일상권에서의 안락함과 편안함을 유지하면서 기분전환이라는 비일상권이 동시에 유지되어야 한다.

3) 여가활동의 기능

숙박업은 여행 관광을 위한 수단이 아닌 목적이 되어야 하며, 호텔 그자체가 관광목적지가 될 수 있도록 다양한 여가 활동의 기능을 갖추어야 한다.

4) 보호의 기능

숙박업의 가장 기본적 기능은 관광객의 신변안전이며 가정으로 돌아갈 때까지 안전을 유지하고 다양한 활동에 참가할 수 있도록 한다.

5) 사교와 교류의 기능

최근 인적, 물적 교류의 장이 되며, 특히 각종 국제회의와 이벤트가 활발하게 개최되어 이에 따른 시설과 장비 등의 하드웨어와 행사진행과 운영에 따른 소프트웨어에 해당하는 기술 등이 요구된다.

6) 정보제공의 기능과 비즈니스 지원의 기능

관광정보는 물론이며, 그 지역의 정보를 제공하여 숙박객이 각 활동에 전념할 수 있도록 지원서비스를 해야 한다.

1.10. 숙박업의 특성

1) 다기능성

숙박업기능은 관광지에서 가정의 역할을 기본적으로 담당한다. 즉 관광객의 신변안전과 숙식, 관광객이 체재하는 동안의 모든 활동을 지원해야하는 복합적인 기능을 수행한다.

2) 비신축성

호텔의 객실 수 또는 부대시설의 수용력을 상황에 따라 조정할 수 없는 문제점이 있다.

3) 높은 고정비

토지·건축비를 비롯하여 각종 고정비가 높은 것이 특징이다. 초기투자자본이 많으며, 최근 들어 관광객의 다양한 욕구에 부응하기 위한 첨단장비와 기술, 시스템의 구축 등으로 고정비의 비율이 더 높아지고 있다.

4) 다양한 분야의 전문 인력이 필요

각종 외국어를 비롯하여 레저·스포츠, 요리, 홍보·광고, 정보수집, 최첨단장비운영, 국제회의 전문 인력, 등의 다양한 분야의 인력이 필요로 한 곳이다.

5) 사전평가의 불가능성

숙박업이라는 상품 역시 다른 관광상품과 마찬가지로 경험이며 과정이기 때문에 사용하기 전에 평가가 거의 불가능하다.

6) 계절성

성수기와 비수기의 변동성이 크다

7) 비보관성 상품

숙박업 상품은 수요와 공급이 동시에 완결되는 상품이므로 보관이 불가능하다는 특성이 있다

8) 비전매성 상품

일정한 장소 내에서만 호텔 등과 같은 가치재를 생산, 판매하는 것이므로 다른 장소에 시장성이 좋다고 하여 이동하면서 판매할 수 없는 상품이다.

9) 공공성 상품

이윤추구에만 급급할 수 없는 국가적 차원에서 국제적 위신을 지켜야 하는 공공성을 갖고 있는 상품이다.

10) 다인자성 상품

숙박업은 인적 서비스, 물적 서비스, 시스템적 서비스, 정보적 서비스, 금융적 서비스 등의 제 인자가 결합되어 판매되는 다인자성 상품이다.

1.11. 숙박업의 조직구성

숙박업의 조직은 서비스부문은 Line조직, 관리부문은 Staff조직으로 구성되어 있으며, 호텔의 규모나 성격에 따라 달라질 수 있다.

이러한 숙박기업은 경영조직의 목표달성을 위하여 조직의 구성과 계층의 설정이 필요하다. 각 조직에 따라 목표가 있으며, 궁극적으로 각 조직과 계층은 경영비전에 의하여 상호연결된 경영목표체계를 형성한다. 이러한 목표계층은 조직의 목적에 따라 전체 조직구조를 구성하게 되며, 조직의 의사결정은 조직의 전체목

적에 따라 체계적으로 조정된다. 모든 조직계층은 성과측정을 위한 표준을 설정하는데 기초를 제공한다.

1) 숙박경영조직의 분류기준

(1) 직위에 의한 조직

비교적 중규모 숙박기업에서 많이 사용되며, 숙박기업 내의 직위를 기준으로 구성된 조직이다.

(2) 기능에 의한 조직

숙박기업 내의 각 부서들의 기능적 역할을 중심으로 하여 구성된 조직이며, 각 부서의 기능적 특성에 맞는 고유의 업무수행능력에 그 초점을 맞춘 형태이다.

(3) 수입발생부문과 지출발생부문에 따른 조직

고객에 대한 서비스를 담당하는 역할을 하는 부서는 대체적으로 수입을 발생시키는 부서이다.

(4) 업무책임에 의한 조직

업무 중심으로 종업원의 능력에 적합한 업무부서로 할당하는 조직구성을 말한다.

(5) 고객과의 접촉 여부에 따른 조직

고객과의 접촉을 요하는 부문(Front of the House)과 거의 접촉을 하지 않는 부문(Back of the House)으로 구분된다.

2) 호텔업무부서의 직무내용과 조직의 특성

(1) 호텔경영조직의 특성

호텔기업은 상품의 생간, 판매 등의 특수성과 입지조건, 각 호텔기업 특유의 상품, 건축양식 및 구조, 지배인의 경험과 교육, 경영층의 경영능력, 기업의 소유형태 등에 따라 다양한 조직형태를 취하고 있다. 크게 규모 호텔의 조직에 적당하다고 할 수 있는 명령계통이 직계화되어 있는 라인조직(Line Organization)과 근대적 호텔기업의 경영조직이라 할 수 있는 스태프조직(Staff Organization)으로 구분할 수 있다.

(2) 부서별 주요 직무내용

① 객실부문(Room Division)

- **현관사무실(Front office)** : 고객의 영접, 객실의 지정, 객실의 키 및 우편물의 취급, 정보의 제공 및 고객불평의 해소와 안내, 모든 요금의 계산, 체크아웃 처리 등의 업무를 수행
- **현관서비스(Front Service)** : 현관에서의 영접, 수하물의 신속처리, 객실의 체크인 및 에스코트, 객실안내, 정보요청에 대한 신속처리 등의 업무를 수행한다. 도어맨(Doorman), 벨맨(Bellman), 포터(Porter), 엘리베이터 안내원(Elevator Attendant) 등으로 구성된다.
- **하우스키핑(Housekeeping)** : 객실 내 고객의 불편유무 확인, 객실청결 유지 및 정돈, 공유면적(Public Room) 및 복도청결 유지, 고객의 객실기록 유지, 객실 및 공유면적의 위생상태 유지 등의 업무를 수행한다. 정비책임자와 리넨룸(Linen Room) 담당자, 객실청소원(Room Maid), 객실정비원(Houseman), 객실점검원(Room Inspector) 등으로 구성된다.

② 케이터링 부문(Catering Department) : 식음료 부문이라고 하며, 식당과(일식, 양식, 중식, 한식 등), 음료과(로비라운지, 나이트클럽, 메인바 등 각 주자의 영업 및 고객관리 등), 연회과(각종 회의, 전시회, 세미나, 연수프로그램, 결혼식, 회갑연, 패션쇼, 연말 축하쇼 등 전담)로 구분된다.

③ 관리부문(Management and Executive Department) : 인사관리부서(채용 및 직원관리 등), 마케팅부서(시장분석 등), 경리부서(회계 및 재무관리 등), 시설관리부서(전기 및 페인트 작업 등), 경비부서(보안관리 담당 등), 오락담당부서(연회, 결혼, 이벤트업무 등), 특수 기능부문(냉·난방, 세탁, 호텔 내·외부 연락업무 등)으로 구분된다. 다음 〈표 9-2〉는 특급호텔의 각 층별 객실, 기타 부대시설계획의 사례를 나타낸다.

〈표 9-2〉 특급호텔 각 층별 객실, 기타 부대시설계획

Floor	Room Type	Unit Size(m²)	Unit Size(평)	Units/F1
B1F	Sauna	1,579	477	1
	Pub Bar	805	243	1
	Golf Clinic	300	91	1
1F	Outdoor Cafe	540	163	1
	Shop 4 units	82	25	1
	Lounge	334	101	1
	Buffet Restaurant	677	205	1
2F	Convention/Banquet	1,400	423	1
	Chinese Restaurant	599	181	1

〈표 9-2〉 특급호텔 각 층별 객실, 기타 부대시설계획(계속)

Floor	Room Type	Unit Size(m^2)	Unit Size(평)	Units/F1
3F	Korean Restaurant	400	121	1
	Roof Garden	423	128	1
	Barbecue Garden	251	76	1
	Standard room	35	11	7
	Deluxe room	51	15	3
	Suite room	66	20	1
4~19F	Standard room	35	11	9
	Deluxe room	51	15	2
	Suite room	66	20	1
20F	Standard room	35	11	8
	Deluxe room	51	15	2
	Suite room	66	20	0
	VIP Lounge	106	32	1
21F	Standard room	35	11	9
	Deluxe room	51	15	2
	Suite room	66	20	1
22F	Standard room	35	11	1
	Deluxe room	66	20	1
	Royal suite room	101	31	1
23F	Sky Lounge	284	86	1

1.12. 숙박업의 예약시스템 이해

숙박업의 예약시스템은 고객의 요구되는 객실과 사용가능한 객실을 적절하게 조절하여 수입을 극대화하여 경영수익을 창출하는 역할을 담당한다. 예약시스템의 업무에는 예약접수, 예약취소, 예약변경, 예약통제, 초과예약, NO-SHOW 처리, 예약확인 등이 포함된다.

1) 예약시스템의 이해

숙박업에서의 예약은 고객과의 사이에 이루어지는 첫 번째 업무로, 숙박고객들의 수요를 적절히 관리하고 효율적으로 조절하여 수입을 극대화시키는 일이다. 숙박기업은 수입을 최대한 창출하기 위하여 객실판매를 최우선으로 한다. 그리고 고객의 만족과 수익성을 이루기 위하여 숙박고객의 예약을 취급할 때 효과적인 절차와 예약시스템을 유지한다. 즉, 사전 예약시스템을 도입하여 최대한 효율적인 서비스를 제공하며, 고객의 편의성과 안전을 위하여 노력한다. 이를 위하여 숙박기업은 무료전화예약, 호텔과 호텔을 통한 예약, 우편예약, 국내·외 여행사를 통한 예약 등의 방법을 사용한다. 그리고 이러한 예약의 종류에는 개인예약, 단체예약, VIP(특별고객)예약, 여행사 예약, 단골고객 예약, 신혼여행객 예약, 일반예약 등을 들 수 있다. 다음〈표 9-3〉은 차별화된 호텔경영 측면의 부대시설 홍보사례를 나타낸다.

〈표 9-3〉 차별화된 호텔경영 측면의 부대시설 홍보사례

구분	내용
Hardware	• 첨단의 IT 설비 및 서비스 완비 • 쾌적한 공기를 위한 최신 환기시스템, 건강을 고려한 최신 청정수시스템 • 환경을 고려한 폐기처리시설 설치 • Business Meeting을 위한 세미나실 및 다양한 형태의 Business Function을 위한 공간 • 국제기준을 능가하는 최상의 객실 Interior • 현지에서 원격업무가 가능한 Business center 시설 • 중국인의 다양한 사회적 모임을 위한 안락한 품위 있는 만남의 공간 • 한국적 Sauna 시설, 유럽식 고품격 유희 공간(Bar) • 자체적으로 생산되는 광천수를 활용 차별화된 Sauna 운영 • 야외 Wedding Hall 및 부대시설을 갖춘 현대적이고 다양한 기능의 호텔 • 도심의 Land Mark적인 건물
Software	• Time-value를 적용한 적시 서비스제공 • 한국적 예절 및 응대서비스를 통한 감성적인 서비스제공 • 24시간 Room서비스 등을 통한 All Time 서비스제공 • 중국어 등 해외 여행객과의 언어소통을 위한 인원운영 • 호텔 운영인원에 대한 철저한 정기적 서비스교육실시 • 객관적이고 합리적인 호텔운영 관리감독

객실예약 시 다음과 같은 사항을 주의하여야한다.

투숙자명, 인원 수, 국적, 도착일 및 시간, 투숙객이 이용하는 교통수단 명, 출발일, 희망객실의 종류, 객실 수, 객실요금, 예약자명, 회사명, 연락처(전화, 주소, E-mail등), 지불방법, 외국인의 경우 여권번호

등을 명확하게 기재하여야 한다.

2) 예약의 일반적인 원칙

숙박업의 상품들은 저장했다가 다시 판매할 수 없는 상품들이며, 예약과정 중에 고객의 요구가 달라질 수 있다. 특히 성수기의 경우 고객의 예약취소나 No-show(예약한 고객이 도착시산에 나타나지 않는 경우) 시 숙박업은 큰 타격과 혼란을 겪을 수 있다. 따라서 숙박약관 등의 제도를 통해 객실 기본요금의 10% 가량을 예약금으로 받거나, 성수기의 경우 선불을 요구하기도 한다. 예약변경과 예약취소가 발생한 경우, 예약담당자는 즉시 도착일, 객실종류, 객실 수 등이 변경사항을 확인하고 예약카드를 재정리한다. 이때 예약과 취소의 혼동이 있을 수 있으므로 신속하고 정확하게 처리한다. 숙박업의 초과예약은 고객에게 큰 불편함을 주며, 때로는 고객으로부터 위약금을 청구당하기도 한다.

숙박업에서 MICE(Meeting Incentive Conference Exhibition)와 같은 단체의 예약을 받는 경우가 발생되는데, 이때 회의주최자, 세미나담당자, 주관여행사, 관광산업체 등과 긴밀히 접촉하여 객실타입, 가격, 식사비용 및 여러 숙박업에 대한 부대시설 사용에 대한 정보처리에 세밀한 주의를 기울여야 한다. 특히 회의단체의 경우 단체의 성격, 단체담당자, 회의진행 시의 협조사항, 정기적인 예약, 고객명단목록 작성 확인을 비롯하여 예약인원 및 기타 상황변동 시 신속한 대처 능력이 요구된다.

기타 관광단체의 경우 숙박, 교통, 식사 및 다양한 사항을 포함하여 계약을 하므로, 조정 상황표를 항상 체크하여 날짜, 희망객실 수, 여행목적, 지불조건, 선·후불 유무관계, 예약과 관련된 서신 및 답신에 대한 체크 등에 철저한 주의를 기울여야 한다.

특히 예약부서에서는 확실한 예약보장을 위해 신용카드 결제의 경우 고객의 신용카드회사 이름, 카드번호, 만료일 자를 확인하고, 카드신용조회를 통하여 유효한 카드인지를 바로 확인하여야 한다. 현금 결제의 경우에는 사전에 예약금(Deposit)을 입금시키도록 하여야 한다. 또한 상호거래를 위한 은행구좌 공지, Voucher시스템에 대한 사실 확인 등에 대한 세심한 처리가 요구된다.

No – show 처리

No – show처리는 예약을 하고서 나타나지 않는 고객을 말한다. 이러한 상황 시에는 객실상황의 유·불리에 따라 적절하게 조치할 필요가 있다.

숙박업 조직의 원칙

1. 전문화의 원칙 : 조직의 각 구성원이 가능한 특수화 된 업무를 전문적으로 담당함으로써 경영활동의 능률을 증진시키고자 하는 것
2. 명령일원화의 원칙 : 라인에 따라 한 부하는 언제나 한 상사에게만 명령을 받아야한다는 원칙
3. 책임과 권한의 원칙 ; 조직을 구성하는 각 구성원에게 업무를 분장함에 있어서 그 상호관계를 명백히 할 것을 강조하는 원칙
4. 조정의 원칙 : 조직의 목적을 효율적으로 담당할 수 있도록 하기 위하여 각기 분화된 경영활동을 호텔 전체의 관점에서 적절히 조정 · 통합하는 원칙
5. 감독범위 적정화의 원칙 ; 합리적인 업무수행을 위한 범위
6. 계층단축화의 원칙 ; 조직의 활성화를 위해 명령 · 전달의 신속 · 정확을 위해 계층은 단축화해야 한다는 원칙
7. 직능화의 원칙 ; 합리적인 매뉴얼에 의한 객관적으로 직능별 · 직무별 업무수행을 위하도록 하는 원칙
8. 권한위임의 원칙 : 담당자에게 권한과 책임을 위임하여 고객만족도 추구
9. 탄력성의 원칙 : 환경변화에 적응할 수 있도록 조직의 개편
10. 사기앙양의 원칙 : 부하들의 사기를 높일 수 있도록 관리
11. 적재적소의 원칙 : 조직에 가장 이상적인 사람을 선발하여 운용

3) 숙박업의 판매시스템 이해

숙박업은 마케팅부서(Depart of Sales & Marketing)를 두고 상품의 판매를 촉진시키고, 객실판촉과 연회행사를 유치하며, 대외 홍보업무 등을 관장한다. 특히 숙박업과 같은 서비스 산업에서 마케팅 전략의 핵심을 고객 충성도를 높임으로써 기존 고객들의 유지율(Customer Retention Rate)을 증가시키는 데 있다. 이는 무형성(Intangibility), 이질성(Heterogeneity), 생산과 소비의 비분리성(Inseparability) 및 소멸성(Perishability) 등의 제품과 구별되는 서비스의 특성으로 서비스산업에서는 고객과 서비스제공자의 관계유지 측면이 강조된다.

호텔업의 경우, 경영형태를 크게 단독경영(Independent Management)과 체인경영(Chain Management)로 구분할 수 있는데, 체인경영의 가장 큰 장점은 공동판촉, 공동예약망 이용 및 호텔고객에 대한 신뢰성 확보, 원가절감, 정보의 공동활용, 자금조달 및 호텔사업 진출의 용이성을 들 수 있다. 이러한 체인경영의 유형에는 위탁경영(Management Contract), 프랜차이즈(Franchise), 리퍼럴(Referral), 임차경영(Lease Management) 등이 있다.

신규고객의 유치와 시장점유율의 확대 등 공격적 마케팅전략(Offensive Marketing Strategy)보다 로열티프로그램 제고와 같은 기존고객을 유지하는 방어적 마케팅(Defensive Marketing Strategy)의 중요성이 점차 커지고 있다. 호텔산업의 경우 로열티프로그램이 호텔수입을 좌우할 정도로 그 중요성이 커지고 있으며, 호텔의 연간 총매출에서 VIP회원들에게 발급된 멤버십카드 매출이 호텔 총수입의 많은 부분을 차지할 정도로 호텔 로열티프로그램의 효용성이 큰 것으로 알려지고 있다. 따라서 다른 산업에 비해 경쟁우위를 차지하기 위한 방법으로 로열티프로그램을 활용하고 있다.

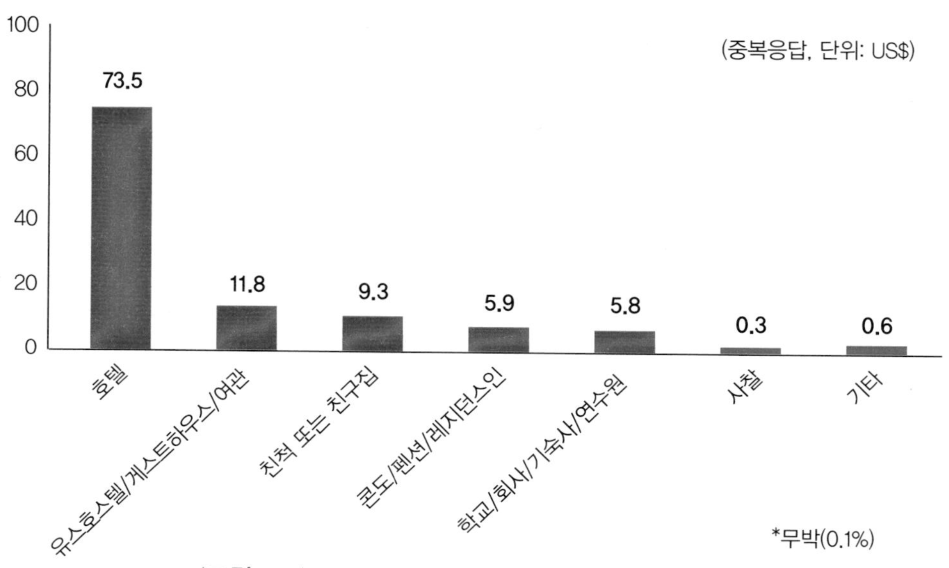

〈그림 9-1〉 연도별 외래관광객 이용 숙박시설 현황

〈표 9-4〉 연도별 외국관광객 이용 숙박시설 현황

(단위 : %)

구 분	2013년	2012년	2011년	2010년	2009년
호 텔	73.5	73.4	75.4	74.3	77.3
유스호스텔/게스트하우스/여관	11.8	11.6	12.6	8.1	6.4
친 척 또 는 친 구 집	9.3	10.9	11.2	9.6	9.5
콘도 / 펜션 / 레지던스인	5.9	4.8	4.2	2.3	2.1
학교 / 회사기숙사 / 연수원	5.8	7.5	5.5	5	4.2
사 찰	0.3	0.6	0.6	0.1	0.1
기 타	0.6	0.7	0.7	0.4	0.4

1.13. 예약 경로 및 유형

1) 예약경로 및 유형

예약경로 및 유형에는 전화, 예약사무소, 판촉부서, 팩스, 편지, 인터넷, 여행사, POS system이 있다.

(1) 전화

전화예약은 예약경로 중 가장 많은 부분을 차지하고 있으며 신속하고 직접적인 대화로 상호간의 신뢰할 수 있다는 장점이 있다. 의사소통의 문제, 시차, 전화비, 수치사의 기록이 힘들다는 단점이 있다.

(2) 예약사무소

호텔의 국내·외 판촉사무소를 통한 예약을 말하며 정확한 예약이 가능하지만 비용적인 측면이 많이 든다는 것이 단점이며, 최근에는 예약사무소의 역할이 점차 미미해지고 있다.

(3) 판촉부서

호텔의 예약부분 중에서 가장 많은 부분을 차지하고 있다, 기업이나 관공서와 계약을 맺고 일정한 할인율 적용이나 특별서비스를 제공하여 예약을 받는다.

(4) 팩스

전화상의 단점을 극복할 수 있으며, 보다 구체적이고 정확한 예약이 가능하다.

(5) 인터넷

홈페이지를 통해 호텔의 전반적인 정보와 객실현황 및 예약이 가능하며, 실시간으로 예약이 가능하다. 인터넷을 통해 보다 많은 정보의 실시간 획득이 가능하고 선택의 폭이 넓어 졌으며, 개인정보유출 등의 단점이 있어 철저한 보안이 요구된다.

(6) 여행사

여행사를 통한 예약은 호텔과 여행사 간의 사전계약에 의해서 이루어지며, 비수기의 경우에는 여분의 객실을 처분할 수 있다는 장점이 있다.

(7) 업장관리시스템(POS system)

상품판매와 동시에 매출액 관리가 가능하며, 신속한 정산처리가 가능하다는 장점이 있다. 또한 새로운 메뉴에 따른 정산 기능 확장도 가능하다.

(8) 컴퓨터예약시스템

CRS는 컴퓨터화된 예약시스템으로 판매와 경영을 목적으로 하는 호텔예약시스템이고 GDS는 광역유통시스템으로 세계 각국에서 사용되고 있는 네트워크의 제공 상품과 기능의 유통을 위한 1개 이상의 CRS 체제를 말한다.

1.14. 호텔 및 리조트 전문용어

- Amenity : 고객의 편의를 꾀하고 격조 높은 서비스 제공을 위하여 객실 등 호텔에 무료로 준비해 놓은 각종 소모품 및 서비스 용품
- American Plan : 객실 요금에 2식 또는 3식의 식사 요금이 포함되어 있는 숙박 요금제도
- Baby Sitter : 4~5세 미만의 아기를 호텔에 데리고 왔을 때 맡길 수 있는 곳으로 다양한 놀이 기구와 교육 자료 등을 비치하고 있으며, 보모가 관리해 주는 서비스
- Cancellation Charge : 예약취소에 따라 지불하는 비용
- Check-In : 호텔에서 입실하는 절차
- Check-Out : 숙박한 호텔에서 숙박료를 지그하고 퇴실하는 과정
- Bellman : 호텔의 프런트 부근에 있으면서 입·퇴실 절차를 마친 고객의 짐 운반 및 보관 업무와 안내 역할을 하는 호텔의 종사원
- Baggage Tag : 프런트나 벨데스크에 짐을 맡길 경우 받는 짐표
- Cancellation : 예약취소. 약어로 CNL이라 표기
- Cloak-Room : 호텔, 연회장, 식당의 코트 또는 휴대품 등의 일시 보관소
- Complain : 고객의 불평 사항
- Complimentary : 호텔 선전을 위한 목적 등으로 무료로 제공하는 객실 또는 기타 물질적 서비스
- Continental Breakfast : 커피, 홍차, 주스, 코코아, 우유 등의 음료와 버터나 잼을 곁들인 토스트, 모닝롤 등으로 구성된 간단한 아침 식사
- Continental Plan : 객실 요금에 아침식사 요금만 포함시킨 숙박 요금제도

- Corporate Rate : 기업과 호텔 간의 계약에 의하여 일정한 비율로 숙박요금을 할인해 주는 제도
- Deposit Reservation : 객실예약 시 예치금(선수금)
- Door Man : 호텔 등에서 도착하는 자동차의 문을 열고 닫아주는 서비스를 하는 호텔의 종사원
- Down Grading : 객실 사정으로 인해 예약 받은 객실보다 싼 객실에 투숙시키는 것
- Early Arrival : 항공기의 조기 도착 등으로 정해진 체크인 시간 전에 도착한 고객으로 호텔의 상황별로 무료 또는 추가요금이 정해짐
- European Plan : 객실 요금에 식사 대금을 포함시키지 않는 숙박 요금제
- E.T.A(Estimated Time of Arrival) : 도착 예정 시간
- E.T.D(Estimated Time of Departure) : 출발 예정 시간
- Early Out : 예정된 체크아웃 일자보다 빨리 체크아웃 된 객실 또는 고객
- Express Check-In : VIP 또는 단골 고객을 위해 프런트에서 체크인 절차를 거치지 않고 바로 미리 배정된 객실로 체크 인 하는 것
- Family Plan : 부모와 같이 객실을 사용하는 12세 미만의 어린이에게 적용하는 제도로서 무료로 엑스트라 베드 설치
- General Manager : 총지배인
- Hold Room Charge : 고객의 짐을 객실에 놓아둔 채 단기간 지방 여행에 갔다 오는 경우, 또는 실제 고객이 도착되지 않고 객실을 고객의 성함으로 재실의 상태로 적용할 경우
- Information Clerk : 여행, 관광자원, 명소, 도시 등에 관한 정보제공 및 공항, 열차 등의 교통수단에 관한 정보를 제공해 주는 일을 전담하는 호텔 종사원
- Late Arrival : 예약시간보다 늦게 도착한 고객
- Lost & Found : 고객 분실물 습득 및 신고 센터
- Make Up : 객실 청소
- Morning Call : 호텔에 숙박한 고객이 다음 날 아침, 특정시간을 정하여 전화로 깨워주기를 요청하는 서비스
- No Show : 예약을 해 놓고 아무 연락 없이 나타나지 않는 고객
- Off Season Rate : 비수기에 적용하는 할인된 객실 요금
- Over Booking : 초과 예약, 즉 만원임에도 불구하고 취소가 있을 것을 예상하고 그 이상의 예약을 접수하거나 판매하는 것
- Over Charge : 객실 사용기간 초과요금, 즉 퇴실시간을 기준으로 하여 일정 시간을 초과함에 따라

적용되는 요금

- Pre-Registered : 투숙한 적이 있는 고객으로부터 객실 예약이 있을 경우, 예약 카드를 미리 작성하는 것
- Repeat Gust : 다시 방문한 고객, 단골 고객
- Registration Card : 숙박 등록카드를 말하며, 고객의 성명, 주소, 객실번호, 요금, 도착시간, 출발예정시간, 지불방법, 투숙객 서명 등이 기재됨
- Room Service : 투숙중인 고객의 요청으로 식사, 음료 등을 객실에 운반하여 서브하는 호텔 식음부의 영업 기능
- Skipper : 정당한 체크아웃 절차를 이행하지 않고 떠나거나 식당에서 식대를 지불하지 않고 몰래 떠나는 손님
- Turn Away : 객실 부족으로 고객을 더 받을 수 없어, 예약된 고객을 빈방이 있는 다른 호텔에 주선하여 보내는 것
- Up Grading : 고객이 예약한 등급의 객실보다 더 비싼 객실로 투숙시키는 것
- Valet Parking Service : 자가 운전자를 위하여 호텔 종사자원이 주차시켰다가 호출시 손님에게 갖다 주는 서비스
- Walk-In Guest : 사전 예약 없이 객실을 사용하기 위해 들어오는 고객
- Waiting List : 호텔 객실 및 식당을 예약하기 위하여 이미 예약된 것 중 취소되는 것을 기다리는 대기상태

고객유형별 예약접수 시 기재내용

도착일자 / 과거 사용여부 / 투숙객인원 및 객실 종류 / 성별 및 이름 / 도착시간 및 교통편 / 연락처 / 예약접수일 및 접수인 / 출발일자 / 객실 수 / 객실요금 / 지불조건 / 예약자 및 회사 / 특이사항

2. 관광교통의 이해

관광교통은 관광객이 일상생활을 떠나 관광자원을 찾아가면서 이루어지는 경제적· 사회적· 문화적· 현상이 내포된 이동형의 총체를 의미하며, 관광교통의 성격에는 무형성, 수요의 편재성, 자본의 유휴성이 있다.

2.1. 관광교통의 정의

관광교통이란 관광현상 측면에서 '관광객이 일상생활을 떠나 반복적이며 체계적인 교통기관을 이용하여 관광대상을 통하여 이루어지는 문화·사회·경제적 행위'라 정의된다. 한국교통개발연구에 의하면 '교통이란 사람이나 화물의 운반을 위하여 장소와 장소 간의 거리를 극복하기 위한 행위로서, 교통은 출근, 업무, 쇼핑, 친교 등과 같은 목적이나 기회를 충족시키기 위한 수단'이라 정의한다.

관광교통의 구성요소는 주체인 관광자와 교통수단(자동차, 열차, 선박, 항공기, 캠핑카, 렌터카, 관광버스 등), 관광교통시설(공항, 항만, 역, 관광주차장, 마리나, 오토캠핑장, 도로, 철도, 해로 등), 운임(일반운임, 패키지운임, 성·비수기운임), 관광서비스(인적·물적) 등이 있다.

관광교통의 기능에는 승객과 화물의 운송, 문화·사회적 교류, 생산성 제고의 기능이 있다. 관광교통은 관광이라는 활동을 지원하기 위한 하나의 체계로서 관광객의 이동의 장애를 해소하며, 안전하고 편리하게 관광이 이루어질 수 있도록 관광객을 수송하는 매개체로써 가장 중요한 구성요소라 할 수 있다.

2.2. 관광교통의 특성

관광교통의 기본적인 특성은 즉시 소비되는 실효성, 시간적·자연적 편재성을 들 수 있다. 또한 성·비수기 등에 의한 수요의 불공평성, 관광자원을 매개체로 한 교통기관업체들의 독점성, 정부기관 등에 의한 통제성 등을 들 수 있다. 또한 이동성과 접근성 측면에서 편안함을 중요시하며, 사전정보에 의존하고, 무형재로서의 특성을 가진다. 또한 안전하게 원래의 출발지로 돌아오기 위한 귀속성, 드라이브 자체를 중요시하는 속성과 이동 시 쉬는 공간으로서의 쾌적성이 있다.

관광교통의 속성은 교통체계 측면에서 교통시설을 중심으로 도로·철도·해운·항공 등의 교통수단에 따른 이동성, 효율성, 접근성, 편재성을 들 수 있다. 아울러 교통정책 측면에서 관광객이 추구하는 속성, 즉 목적지로의 쾌적하고 안전하며 편안한(Comfort) 이동, 편리성(Convenience), 안전성(Safety), 신뢰성(Dependability), 가격(Price), 속도감(Speed)을 들 수 있다. 또한 관광교통정책 결정자들이 고려하는 요소에는 안전(Safety)과 보안(Security), 환경(Environment), 혼잡(Congestion), 계절성(Seasonality)이 있다.

〈표 9-5〉 교통수단별 장·단점 비교

교통 수단	장 점	단 점
항공기(airline)	• 신속성, 안전성, 경제성, 쾌적성 • 좋은 이미지 • 관광객 대량 수송(Jumbo) • 탑승전, 기내, 탑승 후 서비스 제공 가능	• 높은 요금 • 접근가능지역 한계 • 공항이동 시간 낭비
선박(ship)	• 안락하고 낭만적 분위기 연출 • 대량수송 보장	• 많은 시간 소요 • 안전성 불확실(기상조건 영향 받음) • 지루하고 단조로움 • 지상요금에 비해 상대적으로 비쌈
기차(train)	• 중장거리 여행가능 • 대량수송 가능 • 저렴한 요금 • 안전성 보장 • 여행 중 흥미로운 체험 • 기차 내 자유로움 이동	• 장시간 여행 • 출발시간의 상대적 융통성 결여 • 한정된 철도노선 이용 • 기차 내 소음
버스(bus)	• 여정에 따른 관광활동 보장 • 단체관광객의 이동 편리성 • 상대적 비용의 저렴성 • 관광안내서비스 제공	• 대형사고 위험성 노출 • 안락성, 쾌적성 결여 • 서비스 제한성
자가용(car)	• 출발시간 통제가능 • 관광지에서 자유로운 이동 • 3~4명 여행 시 경비절감 • 수화물과 장비를 자유롭게 운송 • 여정과 중간 경유지의 자유로운 선정	• 안정성, 안락성 결여 • 대량운송 한계성 • 운전자의 육체적 · 정신적 피로

2.3. 관광교통계획의 목표와 역할

관광교통계획의 목표를 이루기 위한 역할을 살펴보면 관광지에 대한 이동경로 연출, 관광자원으로서의 교통(관광케이블카, 산악관광열차, 증기기관차, 크루즈, 인력거, 우마차 등), 관광교통의 편리성(신속·대중·쾌적성 등), 관광수요 통제수단(교통규제, 보행, 우회 및 유도 등), 지역생활기반으로서의 관광교통의 역할 등이 포함된다.

2.4. 관광교통의 유형

관광교통의 유형에는 철도운송업, 육상운송업, 항공운송업이 있으며, 철도는 육상교통의 가장 대표적인 수송수단으로 철도교통수단으로 분류된다. 또한 육상운송업은 전세버스운송사업과 자동차대여업이 있으며, 해상운송업은 선박을 이용하여 목적지를 왕복 운송하는 여객선과 관광을 목적으로 하는 유람선이 있다. 항공운송업은 장거리 교통수단으로 관광산업 발전에 많은 영향을 미치는 교통업이다.

1) 철도(Railway, Railroad)

교통수단의 하나인 철도는 육상에 마련된 일정한 유도로를 따라 주행하는 지하철(Subway), 노면전차(Tramway), 가공철도(Ropeway), 모노레일(Monorail), 케이블웨이(Cableway), 부상식 철도 등을 총칭한다. 우리나라 철도법 제2조는 "철도란 철의 궤도를 부설하고, 차량을 운전하여 여객과 화물을 운송하기 위하여 필요한 설비를 말한다"고 규정하고 있다.

(1) 철도의 가장 큰 특성으로 거대자본의 고정성(차량설비·통로설비·동력설비 등)을 들 수 있으며, 이외에 독점성, 공공성, 통일성, 신속성 등이 있다. 관광열차는 관광자를 목적지까지 열차로 신속·쾌적·안전하게 이동시키는 중간매체로서의 역할과 열차 그 자체가 관광자에게 전 일정을 책임지는 상품으로의 기능을 수행한다.

(2) 관광열차의 종류에는 모노레일(Monorail), 강삭철도(Cable Car), 보통삭도(Ropeway), 특수삭도(Ski Lift) 등이 있다. 국내·외 관광철도로는 코레일팩, KR PASS, 한·중 공동승차권, 한·일공동승차권, 신혼열차, 바다열차, 기차펜션, 유람선기차, 안보열차, 동굴탐사열차, 레일바이크시스템(문경, 정선, 섬진강 기차마을 등), 계절관광열차, 눈꽃열차, 주말레저열차 등이 있으며, 주요 관광지와의 연계수송체계를 통해 여행의 편의를 증진시키고 수요를 창출한다.

(3) 우리나라의 국내관광열차의 문제점으로는 노선의 단순화, 연계교통수단의 미흡, 관광열차 시설물의 낙후, 관광열차상품의 단순성, 관광성 역사개발의 미흡, 시설·특성을 살린 서비스의 부재 등이 지적되고 있다. 스위스 루체른은 등산열차(Cog Wheel), 케이블카(Aerial Cable Car)의 곤돌라(Gondola), 유람선 등과의 연계를 통해 관광 유인력에 노력을 기울이고 있다. 일본의 하코네는 산악, 호수, 온천 등과 어우러진 지역특성을 살려 등산철도, 관광버스, 케이블카와 로프웨이, 아시노코 유람선 등을 연계하여 다양한 관광교통수단을 운용하고 있다. 세계 3대 미항 중의 하나이 시드니의 경우 남·북쪽 해안과 연계한 페리(Ferry), 캡틴 쿡 크루즈와 같은 유람선, 달링하버를 중심으로 한 모노레인, 26개 관광목적지를 대상으로 한 관광시티 버스운영으로 관광교통수단을 연계시키

고 있다. 파리는 센강과 연계한 유람선, 주·야간 관광코스로 시티버스를 운용하고 있으며, 홍콩은 스탠리, 에버딘, 빅토리아 피크, 침사추이를 중심으로 동·서를 연결시킨 트램, 란타우 섬 중심의 케이블카 운용 등 교통수단을 이용하여 관광객의 편의를 증진시키고 있다. 한편 유럽의 열차시스템은 유로피안 패스(European Pass), 내셔널 및 리저널 패스(National & Regional Pass), 포인트 투 포인트 티켓(Point to Point Ticket), 프리미어 트레인(Premier Train), 호텔 트레인(Hotel Train) 등이 있다. 미국의 기차는 미국(America)과 철도(Track)의 결합어인 암트랙(Armtrack) 시스템으로 46개 주 500여 개 도시를 연결하는 패스시스템을 운용하고 있다. 그리고 세계 각국은 우리나라의 고속철도(KTX)시스템과 같은 철도를 운용하고 있으며 일본의 신칸센, 독일의 ICE, 스페인의 AVE, 프랑스의 TGV가 이에 해당된다.

2) 전세버스 운송사업

전세버스 운송사업이란 단체여객이나 관광객을 대상으로 하며 영리를 목적으로 출발지부터 목적지까지 이동시키는 자동차 운송사업 종류의 하나로써, 우리나라의 경우 건설교통부령이 정하는 사업구역 내에서 운행계통을 정하지 않고 1개의 운송계약으로 건설교통부령이 정하는 자동차를 사용하여 여객을 운송하는 사업으로 정의하고 있다.

(1) 전세버스 운송상품의 형태로는 관광전세버스(Charter Tour), 단체관광(ICT; Inclusive Tour), 개별패키지 전세버스, 도시관광버스, 연계교통관광 등이 있다.

(2) 전세버스 운송사업의 특성으로는 무형성, 자원과 자본의 편재성, 수요의 편재 등을 들 수 있다.

3) 자동차 대여사업(Rent-a-car)

자동차 대여업이란 차를 빌려 준다는 뜻으로 Car-Rental System으로 표현된다. 즉, 자동차를 이용하는 다양한 요구에 부응하여 자동차 자체와 이에 부가되는 수송시스템사업이라고 말할 수 있다. 관광자 또는 이용자 요구에 부응한 자동차 자체의 대여와 다양한 서비스시스템사업으로 정의될 수 있다.

(1) 자동차 대여업은 철도, 항공기, 버스 등의 수송기관의 보완적 교통수단의 특성을 지니고 있으며, 대체 교통기관으로서의 기능을 발휘하고 있다. 그리고 경비절감 및 필요할 때마다 이용할 수 있다는 장점을 갖고 있다. 특히 장거리 여행 시 목적지에서 보조차(Second Car)의 기능을 담당한다. 렌트카 이용시스템 측면에서 이용자들은 새로운 차의 사용, 안심보험, 요구하는 차형의 이용, 손쉬운 예약시스템, 편리한 영업지점망 이용, 타당한 요금수준, 타 교통기관 및 숙박시설과 연계한 경제적인 결합을 들 수 있다.

(2) 자동차 대여사업은 타 관광사업과의 다양한 관계를 맺고 있으며, 철도, 항공기와의 결합수송 서비스, 여행업자와의 제휴를 통한 서비스, 각 지역 특성과 연계된 관광명소 시설 등과 제휴된 상품, 여행자의 비밀과 자유·편리성 향상에 도움을 주는 기능을 담당하고 있다.

4) 항공교통

(1) 공항

항공교통의 3대 요소는 항공기(Vehicle), 항공노선(Way), 공항(Air Terminal)이다.

① 공항은 항공교통(Air Transportation)의 중요요소이며, 효율적인 공항의 건설 및 운용은 대단히 중요하다. 항공법 제2조는 "공항이라 함은 공항시설을 갖춘 공공용 비행장으로서 국토교통부장관이 그 명칭·위치 및 구역을 지정·고시한 것을 말한다"라고 정의한다. 그리고 공항시설이라함은 "항공기의 이륙·착륙 및 여객화물의 운송을 위한 시설과 그 부대시설 및 지원시설로서 공항구역 안에 있는 시설과 공항구역 밖에 있는 시설 중 대통령령이 정하는 시설로서 국토교통부장관이 지정한 시설을 말한다"라고 정의하고 있다. 또한 비행장이라 함을 "항공기의 이착륙을 위하여 사용되는 육지 또는 수면을 말한다"라고 정의하고 있으며, 항공법 시행령 제10조는 공항시설이

ⓐ 기본시설(활주로, 유도로, 계류장, 착륙대 등의 이착륙시설, 여객터미널, 화물터미널 등의 여객 및 화물처리시설, 기타 안전시설, 통신시설, 주차시설 및 경비 보안시설, 홍보 및 안내시설 등)과

ⓑ 지원시설(항공기 및 지상조업장비의 점검·정비를 위한 시설, 운항관리·의료·교육훈련·소방시설 및 기내식 관련시설, 공항의 운영 및 유지관리 시설, 이용객을 위한 업무·숙박·판매·위락·운동·전시 및 관람 및 집회시설, 기타 편의시설 및 근무자를 위한 후생복지시설, 공항교통 시설 및 환경보호시설, 상하수도 및 전략·통신·냉난방시설, 항공기 급유 및 유류저장·관리시설, 항공화물 보관을 위한 창고시설 및 공항의 운영 및 항공운송사업에 필요한 건축물 부속시설) 및

ⓒ 도심공항터미널, 헬기장이 있는 여객·화물처리시설 및 운항지원시설, 기타 국토교통부장관이 공항의 운영 및 관리에 필요하다고 인정하는 시설을 구비할 것을 규정하고 있다.

② 공항은 기능에 따라 허브공항(Hub Airport), 관문공항(Gateway Port), 주요 공항(Main Port)로 분류되며, 노선범위에 의한 분류로 외국 간의 항로가 개설되어 있는 국제공항, 국내공항 간의 항로만 개설되어 있는 국내공항으로 구분된다. 국제공항은 외국으로의 여객 및 화물을 통제하고 관리하기 위한 CIQ(세관, 출입국, 검역)가 설치되어 있으므로 국내공항과 구별된다.

③ 현재의 공항은 관광고객을 목적지까지 수송하는 개념과 아울러 수익창출을 위한 다양한 상업 활동을 해야 하는 개념으로 변모해 가고 있다. 그리고 공공성을 떠나 수익성·상업성에 기초한 고객지향

의 쇼핑 및 편안한 휴식이 가능한 복합적인 설비(호텔시설, 국제업무시설, 유통시설 등)와 아울러 다양한 안정적 수입(외국공항 시설개발·운영 등에 참여) 등을 창출하기 위해 노력하고 있다. 이에 상업 활동으로서 국제공항들은 항공운영비용, 공항개발비용, 부채 및 채무변제를 위한 수익창출 노력과 임대료(Rents), 컨세션료(Concession Fee) 개발 등 공항운영능력 향상과 경쟁력 있는 서비스 및 마케팅 기획과 전략을 구축하고 있다.

(2) 항공운송업

항공교통은 현대에 들어와 국제관광 측면에서 가장 큰 역할을 수행하고 있으며, 관광자와 관광목적지 사이에 가장 유효한 교통수단이라고 말할 수 있다. 항공법에서 규정하는 항공운송사업은 타인의 수요에 의하여 항공기를 사용하여 유상으로 여객 또는 화물을 운송하는 사업을 말한다. 즉, 항공운송이란 항공기에 여객과 화물 및 우편물을 탑재하고 국내·외의 공항에서 다른 공항까지 운항하는 교통운송시스템을 말한다. 그리고 항공사가 여객, 화물, 우편물을 운송해주는 대가로 항공료와 항공운임을 승객과 화물주로부터 받아 운영하는 사업이다. 항공교통의 특성은 안전성, 고속성, 정시성, 쾌적성을 들 수 있으며, 그 사업의 분류로 운항형태에 따라 정기운항, 부정기운항으로 구분할 수 있다. 그리고 운송객체에 따라 여객운송사업, 화물운송사업으로, 운송지역에 따라 국내 및 국제 운송사업으로 구분하다. 현재 세계 항공운송교통은 규제완화와 자유화 추세에 있으며, 지역주의가 심화되고, 거대항공사그룹이 탄생하며, 제휴항공시스템과 저비용 항공사가 증가하는 상황이다.

5) 해상교통

해상교통이란 선박을 이용하여 일정한 목적지를 단순하게 왕복 운송하는 여객선(Passenger Ship)과 관광을 목적으로 하는 유람선(Cruise)으로 나눌 수 있다. 여객선은 일반여객선과 페리(Ferry), 호화여객선(Cruise)으로 구분할 수 있으며, 유람선은 일반유람선과 호화유람선으로 구분할 수 있다. 해상교통의 특성으로 요금이 저렴하고 대량수송이 가능하다는 점과 호화유람선의 경우 선내에 다양한 편의시설과 안락하고 낭만적인 관광기능을 들 수 있다. 한국관광공사에서는 크루즈(Cruise)의 개념을 "순수관광목적의 선박여행으로 숙박·음식·위락 등 관광객을 위한 시설을 갖추고 수준 높은 관광상품을 제공하면서 수려한 관광지를 안전하게 순항하는 여행"이라고 정의한다. 여객선이 여객의 수송을 주목적으로 하는 것임에 반해 '크루즈여행'은 단순한 운송이라기보다는 '위락'을 위한 선박여행으로 숙박, 식사, 음주, 오락시설 등 관광객을 위한 각종 편의시설을 갖춰놓고 수준 높은 서비스를 제공하면서 승객들을 안전하게 원하는 관광지까지 운송하는 여행이다. CLIA에서는 "휴식과 여행을 동시에 즐길 수 있는 것이 특징인 크루즈여행은 여객선 자체가 휴식처이자 관광지"라고 정의했다.

(1) 오늘날 크루즈는 과거 부유한 특권계층, 혹은 노년층의 전유물로 여겨지던 것과는 달리 다양한 계층과 연령을 포괄하고 있으며 선박들은 점차 대형화 추세로 가고 있다. 또한 많은 크루즈들이 최고급의 정찬과 편안한 휴식을 최고의 가치로 두었으나, 최근의 크루즈들은 보다 활동적이고, 많은 경험과 다양한 볼거리와 배울 거리를 제공하는 방향으로 변화하고 있으며 일정과 기항지도 동서양을 넘나들며 보다 다양화되고 있다. 현재 세계 크루즈시장은 매년 지속적으로 수요가 증가하는 등 성장잠재력이 확대되고 있으며, 동북아 지역을 포함한 아시아 크루즈시장은 독특한 관광목적지로서의 지리적·입지적 조건이 우수하여 지속적인 경제성장과 함께 새로운 관광시장으로 부상하고 있다.

(2) 크루즈의 개념 : 우리나라 관광진흥법에서는 크루즈의 개념을 관광유람선으로 규정하고 있으며, 관광유람선업은 해운업법에 의한 해상여객운송사업 면허를 받은 자 또는 유선 및 도선업법에 의한 유도선경영신고를 한 자로서 선박을 이용하여 관광객에게 관광할 수 있도록 하는 업으로서 다음과 같이 규정하고 있다.

- 구조 : 선박안전법의 규정에 의한 구조 및 설비를 갖춘 선박으로서 운항 중 관광객이 관광을 하는 데 적합할 것
- 선상시설 : 이용객의 숙박 또는 휴식에 적합한 시설을 갖출 것
- 위생시설 : 이용객에게 불편이 없는 위생설비와 냉 · 난방 설비를 갖출 것
- 편의시설 : 식당, 매정, 휴게실 등 편의시설을 갖출 것
- 수질오염방지시설 : 수질오염을 방지하기 위한 오수저장 및 처리시설과 폐기물시설을 갖출 것

따라서 크루즈여행은 강, 해상을 대상으로 한 SIT(Special Interest Tour) 성격이 강한 위락선박여행으로, 선내에서의 다양한 여가활동과 다수의 매력적인 항구방문 및 해안에서의 수상레크리에이션활동 등을 통해 관광욕구를 충족시키는 여행이라고 정의할 수 있다. 현재 세계 크루즈산업은 미국과 유럽의 대형유럽선사나 다국적 기업들에 의해 선도되고 있으며 아시아지역의 대표기업으로는 일본의 NYK, MOR, Japan Cruise Line과 싱가포르의 Star Cruise사 등이 있다. CLIA(2001)의 시장조사에 의하면 전통적으로 카리브해, 지중해, 그리고 북미 서안지역이 주요 3대 시장을 이루고 있으며, 호주를 기점으로 한 남태평양해역, 하와이군도, 싱가포르를 기점으로 하는 동남아시아지역, 스칸디나비아 및 영국군도 등이 부각되고 있다. 세계 크루즈 동향을 살펴보면, 1989년 크루즈 승객수가 402만 명, 1999년에는 853만 명으

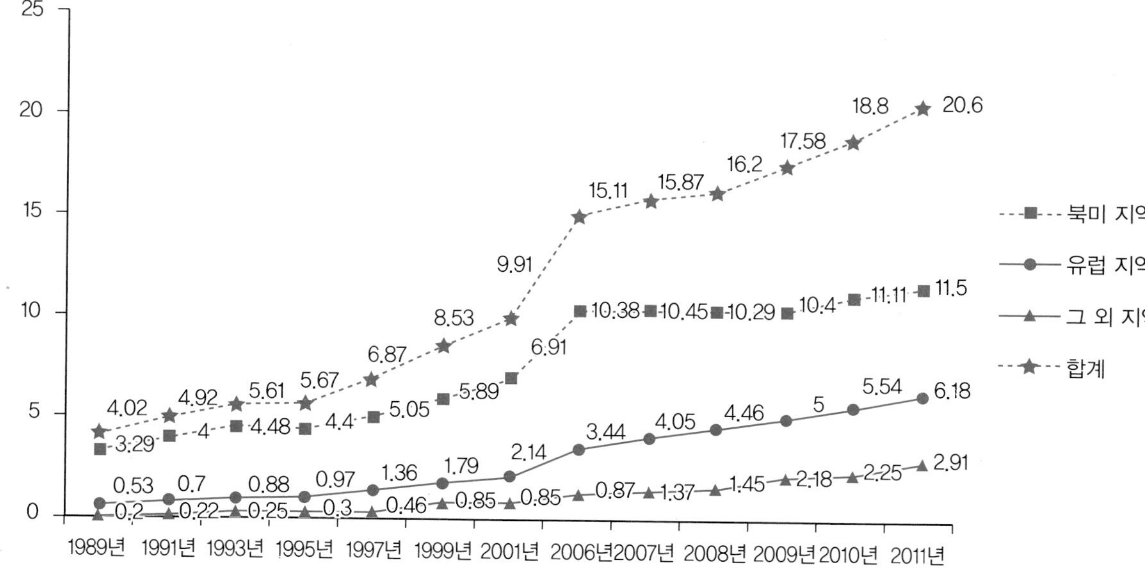

〈그림 9-2〉 크루즈 관광의 현황

로 약 2배가 되었으며, 2011년에는 2,060만 명으로 계속적인 성장세를 이어가고 있다. 특히 크루즈 산업은 1989년부터 2011년까지 22년 동안 여행 산업에서 가장 높은 성장률을 보여 왔다.

세계 크루즈 시장에서 가장 높은 수요를 보여주는 지역은 북미지역으로 크루즈 시장의 약 2/3를 점유하고 있다. 북미지역은 다른 지역보다 시장이 성숙되어있는 편으로 세계 최대 선사협회인 국제크루즈선사협회(CLIA)가 활동 중인 지역이며, 크루즈 상품개발 등 크루즈 시장 전반에 대해 주목해야 할 점이 많은 지역이다.

북미의 대표 크루즈선사로는 Carnival Cruise Lines, Royal Caribbean International, Norwegian Cruise Line, Princess Cruises, Holland America Line, Celebrity Cruise Lines, Aida Cruises, P&O Cruises, MSC Cruises, Costa Cruises/Costa Crociere가 있고 기타 190여개의 크루즈선사가 운영 중에 있다.

루즈여행의 선택속성 : 크루즈여행의 선택속성은 종업원의 서비스 태도, 시설의 다양성, 크루즈 상품요금, 크루즈 경로의 매력도, 선상의 이벤트, 크루즈 선상의 숙박서비스 등으로 구분할 수 있으며, 〈표 9-6〉과 같이 정리하여 나타낼 수 있다.

〈표 9-6〉 크루즈여행 선택속성

요인명	측정항목
크루즈여행의 차원 높은 서비스	• 종사원의 깨끗한 옷차림 • 식음료의 질 높은 서비스 • 고객에 대한 친절성 • 고객을 위한 서비스 • 불편사항 신속처리 • 선내 객실서비스 다양성
크루즈 여행문화 관리 속성	• 성상 유흥시설의 다양성 • 다양한 레크리에이션 시설 • 선상에서의 쇼핑시설 • 선상카지노 시설 • 선상의 다양한 스포츠시설 • 낭만적 · 독특한 분위기 • 해상의 기후 및 날씨 • 크루즈선박의 안전성
크루즈경로 및 상품속성	• 기항지의 관광매력도 • 기항지의 자연 및 문화 • 선상에서의 서비스 요금 • 동반자를 위한 부가서비스 • 적정한 크루즈의 요금 • 숙박의 안락함 • 크루즈에서의 선상이벤트 • 출항지까지의 교통수단 • 광고내용의 신뢰성

2.5. 관광교통의 구성

교통의 구성요소는 교통주체, 교통수단, 교통시설로 구분할 수 있다. 그러나 관광교통은 여기에 운임과 관광서비스가 추가되어 5가지로 구성된다.

1) 관광교통의 주체

관광교통의 주체인 여행자는 관광의 주체이기도 하면서 관광교통시장의 수요를 창출하는 수요시장이다.

2) 관광교통수단

관광객을 관광목적지까지 실어 나르는 기구로서 일반교통수단인 자동차·열차·선박·항공기는 물론 RV(Recreational Vehicle), 캠핑카, 렌터카, 관광버스(전세버스), 관광열차, 리조트열차, 크루즈, 헬기 등이 대표적인 운반구이다.

3) 관광교통시설

관광교통수단이 이용하는 도로·철도·해로·항로 등의 교통로와 교통로의 터미널인 공항·항만·역 뿐만 아니라, 관광주차장, 오토캠핑장, 마리나, 헬기투어장 같은 관광교통시설이 여기에 속한다.

4) 운임

관광교통수단의 운임은 일반운임과는 달리 관광 패키지 상품에 적용된 포괄요금의 형태와 시간·장소·계절에 따라 탄력적으로 적용되는 운임체계를 가지고 있는 것이 특징이다.

5) 관광서비스

관광교통업은 인적·물적 서비스가 상품화되어 그 가치를 부여받고 있으며, 서비스의 양과 질에 따라 관광교통수단에 대한 가치평가는 물론이고 관광 상품의 전반적인 가치에도 큰 영향을 준다.

2.6. 관광교통 예약시스템

관광업체는 계절적 수요발생의 편차, 정보경쟁력의 제고를 위해 연간 교통량과 숙박시설 등을 일정량 확보해 두고 이를 통제할 수 있는 관광교통예약시스템을 구축하고 있다.

관광서비스는 제공하는 공급자가 수요자에게 원활한 관광서비스를 제공하기 위해서는 상품계획, 요금결정, 유통경로, 입지선정, 예약서비스체계, 광고 선정, 판매촉진, 정보수집 등 다양한 활동이 필요하다.

오늘날 관광서비스의 수요와 공급 간의 경제적 거리는 현저히 확대되고 있다. 이러한 측면에서 관광시장계획과 관광시장선전은 관광객의 수요증가와 관광객의 상품 만족에서 중요한 역할을 한다.

1) 예약(Booking)과 수배(Arrangement) 및 발권(Ticketing)은 여행업의 7대 기능(상담·판매·수속대행·발권·여정관리·정산·예약수배)에 해당한다. 여행업체는 계절적 수요발생의 편차, 정보경쟁력 제고 등을 위하여 연간 교통량 및 숙박시설 등을 일정량 확보(Booking)해 두고 이를 통제할 수 있는

시스템을 구축하고 있다. 또한 강화된 컴퓨터 예약시스템(CRS & GDS)을 통하여 계획적인 대량판매 및 예약이 가능하도록 기능을 갖추고 있다. 이러한 측면에서 벌크 운임(Contract Bulk Inclusive Tour) 및 차타 운임(Charter Tour) 등은 항공기좌석 등을 미리 다량으로 구입하여 확보했다가 예약 및 판매하는 시스템으로 보통운임의 50%의 가격에 판매하기 때문에 대중관광의 경제적 거리 단축에 큰 역할을 하고 있다.

2) 경제적 거리 단축이란 대량교통운송시스템 측면에서 교통시설을 이용하는 고객들이 거리에 비하여 운임이 싼 관광교통을 이용하는 것을 말한다.

3) 예약시스템에서 가장 중요한 요인은 신속·정확·친절 측면의 서비스 3대 요소와 더불어 시간적·경제적 거리 단축이다. 즉 관광교통의 이동시간을 고려한 예약 및 수배는 관광의 대중화를 촉진시키고 관광사업을 활성화시킬 수 있다. 또한 거리에 비하여 운임이 싼 경제적 거리의 단축은 교통산업발전 및 관광대중화에 큰 역할을 하고 있다. 그러므로 관광교통예약 시 가장 중요한 사항은 관광교통의 예약을 통하여 관광목적지와 그 과정에 있어서 관광행동의 범위와 폭을 넓히는 것이다.

2013년 미국의 온라인 리서치사인 이마케터(E-marketer)는 향후 가장 번창할 것으로 예상되는 전자상거래품목 10가지를 선정·발표하였는데, 항공권, 숙박, 렌터카, 관광관련 서비스를 포함한 여행상품이 전자상거래 중에서 가장 높은 매출액을 오리며 1위를 차지할 것으로 전망하였다. 그리고 일반 민간업체들에 의한 관광정보서비스에 있어서는 이전에는 항공사를 주축으로 하는 CRS(Computer Reservation System)에서 여행사, 호텔, 다양한 관광관련 업체들과 연계하여 정보제공과 각종 예약을 연계하는 종합정보시스템(GDS; Global Distribution System)으로 변해가고 있다. 다음 〈그림 9-3〉은 관광관련 전자상거래서비스 발전도를 나타내고 있다.

2.7. 관광교통예약시스템의 특성

1) 24시간 예약

예약서비스 중일부에서만 진행하고 있는 방법이다.

2) 자동음성응답(ARS) 예약

관광교통 예약 서비스 중 가장 널리 사용하고 있는 방법으로, ARS번호로 전화한 이후 예약담당자에게

대체 제품, 서비스의 위협

인터넷 이용의 증가	• 여행정보 인터넷검색 증가 • 온라인을 통한 여행상품 구매와 예약비중의 지속적 증가
고객과의 관계증대	전자상거래를 통해 일대일마케팅을 가능하게 하여 관계증대를 통한 효율성과 거래액증대를 기대
기대의 효율성과 투명성 제고	전자상거래의 효율성 증대와 투명성증대로 거래신뢰를 회복하여 궁극적으로 관광산업발전에 기여
관광계열 산업과 연계성 증대	관광산업은 복합산업이므로 개별산업의 적극적인 연계를 통한 시너지 효과 기대

관광부전자상거래 도입구상의 예

- 호텔에서의 객실 등에 대한 예약
- 항공권 구매, 호텔객실 구매
- 배낭여행, 맞춤여행 등의 관광상품예약
- 음식점에 대한 예약 혹은 인터넷 음식 예약
- 교통시설 예매(고속버스, 열차, 비행기, 렌터카)
- 지역의 관광특산품 구입
- 국제회의나 전시회 유치에 대한 거래와 유치 시 유치와 관련된 전반적 예약업무

〈그림 9-3〉 관광관련 전자상거래서비스 발전

예약하는 방식을 말한다. 상황에 따라 카드결제도 가능하다.

3) Fax 예약

관광교통예약 서비스 중 일부에서 진행하는 방식. 관광일정, 성명, 전화번호 등을 Fax로 보내면 전화나 Fax로 예약결과를 알려주는 서비스이다.

4) 인터넷 예약

대부분의 관광교통은 인터넷을 통해 예약을 받고 있으며, 원하는 관광교통 홈페이지에 접속하면 다양한 정보를 얻을 수 있다.

2.8. 전산예약시스템의 기능

1) 좌석예약 기능

2) 부대서비스 예약 기능

3) 고객의 특수사항 배려 기능
4) 특별한 주의가 요청되는 운송제한 승객 수송 준비기능
5) 여행정보 기능
6) 수요와 공급을 조정하는 기능
7) 항공사의 수입을 제고시키는 기능

2.9. 전산예약시스템의 업무분장

1) 예약접수 업무

여객의 예약접수 및 좌석예약, 부대서비스의 예약 및 여행정보제공, 요청사항 접수처리 및 기타 정보안내, 특수여객 예약(RPA : Restricted Passenger Advice)접수

2) 출발확인 업무

예약기록 및 취소, 항공편 스케줄 변경사항 통보, 공급좌석 최대 이용을 취한 초과예약시행

3) 예약관리 업무

예약정책·정차·지침수립 및 집행, 예약통계자료 종합분석, 예약시스템 기능 개선작업

4) 예약통제 업무

항공편 스케줄 입력 및 특별기 요청, 공급좌석 조정 및 초과예약 결정, 각 지점별 예약 통제, 다른 항공사와의 통신 메시지 처리

2.10. PNR 여정 작성의 특성

1) PNR 작성에서의 필수 입력사항
2) 기본 지시어는 O 또는 N
3) 여정작성 : 항공좌석 예약 요청
4) AVAILABILITY 조회 후 작성하거나 AVAILABILITY없이 직접 입력

5) 좌석의 수와 승객의 수가 일치해야 함 (단, 만 2세 미만의 유아 승객은 좌석을 점유하지 않으므로 좌석 수에 포함시키지 않는다.)

2.11. 관광교통의 유형과 특성(요약편)

1) 철도

우리나라에서 외국인 관광객의 수요창출과 문화관광진흥에 기여하고자 개발된 코레인패스는 외국인 전용으로 판매되고 있으며 외국인 관광객의 국내관광편의를 도모해 왔다. 코레일패스는 이정기간 동안 구간이나 횟수의 제한없이 KTX, 새마을호의 특실과 수도권 전동열차 및 관광열차를 제외한 모든 열차의 이용이 가능한 상품으로 외국인 관광객의 이동편의를 증진시켜 수도권 중심의 인바운드 관광시장을 지역단위 관광으로 분산시켰다.

코레일패스는 1999년에 세계 최초로 철도 이용권의 인터넷 발매 시스템을 도입하였으며, 2007년 코레일 영문홈페이지(http://info.korail.com)를 통해 코레일패스 전용사이트를 개설하였고 이로 인해 세계 45개국에서 코레일패스 교환권(e-ticket)의 온라인 예매가 가능해졌다. 코레일패스의 이용편의향상을 위하여 서울, 동대구, 부산의 제휴 호텔 숙박비, 관광시설 입장료, 한·일 국제선박요금 등의 할인 서비스를 지속적으로 확대하고 있다.

한국철도공사에서는 고객의 승차권을 더욱 편리하게 구입할 수 있도록 2005년 4월 1일부터 홈-티켓 서비스를 제공하여 집에서도 승차권을 발매할 수 있게 하였으며, 2006년 9월부터 인터넷으로 예약·결제한 승차권을 휴대폰 문자메세지로 전송받아 열차에 승차할 수 있는 SMS티켓서비스를 시행하고 있다.

2009년 1월부터는 휴대폰으로 승차권 one-stop서비스인 조회·예약·결제·발권이 가능한 모바일 승차권을 시행하고 있으며 2010년 12월부터 스마트폰 보급의 확산과 시대적 트랜드를 반영하여 스마트폰에서 예약·결제·발권이 가능한 어플리케이션(글로리코레일)을 개발, 손 안에서 모든 승차권 구입이 가능하도록 획기적 서비스를 제공하고 있다. 더불어 2011년 7월부터는 고객이 직접 좌석을 선택할 수 있는 좌석선택 서비스를 제공하여 고객만족에 한발 더 다가서게 되었다.

2) 육상교통

관광교통 수단으로서의 육상운송은 매우 중요한 위치를 차지하고 있다. 현재의 노선버스는 민영체계로 운영하되, 공공성을 고려하여 대도시를 중심으로 준공영제 도입을 유도하고, 정부지원 확대와 불량업체 등을 퇴출하여 우량업체로 하여금 서비스가 개선되도록 추진하고 있으며, 대도시 시내버스의 경우 지하철과의 연계수송체계를 구축하여 이용자의 편의를 도모하고 있다.

그동안 노선수와 운행횟수가 적어 고속버스 이용이 불편했던 중소도시 주민들의 교통편의 제고를 위해 2009년 11월 노선이 교차하는 고속도로 휴게소(정안, 횡성) 2곳에 환승정류소를 설치하여 중소도시 주민들의 교통편의를 도모하였고, 현재는 4곳(정안, 횡성, 선산, 인삼랜드)의 고속도로 휴게소에서 1일 평균 840여명이 고속버스 간 환승으로 요금과 시간을 절약하며 이동하고 있다.

우리나라를 방문하는 외국인이 대중교통을 이용하는 경우 기존에는 ㄴ매번 현금으로 교통비를 지급하거나, 교통카드를 구입하는 등 불편한 점이 많았으나, 이를 해소하기 위해 2011년 12월 우선 수도권 지하철과 공항철도를 편리하게 이용할 수 있도록 외국인 전용 교통카드(M-Pass)를 발행하여 인천국제공항 내 안내소에서 판매를 개시하였고, 현재는 수도권 지하철과 공항철도만으로 이용범위가 한정되어 있지만 점차 수도권 시내버스까지 이용·환승할 수 있도록 서비스를 개선할 계획이다.

(1) 전세버스 운송사업

영리를 목적으로 관광객을 출발지로부터 목적지까지 이동시키는 육상운송사업으로 관광전세버스, 단체관광버스, 개별 패키지 전세버스, 도시 관광버스, 연계교통관광 등이 포함된다. 무형성, 자원과 자본의 편재성, 수요의 편재 등의 특성이 있다.

(2) 자동차 대여사업

영리를 목적으로 관광객에게 차를 빌려주는 육상운송사업을 말한다. Rent a Car, 또는 Car Rent System이라고도 한다. 관광객의 요구에 따라 자동차대여와 부가서비스시스템을 제공하는 육상운송사업. 철도, 항공기, 버스 등의 육상수송기관의 보완적 교통수단의 특성이 있다.

3) 해운·항만

해상운송업은 운송요금의 저렴성, 대량수송가능, 원거리수송, 운송경로의 자유성,운송형태의 국제성, 운송시간의 지연성 등의 특성이 있다.

해상관광자원개발 및 해안도서지방의 교통수요에 따라 여객 및 관광객 운송수단으로서도 그 수요가 날로 증가하고 있다. 2011년 12월 말 기준으로 우리나라는 무역항 31개항, 연안항 26개항으로 총 57개항이 항만법에 의해 지정되어 있고, 여객선의 고속화, 대형화, 카페리화 등 연안여객선의 현대화 및 쾌속화를 지속적으로 추진하고 있다.

국제 여객선 정기운항은 1970년 6월 부산~시모노세키 간 훼리호 취항을 시초로 2011년 12월 말 기준 한·중 간 15개 항로, 한·러 간 1개 항로, 한·일 간 6개 항로 등 총 22개 항로가 운항되고 있으며, 정부는 앞으로 일본·중국·러시아 등 인접국 간을 연결하는 신규 항로 개설을 지속적으로 추진하여 관광객의 해상교통수단 이용을 적극 유도해 나갈 방침이다.

또한 우리나라를 중심으로 하는 동북아 크루즈 관광항로개발 및 특성있는 관광상품 개발로 국내외 관광객을 적극 유치하기 위해 전용부두 건설과 함께 크루스사업의 활성화에 따른 운항선사들의 불편사항 등 제도개선을 지속적으로 추진할 계획이다. 대표적으로 인천항 여객터미널(www.ippt.co.kr)과 부산항 여객터미널(http://busanpa.com)을 이용할 수 있다.

4) 항공

항공법 제2조에 의하면, 항공운송업은 타인의 수요에 맞춰 항공기를 사용하여 유상으로 여객이나 화물을 운송하는 사업을 말하며, 최근에는 항공자유화와 항공시간 전략적 제휴, 지역 간 통합운송시장의 확산으로 인하여 다양한 형태의 경쟁도구가 형성되어 있다.

컴퓨터항공예약시스템(CRS: Computer Reservation System)은 항공좌석이나 패키지여행, 호텔 등의 상황자료를 호스트 컴퓨터에 등록시켜 두고 여행 대리점 등에 놓인 단말기 등을 전용선이나 공준 회선을 통해 접속함으로써 즉시 예약, 검색할 수 있도록 한 시스템이다.

미국 항공예약 좌석의 95%, 유럽의 경우 80% 이상이 CRS를 통하여 항공 좌석이 판매되며, 최근에 항공운임의 자동 계산과 함께 고객 개개인의 여행 일정표 관리, 최적 요금 선택 및 전자우편 등의 기능과 대리점의 회계처리, 인사관리 등 지원업무 기능에까지도 확장되고 있다.

항공운송업은 안전성, 고속성, 정시성, 쾌적성, 수요 대응성, 노선개설의 용이성, 경제성의 특성이 있다.

(1) 안전성 : 국제민간항공기구(CAO)는 전 세계 항공기에 대한 안전성을 평가하고, 안전성 확보를 위한 제도적 장치를 마련하고 있으며, 항공운송 시 운송과정에서의 화물에 대한 손상발생 가능성이 낮다는 특성이 있다.

(2) 고속성 : 항공운송업의 가장 우수한 특성이며, 해상교통에 비해 비교우위를 가지고 있다. 신속성이 높으며, 긴급을 요하는 물품의 운송에 적합하다.

(3) 정시성 : 공표된 시간표와 실제로 출발·도착시간의 차이가 발생한다. 기상조건 등 자연적 원인과 공항의 혼잡 등으로 인해서 정시성이 어렵다. 통계적으로 항공기의 정시 출발률은 80%에 불가 하지만, 다른 교통업에 비해 화물의 적기인도로 재고비용과 자본비용의 절감이 가능하다.

(4) 쾌적성 : 쾌적한 기내시설로 비행이 편안하며, 각 항공사들 마다 다양한 서비스를 제공하고 있다.

(5) 수요 대응성 : 항공노선에 따라 기존 선택의 융통성이 높고, 어떤 노선에 어떤 기종을 취항시키는지의 여부가 항공사의 경제성을 좌우한다.

(6) 노설개설의 용이성 : 육상교통과 달리 항공운송은 노선의 제약을 받지 않으며, 지형, 지물 등의 자연환경 영향을 적게 받는다. 지역 간 ·국가 간 항공협약을 맺으면 항로개설이 가능하다.

(7) 경제성 : 운임의 저렴함은 항공운송의 가치와 효율을 의미한다. 항공운송업은 다른 교통수단에 비해 경제적이며, 물리적 거리와 시간을 고려하면, 다른 교통수단에 비해 비교우위를 가지고 있다.

관광교통의 기본적인 특성

1. 무형재 : 즉시적 생산의 성격을 띠고 있기 때문에 생산된 교통서비스의 저장이 불가능하다.
2. 수요의 편재성 : 관광과 관련된 본원적 수요이므로 수요의 탄력성이 높다.
3. 자본의 유휴성 : 성수기를 제외하면 적재력이 남아 자본의 유휴성이 높다.
4. 독점성 : 관광교통은 이동을 전제로 하는 관광의 특성상 독점형태의 성격

3. 외식업의 이해

3.1. 외식업의 정의

외식업은 인간이 삶을 영위하는데 가장 기초적이고 필수적인 영역의 요소를 포함하고 있으며, 일반적으로 외식업은 식사와 인적서비스를 제공하고, 외식과 관련 있는 다양한 편익과 서비스를 제공한다.

외식업이란 고객의 요구에 부응하는 다양한 식음료서비스를 제공하는 업을 말하며, 가정 밖에서 식사와 스낵, 음료, 테이크아웃 서비스를 준비하여 판매하는 업으로 정의된다.

관광객 측면에서 음식요인은 관광목적지 선택과의 관계와 관광경험에서 차지하는 역할 등에 초점을 맞추고 있다. 관광목적지 고유의 음식은 수요와 공급 측면 모두에서 그 중요성이 증대되고 있다. 관광지역 음식은 관광목적지의 차별적인 지역정체성을 구축하는 중요한 요소일 뿐만 아니라 지역문화를 알리는 중요한 수단으로 여겨지고 있으며, 관광객의 소비지출 중 약 1/3을 차지하는 중요한 지출부문 에 포함된다.

한편, 음식관광(Food Tourism)은 최근 관광객 욕구의 다양화와 고급화, 문화상대주의적 가치관의 보편화 등으로 인해 관심이 증대되고 있다. 영어권에서는 음식 자체가 관광공기의 첫 번째 요소인지 부차적

요소인지에 따라 관광을 'Food Tourism'또는 'Culinary Tourism'등으로 구분하여 설명하고 있다. 그리고 와인이나 커피, 멕시칸·이탈리안 요리 등 각 분야에서 유명한 곳을 방문하는 음식관광을 통해 관련 음식에 대한 조예가 깊어질 수 있다는 점에서 음식관광을 'Serious Leisure(진지한 여가)'의 한 형태로 본다. 즉, 음식을 자신의 라이프 스타일을 표현하는 하나의 요소로 인식하는 것이다.

이러한 관광을 통해 외식업은 관광목적지의 방문객 수 및 체재일수 증가에 기여한다. 음식점 방문객 수의 증가, 부가적으로 지역농산물의 새로운 판로개척, 지역음식의 상품화 가능성을 높이는 기업 및 요리학교 설립 등 지역경제 활성화에 미치는 직·간접적인 영향력 또한 크다.

3.2. 외식업의 유형과 특성

외식업의 유형은 한국표준산업분류표와 식품위생법에 의한 분류로 구분할 수 있으며, 한국표준산업분류표는 외식업관련 통계자료의 정확성, 비교성을 확보하기 위해 작성된 것으로 UN의 국제표준산업분류에 기초하여 제정하였다.

1) 외식업의 유형

통계청에 의한 한국표준산업분류는 음식점업을 식당업, 주점업, 다과점업으로 분류하고 있다. 식당업에는 한식점업, 중국음식점업, 일본음식점업, 서양음식점업, 음식출장조달업, 자급식 음식조달업, 간이체인음식점업(Chain Lunch Room Operation), 달리 분류되지 않는 식당업(Restaurant)으로 구분하고 있다. 주점업은 일반유흥주점업, 무도유흥주점업, 한국식 유흥주점업, 극장식 주점업, 외국인전용유흥주점업(Amusement Drinking Place-only Foreigner), 달리 분류되지 않는 주점업(Drinking Places)으로 분류하고 있다. 다과점업은 제과점업, 다방업, 달리 분류되지 않는 다과점업(Tea Room & Bakery Stores)으로 구분하고 있다. 한국식품위생법에 의한 분류는 임식점업(휴게음식점업, 일반음식점업)과 주점업(단란주점업, 유흥주점업)으로 구분하고 있다.

또한 한국관광진흥법에서는 제3조 제3항 관광객이용시설업과 제3조 제7항 관광편의시설업으로 관광음식점에 대한 규정을 하고 있으며, 관광진흥법 시행령 제2조 제6항에서는 관광유흥음식점업, 관광극장유흥업, 외국인전용유흥음식점업, 관광식당업으로 분류하여 규정하고 있다.

(1) 유형적 분류

일반적으로 사용되고 있는 외식산업의 분류는 가정 이외에서 행하는 식생활의 총칭인 외식산업의 식사와 음식을 소비하는 급식주체를 영업급식과 집단급식으로 구분할 수 있다.

영업급식은 오직 영리만을 목적으로 음식을 판매하기 때문에 상업적인 외식산업이라 할 수 있으며, 집단급식은 조직 구성원들의 사기 진작과 복리를 목적으로 하기 때문에 비상업급식이라 할 수 있다.

외식산업에 활용되고 있는 또 다른 분류법은 일정한 공간 내에서 식사를 제공하는 점포음식과 배달 및 테이크아웃 등의 음식서비스 형태인 무점포음식 그리고 출장연회 등도 외식산업의 새로운 분류에 포함될 수 있다. 단가에 따라서도 고급·중급·하급으로 나뉠 수 있으며, 국가별·지역별로도 구분되어 외식산업은 시간이 갈수록 더욱 더 세분화되는 경향을 보이고 있다.

(2) 한국표준산업 분류기준에 따른 음식점의 분류

우리나라에서 현행되고 있는 외식산업의 분류는 크게 세 가지로 대별될 수 있다.

① 첫째는 통계청에서 분류하는 한국표준산업분류에 따른 분류

② 둘째는 식품위생법상의 분류

③ 셋째는 관광진흥법상의 분류

각각은 산업의 전체적인 연계나 발전을 고려하여 분류되어 있기보다는 그 기관의 목적을 수행하기 위한 분류방식을 이용하고 있다.

한국표준산업분류는 산업관련 통계자료의 정확성 및 비교성을 확보하기 위해 사업체가 주로 수행하는 산업활동을 유사성에 따라 분류할 것이다. 현행 한국표준산업분류에 따르면 외식산업은 대분류인 숙박 및 음식점업 내에 중분류인 음식점업에 포함되고, 음식점업은 일반음식점업·기타음식점업·주점업·다과점업으로 세분된다.

표준산업분류라 함은 통일된 기준에 따라 각종 산업을 동질적 그룹으로 분류한 체계를 말한다. 국제적으로는 1948년 국제연합 통계위원회가 '모든 경제활동에 관한 국제표준산업분류(ISIC)'를 제정한 바 있으며, 이것은 1968년과 1989년에 개정되었다.

한국에서는 1963~1964년 처음으로 국제표준산업분류에 준거하여 표준산업분류를 제정·시행해 온 이래 8차에 걸쳐 개정하였으며, 현행 산업분류는 산업구조의 변화를 반영하기 위하여 2000년 1월 7일 제8차 개정고시(통계청고시 제2000-10호), 동년 3월 1일부터 시행되었으며, UN 국제표준산업분류를 기초로 작성되었다.

이러한 산업분류를 통하여 각 생산단위가 계속적으로 수행하는 생산적인 경제활동의 유형이 결정되고 각 생산주체의 산업활동에 관련된 통계자료의 수집·제표·분석 등 각종 통계목적에 모든 통계작성기관이

통일적으로 사용할 수 있도록 표준화된다는 것은 산업분류의 큰 의의라고 볼 수 있다.

또한 산업분류는 산업활동에 관련된 각종 통계자료를 산업활동의 유사성에 따라 분류하고자 할 때 이용될 수 있는 일련의 산업활동유형을 제공할 수 있어야 한다. 이러한 목적에 따라 설정된 표준산업분류에 의하여 산업관련 통계를 작성하여 이를 분석함으로써 경제 및 산업구조, 산업 간의 유기적 구성 및 상관성 등을 파악·분석함은 물론, 작성된 국내외 통계자료 간의 비교도 가능하게 되는 것이다.

(3) 식품위생법상의 분류

식품위생법 제21조 2항의 규정에 의한 영업의 세부종류에 일반적으로 칭하는 외식산업을 식품접객업이라 구분하여 분류하고 있다. 식품위생법에서는 크게 음식을 판매하는 음식점과 주류를 판매하는 주점으로 구분하고 있으며, 음식점은 또 주류판매 여부에 따라 구분되고, 주점의 경우는 유흥종사자의 유무에 따라 구분되어 영업의 종류를 휴게음식점업·일반음식점업·단란주점업·유흥주점업으로 분류하고 있다.

(4) 관광진흥법상의 분류

관광진흥법상 외국산업의 종류는 아래의 표와 같으며, 음식점으로는 관광편의시설업과 관광객이용시설업이 있다.

〈표 9-7〉 관광진흥법상 외식업의 분류

대분류	중분류	소분류	상세분류
관광 진흥법	관광객 이용시설업	전문휴양업	휴게음식점영업 일반음식점영업 제과점영업
	관광객 편의시설업	관광유흥음식점업	
		관광극장유흥업	
		외국인전용 유흥음식점업	
		관광식당업	

① 관광객이용시설업(전문휴양업)

- 휴게음식점영업 : 주로 다류(茶類), 아이스크림 등을 조리·판매하거나 패스트푸드점, 분식점 형태의 영업 등 음식류를 조리·판매하는 영업으로 음주행위가 허용되지 아니하는 영업

- 일반음식점영업 : 음식류를 조리·판매하는 영업으로 식사와 함께 부수적으로 음주행위가 허용되는 영업
- 제과점영업 : 주로 빵, 떡, 과자 등을 제조·판매하는 영업으로 음주행위가 허용되지 아니하는 영업

② 관광객편의시설업

- 관광유흥음식점업 : 식품위생법령에 따른 유흥주점 영업의 허가를 받은 자가 관광객이 이용하기 적합한 한국 전통 분위기의 시설을 갖추어 그 시설을 이용하는 자에게 음식을 제공하고 노래와 춤을 감상하게 하거나 춤을 추게 하는 영업
- 관광극장유흥업 : 식품위생법령에 따른 유흥주점 영업의 허가를 받은 자가 관광객이 이용하기 적합한 무도를 갖추어 그 시설을 이용하는 자에게 음식을 제공하고 노래와 춤을 감상하게 하거나 춤을 추게 하는 영업
- 외국인전용 유흥음식점업 : 식품위생법령에 따른 유흥주점 영업의 허가를 받은 자가 관광객이 이용하기 적합한 시설을 갖추어 그 시설을 이용하는 자에게 주류나 그 밖의 음식을 제공하고 노래와 춤을 감상하게 하거나 춤을 추게 하는 영업
- 관광식당업 : 식품위생법령에 따른 일반음식점영업의 허가를 받은 자가 관광객이 이용하기 적합한 음식 제공시설을 갖추고 관광객에게 특정 국가의 음식을 전문적으로 제공하는 영업

2) 외식업의 특성

외식업은 음식과 음료를 인적서비스와 함께 제공하는 접객서비스업이며, 고객의 주문에 의하여 음식과 음료를 조리 및 준비하는 제조업이다. 그리고 일정 장소에서 일어나는 입지산업이며, 고객에게 직접 효율적인 장소에서 생산된 상품과 소비가 이루어지고 판매되는 유통판매업의 성격을 띤 복합적인 사업이다. 아울러 외식업은 사회문화와 고객의 욕구변화에 대응하는 건강식 메뉴개발, 메뉴의 다양화, 수준 높은 서비스제공, 인적관리, 마케팅전략 등을 효과적으로 운영해야 한다는 특성을 지닌다.

한편 관광외식산업은 지역문화와 지리적 특성과 같은 지역의 특수성이 반영되어 있기 때문에 관광객과 함께 지역주민 또한 고객이다. 따라서 관광객의 입맛뿐만 아니라 지역주민의 입맛을 충족시킬 수 있는 경영관리나 마케팅, 고객관리도 매우 중요하다. 외식산업연구에서는 주요 성공요인으로 외식산업의 특성을 고려한 상품, 입지경쟁, 서비스, 경영관리능력, 실내장식, 주차시설, 효율적인 설계, 즐거운 분위기, 차별화된 메뉴, 합리적인 가격, 양질의 서비스, 청결함 등을 거론하고 있다.

외식업은 상권 및 입지의존성, 세심한 인적서비스 의존성, 식음료 생산과 판매의 동시성, 수요예측의 불확실성, 상품생산을 위한 식자재의 부패용이성, 체인경영 및 가맹사업의 용이성, 현금 창출의 용이성, 타 산업보다 높은 이직률 등의 산업적 특성을 지니고 있다.

(1) 높은 입지의존성

외식산업은 상권 내의 상주고객과 유동고객을 어떻게 나의 고객으로 만드느냐에 따라 사업의 성패가 달려 있는 지역밀착형 산업이다. 같은 콘셉트와 같은 규모의 식당이라 할지라도 입지에 따라 그 성과는 전혀 다를 수 있다. 따라서 외식산업은 타 산업에 비해 입지에 대한 의존도가 상당히 높기 때문에 입지산업이라고 부르기도 한다. 한 번 정한 입지는 변경이 쉽지 않으므로 입지선택 당시 지역 상권과 상권 내의 소비자동향 등에 대한 정확한 분석을 해야 한다.

(2) 노동집약성

다른 산업이 기술과 자본집약적인 데 비해, 외식산업은 인적 의존도가 높은 노동집약적 산업이다. 인적서비스를 중시하므로 자동화의 한계가 있고, 1인당 생산성이 다른 산업에 비해 낮다. 업장의 경우 고객서비스를 위해 많은 인력이 필요하고, 주방의 경우도 조리사들이 직접 조리를 해야 하는 부분이 많으므로 높은 기술력을 가진 직원에 대한 의존도가 높다. 그리고 인력의 대체는 상품의 질에 많은 영향을 미칠 수 있다.

(3) 높은 이직률

외식산업은 노동집약적 산업이고, 1인당 생산성이 다른 산업에 비해 낮으며, 영세한 업소들이 많기 때문에, 직원들의 임금과 복리후생이 다른 산업에 비해 열악하다. 따라서 높은 이직률을 갖고 있다. 하지만 다국적의 외식기업들과 대기업의 외식산업 진출로 업소의 운영이 과학화·대형화·체인화되면서 근무환경이 많이 개선되어 높은 이직률도 개선되어 가고 있다.

(4) 시간적 제약성

사람들이 식사를 하는 시간은 한정되어 있고, 계절적으로 먹고자 하는 음식이 다를 수 있다. 따라서 하루 중에도 사람이 붐비는 시간이 있는가 하면, 텅텅 비는 시간도 있고, 1년을 기준으로 해서도 영어이 잘 되는 때와 영어이 잘 안되는 때가 있을 수 있다. 이와 같이 일정한 시간때에만 고객들이 몰리고, 그 외의 시간대에는 고개들의 거의 없으므로 일정하게 매출을 유지하는 데 한계가 있을 수 있다. 다라서 근무 스케줄의 차별화 등을 통해 시간제약에 따른 운영의 비효율을 극복해 나가야 한다.

(5) 수요예측의 불확실성

언제, 얼마만큼의 고객이 올지 예측할 수 있는 단서가 거의 없다. 대부분 아무런 이유도 없이 고객이 급격히 감소하거나, 감당할 수 없을 만큼 고객이 밀려들어 오기도 한다. 정확한 수요예측은 운영의 효율성과 함께 원가절감의 요소이므로, 단골고객을 확보하는 등의 안정적인 수요를 확보하는 것이 좋다.

(6) 현금수입창출의 용이성

외식업체를 이용하는 고객들은 외상을 거의 하지 않고, 현금과 카드로 요금을 지불한다. 카드의 경우도 일정수수료를 공제하고, 5일 이내에 현금으로 입금되므로 현금수입창출이 용이하다. 따라서 대기업들도 원활한 현금흐름을 목적으로 외식사업에 진출하기도 한다.

(7) 식자재의 부패용이성

외식업체의 식자재는 대부분 당일 소모되는 채소·과일·유제품 등의 비 저장품과 육류·어패류 등의 1차 식품들로 보존기간이 매우 짧아 쉽게 부패할 수 있다. 따라서 외식업체에서는 저장관리와 적정구매에 심혈을 기울이고, 특별메뉴전략 등을 통해 재고활용을 하고 있다.

특히 외식업은 고객의 기호에 따라 강한 영향을 미치는 산업이므로 고객 지향적인 대응으로 효과적인 운영을 해야 한다.

3.3. 외식업의 프랜차이즈시스템

외식업은 프랜차이즈산업 전체의 한 부문인 동시에 외식산업 경영시스템의 한 부문으로, 서비스업의 큰 범위 내에서 고객을 만족시켜주고 그에 대한 대가인 경영성과를 통하여 기업의 이윤을 추구한다. 그리고 외식산업은 서비스산업으로서 일반산업과 달리 프랜차이즈시스템화이라는 특수성을 가지고 있다.

프랜차이즈시스템은 이미 미국이나 일본에서 성공한 비즈니스 형태이다. 프랜차이즈산업 선진국이라 할 수 있는 미국의 경우 전체 산업 총매출의 36%를 프랜차이즈산업이 차지하고 있다.

프랜차이즈산업 변화의 주요 요인은 사회적·경제적·문화적·기술적 요인과 연계하여 여러 분야의 산업을 성장시킨 사례를 통하여 파악할 수 있다. 프랜차이즈시스템은 프랜차이즈가맹점이 가맹본부의 브랜드

명, 로고, 복합적 의미의 상품, 경영노하우, 마케팅능력과 기술, 운영 및 관리매뉴얼, 사업과 관련된 지식, 정보 등에 대해 일정한 대가를 계약에 의해 지불하고 상호 경영목표인 이윤을 달성하기 위해 지속적이면서 체계적으로 운영되어 지는 시스템이라 정의할 수 있다.

3.4. 국가별 외식문화의 특성

국가별 외식문화의 특성은 다양하게 나타난다. 외식산업은 어느 업종보다 고용창출효과가 크며, 최고의 문화산업 중의 하나로 인식되어 각 국은 음식산업수출에 노력을 기울이고 있다. 태국의 경우 글로벌타이레스토랑(GTR)이라는 법인을 만들고, 'Kitchen of the World'프로젝트하에 해외 태국식당 브랜드화에 나서고 있다. 일본의 경우는 '미스터 초밥왕' 등 초밥요리 일인자를 꿈꾸는 만화를 보급시키며 외식을 통한 일본문화 전파에 전략적으로 다가가고 있다.

국내 외식시장은 사회 전반의 구조변화를 비롯하여 외식소비행동과 관련된 여러 가지 제반환경변화로 인하여 비교적 짧은 시간 동안에 산업의 한 분야로써 괄목할 만한 성장과 발전을 이룩하게 되었다.

특히 우리나라 외식업은 경제사회 변화로 인한 식생활 문화의 변화, 고객욕구의 상승, 다양한 기대가치의 변화 등에 의하여 새로운 업태가 계속 개발되고 있다. 일반적으로 현재의 업종은 패스트푸드(Fast Food), 패밀리레스토랑(Family Restaurant), 캐주얼다이닝(Casual Dining Restaurant), 파인다이닝(Fine Dining Restaurant)의 형태로 분류된다. 그리고 우리나라의 패밀리레스토랑은 말 그대로 가족동반고객을 겨냥한 전문회식업소로서 가족단위의 외식고객이 부담 없는 가격으로 편안함을 느끼며 식사할 수 있는 식당을 말한다. 수입하는 브랜드에 따라 패밀리레스토랑, 캐주얼다이닝레스토랑, 스테이크하우스레스토랑(Stake-House Restaurant), 스포츠바레스토랑(Sports Bar Restaurant) 등 다양한 이름으로 고객들에게 차별적으로 인식되고자 하지만 아직까지도 우리나라 고객들에게는 하나의 개념인 패밀리레스토랑으로만 인식되고 있다.

1) 미국

미국레스토랑협회(NRA)는 외식산업을 영리를 목적으로 하는 상업적 외식업체와 단체급식을 목적으로 하는 각종 기관 및 군대 집단을 대상으로 하는 외식업체로 다음과 같이 구분하고 있다.

(1) 상업적 외식업체(Commercial Food Service)

- 외식업 : 일반음식점, 전문음식점, 소매음식점, 카페테리아, 일반음료 판매점, 케이터링, 패스트푸드,

숙박음식점, 바 또는 숙박시설 음식점 등이다.

- 위탁업 : 학교·사무실·대학·병원·공장 등의 구내식당, 항공기·열차·선박 등 기내식, 공공시설의 구내식당 등이다.
- 기타 : 편의점, 이동차량, 자판기 등이다.

(2) 기관(Institutional Food Service)

국공립학교 단체급식(초·중·고·대학교), 병원급식, 고아원, 양로원 등 공공시설기관 급식, 스포츠클럽 등의 급식, 특수재활원, 교도소 등이다.

(3) 군대

장교클럽 및 식당 등이다.

2) 영국

영국의 음식은 단순하며, 요리방법을 극단적으로 말하면 삶거나 오븐에 넣어 익히는 것이 고작이다. 영국인들은 요리를 할 때 조미료를 거의 사용하지 않고 먹을 때 소금이나 후추등의 향신료를 기호에 따라서 사용한다. 영국은 로스트 비프요리, 생선요리로서 피쉬 칩스, 홍자로 유명하다.

3) 프랑스

프랑스 요리는 섬세한 맛이 특징이며 프랑스 요리에서 가장 중요한 역할을 하는 것은 소스이다. 한편 프랑스 요리는 크림을 많이 써서 열량이 높으며, 느끼한 편이다.

4) 이탈리아

이탈리아 요리는 북쪽으로 갈수록 크림을 많이 사용하지만 보통은 올리브유를 사용한다. 남쪽으로 갈수록 마늘도 많이 사용하며, 특히 이탈이아 요리에서 가장 중요한 재료가 토마토이다. 토마토를 소스용으로 익혀 먹을 때는 작고 갸름하게 생긴 토마토를 사용한다.

5) 일본

일본은 불교의 영향과 천황이 서기 687년에 소, 말, 개, 닭고기 등을 먹지 못하도록 하였는데 이 영향으로 주로 외식업의 주는 생선이다. 일본은 기교가 부족한 대신 '생 요리' 문화가 발달하였다. 여기서 '생'요리는 회와 샐러드 같은 것만 가리키는 것이 아닌 그 재료의 맛을 최대한 끌어내는 요리가 발달되어 있다고 하는 것이다. 일본 통산성 표준산업분류는 단체급식을 제외한 상업적 외식업을 다음과 같이 분류하고 있다.

(1) 식당·레스토랑 : 주로 음식을 그 장소에서 먹을 수 있도록 하는 영업형태로 식당, 대중식당, 기호음식점 등이 있다.

(2) 일본요리점 : 튀김, 장어, 산천어, 돌솥밥, 주먹밥, 다채옥 등

(3) 서양요리점 : 그릴, 레스토랑, 이탈리아, 러시아, 프랑스 등의 서양요리점

(4) 중화요리점 및 기타 동양요리점 : 중화요리, 상해, 북경, 대만, 사천, 한국요리, 만두집, 중화국수 등

(5) 소바집·우동집

(6) 초밥집

(7) 요정 : 기생집, 요정 등

(8) 바·카바레·나이트클럽 : 카페, 살롱, 카바레, 나이트클럽, 바, 스낵바 등

(9) 주점·비어홀 : 대중주장, 조류 구이집, 오뎅집, 주방, 비어 홀 등

(10) 카페·커피숍 : 기사땡, Fruit Bar, 음악다실, 스낵 등

(11) 기타 음식점 : 휴식소, 대복실, 빙수옥, 감주옥, Drive-in , 기호식당

일본 음식문화의 특징

- 불필요한 조리를 하지 않는 음식문화 : 전통적인 일본 음식문화는 가능한 조리하지 않고, 재료 자체의 자연의 맛을 살리려는 특성이 있음. 초밥이나 생선회와 같은 단순한 조리방법을 통해 일본의 음식문화를 알 수 있다.
- 음식의 계절성 : 계절변화에 따른 다양한 채소, 계절음식 섭취
- 음심의 심미성 : 그릇과 음식의 색체와 조화, 식탁의 전반적인 조화고려
- 가장 중요한 식재료 '쌀과 술': 일본인들은 밥과 술은 동질적 식품이라 생각함. 일본 술은 쌀을 원료로 만듦.
- 대두와 조미료 : 단백질 섭취를 위해 대두이용, 발효성 조미료를 만들어 섭취, 일본의 낫토는 조리하지 않고 날 것을 그대로 먹음
- 칼 기술의 특수화 : 일본음식은 단순한 조리법이 중시되고 음식을 데코레이션을 하기 위해서 칼 기술이 중요함.
- 매 식사 후 차 제공 : 차 마시는 습관은 자연과 조화를 이루려는 일본인들의 정신이라 볼 수 있음.

6) 중국

중국은 서양의 프랑스처럼 다양한 식재료를 가지고 있는 국가이며, 4000년 역사를 지니고 있다. 중화요리는 '생것으로 만든 요리' 가 드물다는 것을 제외하고는 대부분의 다양한 조리법을 구사하고 있다. 또한 중국 사람들의 주식은 쌀이며, 특히 볶음밥(챠향)이 많이 발달해 있으며 날 것과 담백한 것을 별로 좋아하지 않는 민족이다. 중국이 차의 원산지라 하지만 차 문화는 발달하지 않았고 식사의 일부분 정도로 그쳐있다

7) 베트남

베트남의 주된 양념은 '장류'이며, 베트남 사람들은 생선을 발효시켜 만든 어장인 '누크맘'을 매우 중요한 양념으로 사용한다. 음식의 맛은 대체적으로 단 맛이며, 양념의 주가 되는 '다레' 는 누크맘에 라임이나 매운 고춧가루를 섞어서 만든 것이다. 남부지역은 프랑스, 미국, 타이요리의 영향을 많이 받았으며, 중부지역의 대표적인 요리는 "후에'요리가 있다. 북부지역은 추운지역이라 남부보다는 음식이 덜 달고 덜 시면서, 간이 약해 단백한 맛이 특징이다.

- 미국의 대표음식 : 햄버거, 핫도그, 애플 파이. 칠면조요리, 스테이크, 클램 차우더, 레몬네이드
- 이탈리아 대표음식 : 파스타, 피자, 리조또
- 프랑스의 대표음식 : 푸아그라테린, 캐비어, 에스카르고, 뫼니에르, 송로버섯, 빵
- 중국의 대표음식 : 사천요리, 광둥요리, 북경요리, 상해요리

4. 관광쇼핑과 공연안내서비스의 이해

4.1. 관광쇼핑서비스의 이해

관광쇼핑은 쇼핑을 주된 목적으로 하는 관광을 하는 것을 의미한다. 관광쇼핑 서비스 유형에는 면세점, 백화점, 재래시장, 이태원, 인사동, 관광기념품점 등이 있다.

4.2. 관광쇼핑의 개념과 의의

관광지에서의 쇼핑은 관광객뿐만 아니라 기념품을 받을 사람들에게까지 그 나라의 역사, 문화, 문물에 이르는 다양한 관심을 갖게 한다. 특히 관광기념품(Souvenir)은 관광지의 이미지 구축에도 중요하지만 관광지의 홍보매체로서도 중요한 역할을 한다.

관광쇼핑은 더 이상 관광의 부수적 행위가 아니라 숙박이나 볼거리 등과 같은 관광객들의 중요활동의 하나로서, 관광객들은 관광지를 선택할 때 그곳에서 좋은 물건을 살 수 있는지, 또는 여행지에서 구입한 물건의 품질이나 가격 등이 신뢰할 수 있는 것인지에 대해 점점 더 많은 관심을 보이고 있다.

이러한 쇼핑경험은 관광목적지의 이미지 형성에 큰 영향을 미치고 있으며, 관광쇼핑의 중요성 및 의의가 지대함을 알 수 있다. 쇼핑관광 측면에서 쇼핑이란 행위는 쇼핑상품(기념품, 토산품, 특산품)의 쇼핑을 통한 만족감과 욕구충족을 통해 관광의 활성화를 기하는 것으로, 상품을 구매한 관광객은 그 국가의 전통문화를 이해할 수 있다.

관광객이 그들의 욕구에 따라 관광지에서 물건을 구매하는 행위를 포함하여, 먹기, 구경하기 등 그 과정에서 부수적으로 일어나는 모든 행위를 관광쇼핑으로 볼 수 있다. 그러므로 관광쇼핑상품은 관광산업에 있어 외화가득률이 가장 높은 업종인 동시에 각 지역문화, 풍습, 기술수준 등이 집약되어 있다는 점에서 관광정책에서 중요한 관심대상이라고 할 수 있다.

따라서 관광쇼핑은 광의의 개념에 의하면, 관광쇼핑의 내용적 범위와 공간적 범위를 확대하여 해당지역민이나 국민들의 일상 생활권에 위치한 각종 판매업을 의미한다.

또한 협의의 개념에 의하면, 관광활동이 일어나는 관광지를 중심으로 공간적 범위를 한정하여 상품을 판매하는 1차적 관광사업을 의미하고 한국관광협회중앙회(KTA : Korea Tourism Association)는 관광기념품점, 면세판매점, 사후면세점, 기타 관광판매업체를 관광기념품판매업으로 등록하고 있다.

4.3. 쇼핑관광의 특성과 종류

1) 관광쇼핑의 특성

계절성에 따른 수요변동, 과잉경쟁, 관광활동의 부수적 서비스, 업무의 비 효율화, 전문업종화, 유통판매의 불합리성, 외화가득율과 부가가치성 제고, 유휴노동력 활용 등을 들 수 있다. 이러한 관광쇼핑의 특징은 다음과 같다.

① 순수한 목적으로 쇼핑을 즐기며 감상하는 목적별 관광과는 다른 형태의 관광으로서 민족문화를 배

경으로 한 예술적 가치가 있어야 한다.

② 관광객이 관광지에서 직접 수출되는 제품을 구매할 경우 화물운반비등의 배제가 가능하고 미관뿐만 아니라 운송이 용이한 포장이어야 한다.

③ 튼튼하고 부피가 작아 휴대하기 편리해야 한다.

④ 다양한 관광객 기호를 충족시켜야 한다.

⑤ 보존성이 좋아야 한다.

⑥ 가격이 적절해야 한다.

⑦ 관광소비에 의한 외화가득률이 높다.

⑧ 관광쇼핑은 관련된 산업을 활성화 시키고, 경제적 파급효과를 가져온다.

⑨ 관광쇼핑이 활성화됨에 따라 이와 관련된 분야의 고용창출 및 고용증대효과를 가져온다.

⑩ 지역문화의 상품화, 지역환경 및 정책변화 발전매체의 역할을 한다.

2) 관광상품의 종류

풍토입지조건에 따른 향토특산품, 농가공산품, 관광기념품 측면에서 토산품류(목공예, 나전칠기, 김치, 수정제품, 옥과 휘석, 인삼, 고려청자, 조선백자, 기타 토산식품 등), 기념품류(담배, 화장품, 신발류, 모자류, 와이셔츠, 액세서리, 관광지도, 만년필 등)이 있다. 그리고 관광쇼핑장소로는 면세점, 백화점, 재래시장, 이태원과 인사동, 기타 관광기념품점 등이 있다.

3) 세계 각국의 쇼핑품목

- 스위스 : 시계와 보석, 오르골, 초콜릿, 군용 칼
- 러시아 : 목각인형, 호박류 제품, 보드카
- 영국 : 도자기, 구두, 바바리, 고급 패션제품
- 프랑스 : 이브생로랑 등 유명 화장품, 유명패션 제품
- 이탈리아 : 의류 및 가방, 크리스탈제품, 각종 수공예 양가죽제품
- 포르투갈 : 은·금세공제품, 와인
- 독일 : 도자기, 주방용 칼, 스틸제품
- 스페인 : 금속수공예, 소가죽제품, 양탄자와 카펫, 수공예 목제가구
- 벨기에 : 자수레이스, 자수손수건, 크리스탈제품, 초콜릿, 치즈, 햄
- 네덜란드 : 다이아몬드, 치즈, 나막신, 수공예품, 도자기, 꽃

- 폴란드 : 전통술, 쇼팽, 보드카, 호박제품
- 헝가리 : 자수, 목공예품, 가죽제품, 금속세공, 도자기
- 오스트리아 : 유리잔, 티롤산 꿀, 훈제돼지고기, 고전음악 CD
- 스웨덴 : 질 좋은 도자기, 스포츠용품, 직물, 수공예품, 모피, 크리스탈, 보석류와 은제품, 가구, 자동차
- 체코 : 꼭두각시 인형, 크리스탈, 호박제품, 음악용 CD
- 일본 : 칠보, 실크제품, 목판화, 전자제품, 구두·핸드백 등 맞춤상품, 패션과 뷰티제품
- 태국 : 실크제품, 은제품, 가죽제품, 진주크림
- 싱가포르 : 술, 담배, 각종 브랜드 제품
- 인도 : 카펫, 인도면사, 실크, 수공예품, 가죽, 각구, 등나무와 대나무 제품이 유명한 쇼핑품목이다.
- 미국 : 각종 브랜드 제품, 육가공 제품
- 캐나다 : 메이플시럽, 각종 식품류, 코위찬스웨터, 캐나다 특유의 소품류가 유명한 쇼핑품목
- 오스트레일리아 : 각종 보석류, 맘보, 양모, 아쿠보라 모자, 캥거루 인형제품, 드리자본레인코트, 부메랑 공예품
- 뉴질랜드 : 마누카 꿀, 머드제품, 녹용제품, 양모제품 등이 유명한 쇼핑품목
- 이집트 : 낙타가죽제품, 파피루스, 은세공품, 터키는 가죽제품, 구리 및 청동제품, 수공예품, 자수제품, 얼룩마노제품
- 그리스 : 금, 은세공제품, 민속인형, 모직카펫, 피혁 제품 등이 유명한 쇼핑품목

4) 우리나라 각 지역별 유명 쇼핑품목

① 강원도 : 춘천옥, 옻칠공예

② 경기도 : 이천도자기, 안성의 맞춤전통용기, 연천의 병배

③ 경상북도 : 경주의 경주빵, 풍기인삼, 울릉도의 호박엿, 오징어, 울릉약소

④ 경상남도 : 통영의 멸치, 진주의 장생도라지, 언양의 자수정

⑤ 전라남도 : 담양의 죽세공품, 보성의 녹차, 강진의 청자제품, 완도의 김, 미역, 다시마, 멸치 등 해산물, 진도의 구기자

⑥ 충청남도 : 금산인삼, 보령의 남포벼루, 천연머드화장품, 천안의 호두과자, 서천의 한산세모시와 단감, 아산의 표고버섯

⑦ 충청북도 : 충주 사과, 제천의 사과와 한방약초, 괴산의 청결고추, 옥천의 포도, 보은의 송이버섯, 진천의 쌀

⑧ 제주도 : 감귤, 한라봉, 선인장, 백년초, 고등어, 옥돔, 갈치, 표고버섯, 제주 특유의 노동복인 갈옷(갈중이), 돌하르방

5) 관광기념품 구매 시 중요 요인

기념품가격의 적절성, 재질의 독특성, 전반적인 디자인, 운반의 용이성 등이다. 그리고 관광기념품의 역사·문화적 상징성, 독특성, 희귀성, 창조적 아이디어, 정선된 원료 및 세련된 기법, 포장의 용이성과 휴대의 간편성, 색채미와 디자인, 실용성 및 기능성과 같은 속성이 구매의도에 영향을 미치고 있다. 결과적으로 관광기념품은 상징적인 의미보다는 실용적인 측면이 강조되며, 선택요소로는 관광상품 콘텐츠의 간편성, 실용성, 적절한 가격, 품질, 보존의 용이성 등이 고려되고 있다고 볼 수 있다.

4.4. 관광쇼핑서비스의 유형

1) 면세점

면세점은 한국에 수입되는 상품에 부과하는 관세와 자국에서 생산되어 유통되고 잇는 상품에 부과하는 내국세(Tax), 관세(Tariff)등 일체의 세금이 부과되지 않는 점포를 말하며 면세점은 자격을 갖춘 특정인에게만 상품을 면세로 판매한다. 면세점의 유형에는 국제공항이나 출입국시 내국인과 외국인이 이용하는 공항면세점, 선물을 구입하지 못한 여행자들을 위해 기내에서 판매하는 기내 면세점, 국가와 국가를 운항하는 국제페리면세점이나 항구에 설치된 면세점으로 다종, 다양한 상품이 준비되어 저렴한 가격으로 구입이 가능하다는 것이 특징이다. 그리고 시내면세점, 국경면세점, 외교관면세점, 군인면세점, 국제유람면세점 등 우리나라의 경우는 시내 면세점에서 물품을 구입하는 경우, 프리오더시스템을 적용할 수 있다.

2) 백화점

면세점 다음으로 외국인관광객에게 선호도가 높은 관광쇼핑장소로서 세계적으로 유명한 다양한 제품을 구입하려는 외국인 관광객을 위해 매장에 외국어에 능통한 직원을 배치하여 쇼핑을 돕는다. 대형백화점들이 도심의 한 복판에 위치하여 교통이 편리하다는 이점이 백화점을 많이 찾는 이유이다.

3) 재래시장

일상생활에 필요한 모든 상품을 취급하는 전문종합시장이다. 이색적으로 24시간 영업하는 것이 외국인

관광객들에게 큰 매력으로 부각되어 지속적인 성장을 한다.

4) 이태원/ 인사동

서울의 요충지에 위치하고 있으며, 쇼핑기능과 유흥기능이 상호보완하면서 외국인관광객들의 쇼핑관광지로 알려졌다.

4.5. 관광쇼핑 상품서비스

관광쇼핑을 하나의 즐거운 경험으로 생각하는 쾌락적 쇼핑성향이 강한 소비자들은 다른 소비자들보다 쇼핑환경을 더 즐거운 것으로 지각하고, 그것으로부터 더 높은 수준의 감각적 자극을 얻는다. 따라서 관광쇼핑행동에 있어서 쾌락적 쇼핑성향이 강한 관광객들은 다른 관광객들보다 새로운 관광지에서의 쇼핑환경이 더 즐거운 것으로 지각할 것이며, 그로부터 더 높은 감각적 자극을 얻을 수 있다. 또한 관광객이 여행 중 쇼핑을 하는 동안 상품을 구매하든 하지 않던 간에, 관광지에서의 쇼핑은 다양한 방법으로 관광객에게 쾌락적 가치를 제공할 것이며, 쇼핑을 여가로 즐기는 사람들은 여행 중의 쇼핑이 더 높은 수준의 쾌락적 가치, 즉 즐거움을 준다고 기대할 수 있다. 그러므로 쇼핑관광객의 신기성 욕구와 감각추구 성향별 쇼핑행동에 차이가 있고, 쾌락적 쇼핑성향은 관광객의 쇼핑행동에 크게 영향을 미치고 있다.

4.6. 관광특구와 쇼핑

관광진흥법 제1장 제2조 제11항에서 관광특구란 "외국인 관광객의 유치·촉진 등을 위하여 관광활동과 관련된 법령을 적용이 배제되거나 완화되고, 관광활동과 관련된 서비스·안내, 체계 및 홍보 등 관광여건을 집중적으로 조성할 필요가 있는 지역으로 이 법에 따라 지정된 곳"으로 정의된다. 그리고 이 지역은 외국인 유치를 위해 외자도입에 따른 각종 세제의 혜택, 영업제한의 철폐, 무사증입국, 출입국절차 간소화, 대기업 참여촉진 등이 이루어질 수 있는 지역이며, 국내외 관광객의 다양한 욕구를 충족시켜 줄 수 있는 여가공간을 창출하여 관광객을 수용할 수 있도록 관광관련 사업을 집중적으로 개발할 수 있는 지역이다.

관광특구 도입의 필요성은

(1) 국가전략산업화 기여(미래지향적, 고부가가치사업의 적극적 육성 및 발전도모, 국가수출산업 활성화에 기여)

(2) 관광산업 문제점의 적극적 해소(관광산업에 대한 각종 규제의 적용 배제, 관광상품의 경쟁력 제고)
(3) 국제관광지로서의 매력과 이미지 창출(개성과 특징이 있는 관광산업자원의 발굴과 조성, 관광지의 국제적 지명도 제고와 사계절 전천후 관광 실현)
(4) 관광자원의 획기적 확충(관광개발 민간자본의 적극적 유치, 관광개발 관련 조세 및 금융 적극지원)에 있다.

관광특구 지정절차는 시·도지사의 관광특구지정 신청과 문화체육관광부장관의 확정이라는 단계적 절차를 거쳐야 하며, 관광특구로 지정할 필요성, 타당성 및 특구지정의 범위를 종합적으로 검토하고 법률적, 사회경제적 효과성(행정자치부, 보건복지부)이 조사된 후 해당지역 주민 등의 의견수렴을 거쳐 지정된다.

관광특구지정의 혜택 및 파급효과는 다음과 같다.

- 법적 효과(관광진흥개발기금 우선지원, 산업은행시설자금 우선지원, 여신규제완화 등)
- 관광객 유치 및 수입증대효과(쇼핑관광지구 활성화, 지역경제 활성화 등)
- 경제적 파급효과(지역소득의 증대, 지역재정력 강화, 지역 내 연관산업 발전, 고용증대, 지가상승, 물가상승 및 소비성향 증대)
- 매출구조의 안정화(비수기 상업의 활성화 등)
- 외부의존성확대(관광개발 추진, 지역 유관산업의 협의체 구성 등)
- 문화적 효과(지역의 특성 있는 문화자원의 발굴과 복원)

지역 애향심 제고, 지역사회의 구조변화(커뮤니케이션의 변화 등)등이 있으며, 관광특구의 지정은 지역사회·문화여건의 향상을 위하여 관광진흥법 제70조(관광특구의 지정), 제 71조(관광특구의 진흥계획), 제72조(관광특구에 대한 지원), 제73조(관광특구에 대한 평가 등), 제74조(다른 법률의 적용배제)의 규정에 의거 지정되고 있다.

그리고 이 법은 1993년 12월 27일 법률 제4645호로 공포되어 1994년 6월 28일부터 시행되고 있다.

4.7. 공연안내서비스의 이해

1) 스토리텔링의 개념과 의의

관광상품에 대한 인식은 관광자의 관점에서 그 상품을 다른 것들과 구별 짓게 하는 인지 요소이다. 즉,

개성, 특성, 차별성을 말하며 관광객이 이용할 이유를 가지고 있어야 하고 관광상품가치에 반영된다. 관광고객의 구매욕구에 적합하지 않은 관광상품은 당연히 시장성이 떨어지기 마련이다. 따라서 관광상품은 그것이 만들어진 개념이 고객의 구매인식과 맞아 떨어질 때 가치를 발휘할 수 있다. 그러나 눈에 보이지 않는 상품에 대한 고객의 인식을 판단하기는 굉장히 어렵다. 학문적인 연구에 의한 사회적인 이론도 중요하지만, 무엇보다도 관광상품에 대한 풍부한 아이디어가 바탕이 되어야 한다.

관광상품기획 측면의 대표적 스토리텔링 사례로 머라이언파크, 벨기에의 오줌싸개 동상, 프랑스 파리의 몽마르뜨 언덕, 로마의 트래비 분수(애천)와 진실의 입(Mouth of Truth), 독일의 로렐라이 언덕의 스토리 등이 있으며, 그 지역을 방문한 관광자들은 대부분 그 여행지에 대하여 다시금 회상한다.

또한 스토리는 여행 중에도 의미가 있지만 여행 후 관광지를 회상할 때 좋은 기억을 남긴다. 따라서 관광상품콘텐츠 기획 시 스토리가 있는 테마여행을 기획하고 추구하는 것이다. 관광자의 감정에 호소할 수 있는 낭만적이고, 그 지역의 정체성을 살린 문화와 자연이 함께하는 스토리는 더욱 빛을 발할 수 있다. 또한 총체적인 관광산업의 트렌드를 잘 파악하고 있어야 하며, 충족되어 있지 않은 관광자의 니즈(Needs)에 주목하여 타당성을 검토해야 한다.

그러므로 상품기획 아이디어, 상품에 대한 개념과 인식의 반영, 신뢰 및 타당도에 대한 연구, 개략적인 상품기획과 설계, 총체적인 종합 논의, 홍보 및 마케팅 방법 강구, 상품 출시 후 피드백, 상품 품질관리 및 고객 재창출 방안 등에 대한 상품기획 단계별 과정을 철저히 논하게 된다.

즉, 관광상품콘텐츠 기획 시 관광상품 아이디어와 함께 개념(How), 인식(Why)을 우선 정립해야 한다. 그리고 누구에게(Who), 무엇을(What), 언제(When), 어디에서(Where)에 해당하는 세부적인 상품기획요인들을 구체적으로 수립해야 한다. 여기서 놓치지 말아야 할 부분은 상품에 대한 이야기로 상품에 대한 스토리 및 철학을 담은 아이디어는 관광자의 구매욕구를 충족시킬 핵심 포인트가 될 수 있기 때문이다.

이러한 스토리텔링은 컨셉(Concept), 콘텐츠(Contents), 편익(Convenience), 커뮤니케이션(Communication), 문화(Culture)의 다섯 가지 전략요소로 이루어지며, 이 다섯 가지 전략요소를 '5C 요소'라고 한다. 관광상품은 고객의 마음을 움직일 스토리를 담고 있어야 하며, 쉽게 접근할 수 있는 매력을 오래 유지시킬 수 있어야 한다. 따라서 관광상품은 문화, 철학, 역사를 담아 비전을 갖고 관광자와 지속적으로 소통해야 한다.

2) 관광스토리텔링서비스 사례

2012년 한국관광공사에서 주최한 스토리텔링에 대한 주제에 '2012년 여수엑스포'의 스토리텔링인 '이순신과 거북선 이야기'가 선정된 바 있다. 또한 충무공 이순신의 업적과 관계가 있는 전라남도 진도군, 해남군, 경상남고 통영시, 거제시, 남해군, 고성군, 충청남고 아산시와 경상북도 봉화군 등 지자체들이 '스토리텔링 전시회'를 운영하고 있다. 또한 대한항공은 유럽의 풍광 좋은 여행지 소개뿐만 아니라 해당 여행지에 얽힌 다양한 이야기를 소개하는 스토리텔링기법을 CF에 적용해 눈길을 끌었다. 브랜드의 스토리를 만들고 이를 바이럴(Viral, 입소문)마케팅으로 전파하는 광고방식으로 주목을 받은 것이다.

이러한 이야기마케팅은 항공사, 관광청, 여행사 등과 같은 관광산업은 물론 식당이나 웨딩업체 등 산업 전반을 아우른다. 이야기마케팅과 기존 바이럴마케팅의 가장 큰 차이로는 콘텐츠의 전문성과 유통을 꼽을 수 있다. 스토리텔링마케팅은 산업별로 분류·검증된 50여 명의 기자와 파워 블로거들을 활용해 의뢰업체에 대한 취재와 컨설팅을 하고 제품에 대한 호기심과 궁금증을 유도하는 이야기를 만들어 낸다. 이후 이를 광고이지만 광고같지 않은 자연스러운 기사로 노출시키고 트위터와 같은 온라인 매체에 주기적으로 노출시켜 광고효과를 높이도록 서비스한다. 또한 이 과정에서 생성된 이야기는 지속적으로 기업의 홍보와 광고에 활용할 수 있다는 점도 장점이다. 제스트항공의 보라카이 취항, 케세이퍼시픽의 비즈니스클래스 수퍼시티 상품, 에어프랑스와 KLM 네덜란드 항공의 온라인 예약, 관광청의 지역소개 등에서도 스토리텔링 마케팅이 적용되었다.

우리나라 스토리텔링 관광지 사례의 예

1. 청량산 열두 봉우리의 이름 - 크고 뛰어난 사람과 그의 세계를 빛내다.

무릇 청량산 봉우리 가운데는 장인(丈人)이라 부르는 것이 있는데, 이는 사람에 빗대어 본 것이라 할 수 있다. 그렇다면 향로(香爐), 연적(硯滴), 탁필(卓筆), 금탑(金塔)이라한 것들은 장인이 좌우에 늘 두는 물건이고, 자란(紫鸞), 서학(仙鶴), 연화(蓮花)라 한 것들은 장인에게 사랑받는 물건이다. 축융(祝融)은 곧 장인의 손님이요, 자소(紫霄)는 곧 장인의 하늘이며, 경일(擎日)은 곧 장인이 가진 뜻을 말한 것이고 혹은 장인이 하는 일을 말한 것이다. 나누어 이름을 붙인 것이 열두 가지 다른 이름이 있다 해도, 통틀어 그 중심이 되는 것은 오로지 하나의 장인이 있을 뿐이다. '장(丈)'이라고 하는 것은 크다는 뜻이다. 사람이 크다는 것은 곧 사람이 도달할 수 있는 지극한 경지를 말한다. 사람이 크다는 것을 이 산에 빗대어 말해보면, 이 산의 단정하고 중후하며 맑고 깨끗함이 그 부류들 가운데서 뛰어나다는 것이다. 또한 이 이름을 지은 사람이 이 산을 사랑하는 것은, 산으로서가 아니라 사람으로 빗대어서 좋아하였다는 것도 짐작할 수 있다.

2. 삼신산을 찾아라! - 중국인이 평생 구경하고 싶어 하던 한국의 삼신산

세상에서 삼신산은 모두 해동에 있다고 한다. 두보의 시에서는 "방장(方丈)은 삼한(三韓)의 밖"이라고 하였고, 주석을 붙인 이는 "방장은 대방군(帶方郡)의 남쪽에 있다"고 하였다. 대방은 바로 남원(南原)의 옛

이름이므로, 지리산(智異山)이 방장산임은 분명하다. 그렇다면 풍악산(楓嶽山)은 봉래산(蓬萊山)이 되고, 한라산(漢拏山)은 영주산(瀛州山)이 되는 것을 미루어 알 수 있다. 세 산 가운데 풍악산이 가장 경치가 좋아, 중국 사람이 "평생 한 번 구경하고 싶다"는 말을 남겼으니 천하에 이름이 난 것을 알 수 있다.

3) 관광쇼핑업의 활성화 방안

관광쇼핑업의 활성화를 위해서는 우선적으로 우리나라를 대표할 수 있는 상품브랜드의 개발과 품질향상을 도모해야 할 것이다.

또한 양질의 관광상품 생산에 필요한 전문기능인력의 양성 및 관리가 필요하며, 판매에 있어서도 상품에 대한 전문지식과 판매와 관련된 기술, 서비스 정신을 갖춘 인력양성에 힘써야 할 것이다.

5. 관광안내와 정보 이해

관광정보는 정보를 이용하는 관광객의 다양한 욕구충족을 위하여 관광행동결정시 필요한 모든 정보를 의미하며, 관광정보는 관광객의 의사결정 시, 불확실성을 감소시켜주고, 관광의 수요를 유발하는 역할을 하는 데 기여한다.

5.1. 관광정보의 정의

관광정보라는 개념은 1990년대에 등장하기 시작하여 확산되기 시작하였다. 관광정보의 등장배경에는 관광안내의 역할이 단순한 안내와 지도배포의 수준을 벗어나지 못하고 국제화, 정보화 추세에 적극적으로 부응하지 못하고 있기 때문이다. 또한 개별관광객과 자가용 이용 관광객 등이 지속적으로 늘어남에 따라 관광안내 정보의 제공이 매우 중요해지고 있으며, 안내 및 예약시스템을 갖춘 보다 효율적인 관광안내 정보시스템을 구축할 필요성이 더욱 절실해 졌기 때문이다. 이로 인해 비호환적 시스템 채택 등으로 인해 야기된 관광정보 제공체계의 취약성을 해소시키고 전반적인 정보의 편재현상을 개선하여 궁극적으로 지역관광산업의 경쟁력 제고와 내외관광객의 관광기회를 증대시키고, 정보화의 급격한 변화에 따라 인터넷 활용 등 안내정보의 제공방법에 있어 환경변화에 적극적으로 대처한 장기적이고 미래적인 관광안내 정보시스템 구축방안을 제시해야 할 것이다.

한편 한국관광공사에서 제공하는 인터넷 관광안내정보는 인터넷 연동시스템으로 전화하여 인터넷상의 관광정보DB를 보강하여 현재 국내·외 네티즌들에게 관광관련 정보서비스를 제공하고 있다. 그리고 각 지방자치단체들에서 제공하는 인터넷 관광정보는 홈페이지를 통하여 제공하고 있으나 제공하는 정보의 수준에 있어서는 지역에 따라 다소 차이가 있다. 각 시·도의 종합관광안내소가 건립되면 이들 관광안내소에는 컴퓨터를 통한 통신정보가 관광안내 정보제공에 있어서 주축을 이룰 것이다. 다음 〈그림 9-4〉는 외래방문객을 대상으로 조사된 한국관광공사 통계조사자료에 따른 한국여행정보 입수경로를 나타낸 것이다.

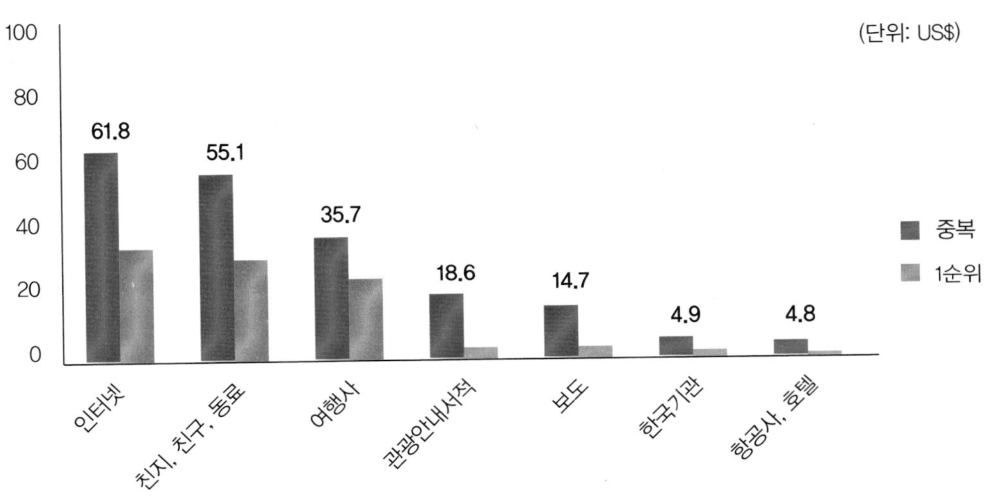

〈그림 9-4〉 외래방문객의 한국여행정보 입수경로(2012)

5.2. 관광정보시스템의 이해

관광정보서비스는 인터넷의 등장으로 인한 관광객 행동의 변화, 여행업과 항공업 간의 유통체계변화 등 관광산업에 많은 영향을 미치고 있으며 이에 관광객 행동변화로서 개별관광 및 개별화된 서비스선호를 들 수 있으며, 관광객들의 인터넷 등의 IT를 통한 관광행위를 하게 되는 선택적 속성이 증가되고 있는 추세이다.

관광정보시스템은 통한 여행상담 역할 등으로 고객선호와 의사결정에 참가하는 시스템으로 발전되고 있다. 이는 웹에서 구할 수 있는 정보가 무한하고, 시간에 따라 그 정보의 양이 확장되고, 자료제공의 질이 향상되고 있기 때문이다. 따라서 관광정보관리시스템은 무엇보다도 관광마케팅자료를 데이터베이스화하여 활용하는 시스템을 갖춰야 한다.

이러한 변화는 관광객의 필요와 욕구에 대응하는 관광대상 및 관광자원환경 즉 교통, 유입자 수, 각종 편의시설 등에 대한 최신정보를 정확하고 신속하게 제공하는 체제의 확립이 요구되고 있다. 또한 지금까지 알려지지 않았던 관광지에 대한 정보제공을 통해 새로운 관광수요를 창출하는 데 관광정보시스템의 필요성이 제기되고 있다. 우리가 한 지역을 홍보하고 관광객을 유인하는 데 있어서 관광정보의 역할은 매우 크다고 할 수 있다.

앞으로 여행업은 웹 환경을 기반으로 통하여 범세계화, 다국적화가 진행되고 있으며 전문적 중소형 여행업체는 다양하고 특수한 고객을 대상으로 한 욕구충족능력을 지속적으로 개발해 나갈 것이며, 여행관련 업체는 다양한 여행상품을 소개하고 이를 판매하기 위하여 웹시스템을 구축과 홍보·마케팅 개발에도 적극 투자할 것이다. 여행업의 경쟁력 강화와 국제관광객을 위한 능동적이고 창조적인 서비스를 웹과 CRS(Computer Reservation System), GDS(Global Distribution System) 등의 여행정보서비스를 통하여 구축해 나가는 것은 국제관광객 유치에 불가피한 선택적 노력이다.

5.3. 관광정보의 매체유형

관광·항공업계는 그동안 인터넷을 기반으로 전자상거래를 이용하여 생존할 수 있는 방안을 강구하여 기존의 실물항공권을 대신할 수 있는 전자티켓시스템을 도입하여 현재 온라인 기술을 예약과 발권에 적용하고 있다.

GDS와 CRS는 전산단말기를 통해 항공예약, 발권운송은 물론 운임 및 기타 여행에 고나한 종합적인 서비스를 제공하는 시스템이다. 우리나라에서 많이 쓰는 CRS는 TOPAS, ABACUS, WORLD SPAN, GALILEO 등이 있다. 약 5,000개의 여행사이트들이 제공되며, 이들 사이트들은 또 호텔예약 등 각자의 홈페이지들을 갖고 있다. 이들 중 약 90%는 목적지사이트로 무엇을 보고, 무엇을 할 것인가에 대한 소개, 날씨나 관습 등을 소개한다. 10% 정도는 기차여행, 항공여행, 선박여행 등과 같은 특정 주제에 관한 정보를 제공하며, 여행사이트의 정보는 각 국가의 관광정보와 밀접히 관련되어 있다.

현재 우리나라에 취하하고 있는 모든 항공사, 호텔 및 여행사들은 경쟁적으로 인터넷 홈페이지를 구축하고 있으며, 각각 자사의 상품을 홍보·판매하고 있다. 국내 CRS인 ABACUS 및 TOPAS와 세계 4대 GDS업체인 SABRE, GALILEO, AMADEUS, WORLD SPAN은 최근 들어 국내에서 본격적인 영업활동을 전개하고 있다. 특히 TOPAS는 AMADEUS의 투자를 이끌어 여행정보를 한 단계 업그레이드한 바, E-TICKET서비스, 전 세계 항공사 430개의 정보검색과 예약서비스, 5만 1천여 개의 호텔예약서비스, 50여 개의 렌터카예약서비스 등을 실행할 수 있는 체제로 변환하여 세계의 GDS업체와 경쟁하고 있다. 다음

〈표 9-8〉 CRS와 GDS의 정의와 현황 비교

구분	CRS(컴퓨터예약시스템)	GDS	
용어	Computer Reservation System	Global Distribution System	
정의	전산단말기를 통해 항공편의 예약 및 발권, 운임정보, 운송정보, 기타 예약에 관한 종합적인 서비스를 제공하는 시스템	CRS를 제공하는 업체의 유통망과 시스템을 통칭	
현황	GDS업체에서 가입 항공사시스템과 연결하여 주요 고객인 여행사로 하여금 관련 업무를 할 수 있도록 기능을 제공	TOPAS ABACUS WORLD SPAN TRAVEL SKY	SABRE AMADEUS INFINI

〈표 9-8〉은 CRS와 GDS의 정의와 현황을 나타내주고 있다.

한편 IATA(International Air Transport Association)는 순수 민간의 국제협력기구로 국제민간항공기구(ICAO; International Civil Aviation Organization) 등 관련기관과 협력한다. 그리고 국제항공운송업무 분야에서 수행하는 주요 기능은

(1) 항공요금의 결정과 IATA 운송회의에서 결정되는 규정 등 전 세계 IATA항공사와 대리점에 대하여 구속력을 가지고 있으며 각국 정부는 이를 인정하고 있다.

(2) 또한 조직에는 총회·집행위원회 이외에 재정·기술·법무·운수·보건 등 5개 상설위원회가 있고 해마다 연차 총회가 열린다.

(3) 항공운송 발전과 제반문제 연구, 안전하고 경제적인 항공운송, 회원업체 사이의 우호증진 등을 목적으로 한다.

(4) 국제항공운임을 결정하고 항공기 양식통일, 연대운임 청산, 일정한 서비스제공 등의 활동을 한다.

(5) 한국 IATA 시스템체제인 BSP(Bank and Settlement Plan)는

(6) 항공사와 대리점 간의 여객운반판매

(7) 판매보고

(8) 판매관리를 간소화·표준화한 업무절차이다.

BSP에 가입한 대리점은 BSP에서 수령한 항공권으로 대리점에서 직접 발권할 수 있다. ATR(Air Ticket Request)은 여객대리점 중 담보능력의 부족으로 항공권을 보유하지 못하고, 승객으로부터 요청받은 항공권을 해당 항공사에서 직접 구입하는 대리점을 말한다. 다음 그림은 온라인 항공예약시스템 구조

도를 나타내고 있다.

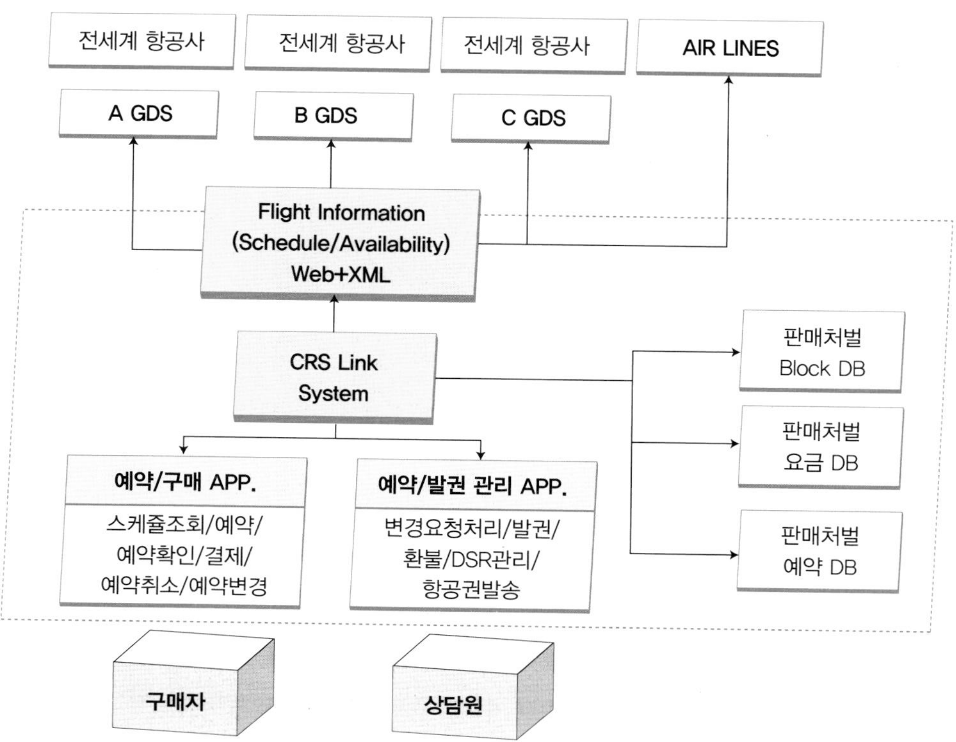

<그림 9-5> 온라인 항공예약시스템 구조도

CRS(컴퓨터예약시스템)의 주요기능

- 관광지에 대한 예약 기능
- 부대서비스 예약 기능
- 고객의 다양한 요구사항 및 특수사항 배려 기능
- 관광지의 여행정보에 대한 세부적인 안내 기능
- 성수기와 비수기별 요구에 대한 차별적 조정 기능
- 마케팅 활성화 기능

5.4. 관광지 안내와 예약시스템

우리나라의 관광정보시스템은 관광지식자원의 콘텐츠 확보, 관광정보의 통합관리체계 구축, 관광지식정보 유통체계 확립에 기본방향을 두고 추진하고 있다. 그리고 관광안내정보시스템의 주요 콘텐츠는 관광안내DB, 예약정보DB, 해외관광안내DB 등 3개 분야로 구성되어 있다. 종합관광정보시스템은 다음의 4가지 종류로 구분하여 설명할 수 있다.

1) 관광자원정보시스템

전국 관광자원 데이터의 가공·정리·저장과 정보이용자별 활용분야를 고려한 다양한 관광정보의 분류 및 구성을 통해 체계적인 관광자원 정보관리체계를 구축하고 관광자원정보의 분석처리기능을 도입하여 관광자원을 활용한 상품개발 및 자원관리를 위한 의사결정지원이 목적인 시스템이다. 중앙정부 관광자원의 종합적인 관리와 지역관광의 활성화, 관광자원정보공유를 통한 정보 활용의 효율성을 높일 수 있을 것으로 기대한다.

2) 관광정책정보시스템

관광과 관련된 지식정보자원을 표준화된 분류에 따라 축적·제공함으로써 중앙정부 및 지자체의 관광정책 수립 및 추진을 전방위적으로 지원하고, 민간부문의 경영전략을 적극적으로 지원하는 데 목적인 시스템이다. 관광통계정보, 관광정책정보, 관광법령정보, 관광학술정보 등의 4개 분야를 주요 정보내용으로 하고 있으며 각 분야별로 세부 분류체계를 두어 정보를 제공하도록 계획한다.

3) 관광산업정보시스템

관광부문의 산업동향, 투자, 상품 등의 정보를 관광관련 이해관계자에게 제공하여 관광산업정책과 업계의 경영전략 수립 및 추진을 지원하는 데 목적이 있다.

4) 관광안내정보지원시스템

NTO를 중심으로 각 정보화 주체들 간의 정보교류를 통한 관광안내 정보제공 서비스의 수준을 제고하고, 효율적인 정보교류체계 및 안내정보의 통합관리방안 가능 목적)이라는 세부 분류에 따른 정보를 제공하도록 계획하는데 목적이 있다. 또한 구축된 관광안내정보를 바탕으로 멀티미디어, Web-GIS, 유·무선 통합서비스, 관광스케쥴시뮬레이션 등의 다양한 제공방식을 통해 효과적으로 정보수요자에 필요한 정보를 공급할 수 있도록 하며, 광역 및 기초자치단체, 민간부문 등의 관광안내정보 제공자에 정보지원을 통해 국내관광안내체계의 획기적 개선과 함께 인터넷을 통한 외국관광객 유치 및 홍보를 강화할 수 있도록 계획하고 있다.

5.5. CRS 과 GDS

1) CRS(Computer Reservation System)은 1964년 AA가 IBM과 합작하여 'SABRE'라는 CRS를 개발하여 항공업계에 처음으로 시작하였다. 종합적인 관광서비스를 제공하기 위한 정보관리시스템으로 CRS는 컴퓨터 단말기를 통해 항공권, 호텔의 숙박 등과 같은 관광상품의 가격, 운임, 기타 종합적인 정보제공을 하며 항공권의 예약, 발권, 판매와 마케팅 수단으로 활용된다.
2) GDS(Global Distribution System)는 CRS가 발전해 나가면서 개발된 것으로 항공사와 여행사가 이용 가능한 컴퓨터예약시스템을 말한다. GDS는 자국의 시장을 보호하고 미국과 유럽, 아시아의 시스템들이 기술적·지역적으로 상호호환체계를 구축하여 복잡한 절차를 간소화 하였다. GDS는 항공좌석예약 기능을 비롯하여 숙박, 렌터카, 철도, 해운에 이르기 까지 관광의 전 과정에 대한 모든 정보를 제공하는 고부가가치 통신망이다.

5.6. TOPAS 와 ABACUS

1) TOPAS는 항공과 호텔, 렌터카 등 다양한 여행서비스를 예약하는 시스템으로 1975년 개발된 우리나라 최초의 CRS이다. 아마데우스(Amadeus)와 제휴하여 전 세계 각 도시의 항공편 예약이 가능하며, 항공권조회와 구매, 각 국가의 호텔, 렌터카 등 다양한 관광정보를 제공한다. 인터넷을 통해 일반인도 쉽게 접근이 가능하다.
2) ABACUS는 아시아나 항공기에서 사용하고 있는 예약시스템으로 최대 CRS회사인 SABRE와 제휴하여 500여 항공사예약이 가능하다. 싱가포르에 본사를 둔 아바쿠스는 항공예약 및 발권, 호텔, 렌터카예약, 공연, 극장, 여행보험 등 다양한 CRS를 제공한다.

5.7. 호텔정보

1) 업장관리시스템(Point of Sales System)은 판매시점 시스템 혹은 포스시스템이라고도 한다. 호텔 내 레스토랑, 라운지, 커피숍, 연회장, 수영장, 헬스클럽 등 부대시설을 관리하는 시스템으로 금전등록기와 연결되어 있다.
2) 객실관리시스템 (Property Management System)은 호텔이용 관련 정보, 예약사항, 가격 등 호텔 객실판매와 운영에 관한 정보를 제공하여 객실을 최적으로 판매할 수 있도록 효율성을 증대시키는 호텔정보시스템을 말한다. 예약, 등록, 정산, 입력, 조회, 교환실, 객실관리 등의 서비스를 통해 고객의 욕구에 신속하게 대응하는 업무를 담당한다.
3) 중앙예약시스템(Central Reservation System)은 호텔이 체인화 되면서 호텔 간 효율적인 예약시스템의 연결을 위해 활용한다. 고객관계관리 시스템을 구축하여 활용하고 있으며, 객실관리시스템과 업장관리시스템의 고객이력관리메뉴를 활용하며, 매출관리시스템을 운영한다.

5.8. 관광목적지정보

1) 중앙집중형은 공급자와 이용자가 직접 연결되어 정보를 제공하며, 국가차원에서 관리한다.
2) 지역집중형은 특정지역의 관광정보만 제공하며 각 지방자치 단체에서는 지역수준에서 활용한다.
3) 지역 간 네트워크형은 하나의 DIS가 다른 지역의 시스템과 연결되어 네트워크를 형성하며, 온라인으로 연결되면, 국가적인 정보제공이 가능하다.

단원 핵심요약

▶ 숙박업 조직의 기능은 다음과 같다.

- Line Organization : 관리자와 노무자 사이의 관계가 하나의 직선처럼 연결되어 있고 직접 상사에 대해서만이 책임을 지고 권한을 행사할 수 있는 부문관리기능
- Functional Organization : 경영기능의 수평적 분화를 명확히 정하고, 전문화에 의한 관리자의 분업 상 이익을 확보하기 위한 조직 기능
- Line &Functional Organization : Line 조직의 지휘 · 명령의 통일성을 유지하고 조정의 원리를 확보하는 반면, 수평적 분화에 의한 책임과 권한을 확립하여 위임의 원리를 충분히 받아들이려는 조직기능
- Staff Organization : 경영활동의 원만한 업무수행을 돕고 각 부문 간의 조정을 도모하여 최고 경영자를 보좌하는 조직기능
- Line & Staff Organization : Line조직의 결정 · 명령 · 집행에 관한 것과 Staff조직의 조언, 권고, 자문 서비스를 상호보완 · 의존하는 관계의 조직형태 기능

▶ 관광교통의 구성요소는 다음과 같다.

- 관광교통의 주체 : 관광교통의 주체인 관광객은 관광의 주체로 관광교통의 수요를 창출하는 수요자를 말한다.
- 관광교통수단 : 관광객을 목적지까지 운송하는 교통수단인 자동차, 열차, 선박, 항공기, 캠핑카, 관광버스, 관광열차, 리조트 열차, 크루즈, 헬기 등이 있다.
- 교통운임 : 관광패키지 상품에 적용된 포괄요금의 형태와 시간, 장소, 계절에 따라 탄력적으로 적용되는 운임체계를 가지고 있다.
- 관광교통서비스 : 일반교통업과는 달리 인적 · 물적 서비스가 상품화 되어 가치를 부여 받고 있으며, 서비스의 양과 질에 따라 관광교통에 대한 가치 평가가 가능하다. 관광 상품의 전반적인 가치에도 영향을 준다.

▶ 관광교통의 기본적인 특성은 다음과 같다.

- 무형재 : 생산된 교통서비스의 저장이 불가능하다.
- 수요의 편재성 : 관광과 관련된 본원적 수요, 수요의 탄력성이 높다.
- 자본의 유휴성 : 성수기를 제외하면 적재력이 남아 자본의 유휴성이 높음
- 독점성 : 이동을 전제로 하는 관광의 특성상 독점형태의 성격

▶ PNR 여정작성의 특성

- PNR 작성에서의 필수 입력사항
- 기본 지시어는 O 또는 N
- 여정작성 : 항공좌석 예약 요청
- AVAILABILITY 조회 후 작성하거나 AVAILABILITY없이 직접 입력
- 좌석의 수와 승객의 수가 일치해야 함 (단, 만 2세 미만의 유아 승객은 좌석을 점유하지 않으므로

좌석 수에 포함시키지 않는다.)

▶ 외식업은 상권 및 입지의존성, 세심한 인적서비스 의존성, 식음료 생산과 판매의 동시성, 수요예측의 불확실성, 상품생산을 위한 식자재의 부패 용이성, 체인경영 및 가맹사업의 용이성, 현금 창출의 용이성, 타 산업보다 높은 이직률 등의 산업적 특성을 지니고 있다.

▶ 외식업의 특징은 다음과 같다
- 높은 인적 의존도 : 노동집약적인 사업, 사람에 의한 영업활동에 의존
- 생산 · 소비의 동시성
- 다품종 소량판매
- 상품의 시간적 · 공간적 제약
- 수요예측의 불확실성
- 높은 입지 의존성 : 점포위치가 업소운영의 관건, 매출액 · 업태결정의 요소
- 체인경영 및 가맹사업의 용이성 : 전국을 체인화하여 영업망을 구축하는 영업시스템
- 타산업보다 높은 이직률
- 사회복지 · 문화사업
- 현금창출의 용이성
- 매뉴얼화 사업 : 시스템 위주의 전문성이 요구되는 사업, 업장의 특성에 맞는 차별화를 위해서는 매뉴얼화가 필요한 사업
- 독점기업이 지배하지 않는 모방성 사업 : 외식산업은 일반제조업과는 달리 독점적 시장지배가 불가능한 산업이며 규모의 대형화에 한계가 있다.
- 소비자의 기호가 강하게 영향을 미치는 산업 : 외식업은 소비산업이며, 소비자의 존재를 전제로 하는 산업이다

▶ CRS(컴퓨터예약시스템)의 주요기능은 다음과 같다.
- 관광지에 대한 예약 기능
- 부대서비스 예약 기능
- 고객의 다양한 요구사항 및 특수사항 배려 기능
- 관광지의 여행정보에 대한 세부적인 안내 기능
- 성수기와 비수기별 요구에 대한 차별적 조정 기능
- 마케팅 활성화 기능

▶ 관광정보의 매체유형에는 인터넷 관광정보, 시청각매체, 인쇄매체정보, 구전정보, 관광관련기관, 개인의 과거 경험가 있다.

▶ 관광지 안내와 예약시스템의 종류
- 관광지 안내유형(지도, 표지, 홍보물, 전자정보)
- 관광지 안내정보서비스(지역정보체계, 현지정보체계)
- 예약시스템(컴퓨터예약시스템, 한국관광공사 및 각 지방자치단체 홈페이지 예약시스템)

알아두면 좋아요

에버랜드 '체류형 관광지'로 변신

국내 최대 테마파크인 경기 용인 에버랜드가 2025년까지'체류형'관광지로 변신한다. 300실 규모의 리조트 호텔과 상업시설 등을 갖춰 관광 한류의 재도약을 꿈꾼다는 구상이다.

용인시와 제일모직(주)은 2일 용인시청사 정책토론실에서 정찬민 시장과 제일모직 김봉영 사장이 참석한 가운데 에버랜드 일대 '유원지 개발을 위한 업무협약(MOU)'을 체결했다.

협약에 따라 제일모직은 에버랜드 내 유휴부지 1,323만여㎡에 1조5,000억여원을 들여 '에버랜드 캐슬 리조트 호텔'과 에코파크, 아쿠아리움, 상업시설 등을 2025년까지 1,2단계로 나눠 건립한다.

이미 지난달 29일 건축허가가 난 리조트 호텔은 호암호수 주변에 지하 3층~지상 7층, 건축연면적 3만2,520㎡ 규모다. 호텔 내에는 객실 300실과 연회장, 수영장, 스파 등의 부대시설이 들어선다. 이르면 7월 착공해 2017년 3월 준공 예정이다.

제일모직은 또 에버랜드 안에 연면적 2만3,054㎡ 규모의 아쿠아리움을 2022년까지 만들 계획이다. 코엑스의 1.5배에 달하는 아쿠아리움은 대형 수족관과 수중터널, 4D극장 등 체험교육시설로 꾸며진다.

산림이 울창한 포곡읍 신원리 주변 384만㎡에는 에코파크도 조성한다. 에코파크는 아트존과 웰빙존, 어드벤처존 등 3구역에 전망대 · 북카페 · 야영장 · 체험학습장 · 힐링센터 등을 갖춘다.

상업시설은 에버랜드 정문 주변 1만9210㎡ 규모로 들어선다. 제일모직은 기존 상가를 헐어 레스토랑, 판매시설 등을 새로 정비 · 확대한다는 구상이다. 건설에는 제일모직과 9월 합병을 추진 중인 삼성물산이 참여할 것으로 전해졌다.

이날 협약식에서 제일모직은 사업비를 조기 투자해 일자리 창출과 지역경제 활성화를 돕기로 했고 용인시는 인허가 등 행정적인 지원을 약속했다.

앞서 용인시는 이런 내용의 복합레저휴양 테마파크 개발계획을 담은 도시계획시설 변경안을 지난 3월 승인했다.

용인시는 이번 사업이 계획대로 추진되면 일자리가 새로 생기고 연간 세수가 100억원 이상 늘어날 것으로 기대했다. 에버랜드를 찾아 쇼핑을 즐기고 숙박하는 관광객도 급격하게 증가해 지역상권이 활성화할 것으로 봤다.

〈출처 : 한국일보, 2015.07.02 〉

International Medical Tourism

관광종사원에 대한 이해

단원 학습목표

- 관광종사원의 정의를 학습하고, 관광종사원의 역할과 수준을 파악한다.
- 관광자원의 정의와 개념을 이해하고, 관광자원의 유형과 특성을 학습한다.
- 관광이벤트의 개념을 이해한다.
- 관광이벤트의 유형과 특성을 파악하고, 시사점을 학습한다.

1. 관광종사원에 대한 이해

관광종사원이란 관광사업체에 의해 고용되어 관광객에게 유·무형의 서비스를 제공함으로써 관광객에게 만족을 주고 그에 상응하는 만큼의 경제적 급부를 제공받는 사람을 말한다. 여기에는 호텔 종사원, 관광가이드, 관광버스운전사 등과 같은 직업이 포함된다.

1.1. 관광종사원의 정의

관광종사원의 자격제도는 관광통역사 제도를 시작으로 관광에 대한 전문지식과 기술을 일정수준 이상 갖춘 자로 하여금 관광사업체에 종사하게 함으로써 관광산업 서비스의 질을 향상시키고 서비스에 대한 신뢰도를 증진시키고자 제도화 되었다. 우리나라는 경제사회 발전에 부응하는 관광전문인력의 자질향상과 우수한 관광종사원의 양성·확보를 위하여 많은 노력을 해왔다. 또한 관광분야 서비스의 국제화를 유도함으로써 날로 치열해지는 관광서비스 경쟁에 대처해 왔다.

향후 관광산업발전에 따라 유능한 관광인적 자원을 양성하고 기존 종사원의 자질을 제고시키는 일은 매우 중요하며, 이를 위하여 정부는 관광종사원이 관광산업에 종사할 수 있는 전문적인 자격을 취득할 수 있도록 교육과 자격제도를 운영하고, 관광종사원에 대한 재교육을 지속적으로 실시하고 있다.

관광종사원은 그 직무의 특수성과 전문성에 적합한 일정한 자질과 능력이 요구된다. 우리나라 관광진흥법 제38조는 '관광종사원의 자격 등'에 관하여 규정하고 있으며, 제39조는 관광종사원의 교육에 대하여, 제40조는 관광종사원의 자격취소에 대하여 법적 근거를 명시하고 있다. 그리고 관광진흥법 시행령 제36조는 '자격을 필요로 하는 관광업무 자격기준'을, 제37조는 '시·도지사 관할 관광종사원 자격기준'을 규정하고 있다. 또한 관광진흥법 시행규칙 제22조는 '국외여행인솔자의 자격요건'에 필요한 교육내용·교육기관의 지정기준 및 절차, 그 밖에 필요한 사항을 정하여 고시하고 있다. 아울러 국제회의육성에 관한 법률 제10조는 국제회의 전문인력의 교육훈련 등에 관하여 법적 근거를 마련하고 있다.

우리나라는 2009년 5월 의료법 개정을 통하여 외국인 환자 유치행위허용 및 기반제도 마련과 의료관광 원스톱서비스센터운영, 전문인력양성 등 의료의 신뢰도를 구축하는 노력의 일환으로 전문인력양성체계 구축 및 국가기술자격 도입을 추진하고 있다.

관광종사원 분류에 의한 자격으로는 국제의료관광코디네이터, 컨벤션자격사(국제회의기획사 등), 관광통역안내사, 국외여행인솔자, 국내관광안내사, 호텔서비스사, 호텔관리사, 호텔경영사 등이 있으며, 국가기술 및 전문자격증으로 인정된다.

특히 국제의료관광코디네이터는 의료관광산업에서 의료관광고객의 욕구에 따라 의료서비스체험과 관광문화체험 접점에서 의료진과 환자와의 사이에서 조정자 역할 및 행정적 서비스를 제공하며, 외국인의 특성에 맞는 의료관광상품을 기획하는 상품기획가, 의료관광상품을 알리고 외국인 환자를 유치하는 의료관광마케터, 입국한 환자를 안내하면서 통역서비스를 제공하는 의료관광통역사로서의 업무 등을 수행하는 전문직업인으로서 그 담당업무가 전문적이다. 이에 업무분야에서 요구되는 의료관광 상담능력, 진료서비스지원 능력, 리스크관리 능력, 관광서비스능력, 통역능력, 의료관광마케팅능력, 의료행정절차관리능력 등을 갖추고 있어야 한다.

1.2. 관광종사원의 역할

우리나라는 국민소득 및 여가시간의 증대에 따라 국내관광이 급속히 늘어남에 따라 관광종사자들에게 건전한 국내여행안내사가 되도록 계도하고, 관광안내사로서 고유한 관광자원을 올바르게 인식시키는 등의 역할을 감안하여 관광진흥법에 의한 자격시험제도를 마련하고 있다. 우수한 자격을 겸비한 관광통역안내사의 확보를 위하여 1962년부터 관광통역안내사 자격시험을 실시하고 있다.

관광숙박업과 관련된 국가전문자격증제도로 호텔경영의 총괄업무와 종사원의 지원·감독을 담당하는 호텔경영사, 호텔의 각 분야 업장별 관리와 종사원의 감독업무를 담당하는 호텔관리사, 관광호텔의 현관, 객실, 식당의 접객 업무를 담당하는 호텔서비스사 등이 있다. 이들은 일정수준이상의 관광에 관한 전문지식과 기술을 갖춘 자로서, 관광산업의 서비스 질과 신뢰도를 증진시키는 역할을 담당하고 있다.

〈표 10-1〉 관광통역안내사의 인적서비스 구성요인

구성요인	서비스 자세
전문성	외국어 구사능력, 관광지안내와 정보제공, 풍부한 지식과 상식, 회의 또는 산업시찰 관련 정보의 사전습득
신뢰성	일정준수, 성실한 자세, 일정과 상황에 대한 충분한 사전설명
반응성	상황대처능력(순발력), 고객의 질문에 대한 성실한 태도, 영어를 모국어로 하지 않는 고객에 대한 세심한 배려와 인내심
확신성	친절성, 인솔능력, 책임감
공감성	한국문화의 해설능력, 한국에 대한 긍정적 이미지 부여, 다국적 참가자의 문화와 특성에 대한 사전지식과 참가자에 대한 배려

위의 표는 PZB와 Sheriff의 선행연구를 통해 입증된 SERVQUAL모형을 이용한 것으로 일반관광객을 대상으로 한 관광프로그램 관광통역안내사의 인적 서비스품질 구성요인이다. 이는 관광통역안내사가 갖추어야 할 서비스 자세를 나타낸다.

그리고 다음 〈표 10-2〉는 한국의 외래방문객에 대한 한국관광공사의 조사통계로 항목별·연도별 관광서비스 만족도를 나타낸다. 한국여행에 대한 만족도는 '치안(안전성)'(4.24점), '쇼핑'(4.21점), '대중교통'(4.13점), '숙박'(4.12점) 등의 순으로 높았고 연도별 분석 결과, '출입국절차', '대중교통', '쇼핑' 등에서 2012년 대비 만족도가 상승하였다. 특히 '출입국절차'(4.03점 → 4.10점)에 대한 상승폭이 가장 큰 것으로 나타났다.

<표 10-2> 외래방문객의 한국여행에 대한 항목별 만족도

(5점 만점, 단위 : %)

구분	매우 만족	만족	보통	불만족	매우 불만족	평균(점)
출입국절차	30.1	52.4	15.6	1.6	0.4	4.1
대중교통	31.4	50.9	14.7	1.4	0.3	4.13
숙박	30.8	52.3	15	1.4	0.4	4.12
음식	32.9	48.2	16.2	2.4	0.3	4.11
쇼핑	33.6	48.2	12.1	0.7	0.1	4.21
관광지매력도	22.9	53	19.6	0.9	0.2	4.01
관광안내서비스	21.8	47.5	20.7	1.7	0.4	3.96
언어소통	14.7	40.7	34.9	8.1	1.4	3.59
여행경비	18.8	52	26	2.3	0.3	3.87
치안(안정성)	37.5	49.8	11.7	0.9	0.1	4.24

<표 10-3> 외래방문객의 연도별 한국여행에 대한 만족도

(단위 : 점))

구분	2013년	2012년	2011년	2010년	2009년
출입국절차	4.1	4.03	4	4.1	4.11
대중교통	4.13	4.08	3.98	3.99	3.93
숙박	4.12	4.1	3.92	4.05	4.06
음식	4.11	4.12	4.04	4.05	4.02
쇼핑	4.21	4.17	4.12	4.08	4.03
관광지매력도	4.01	4.03	3.89	3.94	3.86
관광안내서비스	3.96	3.97	3.82	3.91	3.84
언어소통	3.59	3.64	3.41	–	–
여행경비	3.87	3.89	3.74	–	–
치안(안정성)	4.24	4.2	4.07	–	–

다음 <그림 10-1> 그래프는 한국 여행 시 좋았던 점을 조사한 결과이며, 사람들이 친절하다가 49.9%로 관광종사원의 관광서비스 중요성을 알 수 있다.

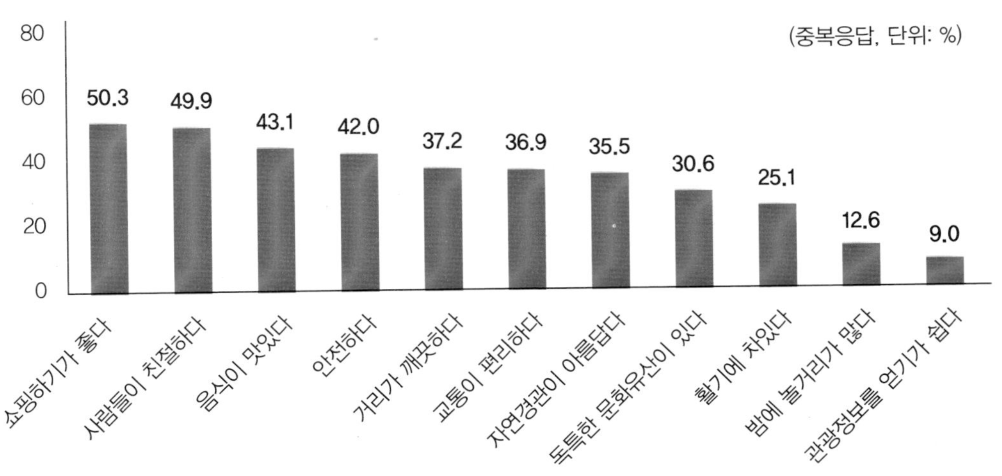

〈그림 10-1〉 외래방문객의 한국 여행시 좋았던 점 (2013)

2. 서비스품질과 자세

2.1. 서비스품질

서비스품질에 대해 미국마케팅학회(American Marketing Association)는 "서비스를 판매목적으로 제공되거나 또는 상품판매와 연계되어 제공되는 모든 활동·편익·만족"이라고 정의한다. 서비스란 어떤 행위나 효익으로, 본질적이고 무형적이며 유형적 제품에 결합될 수 있으며, 고객서비스는 제품전략의 한 부분으로 기업이 시장에 제공하는 제품에는 서비스가 포함된다. Kotler(1996)는 고객서비스를 기업의 전체 가공물의 한 부분으로 보고 이러한 제공물을 단순제품, 서비스를 수반한 유형재, 제품이나 서비스를 수반한 서비스, 단순서비스의 4개의 범주로 나누었다.

Stanton(1991)은 서비스를 욕구와 만족을 제공하는 확인 가능한 무형적 행위로서 제품이나 다른 서비스의 판매와 반드시 결부되지도 않고 유형재의 사용이 반드시 요구되지도 않는 것이라 정의하였으며, 사용이 요구될 때라도 이들 유형재의 소유권 이전은 없는 것으로 보았다.

Kotler의 주장과 마찬가지로 서비스에 대한 정의를 제품과 서비스의 연속선상에서 파악하고자 하였다. 따라서 서비스는 물체를 소유함으로써 고객의 효용이 나타나기보다는 행위와 성과에 의해 나타난다고 보았다. 이러한 행위는 그 행위가 발생하는 과정에서 출발해야하는 투입요소로서의 행위, 산출요소로서의 효익과 만족을 위해 제3자의 자원을 이용하는 과정, 노력 또는 행위의 수반이라 할 수 있다. 이와 같은 서비스가 갖고 있는 기본적인 특성으로 무형성, 생산과 소비의 동시성, 이질성, 소멸성 등이다.

2.2. 관광종사원의 서비스 자세

서비스인의 바람직한 자세로 가장 우선되는 것은 고객을 감동시킬 수 있는 자기희생이다. 고객은 다양하며 고객에 따라 원하는 것과 취향이 다르기 때문에 고객 모두를 만족시키고 감동시키는 일은 결코 쉽지가 않다. 그러나 고객 한 사람 한 사람을 진심에서 우러나오는 정성으로 대한다면 이를 거부할 고객은 없다. 여기서 말하는 정성을 좀 더 구체적으로 말하면 고객 개개인에 대한 배려와 자기희생이다. 관광서비스인은 어떠한 환경에서도 고객을 향해 미소를 잃지 말아야 한다. 그리고 어떤 경우에도 고객의 기쁨을 위해 자기를 희생하겠다는 자세가 우선해야 한다. 이러한 자세로 모든 고객을 대한다면 고객은 우리의 행동에 감동할 것이다.

관광종사원의 직업의식은 자기분야에서 최고가 되겠다는 마음자세로서 창조와 개척의 마음자세, 혁신의 마음자세, 신념과 패기의 마음자세라고 할 수 있다.

관광종사원의 역할과 자세

- 국가 및 지역의 이미지 제고
- 조직목표에 부합하는 노력
- 고객만족 향상에 기여
- 재방문 할 수 있는 진정성 있는 근무자세
- 바른 자세와 위생관리의 근무태도 유지
- 전문지식 습득으로 실력 향상
- 서비스 정신의 적극적 실천
- 친절 미소로 진정한 환대정신 유지
- 정확한 정보 제공

3. 관광자원의 이해

3.1. 관광자원의 정의와 개념

관광자원(Tourism Resources)은 라틴어의 'Resurgere'와 영어의 'Resources'에 기초하며 관광의 주

체인 관광객의 욕구(Desire)와 동기(Motivation)의 대상이자 관광행동의 목적물인 유·무형의 모든 관광대상을 말한다.

관광자원은 관광의 주체인 관광객으로 하여금 관광욕구나 관광행동을 유발시키는 목적물인 관광대상을 말한다. 특히 관광객의 관광지선택에 있어서 관광지가 가지고 있는 가치에 많은 영향을 받기 때문에 관광시장에서 관광자원상품을 다양하게 조화시켜야 하며, 관광지에서의 관광자원은 가장 본질적인 요소로 그 관광지의 정체성을 가장 잘 표현해주며, 관광객의 욕구를 충족시켜 줄 수 있다.

광의의 관광자원은 자연·문화·사회·산업·인문·역사·취락·인적 자원을 총칭한다고 볼 수 있으며, 협의의 관광자원은 인간의 관광동기를 충족시켜 줄 수 있는 생태계 내의 유형·무형의 모든 자원으로서 보존·보호하지 않으면 그 가치를 상실할 성질을 내포하고 있는 자원이라고 정의한다. 관광자원은 관광객의 욕구에 따라 그 대상물의 가치가 다를 수 있으며, 관광사업 측면에서 다양한 경제적 가치를 지닐 수 있다. 또한, 관광자원은 관광대상물로써 위락적·문화적·교육적 가치를 갖게 된다. 관광자원은 관광수입 측면에서 수익을 창출할 수 있는 것이어야 하며, 관광객에게 매력성과 호기심(Curiosity)을 유발시킬 수 있는 목적물이 될 수 있어야 한다.

관광자원의 개념을 선행연구자를 중심으로 살펴보면 관광자원에 대한 개념정의는 관광자의 욕구충족과 동기를 유발시키는 것이며, 자원의 특성상 보존·보호가 필요한 동시에 그 가치가 시간변화에 따라 달라지는 상대적 의미를 지닌 것이고, 이용의 특성상 현장성과 장소성을 지닌 것으로 정리해 볼 수 있다.

관광객들의 방문 대상지역 선정은 교환 가능한 단일상품과 서비스가 아니고 방문 대상지역의 기후, 문화적 환경, 지리적 환경과 같은 특성들의 집합을 고려하여 선정한다는 것이다.

이런 점에서 관광자원은 김성기(1988)의 견해처럼 관광자원의 개별요소가 상호 유기적으로 결합하여 관광욕구를 충족시키는 특성을 갖고 있다고 할 수 있다.

〈표 10-4〉 관광자원의 유형

연구자	관광자원의 유형
Smith(1989,1992)	위락, 문화, 역사, 환경
Przeclawski(1993)	인지, 위락 및 여흥, 보양, 창조, 교육, 직업, 종료순례, 가족관계
이장춘(1997)	관광자원의 성격, 관광지역의 성격, 관광지의 규모, 관광지의 생명주기, 관광시장거리, 체재기간, 이용시기, 기후와 계절, 개발주체 및 관광자의 관광목적
David and Laura(2002)	자연요소, 명소, 역사요소, 자연문화요소, 스포츠요소, 기능요소, 전통문화요소
Juan and Francisco(2008)	관광형, 휴양목적형(모험, 관광, 탐구, 흥미, 휴식, 해변생활)

〈표 10-5〉 관광자원에 대한 학자별 개념 정의

연구자	관광자원에 대한 개념정의
김성기	관광자원은 관광대상지를 구성하는 구성요소들로서 그 유형은 매우 다양하며, 각 요소들의 특성에 따라 각기 다른 역할을 담당하면서 상호간의유기적 관계를 맺음으로써 관광자의 욕구를 충족시키고 아울러 관광활동을 원활히 하는 데 직접적으로 수반되는 제반 요인 및 요소들의 총체
김홍운	관광객의 욕구나 동기를 일으키는 매력성을 갖고 있으며, 관광행동을 유발시키는 유인성과 개발을 통해 관광대상이 되고, 자연과 인간의 상호작용의 결과인 동시에 자원의 범위는 자연 · 인문자원과 유 · 무형의 자원으로 범위가 넓으며 사회구조와 시대에 따라 가치가 달라져서 보호 또는 보존이 필요한 것
박석희	관광자의 관광동기나 관광행동을 유발하게끔 매력과 유인성을 지니고 있으면서, 관광자의 욕구를 충족시켜 주는 유형 · 무형의 소재이며, 관광활동을 원활히 하기 위해 필요한 제반 요소인데, 이것은 보전 · 보호가 필요하고, 관광자원이 지닌 가치는 관광자와 시대에 따라 변화하며, 비소모성과 비이동성을 지닌 것

종래까지는 관광의 대상이 될 수 없었던 자원도 대중관광의 보급과 함께 새로운 관광자원으로서 각광을 받기도 하며, 그와 반대로 관광자원으로서의 매력을 점차 상실해가는 자원도 있다. 그러나 그것이 유형물이든 무형물이든 관광객을 유인할 수 있고, 관광수입을 올릴 수 있는 상업성을 띠고 있다면 관광자원이 되는 것이다.

관광이란 대부분 여행이라는 관광적 현상으로 나타나므로 관광동기는 여행동기와 같이 생각할 수 잇는데, 인간이 지금까지 가보지 못한 지방 또는 나라의 경관·기후·풍토 등의 자연환경과 사적 및 풍물 등의 역사적 환경, 그리고 문화시설 등의 사회적 환경 등을 대상으로 하는 것이다.

오늘날 인간에게 있어서 관광동기란 인간의 본능이라고 볼 수 있는 관광욕구로서, 인간은 일상생활의 번잡성과 단조로운 환경에서 벗어나려는 욕구가 작용하는 관광으로 유도되게 된다. 이러한 관광욕구가 관광동기를 유발하게 되며, 관광동기는 실제로 복잡한 동기가 결합되어 발생하나 일상 생활권을 떠나는 이동 그 자체가 관광욕구를 만족시켜 주기도 하기 때문에 이 세상에 있는 모든 것이 관광자원이 될 수가 있다.

그러나 관광자원에는 자연 그대로의 관광자원, 즉 인공적으로 손을 대지 않고서도 원래의 관광자원으로서의 가치를 지니고 있는 관광자원과 다듬어 만든 관광자원, 즉 인공적으로 개발한 관광자원이 있다. 전자의 자연적인 관광자원은 매우 한정되어 있기 때문에 다수의 관광객을 유치하기 위해서는 인공적으로 관광자원을 개발할 필요가 있다고 하겠다.

최근 들어 관광자원을 포괄적으로 인식하려는 경향이 강해지고 있는데, 여러 학자들의 주장을 통해 다음과 같이 관광자원의 특징을 정리할 수 있다.

(1) 관광자원은 관광욕구나 관광동기를 일으키는 매력성을 지니고 있어야 한다.

(2) 관광자원은 관광객의 행동을 끌어들이는 유인성을 지니고 있다.

(3) 관광자원은 개발을 통해서 관광대상이 된다.

(4) 관광자원은 자연과 인간의 상호작용의 결과이다.

(5) 관광자원의 범위는 자연자원과 문화자원, 유형자원과 무형자원 등 아주 넓고 다양하다.

(6) 관광자원은 사회구조나 시대에 따라 가치를 달리한다.

(7) 관광자원은 보존 또는 보호를 필요로 한다.

관광자원의 개념

- 협의의 개념은 관광욕구를 직접적으로 충족시켜주는 요소인 자연자원, 인문자원 등의 자원만을 관광자원으로 보는 것으로서, 매력성과 유인성, 욕구충족 및 동기유발, 보전보호의 필요성, 가치의 변화성, 비소모성, 범위의 다양성, 비이동성이 특성이다.
- 광의의 개념으로는 주 자원외의 관광자원의 가치와 유인력을 높이기 위하여 수반되는 접대시설, 기반시설 등 제반요소를 포함하여 관광자원으로 보는 것이다.

3.2. 관광자원의 유형과 종류

관광지원은 국가나 지역마다 다양하며 분류방법도 학자나 연구기관 등에 따라 다소 차이가 있다.

관광자원의 분류 목적은 관광지를 구성하고 있는 사물, 즉 각종의 환경요인 및 요소를 대상으로 하여 관광자원으로서의 역할과 가치평가를 통대로 미래의 관광수요에 대처할 수 있는 각종 관광자원의 잠재력을 평가할 객관적인 단위와 기준을 설정함으로써 관광객에 대한 유인력과 수용력을 효율적으로 측정하려는 데 있다. 체계적인 유형분류방식은 비교대상이 되는 각 요소의 특성과 가치를 평가하는 기준에 대한 객관성과 신뢰도를 간접적으로 나타내는 것이므로 대단히 중요하다.

1) 관광자원의 유형

(1) 자연적 관광자원

자연의 풍경을 자원화한 형태로 경관, 경색, 풍광, 풍물, 산수, 풍월 등이 있으며, 풍경을 구성하는 요소로는 지형, 지질, 기후, 풍토, 동식물을 중심으로 형성된 자원이 있다.

〈표 10-6〉 역사문화 유적지의 매력속성

연구자	매력속성 요인
Um& Crompton(1992)	역사 · 문화적 볼거리, 유적지의 매력물, 다양한 축제 및 이벤트, 숙박 · 휴양 및 휴식, 주변자연경관, 기후, 위락시설, 물가, 서비스태도
Rao et al.(1992)	역사 · 문화적 볼거리, 자연경관, 전체 분위기, 식사, 숙박, 휴양, 위락, 쇼핑시설, 관리 · 안전, 접근성, 이벤트, 물가, 종사원의 서비스태도
Hu & Ritchie(1993)	역사 · 문화적 매력, 박물관, 교육성, 경관, 편의성, 지역문화, 축제 및 특별 행사, 체험성, 기후, 위락, 쇼핑, 휴양시설, 교통성, 접근성, 지역주민 생활상, 언어소통의 용이성, 관광객에 대한 태도, 가격

(2) 인문적 관광자원

① 문화관광자원 : 유·무형 문화재, 기념물, 민속자료, 박물관, 미술관, 도서관 등 역사문화를 창출시킨 자원을 말한다.

② 사회관광자원 : 국민성과 민족성, 인정, 풍속, 생활 속에서 전승되어 온 모든 생활자료, 예술, 예능 및 사회공공시설 등을 말한다.

③ 산업관광자원 : 현대적인 각종 관광산업, 경제시설을 관광대상으로 하는 견학, 시찰 등을 통한 하나의 관광형태로 이용할 수 있는 시설물을 말한다.

④ 위락관광자원 : 도시공원, 어린이 공원, 골프장, 캠프장, 수렵장, 수영장, 놀이시설 등 자연조성지역의 레크리에이션 등으로 분류된다.

2) 관광자원의 종류

(1) 자연적 관광자원

산악, 구릉, 해양, 도서, 하천, 호수, 산림, 수목, 식물, 화초, 어류, 동물, 온천 등으로 대표적인 사례는 다음과 같다.

① 대한팔경 : 한라산의 고봉, 석굴암의 아침경, 해운대의 저녁달, 지리산의 캠프, 백두산의 천지, 묘향산의 경치, 금강산의 1만 2천 동 기암, 평양 대동강의 을밀대

② 관동팔경 : 통천의 총석정, 고성의 삼일포, 간성의 천간정, 강릉의 경포대, 양양의 낙산사, 삼척의 죽서루, 울진의 망향정, 평해의 월송정

③ 단양팔경 : 도담삼봉, 석문, 옥순봉, 구담봉, 사인암, 상성암, 중선암, 하선암

④ 양산팔경, 월악팔경, 금산팔경 등

(2) 문화적 관광자원

① 역사적 가치가 있는 문화자원, 서원, 사당, 박물관, 생활양식(김치, 신선로, 불고기 등), 각종 문화재, 유적 등을 문화적 관광자원이라 한다.

② 전통민속관광자원 : 전통 민속관광자원은 예의범절, 관혼상제, 효행, 선행, 덕, 장유유서, 전통 민속문화(사물놀이 등) 등이며, 전통 민속자원의 사례로 남원 춘향제, 제주 한라문화제, 백제문화제, 신라문화제, 해남의 강강술래놀이, 안동의 놋다리 밟기, 전주 대사습놀이, 한라산 철쭉제 등이 있다.

(3) 문화재 관광자원

민족문화의 유산으로서 보존할 만한 가치가 있는 것으로 민족의 유구한 자주적, 문화적 정신과 지혜가 담겨 있는 역사적 소산으로 우리의 문화를 소개할 수 있는 관광자원으로 문화재 보호법에 의해 지정된 문화재를 말한다. 구식 건축물(사찰, 교회, 궁전, 성당, 성곽 등), 사적 및 민속 문화 행사, 문화재 및 미술관, 관광시설 등으로 유무형의 문화재, 기념물, 민속자료로 구분된다. 그리고 문화재의 가치성은 예술적 가치성, 종교적 가치성, 학문적 가치성이라 말할 수 있다.

(4) 사회적 관광자원

각종 사회제도, 사회시설, 국민성, 민족성 등을 말하며, 생활형태에는 인정, 풍속, 생활양식, 식사, 의복, 습관 등이 있고 주거형태는 취락과 도시구조를 말한다. 즉 소박한 인정, 풍속, 특색 있는 국민성, 민족성, 음식물, 예절과 제도, 생활 속에 전승되어 온 모든 생활자료와 행사 및 사회공공시설 등을 말한다.

(5) 산업적 관광자원

한 나라의 공업발전상 아울러 각종 농·축·어업 등의 산업수준을 외래 관광자에게 소개하고 경험을 시켜, 생산공정과 제품 및 기술정보를 평가할 수 있게 하여 교양 및 자아 확대의 욕구를 충족시키는 관광자원이다. 또한 산업관광은 지식, 교육관광으로 환영받고 있으며, 국제무역과 국가경제협력을 직·간접적으로 증진시키는 자극제가 되고 있다. 산업관광자원의 종류에는 공장시설, 목장, 농업, 어업, 각종 산업전시시설 등을 들 수 있으며, 엑스포 및 박람회 등은 성공적 산업적 관광자원으로 평가되고 있다.

(6) 위락적 관광자원

관광위락활동이 행해지는 장소와 활동의 성격에 따라 자원의 종류가 다르며, 즐기는 활동적 대상자원, 앉아서 쉬면서 즐기는 휴식대상자원, 보고 음미하는 등의 감상적 대상자원 등으로 구분된다. 즉 하이킹,

등산, 수영, 승마, 수렵, 골프, 캠핑, 동물원, 기타 위락시설 등이 있다. 미국과 일본의 디즈니랜드, 마카오와 미국 라스베가스의 카지노장, 도시공원, 국립공원 야생동물 생식보호지구 등이 대표적이다.

3.3. 관광자원의 특성

관광자원에 대한 연구에 의하면, Coltman(1981)은 목적지가 지녀야할 속성을 매력물(Attractions)과 문화적 설비(Amenities)로 구분하고, 자연환경적 매력물(Natural Environmental Attraction)과 인위적 매력물(Manufactured Attractions)로 설명하였다.

Inskeep(1991)는 관광지 매력물로 자연적 매력물(기후, 경관의 아름다움, 해변과 바다, 동식물군 등의 자연적 환경), 문화적 매력물(건축학적·역사적·문화적 장소, 독특한 문화적 전통과 관습, 예술과 수공예품, 흥미 있는 경제적 활동 및 도시지역 등의 인간활동), 독특한 매력물(주제공원, 위락공원, 쇼핑, 각종 회의, 특별한 이벤트, 카지노 등 인위적으로 창조된 매력)을 들고 있다.

Ritchie(1993)는 관광목적지는 관광이용시설과 서비스의 패키지이고 특별한 개인에게 관광지 매력을 결정하게 하는 다차원적 특성으로 자연적 요소, 사회적 요소, 역사적 요소, 오락과 쇼핑 이용시설, 음식과 숙소 등의 제반시설을 들고 있으며, 관광지 매력도를 측정하기 위한 관광속성으로 기후, 숙박시설, 스포츠·레저활동, 경치, 음식, 유흥시설, 지역특색, 유물과 유적, 지역문화, 지역축제, 교통의 편의성, 쇼핑의 편리성, 물가 등 13가지 항목을 제시한다.

Aaker(1991)는 브랜드에 대한 인지도, 충성도, 제품의 질, 제품에 연상된 이미지 등이 브랜드가치를 형성한다고 보았으며, 브랜드가치를 결정짓는 요소로서 브랜드에 대한 인지도(Awareness), 애호도(Loyalty), 소비자가 인식하는 제품의 질(Perceived Quality), 브랜드를 통해 연상되는 이미지(Associations) 등 4가지를 제시하였다. Srivastava(1991)는 브랜드는 상품이나 서비스를 파는 자가 다른 경쟁자와 구별해서 표시하기 위해 사용하는 명칭(Brand Name), 상징(Symbol), 사인(Sign), 디자인(Design) 또는 그 결합체라고 말한다.

Dobni & Zinkhen(1990)은 관광지의 이미지도 브랜드이미지로서 관광지 결정에 중요한 역할을 하며, 경쟁 관광목적지의 브랜드이미지 또한 해당 관광지 브랜드의 이미지 형성에 영향을 미친다고 주장한다. Simon & Sullivan(1990)는 브랜드의 가치를 결정하는 것 중 브랜드의 연상 이미지가 매우 주요한 변수이며, 브랜드의 연상이미지를 형성하는 것으로는 제품으로서의 브랜드의 구매가치와 브랜드의 독특함을 들 수 있다고 하였다. 이태희(2001)는 관광브랜드가치를 결정하는 요소로 관광지 인지도(Destination Awareness), 관광지에 대한 선호도(Destination Preference), 관광지의 방문가치(Destination Value for Visit), 관광지의 독특함(Destination Uniqueness), 관광지의 인기(Destination Popularity), 가격 프리미엄(Destination Price Premium)을 들었다. 따라서 관광자원은 다음과 같은 특성을 지니고 있다.

(1) 관광자원은 자연자원, 인문자원 또는 유형, 무형 등 그 범위가 광범위하다

(2) 관광자원은 개발을 통해서 가치를 향상시킬 수 있다.

(3) 관광자원은 시간과 가치관의 변화에 따라 변할 수 있다.

(4) 관광자원은 보호 및 보존할 필요성이 있다.

3.4. 관광자원의 특성에 의한 관광형태

1) Dark Tourism

휴양과 관광을 위한 일반 여행과 달리 재난과 참상지를 보며 반성과 교훈을 얻는 여행이다. 미국 뉴욕 9.11 테러사건의 '그라운드 제로', 유대인 대학살 현장인 폴란드의 '아우슈비츠 수용소', 수백만 명이 학살된 캄보디아 '킬링필드', 원자폭탄이 투하된 일본의 '히로시마와 나가사키'가 이 여행의 대표적인 사례이다.

2) Model Culture

관광용으로 복원·연출된 민속문화나 역사문화, 또는 그것들을 체험학습 할 수 있는 테마파크를 말한다. 민속문화를 체험하는 하와이의 폴리네시아 문화센터나 한국의 민속촌, 역사를 따라 체험하는 미국의 플리머스 플랜테이션(초기 식민지), 대중적 미디어문화를 체험하는 디즈니랜드 등을 들 수 있다.

3) Mass Tourism

대중관광 또는 관광의 대중화라는 의미이다. 일정 자산과 시간적 여유를 가진 특권계급만이 누릴 수 있던 여행은 여행의 상품화에 따라 대중화되면서 대중에게 싼 값으로 보급되었다. 관광의 대중화 과정은 당일치기의 행락에서부터 숙박을 수반하는 여행, 남성 중심의 여행으로부터 여성이나 어린이도 참가할 수 있는 여행, 단체여행에서 가족이나 소그룹도 참가할 수 있는 여행, 국내여행으로부터 해외여행, 아주 드물게 갈 수 밖에 없었던 여행으로부터 일상적인 여행 등 여러 측면에서 볼 수 있다.

4) Heritage Tourism

역사적 유산을 지니고 있는 문화유산에 한하지 않고 자연유산까지 포함하여 인류의 유산을 답사하는

관광이다. 유네스코의 세계유산, 각 국가의 천연기념물이나 국보, 각종 자치단체의 사적 등을 그 대상으로 한다.

5) Health Tourism(건강관광)

원래는 병의 회복이나 건강을 목적으로 하는 이동이었으나, 일반에 보급되면서 관광의 형태로 자리 잡았다. 현대에 들어서는 장기이식 등의 고도요양이나 심령술을 행하는 여행 등으로 전문화되고 있다. 최근 관광은 스포츠나 건강보양적인 요소가 포함되어 건강관광은 하나의 사회현상으로서 크게 확대되고 있다.

6) Experience Tourism(체험관광)

체험이나 경험하는 것을 목적으로 하는 관광형태이다. 관광이 보급되다 보면 단순히 “보는 관광”에서 “직접 참여하는 관광”으로 변화하는 것이 일반적인 현상이다. 최근에는 도자기 제작, 종이 만들기, 농촌에서의 모심기와 벼 베기, 낙농가에서 젖 짜기, 산촌에서 숯 굽기 등 지역 특성을 반영한 비일상적인 체험을 많이 한다.

7) Dude Ranch(목장체험관광)

휴가를 즐기기 위하여 온 여행객들을 대상으로 직접 승마를 체험하기도 하고 목장작업과정을 보여 주기도 하는 목장을 테마로 한 관광을 말한다.

8) Cultural Tourism(문화관광)

문화적 동기에 입각한 관광활동의 한 형태로 그 내용은 학습, 예술 감상, 축제 및 문화이벤트, 유적방문, 자연, 민속, 예술의 연구 및 순례를 위한 여행 등을 포함하는 광범위한 것이다.

9) Conference

컨벤션과 비슷한 의미의 용어로, 통상적으로 컨벤션에 비해 회의의 진행상 토론회가 많이 열리고 회의 참가자들에게 토론회 참여기회도 자주 주어진다. 또 컨벤션은 다수의 주제를 다루는 업계의 정기회의에 자주 사용되는 반면, 컨퍼런스는 주로 과학·기술·학문 분야의 새로운 지식습득 및 특정 주제의 연구를 위한 회의에 사용된다. 컨퍼런스는 연차회의(Annual)를 수반하며 비교적 그 규모가 크거나 작은 회의중심 모임도 컨퍼런스로 표기한다.

10) Combined(겸·목적관광)

출장·업무·귀성·방문·가사 등과 같이 관광(레크리에이션스포츠를 포함)을 목적으로 하지 않는 여행에서 관광에 참여하는 여행형태를 말한다. 구미에서는 이러한 유형을 관광에 포함시키는 것이 일반적이다. 세분화하자면, 비즈니스(상용), VFR(Visits to Friends and Relatives, 친구·친척 방문), 기타로 나누는 경우가 많다.

11) Promotion of One Product(일촌일품운동)

지역특산품 발굴을 통한 마을재건운동이다. 1979년 일본 오이타현은 지역 활성화의 일환으로 자신의 마을을 대표하는 특산품을 발굴하는 마을에 인센티브를 부여하였다. 그 후 '지역 고유의 자원을 살리고 시장성 있는 상품을 육성하여 지역의 활성화를 꾀하자'는 발상이 전국적으로 확산되어 활발하게 전개되었다. 이러한 일촌일품운동은 1차 산업에만 의존하던 농촌의 경제구조를 관광이나 서비스산업에까지 그 범위를 확장시키는 계기가 되었다.

12) Wanderlust, Sunlust

인간의 관광행동 유형을 유럽의 관광실태를 토대로 원더러스트형과 선러스트형으로 분류할 수 있다. 원더러스트형은 '지식과 견문을 넓히고 체험하는 것을 목적으로 하는 형태'를 말하고, 선러스트형은 '평온함과 편안함을 찾아 적당하다고 생각되는 장소에 일시적으로 이용하는 형태'를 의미한다.

13) Peace Tourism(관광의 평화창출효과)

근대관광은 대중의 교류를 통해서 사람들의 상호이해를 직접적으로 형성하는 기능을 가지고 있다. 국가와 국가 사이에 분쟁이 없고 안전한 여행이 보장되는 것이 근대관광의 조건이며, 그것을 활성화하는 일이 상호 교류와 이해를 높이고 나아가서는 평화적 공존을 끌어내는 것을 관광의 '평화창출효과'라 한다.

14) Island Hopping

도서지역에서 여러 섬을 방문하는 주유성이 높은 관광형태를 말한다. 대표적으로 카리브해 크루즈와 에게해 크루즈가 있다. 한 곳에서의 체재는 짧지만, 전체적인 여행기간은 길어지는 것이 특징이며 여객선의 시설과 쾌적성도 크루즈여행의 매력을 형성하는 커다란 요인이 된다.

15) Fictional Tourism(허구관광)

인터넷 등의 사이버공간 안에서나 종교적 의례, 샤머니즘이나 약물사용 등을 통해 실제로 이동을 하지 않고 의사(擬死)적인 상태에서의 이동을 통한 관광체험활동을 가리킨다.

16) Theme Park

통일된 테마를 바탕으로 오락, 레크리에이션, 놀이 등의 목적을 갖는 시설들로 구성·연출된 유원지를 가리킨다. 오락적·환락적인 요소가 강해지면서 유원지와 차별화하기 위해 사용되기 시작했다. 에버랜드·롯데월드·서울랜드 등이 우리나라의 대표적인 테마파크에 속한다.

17) Technical Visit(산업시찰)

첨단기술과 산업시스템, 근대적 공업시설 등의 시찰을 목적으로 외국 또는 다른 지역을 방문하는 것을 말한다. 기술시찰의 여행계획을 작성하여 그 전문분야에 정통한 안내자를 동행시켜 기술개발이나 생산성 향상을 기하고자 외국을 방문하는 여행형태가 그 대표적인 예이다. 그 목적이 패션·의료·교육 등 보다 넓은 분야로 확대되고 있다.

18) Sustainable Tourism(지속가능한 관광)

지속가능한 개발이라는 개념에 의거한 관광형태를 말한다. 환경과 관광개발을 서로 상반되는 것이 아니라 상호의존적인 것을 파악하여 환경을 보전함으로써 먼 장래에까지 지속가능한 관광개발을 실현시킬 수 있다고 하는 개념이다.

19) Supporting Tourism

빈곤과 기아, 환경파괴와 역사유적의 퇴화 등을 그저 견학만 하는 것이 아니라, 개선과 보전을 목적으로 하는 관광이다. 사막녹화를 위한 식수작업이나 사적의 복구작업 등에 참여하는 투어, 작업에는 참여하지 않지만 여행비용의 일부가 여행지야생생물의 보호나 사적보전을 위한 기금으로 이용되는 투어 등이 있다. NGO 주최의 투어가 많으며 볼룬티어 투어리즘(Volunteer Tourism)이라고도 한다.

20) SIT(Special Interest Tour, 특별관심관광)

단순명소관람 이외의 특별한 목적을 가진 관광으로서 특정한 관심을 충족시키기 위한 투어를 가리킨다. SIT는 기존이 패키지투어에 만족하지 못한 여행자의 다양한 수요를 흡수함과 동시에 정형화된 상품에 대한 차별화로 기획되었다. 자연 그 자체의 탐사에 그치지 않고 자연보호에 대한 관심을 높이는 에코투어나 NGO에 의한 개발도상국가의 농촌체험을 위한 스터디투어도 넓은 의미에서 SIT에 포함된다.

21) Off the Beaten Type(오지탐험여행)

'밟아 다져진 길에서 벗어나라'라는 의미로 남극방문, 히말라야 트레킹, 호주내륙의 아웃백 탐방, 열대우림 탐방, 실크로드 순례 등 개발되지 않은 오지로의 여행을 말한다. 일반 탐험대와 달리 여행회사가 특수행선지로의 여행으로 기획하는 경우에는 모험욕구를 충족시켜 주는 동시에, 여행자의 안전 확보와 환경의 보전도 함께 이루어져야 한다.

22) Bird Watching(탐조관광)

'새를 보러 간다. 본다. 관찰한다' 등 자연 속에서 있는 그대로의 야생조류와 관련을 맺는 것을 즐기는 레크리에이션 및 연구 활동 전반을 가리킨다. 1702년 독일의 야생조류 연구가인 페루나우가 집필한 야생조류의 관찰방법과 즐거움을 전하는 책의 출판을 계기로 야생조류 관찰이 일반적으로 널리 퍼지게 되었으며, 그 후 영국과 스웨덴, 핀란드, 이탈리아 등으로 급속히 퍼져 나갔다.

23) Alternative Tourism

대량관광을 의미하는 매스 투어리즘에 대한 대안관광이다. 대중관광의 폐해를 최소화하여, 관광의 경제적 효과를 그 지역에 미치게 함으로써 관광객과 지역주민 모두 충분히 만족할 수 있는 관광형태의 총칭으로 사용되는 경우가 많다. 그린(Green) 투어리즘, 루럴(Rural) 투어리즘, 에코(Eco) 투어리즘, 소프트(Soft) 투어리즘 등의 형태로 표현된다.

24) Grand Tour

18세기 후반부터 19세기 전반에 걸쳐 영국 귀족들은 자신들의 자녀들을 국제적인 신사로 키우기 위해 앞다투어 문화 선진국을 방문하게 했는데 이러한 영국의 귀족자제들이 활발하게 행한 유럽여행을 가리켜 그랜드 투어라 한다. 직역하면 '대주유(大周遊)여행'이지만 그 내용과 기능에서 보면 '대수학(大修學)여행' 쪽이 더 적합해 보인다.

25) Ethnic Tourism

원주민과 그들의 생활습관·예능·건축·복식·공예품 등 문화적 이국정서를 주된 흥밋거리로 하는 관광 활동의 주요한 형태이다.

26) Eco Tour

그 지역의 생태계를 보호할 목적으로 자연관찰과 문화체험을 한데 엮은 여행형태로, 자연환경, 문화유산, 생활양식을 포함한다.

4. 관광이벤트의 이해

4.1. 관광이벤트의 정의와 개념

이벤트란 용어는 e-(out, 밖으로)와 venire(to come, 오다)의 의미를 가진 Evenire의 파생어인 Eventus로 사용되다 Event로 사용되었다. 이벤트의 사전적 의미는 "사건, 소동, 행사, 중요 사건, 시합, 결과, 경과, 사람을 모으는 행사, 우발적인 행사"이다. 사람들이 모이도록 모임을 개최하여 정해진 목적을 실현시키기 위해서 행해지는 행사로 많은 사람들을 인위적으로 모이게 하여 즐겁게 한다는 측면의 개념이다.

이벤트의 사전계획성을 강조한 부분은 항상 사전 계획적이고 그래서 기대감을 유발할 수 있어야 한다고 정의한다.

목적 실현중심을 강조한 부분은 어떤 목적을 위해서 어떤 조직이 대중동원을 꾀하는 것으로 정의하고 있다.

특별성 강조형 정의는 억압된 인간의 감정과 행동표현의 기회제공이라고 정의하면서 일과성 또는 정기적인 범주를 넘어선 레저, 사회적·문화적 경험의 기회라고 표현하여 이벤트의 특별성을 강조하였다.

이와 같이 이벤트는 새로운 커뮤니케이션 도구이자 마케팅도구이고, 일상적이라기보다는 비일상적으로 행해지는 경제·사회·문화적 특별활동이며 잠재고객을 발굴할 수 있는 행사를 총칭한다. 그리고 이와 관계된 문화관광엑스포·지역축제 등 이벤트성 행사의 중요성이 비약적으로 증가하고 있다. 이에 따라 관광산업의 특징인 서비스상품을 구매하는 참가자의 행동의도에 대한 연구가 운영과 품질의 한 분야로서 연구의 대상이 되고 있다. 또한 생활수준의 질적 향상으로 이벤트에 대한 욕구 역시 매우 다양해져 참가자를 대상으로 한 문화관광이벤트의 질적 향상을 통해 성과를 극대화하기 위한 노력이 요구되고 있다. 다음 <표 10-7>은 선행연구에 의한 이벤트의 정의를 정리한 것이다.

〈표 10-7〉 이벤트의 정의

연구자	이벤트 개념
한국관광공사	사회적 · 시대적으로 의의를 부여하는 행사
한국이벤트연구회	공익 및 기업이익 등 뚜렷한 목적을 가지고 사전기획되어 대상을 참여시키는 사건 또는 행사
일본이벤트 프로듀서 협회	목적을 가지고 특정한 기간에 특정한 자소에서 대상으로 하는 모든 사람들에게 개별적이고 직접적으로 자극을 체험시키는 미디어
Getz	일시적으로 발생하며 기간, 관리, 세팅 등 사람의 독특한 혼합
Golblatt	항상 계획에 따라 기대감을 유발시키며, 특정 동기와 함께 발생되고 필요를 충족시키는 의식과 절차
Gahan & Martin, Uysal	방문객을 성공적으로 맞이할 수 있도록 하는 한 지역의 문화자원 행사

4.2. 관광이벤트의 유형과 특성

관광이벤트는 개최지의 대내·외적 이미지를 강화하고 지역개발 등의 관광관련 목적을 이루기 위해 체계적으로 사전 계획을 세우고, 계획적인 요소를 실행하며 관광객들을 주 대상으로 특별하게 개최되는 관광매력성을 수반한 이벤트를 말한다.

1) 이벤트의 유형

관광이벤트는 공익, 사회적 가치의 촉진 및 문화욕구를 충족시키고, 공공관계를 통한 지역의 이미지제고 등의 목적을 가지고 있으며 지역경제활성화에 기여하고 있다. 관광이벤트는 유형별로 주최자에 따라

(1) 공공이벤트 : 지역이미지진흥 및 활성화, 산업 및 기술의 진흥, 문화 및 국제교류의 추진 등

(2) 기업이벤트 : PR이벤트, 판매촉진이벤트 등

(3) 개인이벤트 : 주최자와 참여자가 가족구성원인 경우로 구분할 수 있다.

〈표 10-8〉 관광자원의 유형

<table>
<tr><th>대분류</th><th colspan="2">소분류</th><th colspan="2">세분류</th></tr>
<tr><td rowspan="5">축제
이벤트</td><td colspan="2">개최기관별</td><td colspan="2">지역자치단체주최 축제, 민간단체주최 축제</td></tr>
<tr><td colspan="2">프로그램별</td><td colspan="2">전통문화축제, 예술축제, 종합축제</td></tr>
<tr><td colspan="2">개최목적별</td><td colspan="2">주민화합축제, 문화관광축제, 산업축제, 특수목적축제</td></tr>
<tr><td colspan="2">자원유형별</td><td colspan="2">자연, 조형구조물, 생활용품, 역사적 사건, 역사적 인물, 음식, 전통문화</td></tr>
<tr><td colspan="2">실시형태별</td><td colspan="2">축제, 지역축제, 카니발, 축연, 퍼레이드, 가장행렬</td></tr>
<tr><td rowspan="7">전시 · 박람회
이벤트</td><td rowspan="4">전시회</td><td rowspan="2">전시목적별</td><td>교역전시</td><td>교역전, 견본시, 산업전시회</td></tr>
<tr><td>감상전시</td><td>예술품전시회, 문화유산전시회</td></tr>
<tr><td>개최주기별</td><td colspan="2">비엔날레, 트리엔날레, 카토리엔날레</td></tr>
<tr><td>전시주제별</td><td colspan="2">정치, 경제, 사회, 문화, 기술, 과학, 의학, 산업, 교육, 관광, 친선, 스포츠, 종교, 무역</td></tr>
<tr><td rowspan="2">박람회</td><td rowspan="2">*BIE
인준별</td><td>BIE인준</td><td>인정(전문)박람회, 등록(종합)박람회</td></tr>
<tr><td>BIE비인준</td><td>국제박람회, 전국규모박람회, 지방박람회</td></tr>
<tr><td colspan="2">행사주제별</td><td colspan="2">인간, 자연, 과학, 환경, 평화, 생활, 기술</td></tr>
<tr><td rowspan="5">회의
이벤트</td><td colspan="2" rowspan="2"></td><td>대규모</td><td>컨벤션, 컨퍼런스, 콩그레스</td></tr>
<tr><td>소규모</td><td>포럼, 심포지움, 패널디스커션, 웨크숍, 강연, 세미나, 미팅</td></tr>
<tr><td colspan="2">개최조직별</td><td colspan="2">협회, 기업, 교육 · 연구기관, 정부기관, 지자체, 정당, 종교단체, 사회봉사단체, 노동조합</td></tr>
<tr><td colspan="2">회의주제별</td><td colspan="2">정치, 경제, 사회문화, 기술, 과학, 의학, 산업, 교육, 관광, 친선, 스포츠, 종료, 무역</td></tr>
<tr><td colspan="2">개최지역별</td><td colspan="2">지역회의, 국내회의, 국제회의</td></tr>
<tr><td rowspan="2">문화
이벤트</td><td colspan="2">문화주제별</td><td colspan="2">방송 · 연예, 음악, 예능, 연극, 영화, 예술</td></tr>
<tr><td colspan="2">경쟁유무별</td><td colspan="2">경연대회, 발표회, 콘서트</td></tr>
<tr><td rowspan="2">스포츠
이벤트</td><td colspan="2">상업성 유무별</td><td colspan="2">프로스포츠경기, 아마추어스포츠경기</td></tr>
<tr><td colspan="2">참여형태별</td><td colspan="2">관전하는 스포츠, 선수로 참여하는 스포츠, 교육에 참여하는 스포츠</td></tr>
<tr><td rowspan="2">기업
이벤트</td><td colspan="2">개최목적별</td><td colspan="2">PR, 판매촉진, 사내단합, 고객서비스, 구성원인센티브</td></tr>
<tr><td colspan="2">실시형태별</td><td colspan="2">신상품설명회, 판촉캠페인, 사내체육대회, 사은서비스</td></tr>
<tr><td>정치
이벤트</td><td colspan="2">개최목적별</td><td colspan="2">전당대회, 정치연설 군중집회, 후원회</td></tr>
<tr><td rowspan="2">개인
이벤트</td><td colspan="2">규칙적 반복</td><td colspan="2">생일, 결혼기념</td></tr>
<tr><td colspan="2">불규칙적</td><td colspan="2">파티, 축하연, 특정모임</td></tr>
</table>

*BIE (Bureau International des Expositions, 박람회 국제사무국)

또한 참가자 범위에 따라 개방형이벤트, 폐쇄형이벤트, 중립형이벤트로 구분할 수 있으며, 참가자 목적에 따라 다음과 같이 구분한다.

(1) 감상형이벤트 : 오락, 교양, 공연, 전시 등

(2) 체험형이벤트 : 스포츠, 축제, 콘테스트 등

(3) 욕구만족형이벤트 : 콘테스트, 교육, 경영대회 등

(4) 정보취득형이벤트 : 학술대회, 전시회, 회의 등으로 구분된다.

세계 각국에서 개최되는 이벤트의 종류가 다양한 만큼 이벤트의 분류도 매우 다양한 방법으로 행해지고 있다. 이벤트의 분류에 있어서 가장 중요한 것은 이벤트의 성격에 의한 분류라고 할 수 있지만, 그 외에도 이벤트의 주최자에 따라 분류하는 방법과 이벤트의 규모와 개방성에 따라 분류하는 방법, 참가자의 관점에서 이벤트를 분류하는 방법 등 매우 다양한 분류방법이 있을 수 있다.

2) 이벤트의 특성

이벤트는 모든 사람의 독특한 아이디어 발상을 통하여 누구나 계획할 수 있는 일반적인 특성을 갖고 있으며, 비일상성, 계획성, 긍정성을 갖춘 즐거움과 미래발전지향적인 개념에 기초하여 발생되는 특성을 지니고 있다. 기본적으로 가지는 이벤트의 특성은 다음과 같다.

(1) 사전 계획성 : 주어진 시간에 특정 목적을 달성하기 위하여 인위적으로 행해지는 계획된 행사

(2) 긍정성 : 이벤트는 즐거움, 좋은 일에 대한 축원, 또는 발전지향 등의 긍정적인 개념

(3) 비 일상성 : 일상생활과 구별되어 빈번히 발생되지 않는 개념의 일 또는 행사

또한 관광이벤트의 특성은 다음과 같다.

(1) 이벤트가 창출하는 주된 수요는 대개 이벤트 그 자체에 대한 수요가 아니라, 일련의 관련 서비스분야이다. 국내의 경우 이벤트를 통한 직접적 수요, 즉 이벤트 현장에서 집객을 통해 얻는 입장권 판매라든지, 임대사업 등의 수익을 강조하는 경향이 있는데, 이벤트의 속성을 제대로 파악하지 못하는 결과라고 할 수 있다.

(2) 이벤트가 창출해 내는 주된 수요는 미리 준비되어 저장된 것이 아니라 단기일 안에 응축되어 나타나는 것이다.

(3) 관광 이벤트의 경우 국비와 지방비의 지원으로 개회되는데, 투입에 따른 실질적 효과는 비교적 적으며, 주된 이득은 주변 관광지의 자산과 서비스의 판매에 대한 바깥으로부터의 자금유입에서 생길 수 있다.

다음 〈표 10-9〉는 선행연구에 의한 축제평가의 속성을 보여준다.

〈표 10-9〉 축제평가의 속성

요인 구분	속성	요인 구분	속성
행사공연	공연시간엄수 공연의 재미 행사프로그램 프로그램 진행 공연관람시설설비	음식	음식의 맛, 음식가격 위생시설, 다양한 메뉴 종업원의 친절함 고객요구응대 음식의 청결
축제내용	흥밋거리, 매력거리 독특한 재미, 즐길거리 전체적인 짜임새 체험프로그램 다양한 볼거리 주제의 다양성	접근성	진입로의 정리 접근성, 연계교통 교통혼잡, 주차시설 주차요원 안내서비스 기사친절도
서비스	안내원서비스 행사요원서비스 종업원서비스 정보제공서비스 전체적서비스	쇼핑	쇼핑상품의 가격 쇼핑종업원의 응대서비스 다양한 상품구성 쇼핑시설 쇼핑상품의 질
편의시설	휴지통, 공중전화 벤치, 화장실 안내표지, 안전성		

3) 관광이벤트 구성요소

이벤트를 효율적이고 긍정적으로 이끌기 위한 관광이벤트 구성요소에는 이벤트주최자(Who), 개최시기(When), 내용(What), 장소(Where), 목적(Why), 이벤트 대상(Whom), 구성과 연출(How), 행사예산(How Much), 즉 6W2H 요소가 필요하다. 이러한 구성요소는 이벤트의 긍정적 효과 측면에서

(1) 경제적 효과 : 상품개발촉진, 관광객유치 및 수입증대효과, 타 업종과의 교류증진 등

(2) 정치적 효과 : 국가이미지개선 및 국민의 자긍심고취, 국제교류의 장 마련, 관광교류 및 인간관계 촉진 등

(3) 사회·문화적 효과 : 개최지주민의 일체감 조성, 역동적 사회생활 조성, 문화 및 관광자원 보존 등
(4) 관광산업효과 :관광지 매력향상, 브랜드이미지 창출, 정체성 강화, 비·성수기 극복 및 양질의 관광객 유치 등의 발전적 효과를 기대할 수 있다.

한편, 이벤트를 구성하고 있는 요소는 매우 다양하며, 그 중에서도 이벤트의 개최와 운영을 위해 반드시 고려해야 할 몇 가지 요소가 있다. 다음의 구성요소들은 각종 이벤트를 기획할 때 고려되어야 할 요인으로 작용한다.

(1) 이벤트의 기간 : 이벤트 개최기간을 설정하기 위해서는 계절별 특성, 시간대별 특성, 개최횟수 등을 고려한다.
(2) 이벤트의 장소 : 이벤트가 개최되는 지역인 개최지와 이벤트 프로그램이 운영되는 특정장소를 고려한다.
(3) 이벤트의 참가대상 : 이벤트의 성격과 개최목적에 맞는 대상을 설정한다.
(4) 이벤트의 개최목적 : 이벤트의 개최목적의 명확화가 필요하다.
(5) 이벤트의 내용 : 이벤트의 주제, 주제를 뒷받침 해주는 각종 프로그램과 운영 등이 중요 요인이 된다.

단원 핵심요약

▶ 관광종사원의 역할과 자세는 다음과 같다.

1. 국가 및 지역의 이미지 제고
2. 전문지식 습득으로 실력 향상
3. 조직목표에 부합하는 노력
4. 서비스 정신의 적극적 실천
5. 고객만족 향상에 기여
6. 친절 미소로 진정한 환대정신 유지
7. 재방문 할 수 있는 진정성 있는 근무자세
8. 정확한 정보 제공
9. 바른 자세와 위생관리의 근무태도 유지

▶ 관광이벤트의 특성은 다음과 같다.

1. 사전계획성 : 치밀하게 계획된 이벤트의 강조, 이벤트의 목적이나 기간, 세팅, 관리 등이 미리 사전 계획된 순서대로 진행된다는 특성을 말한다.
2. 목적 실현성 : 예산을 투입해가면서 치밀한 계획을 수립하여 특정한 목적을 이루기 위해 실시된다.
3. 특별성 : 특정목적을 갖고 사람들에게 특별한 자극을 체험하게 하는 비일상적인 특별한 활동을 말한다.
4. 기본계획(시간, 장소,대상)강조성 : 이벤트 계획수립 시 누가, 언제, 어디서, 무엇을, 어떻게, 왜 라는 육하원칙을 배려하고 시간, 장소, 대상에 대한 필수 요소가 강조되어야 한다는 특성을 말한다.

▶ 각종 이벤트를 기획할 때 고려되어야 할 구성요인은 다음과 같다.

1. 이벤트의 기간 : 계절별 특성, 시간대별 특성, 개최횟수 등을 고려한다.
2. 이벤트의 장소 : 이벤트 프로그램이 운영되는 특정장소를 고려한다.
3. 이벤트의 참가대상 : 이벤트의 성격과 개최목적에 맞는 대상을 설정한다.
4. 이벤트의 개최목적 : 이벤트의 개최목적의 명확화가 필요하다.
5. 이벤트의 내용 : 이벤트의 주제, 주제를 뒷받침 해주는 각종 프로그램과 운영 등이 중요 요인이 된다.

▶ 관광자원의 개념은 다음과 같이 구분된다.

1. 협의의 개념은 관광욕구를 직접적으로 충족시켜주는 요소인 자연자원, 인문자원 등의 자원만을 관광자원으로 보는 것으로서, 매력성과 유인성, 욕구충족 및 동기유발, 보전보호의 필요성, 가치의 변화성, 비소모성, 범위의 다양성, 비이동성이 특성이다.
2. 광의의 개념으로는 주 자원외의 관광자원의 가치와 유인력을 높이기 위하여 수반되는 접대시설,

기반시설 등 제반요소를 포함하여 관광자원으로 보는 것이다.

▶ 관광자원은 다음과 같은 특성을 지니고 있다.

1. 관광자원은 자연자원, 인문자원 또는 유형, 무형 등 그 범위가 광범위하다
2. 관광자원은 개발을 통해서 가치를 향상시킬 수 있다.
3. 관광자원은 시간과 가치관의 변화에 따라 변할 수 있다.
4. 관광자원은 보호 및 보존할 필요성이 있다.

▶ 이벤트의 긍정적 효과 측면은 다음과 같다.

1. 경제적 효과 : 상품개발촉진, 관광객유치 및 수입증대효과, 타 업종과의 교류증진 등
2. 정치적 효과 : 국가이미지개선 및 국민의 자긍심고취, 국제교류의 장 마련, 관광교류 및 인간관계 촉진 등
3. 사회 · 문화적 효과 : 개최지주민의 일체감 조성, 역동적 사회생활 조성, 문화 및 관광자원 보존 등
4. 관광산업효과 : 관광지 매력향상, 브랜드이미지 창출, 정체성 강화, 비 · 성수기 극복 및 양질의 관광객 유치 등의 발전적 효과를 기대할 수 있다.

알아두면 좋아요

백제역사유적지구 익산, 세계인이 찾는 관광도시 탈바꿈

익산 미륵사지와 왕궁리 유적을 포함한 백제역사유적지구가 유네스코 세계유산에 등재됨에 따라 국내는 물론 해외 관광객이 급증할 것으로 예상되고 있어 익산시가 특색 있는 관광도시로 도약하기 위한 대책 마련에 나섰다. 익산시와 전북도, 통합관리사업단은 지난 5월 '익산 백제역사유적지구 세계유산 등재 대응 전담 TF'를 가동하고 홍보 · 관광 · SOC 및 인프라 · 보존 관리 등 4개 분야 38개 세부사업을 발굴했다. 올해는 먼저 익산 미륵사지 · 왕궁리 유적에 대한 홍보와 이벤트에 중점을 둬 국내외 관광객을 유치하고 관광 패스라인을 구축할 예정이다. 이와 함께 세계유산 등재 지역인 부여, 공주와 함께 스토리텔링을 개발하고 3개 지역을 연결하는 백제 탐방로 코스를 개발해 대표적인 관광 상품을 육성한다. 시는 일단 시민과 공무원을 대상으로 백제역사유적지구에 대한 전문성과 서비스 마인드, 주인의식을 양성하기 위한 홍보 및 교육을 실시해 시민홍보대사를 육성한다. 전문기관, 학술단체, 시민단체 및 관련 기관과 관광 협의체를 구성해 익산관광의 마스터플랜을 구축하고 행정의 추진방향을 정립하기 위한 관광포럼을 올해 안에 개최한다. 익산 관광에 대한 전 시민적 공감대 형성을 목표로 추진되는 이 사업은 향후 세계유산을 비롯한 익산 관광에 대해 시민의 자긍심을 높일 수 있을 것으로 예상된다. 특색 있는 테마 관광 상품 개발을 위해 전라북도 코레일, 공주 · 부여시 및 각종 관광협회와의 협력을 통해 홍보 효과를 극대화하는 등 1박 2일, 2박 3일 등 관광객 기호에 맞춘 익산만의 독특한 관광투어 상품을 개발한다.

KTX 호남고속철도 개통을 활용해 코레일 명예기자단 · 파워 블로거 초청 익산투어를 실시하고 각종 포털사이트 홍보대사, 주요 언론사 기자단을 초청해 순환관광버스와 맞춤형 시티투어 운영 등을 활용한 다양한 팸투어를 실시할 예정이다.

국내외 수학여행단 유치를 위해 전국의 수학여행 담당자 및 교육청 담당자 등과 협의해 미륵사지와 왕궁리 유적을 포함한 4대 종교 등 타 관광자원을 연계한 다양한 수학여행 코스를 계획하고 있다. 세계유산은 물론 역사여행코스를 개발해 익산을 백제역사의 산 교육장으로 활용한다는 방침이다. 관광 인프라 구축을 위해 기존 관광숙박 시설을 개 · 보수하고 신규 관광호텔을 지속적으로 유치할 계획이다. 일반 숙박시설의 관광숙박시설 전환 등 급증하는 관광객 수용을 위한 숙박시설을 정비하고, 익산역, 주요관광지 등 관광안내표지판 48개소에 유네스코 세계유산 엠블렘 추가, 관광안내소 및 각종 관광지 안내시설의 재정비 등도 지속적으로 추진한다. 이밖에도 인근의 혁신도시 이전기관 직원과 가족들을 대상으로 한 팸투어, 문화관광해설사 역량강화를 위한 교육 · 통합해설 가이드라인 제작, 영어 이외 외국어가 가능한 문화관광해설사를 추가 확보한다. 또 미륵사지 관광지 조성사업을 통한 체험관과 먹거리 조성, 서동선화를 주제로 한 시립예술단 상설공연을 추진하는 등 다양한 사업을 실시한다. 시 관계자는 "미륵사지와 왕궁리 유적의 세계유산 등재는 익산의 역사적 우수성이 대한민국을 넘어 세계 문화의 가치로 재조명되는 계기가 될 것"이라며 "다양한 관광 상품 개발과 관련 사업의 추진을 통해 익산이 세계 속의 관광도시로서 발돋움할 수 있도록 최선을 다하겠다. 백제역사유적지구의 세계유산 등재에 지역적 자긍심을 가지고 익산을 찾는 관광객 유치를 위해 함께 노력하자"고 했다. 한편 이번 세계유산으로 등재된 미륵사지와 왕궁리 유적은 7세기 초반 찬란한 문화의 꽃을 피웠던 백제 후기의 중심지로 궁성과 국가사찰, 왕릉, 산성 등 고대 수도가 갖춰야 할 요건을 전체적으로 보였고 있다는 평가를 받고 있다.

〈연합뉴스보도자료 : 2015.07.07., 익산시청보도자료〉

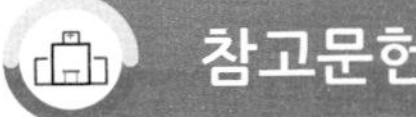

참고문헌

국내단행본

- 강병남 외. 〈외식산업실무론〉, 지구문화사, 2012
- 강혜숙. 〈항공예약실무론〉, 대왕사, 2013
- 고승익 외. 〈관광이벤트경영론〉, 백산, 2002
- 관광교재편찬회. 〈현대관광론〉, 서하문화사, 1984
- 국제의료관광코디네이터협회. 〈국제의료관광코디네이터 보건의료 관광마케팅〉, 시대고시기획, 2013
- 국토해양부. 〈항공운송시장동향〉, 2012
- 김경호 외. 〈관광학원론〉, 형설출판사, 2002
- 김광근 외. 〈최신관광학〉, 백산, 2007
- 김광근. 〈관광정책론〉, 대왕사, 2008
- 김광득. 〈여가와 현대사회〉, 백산, 1997
- 김권수. 〈외식경영실무〉, 대왕사, 2005
- 김기영 외. 〈외식산업관리론〉, 현학사, 2011
- 김기홍·서병로. 〈의료관광산업〉, 대왕사, 2011
- 김동진. 〈관광정보의 이해〉, 백산, 2003
- 김병용. 〈관광학원론〉, 한올, 2010
- 김상훈·김종은. 〈관광학개론〉, 범하, 1997
- 김성기. 〈관광자원론〉, 학현사, 2007
- 김성혁·오익근. 〈관광서비스 관리론〉, 형설, 2001
- 김성혁·오재경. 〈최신관광사업개론〉, 백산, 2009
- 김소영. 〈소비자행동의 이해와 마케팅 응용〉, 형설, 2008
- 김용상 외. 〈관광학〉, 백산, 2011
- 김우곤 외. 〈관광정보의 이해〉, 백산, 2003
- 김원인. 〈관광행동론〉, 백산, 2011
- 김정만·김명자. 〈관광학개론〉, 형설출판사, 2010
- 김종은. 〈관광학개론 강의노트〉, 관광학교실, 1998
- 김창수. 〈관광교통론〉, 대왕사, 1998
- 김천중. 〈관광정보론〉, 대왕사, 2000
- 김천중. 〈관광정보시스템〉, 대왕사, 1998
- 김춘호 외. 〈호텔서비스실무론〉, 새로미, 2007

- 김태영. 〈현대관광개론〉, 백산, 1998
- 김향자·손정환. 〈관광안내정보시스템구축방안〉, 한국관광연구원, 1999
- 김홍은. 〈관광자원론〉, 일신사, 1994
- 김홍일. 〈관광학원론〉, 새로미, 2011
- 도미경. 〈고객감동을 위한 관광서비스의 이해〉, 백산, 2008
- 동남레저산업연구소. 〈관광학의 이해〉, 기문사, 2001
- 문화체육관광부. 〈의료관광산업 성과 및 활성화대책〉, 2011
- 문화체육관광부·(재)예술경영지원센터. 〈2009 공연예술 국제교류 활동현황〉, 2009
- 박대환 외. 〈호텔 객실영업론〉, 백산출판사, 2008
- 박문각 국제의료관광코디네이터연구소. 〈EBS 국제의료관광코디네이터 2013〉, 박문각, 2013
- 박석희. 〈관광자원론〉, 형설, 1999
- 박석희. 〈신관광자원론〉, 일신사, 1994
- 박시사. 〈관광소비자 행동론〉, 대왕사, 2008
- 박시사. 〈항공사경영론〉, 백산, 2010
- 박종덕 외. 〈의료관광전문가를 위한 의료관광전략〉, 현학사, 2011
- 박종선 외. 〈병원코디네이터〉, 현문사, 2008
- 박종익. 〈의료관광서비스 코디네이터 실전 워크북〉, 한국서비스진흥협회, 2012
- 박화규. 〈의료기관-환자 커뮤니케이션 제고를 위한 의료고객관계관리 시스템 개발 방법론 연구〉, 2012
- 박혜정·서성희. 〈항공운송실무〉, 백산, 2010
- 박호표. 〈신관광학의 이해〉, 학현사, 2004
- 백광. 〈외국의 의료관광 추진현황 및 시사점〉, 한국관광공사, 2005
- 백승국. 〈문화기호학과 문화콘텐츠〉, 다할미디어, 2004
- 법무부. 〈우리나라 출입국관리제도 및 외국인환자 사증발급·체류절차〉, 2013
- 변상록. 〈관광상품개발실무〉, 교육인적자원부지원교재, 2003
- 변상록. 〈관광학내부강의록〉, 2012
- 변상록. 〈신관광학원론〉, 교육인적자원부지원교재, 2002
- 보건복지부. 〈2010 국민건강통계〉, 2011.
- 서태양·고종원·부숙진. 〈국제관광쇼핑론〉, 기문사, 2006
- 성현선. 〈관광학 이론과 실제〉, 석학당, 2012
- 성현선·최현규·임재국. 〈관광학의 이해〉, 석학당, 2008
- 손대현·장병권. 〈레저관광심리학〉, 백산, 2003
- 손선미. 〈관광이벤트론〉, 대왕사, 2008
- 송정일. 〈이벤트플래닝〉, 백산, 2002
- 신우성. 〈관광자원의 이해〉, 기문사, 2009
- 신재기·유명희. 〈의료관광마케팅〉, 한올출판사, 2009
- 신형섭·전홍진. 〈호텔객실서비스실무론〉, 학문사, 2000

- 심원섭. 〈국내관광 활성화 중장기정책연구〉, 한국문화관광연구원, 2007
- 양위주. 〈관광학원론〉, 2006
- 양창식. 〈호텔정보시스템〉, 백산, 2002
- 어윤선 외. 〈외식산업경영론〉, 대왕사, 2009
- 우봉식·강한승. 〈의료관광 산업개론〉, 대왕사, 2010
- 유명희. 〈의료관광 마케팅〉, 한올출판사, 2010
- 유지윤. 〈의료관광특구 도입에 관한 연구〉, 한국문화관광연구원, 2008
- 윤희숙·고영선. 〈의료서비스산업 선진화를 위한 제도개선과제〉, 2009
- 원융희 외. 〈호텔인적자원관리〉, 대왕사, 2009
- 원종하·김미숙. 〈의료관광론〉, 한올출판사, 2014
- 유도재. 〈리조트 경영론〉, 백산, 2008
- 윤대순 외. 〈항공사실무론〉, 백산, 2009
- 윤병국 외. 〈여행사 경영과 실무〉, 새로미, 2012
- 이경모. 〈이벤츠학 원론〉, 백산, 2011
- 이광원. 〈관광학의 이해〉, 2010
- 이두희. 〈통합적 마케팅〉, 박영사, 2006
- 이봉석 외. 〈관광자원론〉, 대왕사, 2001
- 이봉석 외. 〈관광사업론〉, 대왕사, 1998
- 이선희 외. 〈현대관광의 이해〉, 대왕사, 2002
- 이성태. 〈의료관광산업활성화방안연구〉, 한국문화관광연구원, 2008
- 이용구. 〈항공사예약실무〉, 학문사, 1999
- 이유재. 〈서비스마케팅〉, 학현사, 1997
- 이응규. 〈관광정보시스템론〉, 대왕사, 2003
- 이장춘. 〈관광정책학〉, 대왕사, 2010
- 이정학. 〈관광학원론〉, 대왕사, 2010
- 이종규. 〈리조트개발과 경영〉, 부연사, 2009
- 이지영 외. 〈GDS항공예약실무〉, 한올, 2014
- 이지영. 〈항공이야기〉, 대왕사, 2010
- 이화인. 〈호텔·외식고객행동〉, 기문사, 2009
- 이효지. 〈한국의 음식문화〉, 신광, 1999
- 이후석. 〈관광자원의 이해〉, 백산 1999
- 이훈영. 〈의료서비스 마케팅〉, 청람, 2008
- 임원종 외. 〈소비자행동론〉, 경문사, 2004
- 임주환·조찬호. 〈관광법규론〉, 현학사, 2008
- 전영직 외. 〈외식산업경영과 창업〉, 백산, 2008
- 정강환. 〈이벤트관광전략 : 축제와 지역 활성화〉, 일신사, 1996

- 정경훈·박호래. 〈호텔경영론〉, 형설, 1994
- 정익준. 〈최신 관광마케팅(개정판)〉, 형설출판사, 2001
- 정정훈. 〈식음료경영론〉, 백산, 2002
- 정찬종. 〈여행업무관리론〉, 백산, 1993
- 정찬종·강인호. 〈관광학원론〉, 백산, 1999
- 정희천. 〈최신관광법규론〉, 학현사, 2003
- 조우현·이해종·이선희·전기홍. 〈의료서비스 마케팅〉, 뇌설당, 1999
- 채서일. 〈Marketing, 4th Edition〉, 비앤엠북스, 2006
- 최기종. 〈관광정보시스템론〉, 백산, 2000
- 최기종·정점순. 〈CRS항공운임 업무〉, 백산, 2010
- 최동열. 〈관광서비스〉, 기문사, 2001
- 최승이·한광종. 〈관광정보 홍보론〉, 대왕사, 1993
- 통계청. 〈9차 한국표준산업분류〉, 2008
- 하동현·조문식. 〈관광사업론〉, 대왕사, 2010
- 하헌국. 〈신호텔 식음료경영론〉, 한올, 1998
- 한경수 외. 〈외식경영학〉, 교문사, 2005
- 한국관광학회. 〈관광학총론〉, 백산, 2009
- 한국문화관광연구원. 〈관광산업 인적자원 육성정책체계화 방안 연구〉, 2012
- 한국보건산업진흥원. 〈제1회 보건산업정책포럼 자료집〉, 2012. 3. 29.
- 한국보건산업진흥원. 〈외국인 환자 급식 및 영양관리 자료집: 서양식〉, 2012
- 한국보건산업진흥원. 〈외국인 환자 급식 및 영양관리 자료집: 중국편〉, 2012
- 한국보건산업진흥원. 〈외국인환자 유치 관련 법규〉, 2013
- 한국보건산업진흥원. 〈해외환자유치사업 업무참고 매뉴얼〉, 2012
- 한국보건산업진흥원. 〈2009 국제의료서비스 아카데미 운영·지원 사업 –국제진료 코디네이터 교육 교재(프로그램)– 보고서〉, 한국보건산업진흥원, 2009
- 한국보건산업진흥원. 〈2012 보건산업백서〉, 2013
- 한국보건산업진흥원. 〈2013년도 외국인환자 유치사업의 전망〉, 2013. 2.
- 한국항공진흥협회. 〈국제항공운송협회와 에어버스의 세계항공수요 전망〉, 2012
- 한국항공진흥협회. 〈2012년 항공운송산업 전망〉, 2011
- 한춘섭·염진철. 〈정통 이태리 요리〉, 백산, 2011
- 항공정보포탈시스템. 〈2012년 항공운송산업 전망〉, 2012
- 허갑중. 〈관광안내소 설치 및 운영개선 방안〉, 한국문화관광정책연구원, 2003
- 허정봉·우경식. 〈관광정보론〉, 현학사, 2008
- 허희영·유용재. 〈항공관광업무론〉, 명경사, 2005
- 허희영. 〈항공운송산업론〉, 명경사, 2013
- 현대경제연구원. 〈일천만 외래 관광객 시대의 새로운 트렌드 변화〉, 2012

- PMG 지식엔진연구소. 〈시사상식사전〉, 박문각, 2013

국내학술지 및 학위논문

- 강성욱·심재선·권영대. "다이아몬드 모델을 이용한 의료산업 경쟁력 고찰 – OECD 7개국 비교연구–", 보건경제와 정책연구, 12(1):1–32, 2006
- 고승익. "관광이벤트가 제주지역경제에 미치는 영향에 관한 연구", 제주관광대학논문집 제4집. 1998
- 곽효용. "관광객들의 위험지각과 신기성욕구 및 친숙도가 관광활동과 선호도에 미치는 영향에 관한 연구", 세종대학교대학원, 석사학위논문, 2009
- 구태희·이윤철. "글로벌 네트워크 중앙성이 호텔 경영성과에 미치는 영향에 대한 연구", 관광학연구, 31(1), 2008
- 권혁인·주희엽·김만진·이현정·이지애. "공연서비스에 대한 관광객의 순차적 기대 및 성과와 만족 간 관계분석", 한국콘텐츠학회논문지, 2011
- 김구영, "IT를 통한 해외 의료관광 유치의 활성화 방안", 한국항공대학교 경영대학원, 2009
- 김기홍. "신성장동력 서비스산업으로써 우리나라 국제의료관광산업의 고도화 방안에 관한 연구", e–비지니스 연구 11(2):189–208, 2010
- 김대환. "방한 일본인 관광객의 정보원천이 관광목적지 선택에 미치는 영향", 동아대학교대학원, 석사학위논문, 2000
- 김선이. "국내의료관광산업 활성화를 위한 사례연구 : 범릉랏 병원 홈페이지의 기호학적 분석", 소비문화연구, 14(4), 2011
- 김선이. "의료관광 코디네이터에 대한 인식도와 역할 제고에 관한 연구, 호텔관광연구", 13(4), 2011
- 김선이 등. "의료소비자의 건강 라이프스타일 유형에 따른 온라인 정보탐색에 관한연구 : 20~30대 성인 남녀를 중심으로", 소비문화 연구, 15(2), 2012
- 김재석. "관광행위 개념인식에 대한 연구", 관광학연구, 31(1),2007
- 김종남. "인터넷 관광정보가 관광지 이미지에 미치는 영향", 경기대학교대학원, 석사학위논문, 2000
- 김준호·홍진환. "의료관광의 미래 전략 시나리오에 관한 연구", 상품학 연구, 30(1):136–138, 2012
- 김진우. "이용자관점에서 본 인터넷 관광정보시스템의 평가", 계명대학교대학원, 석사학위논문, 2001
- 김충언. "공연예술 활성화를 위한 CRM의 전략적 활용방안", 한국콘텐츠학회논문지 제12호 제4호, 2008
- 김향자. "국가관광정보화 전략계획의 방향", 한국관광정책, 제14호, 2002
- 남봉규. "효율적인 관광안내소 운영방안에 관한 연구", 계명대학교경영대학원, 2000
- 목진원. "국내의료관광의 경쟁우위 요인에 관한 연구: M. Porter의 국가 다이아몬드 모델을 중심으로", 연세대학교 보건대학원 석사학위논문, 2012
- 박경호. "한국형 의료관광산업 마케팅에 관한 연구", 관광연구. 26(2):81–103, 2011
- 박명호·조형지. "고객만족 개념의 재정립", 한국마케팅저널, 1(4):126~151, 1999
- 박상훈. "관광활동만족이 장애인의 삶의 질과 행위의도에 미치는 영향", 세종대학교대학원, 석사학위논문,

2011
- 박양우·김유리. "융합시대의 예술경영 연구 방향에 대한 탐색적 시론", 예술경영연구, 제20집, 2007
- 박영정. "우리나라 공연관광의 시장동향과 정책의 방향", 예술경영연구, 제16집, 2010
- 박휘대. "관광동기가 정보매체이용 및 정보매체이용 및 정보만족 재이용의도에 미치는 영향", 동아대학교대학원, 석사학위논문, 2003
- 배상정. "서울특별시 의료관광 활성화 방안에 관한 연구", 한국항공경영학회, 추계학술발표대회 논문집, 233~249, 2010
- 부창산. "Health Tourism 유형별 개념정립과 개발모형 적용에 관한 연구", 제주대학교 대학원, 2009. 8
- 서영미. "서울아산병원의 국제의료 마케팅 전략과 마케터의 역할", 글로벌 헬스케어 프론티어 박람회, 제18회 글로벌헬스케어 정책포럼 발표자료, 2013
- 서정교. "외국인환자 유치활성화 투자정책의 경제적 파급효과 분석", 산업경제연구, 4(1):237~253, 2011
- 엄상권. "국내 리조트시설의 현황 및 특성에 관한 연구", 성균관대학교대학원, 박사학위논문 재구성, 2001
- 예명숙. "관광안내소 서비스성과가 이용자의 만족 및 재방문에 미치는 영향", 동아대학교대학원, 석사학위논문, 2002
- 유승균. "디지털 시대 의료관광산업의 인터넷마케팅 전략에 관한 연구", e-비지니스 연구, 11(2):83~104, 2010
- 유현재 등. "네이버(www.naver.com) 지식iN 건강/의료상담 서비스에 있어서 질문자와 답변 의사가 행하는 커뮤니케이션 유형에 대한 연구", 2010년 가을철 정기학술대회, 2010.10.3-7
- 윤방부 등. "정기 건강검진에 대한 환자의 요구 ·의사의 추천 및 건강검진 센터의 실행 간의 비교", 가정의학회지, 1991
- 이구호. "건강증진센터 이용자의 이용형태와 만족도 연구", 경북대학교대학원 석사 학위논문, 2000
- 이은미·김원인·이계희. "대구시 의료관광 선택속성과 활성화 방안", 관광연구, 24(2):109-125, 2009
- 이웅규·정병웅. "의료관광 활성화를 위한 사례연구", 한국관광저널, 21(2):389~406, 2007
- 이채도. "관광활동 참여도가 여가만족과 여가 정체성, Wellness 활동에 미치는 영향관계", 경주대학교대학원, 석사학위논문, 2009
- 임금자 등. "의료전달체계 재정립 방안", 제28차 의료정책포럼 발표자료, 2010
- 장보경. "쇼핑관광지 이미지 연구", 경기대 박사논문, 2009
- 장정이. "관광안내소 서비스 품지에 대한 기대, 성과, 불일치와 만족간의 관계", 동아대학교대학원, 2004
- 정진수. "관광과 융합된 '선택형 의료관광'마케팅 전략", '돈 되는 의료관광 이렇게 준비한다'세미나 발표집, 2009
- 주경근. "의료관광의 활성화 방안에 관한 연구", 한양대학교 산업경영디자인대학 석사학위논문, 2010
- 채예병. "관광종사원 자격제도 개선방안에 관한 연구", 관광경영연구, 제15권, 2002
- 허원무. "여성소비자들의 식생활 및 주방 라이프 스타일 분석을 통한 미국 주방가전시장 마케팅 전략 : 라이프 스타일 분석을 통한 주방가전 시장세분화를 중심으로", 한국마케팅학회, 21(2):53-84, 2006
- 허향진·김민철·부창산. "A'WOT를 이용한 의료관광 유형별 발전방향에 관한 연구", 한국관광학회 제67차 학술심포지엄 및 연구논문 발표대회 자료집, 2010.2
- 홍진환·김준호. "의료 관광의 미래 전략 시나리오에 관한 연구", 상품학연구, 30(1):129-143, 2012

- 황여임. "한국 의료관광시장 확대를 위한 마케팅 전략에 관한 연구-외국인 관광객 유치중심-", 경희대학교 경영대학원 석사학위논문, 2005

외국단행본

- Alan Jubenville(1978), Outdoor Recreation Management, W. B. Sauders Co.
- Berkman, Harols W. and Gilson, Christopher C(1978), Consumer Behavior : Concepts and Strategies, Dickkenson Publishing Co. Inc.
- Bllod, R.(2003), The Weblog handbook; practical advice on creating and maintaining your blog, Perseus Books Group
- Demazedier, J.(1962), Toward a Society Leisure, New York : The 21 Century Fund
- Engel, J.F., Kollat, D.T. and Blackwell, R.D.(1978), Consumer Behavior : The role of the consumer in marketing, New York : H.R.S Inc.
- Hall, Michael C.(1992), "Adventure, Sport, and Health Tourism,"in Special_Interest Tourism. London : Bellhaven Press
- Laws, E.(1996), "Health tourism : A business opportunity approach,"in Health and the international tourist, Clift, S. & Page, S. J. eds.
- Lazer, W.(1963), Life Style Concepts and Marketing, in Toward Scientific Marketing, ed., Stephen A. Greyers, Chicago, IL : American Marketing Association, 130~139
- Leiper, N.(1995), Tourism Management, RMIT Press, Melbourne
- Medlik, S.(2003), Dictionary of Travel, Tourism and hospitality, 3rd ed., Butterworth- Heinemann
- Michael E. Porter(1990), The Competitive Advantage of Nations, New York, Free press
- Pan American Health Organization(2006), Health Promotion : Achievements and Lessons Learned from Ottawa to Bangkok, CD47/16
- Robinson, M. & Novelli, M.(2004), "Niche Tourism : An Introduction", in Niche Tourism, ed. Marina Novelli, Oxford : Elsevier Butterworth-Heinemann
- World Health Organization(2004), Health promotion and healthy lifestyles, WHA57.16
- World Health Organization(2006), Health promotion in globalized world, WHA59.21

외국학술지 및 학위논문

- Auther, W.B.(1996), Increasing returns and the new world of business, Harvard Business Review, July-August, 100~109
- Baker, C. & Gronne, P.(1996), Advertising on the world wide web, Unpublished master's thesis,

Copenhagen Business School

- Bakor & Yannis J.(1997), Reducing buyer search costs : Implications for electronic market places, Management Science, 43(12), 1676~1692
- Bakos, J.Y.(1997), Reducing Buyers Search Costs, Management Science, 43
- Bar-llan, J.(2001), The web as an information source on infometrics : A content analysis, Journal of the American Society for Information Science, 51(5), 432~442
- Boldgett, Jeff, and Donna Hill.(1991), An exploratory Study Comparing Amount of Search to Consumer's Reliance on Each Source of Information, Advances in Consumer Research, 18 : 773~779
- Boscarino J, and Steiber SR.(1982), Hospital shopping and consumer choice, Journal of Health Care Marketing, 2(2), 15~23
- Cohen, E.(1972), Toward a Sociology of International Tourism, Social Research, 39(1)
- Connell, J.(2006), Medical tourism : Sea, sun, sand and surgery, Tourism Management, 27(6):1093-1100
- Crompton, J.L.(1979), Motivations for Pleasure Vacation, Annals of Tourism Research, 6
- Dellaert, B.G.C.(1999), The consumer as value creators on the Internet, Working paper, Thlburg University
- Eighmey, J & L. McCord(1998), Adding value in the information age-users and gratifications of sites on the world wide web, Journal of Business Research, 41, 187~194
- Goodrich, Jonathan N. & Grace E. Goodrich(1987), Health-care tourism -An exploratory study, Tourism Management, 8(3):217-222
- Kulviwat, Guo & Engchanil(2004), Determinants of online information search, Internet Research, 14(3) 248
- Muller, H. & Kaufmann, E.L.(2001), Wellness tourism: Market analysis of a special health tourism segment and implications for the hotel industry, Journal of Vacation Marketing, 7(1):5-17
- Plummer J.T.(1974), The Concept and Application of Lifestyle segmentation, Journal of Marketing, 38, 33~37
- Porter, M.E.(2001), Strategy and the Internet, Harvard Business Review, March, 63~78
- Schlosser, A.E., Shavitt, S & Kanfer, A.(1999), Survey of Internet users'attitude toward Internet advertising, Journal of Retailing, 77, 397~416
- Skadberg Y.X. & Kimmel, J.R.(2004), Visitors'flow experience while browsing a web site : its measurement, contributing factors, and consequences, Computer in Human Behavior, 20, 403~422
- Strader, T.J. & Shaw, M.J.(1999), Consumer cost differences for traditional and Internet Markets, Internet Research, 9(2), 82~92
- Yap, Jason. Medical Tourism/ Medical Travel, SMA News, 38(5), May 2006.

기타

- 건강보험심사평가원 홈페이지 (www.hira.or.kr), 2014.1.4. 접속
- 국민건강보험공단 홈페이지 (www.nhis.or.kr), 2014.1.5. 접속
- 국제의료기관평가위원회(Joint Commission International) 한국어 홈페이지(http://ko.jointcommissioninternational.org/), 2013.12.20. 접속
- 네이버건강 (http://www.naver.com)
- 동군산병원 홈페이지 (http://donggunsanhosp.co.kr)
- 보건복지부, 보도자료 '외국인환자 유치 12만명, 진료비 수입 1,800억원 돌파', 2011. 5. 17. 접속
- 분당차병원 홈페이지 (http://bundang.chamc.co.kr)
- 워싱턴포스트, 2007년 9월 9일자 기사
- 의료기관평가인증원 홈페이지 (www.koiha.or.kr), 2013.12.20. 접속
- I세브란스병원 홈페이지 (http://www.iseverance.com)
- [칼럼] 불법 브로커의 덫, 데일리메디 (2015년 4월 20일자), https://www.dailymedi.com/news/view.html?section=176&category=177&no=791978
- 디지털 의료 시대, 이제 아티스트가 되라. 청년의사신문, 2015년 2월 7일자 [배성윤의 리씽킹 이노베이션] 칼럼 (http://www.docdocdoc.co.kr/news/newsview.php?newscd=2015020400021) 2015.7.5. 접속
- 마켓 3.0 시대, 환자는 고객이 아니라 친구다. 청년의사신문, 2015년 3월 28일자 [배성윤의 리씽킹 이노베이션] 칼럼 (http://www.docdocdoc.co.kr/news/newsview.php?newscd=2015032500026) 2015.7.5. 접속
- http://www.admedical.org/contents/review/review05.html, 2015.4.28. 접속
- http://www.admedical.org/contents/review/review05_01.html, 2015.4.28. 접속
- 한국항공진흥협회 홈페이지 (www.airportal.co.kr), 2015.6.25. 접속
- 한국공항공사 홈페이지 (www.airport.co.kr), 2015.6.25. 접속
- 토파스여행정보(주) 홈페이지 (www.topasweb.com), 2015.6.25. 접속
- 대한항공 홈페이지 (www.koreanair.com), 2015.6.25. 접속
- 충남 부여군 홈페이지 (http://www.buyeo.go.kr/health/protec/protec2_1php?menu=D), 2015.4.28. 접속

1. 개요

의료관광(Medical Tourism)을 종합적으로 정의하면 해외여행과 의료서비스 선택의 자유화로 인해 건강 요양, 치료 등의 의료혜택을 체험하기 위한 목적으로 세계 일부 지역을 방문하면서 환자 치료에 필요한 휴식과 기분전환이 될 수 있는 그 지역 주변의 관광, 레저, 문화 등을 동시에 체험하는 관광활동이다.

2. 수행직무

국제의료관광코디네이터는 국제화되는 의료시장에서 외국인환자를 유치하고 관리하기 위한 구체적인 진료서비스지원, 관광지원, 국내외 의료기관의 국가 간 진출을 지원할 수 있는 의료관광 마케팅, 의료관광 상담, 리스크관리 및 행정업무 등을 담당함으로써 우리나라의 글로벌헬스케어산업의 발전 및 대외 경쟁력을 향상시키는 직무를 말한다.

3. 자격시험 실시기관 및 시행근거

- 실시기관명: 한국산업인력공단
  - 실시기관 홈페이지 : http://www.q-net.or.kr/
- 국가기술자격시험 시행근거
  - 국가기술자격법 시행규칙 제3조(국가기술자격의 직무분야 및 종목)
  - 2011년 11월 23일 법령 개정으로 신설되어 2013년 9월에 제1차 시험을 시행하였다. 2015년 현재는 년2회, 즉 5월과 9월에 1차 필기시험이 실시되고 있다.

4. 국제의료관광코디네이터의 활동영역과 취업전망

의료법 개정으로 국내병원도 외국인 환자를 유치할 수 있게 되었다. 이에 따라 의료관광사업도 활성화되고 있으므로 국제의료관광코디네이터에 대한 수요는 계속 증가할 것으로 예상된다. 국제의료관광코디네이터는 의료기관, 의료관광에이전시, 여행사 등 의료관광산업과 관련된 분야에서 폭넓게 활동할 수 있는 유망 직업이다.

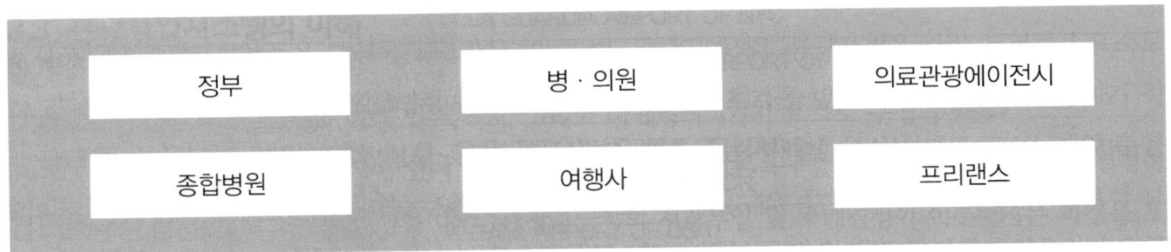

- 의료관광을 포함한 국제의료 시장규모의 급속한 성장 : 2004년 400불에서 2012년 1,000억불 규모로 예상(McKinsey & Company)
- 2009년 5월 의료법 개정에 따른 의료관광산업의 활성화 전망과 이에 따른 수익 및 고용창출 기대
- 2010년 4월말 기준 외국인환자 유치 등록기관 1,747개소로 증가(의료기관 1,612개소, 유치업소 134개소), 담당 인력 요구
- 정부차원에서 글로벌헬스케어를 신성장동력 분야로 인정, 지원센터 등 부서 구성 : 정책적, 실무적 지원 위한 전문 인력 필요
- 의료관광관련 지방자치단체 사업 증가
- 국제진료의료관광 관련 교육생 연 배출인원 약 5,340명 중 기존 직종의 응시비율(약 92%~98%)을 고려할 때 연간 5,000명 이상의 수요 예상

5. 종목별 검정현황

종목명	연도	필기			실기		
		응시	합격	합격률(%)	응시	합격	합격률(%)
소 개		1,086	731	67.3%	782	93	11.9%
국제의료관광코디네이터	2014	424	280	66.0%	394	44	11.2%
국제의료관광코디네이터	2013	662	451	68.1%	388	49	12.6%

6. 응시자격

공인어학성적 기준요건을 충족하고, 다음 각 호의 어느 하나에 해당하는 사람

1) 보건의료 또는 관광분야의 학과로서 고용노동부장관이 정하는 학과의 대학 졸업자 또는 졸업예정자
2) 2년제 전문대학 관련학과 졸업자 등으로서 졸업 후 보건의료 또는 관광분야에 2년 이상 실무에 종사한 사람
3) 3년제 전문대학 관련학과 졸업자 등으로서 졸업 후 보건의료 또는 관광분야에서 1년 이상 실무에 종사한 사람
4) 비관련학과의 대학졸업자로서 졸업 후 보건의료 또는 관광분야에서 2년 이상 실무에 종사한 사람
5) 비관련학과의 전문대학교졸업자로서 졸업 후 보건의료 또는 관광분야에서 4년 이상 실무에 종사한 사람
6) 관련자격증(의사, 간호사, 보건교육사, 관광통역 안내사, 컨벤션기획사 1, 2급)을 취득한 사람

6.1. 공인 어학성적 기준 요건

가. 영어

시험명	TOEIC	TEPS	TOEFL		G-TELP (Level 2)	FLEX	PELT (main)	IELTS
			CBT	IBT				
기준 점수	700점 이상	625점 이상	197점 이상	71점 이상	65점 이상	625점 이상	345점 이상	7.0점 이상

나. 일본어

시험명	JPT	일검 (NIKKEN)	FLEX	JLPT
기준점수	650점 이상	700점 이상	720점 이상	2급 이상

다. 중국어

시험명	HSK	FLEX	BCT	CPT	TOP
기준점수	5급 이상과 회화중급이상 모두 합격	700점 이상	듣기/읽기유형과 말하기/쓰기 유형 모두 5급 이상	700점 이상	고급 6급 이상

라. 기타 외국어

시험명	러시아어		태국어, 베트남어, 말레이, 인도네시아어, 아랍어
	FLEX	TORFL	FLEX
기준점수	700점 이상	2단계 이상	600점 이상

※ 비고 : 취득한 성적의 유효기간 내에 응시자격기준일(필기시험일)이 포함되어 있어야 함

6.2. 직무분야별 관련학과

직무 분야	중직무 분야	관련학과
06 보건/ 의료	061 보건/ 의료	간호(학)(과, 전공, 부, 과군), 간호과학과, 건강관리학과, 건강증진학(과, 전공), 공중보건학과, 노인요양관리학(과, 전공), 동물건강관리학과, 물리치료(과,학과,전공)방사선학과, 물리치료(과, 전공), 방사선학(과, 전공), 병원경영(과,학과), 병원관리학과, 병원복지경영전공, 병원서비스경영과, 병원의료업무과, 병원의료정보과, 병원의료행정과, 병원전산관리(과, 전공), 병원코디네이터과, 병원행정(과, 전공, 학과), 보건건강관리학(과, 전공), 보건과학(과, 전공, 부), 보건관리학(과,전공), 보건교육사(과, 전공), 보건교육정보(과, 전공), 보건복지경영(과, 전공), 보건복지(계열, 학부, 과), 보건복지행정과, 보건사회복지과, 보 건사회복지의료생명공학과, 보건의료경영과, 보건의료공학과, 보건의료관리학과, 보건의료전산(과, 전공), 보건의료정보과, 보건의료행정과, 보건의료행정의료복지과, 보건의료행정의약행정학과, 보건정보관리(과, 전공), 보건정보학(과, 전공), 보건학(과, 전공), 보건환경(과,학과,전공,학부,계열), 보건행정(과, 전공, 학과, 학부), 보건행정경영학과, 뷰티피부미용(과, 전공), 산업보건학, 산업보건학전공, 생명공학(과, 전공, 부, 공학전공), 수의학한방스포츠의학과, 스킨케어(과, 전공), 스포츠건강관리학과, 스포츠의학과, 스포츠의학전공의예과, 안경광학과, 애완동물관리과, 운동생리정보학과, 약재자원관리(과, 전공), 언어재활(과, 전공), 언어청각치료학(과, 전공), 운동처방학(과, 전공, 부), 응급구조(학)(과, 전공), 의공의료정보학과, 의료경영서비스학(과, 전공), 의료경영학(과, 전공), 의료경영학산업보건학과, 의료공학(과, 부, 전공), 의료과학(과, 전공), 의료광학과, 의료기기과, 의료보건정보전공, 의료보장구(과, 학과), 의료복지경영과, 의료사회복지학과, 의료서비스매니저(과, 전공), 의료시스템전공, 의료장비전공의료공학과, 의료전자학부, 의료정보공학과, 의료정보시스템과, 의료정보시스템전공, 의료정보학과, 의료정보행정학(과, 전공), 의무기록정보학과, 의무행정과, 의생명과학과, 의약관리학(과, 전공), 의약사무한방의용공학과, 의약정보관리(과, 전공), 의예생물 · 법의생물과, 의예의학공학부, 의예학과, 의학(과, 부), 임상병리(과, 학과, 전공), 임상케어복지전공, 작업치료학과, 재활(과, 전공), 중독재활복지학(과, 전공), 첨단의료기학(과, 전공), 치기공학과, 치위생학과, 치의예과, 치의학과한의예과, 케어복지과, 피부건강관리(과, 전공), 피부미용(과, 전공), 피부미용디자인과, 한방건강관리학(과, 전공), 한방의료공학(과, 전공), 한의학과, 헬스산업학(과, 전공)

직무 분야	중직무 분야	관련학과
12 이용, 숙박, 여행, 오락, 스포츠	122 숙박, 여행, 오락, 스포츠	관광개발(전공,학과), 관광경영전공, 관광(과, 전공), 관광레저학(과, 전공), 관광영어학(과, 전공), 관광일본어(과, 전공), 관광일어학(과, 전공), 관광정보학(과, 전공), 관광중국어학(과, 전공), 관광통역(과, 전공), 관광호텔항공(과, 전공), 국제관광경영학(과, 전공), 국제관광학(과, 전공), 국제의료관광(과, 전공), 문화관광학(과, 전공), 스튜어디스(과, 전공), 여가디자인학(과, 전공), 의료관광학(과, 전공), 의료관광중국어(과, 전공), 의료관광코디네이션(과, 전공), 컨벤션관광경영학(과, 전공), 항공관광영어(과, 전공), 항공관광학(과, 전공), 항공서비스(과, 전공), 항공스튜어디스(과, 전공), 항공여행서비스(과, 전공), 항공호텔관광학(과, 부, 전공), 호텔, 관광경영(과, 전공), 호텔, 바리스타(과, 전공), 호텔경영전공, 호텔관광경영학(과, 전공), 호텔관광(과, 부, 전공), 호텔리어(과, 전공), 호텔컨벤션학(과, 전공), 호텔항공관광(과, 전공)

※ 별표1 및 별표2에 따른 관련학과에 포함되지 않은 학과라 하더라도 [국가기술자격법] 제23조 및 같은법 시행령 제29조에 따른 수탁기관의 장이 당해 학과의 교과과정 등을 분석하여 해당 종목에 대한 관련학과에 포함할 수 있다고 판단하는 경우에는 이를 관련학과로 인정할 수 있다.

7. 시험 출제기준

출제기준(필기)

직무 분야	보건 · 의료	중직무 분야	보건 · 의료	자격 종목	국제의료관광코디네이터	적용 기간	2013. 1. 1. ~ 2018. 12. 31.

• 직무내용 : 국제의료관광 코디네이터는 국제화되는 의료시장에서 외국인환자를 유치하고 관리하기 위한 구체적인 진료서비스지원, 관광지원, 국내외 의료기관의 국가 간 진출을 지원할 수 있는 의료관광 마케팅, 의료관광 상담, 리스크관리 및 행정업무 등을 담당함으로써 우리나라의 글로벌헬스케어산업의 발전 및 대외경쟁력을 향상시키는 직무

필기검정방법	객관식	문제수	100	시험시간	2시간 30분

필기과목명	문제수	주요항목	세부항목	세세항목
보건의료 관광행정	20	1. 의료관광의 이해	1. 의료관광의 개념	1. 의료관광(의료관광객)의 정의 및 역사 2. 국제 협정과 의료관광 3. 의료관광의 유형 및 특성 4. 의료관광코디네이터의 역할
			2. 의료관광의 구조	1. 의료관광의 메커니즘 2. 의료관광의 이해관계자 3. 의료 관광의 효과
			3. 의료관광 현황	1. 의료관광의 국내외 환경 2. 의료관광의 현황 및 문제점
		2. 원무관리	1. 원무관리의 이해	1. 원무관리의 개념 2. 원무관리의 필요성
			2. 환자관리	1. 외래관리/예약관리 2. 입 · 퇴원관리 3. 진료비 관리
			3. 의료보험	1. 의료보험에 대한 이해 2. 보험청구업무 3. 국제 의료보험 청구 사례 및 실무
			4. 의료정보관리	1. 의료정보관리의 이해 2. 병원통계관리
		3. 리스크관리	1. 리스크관리의 개념	1. 리스크의 정의 2. 리스크 관리의 개념
			2. 리스크관리의 체계	1. 리스크관리 정책 수립 2. 리스크관리 시스템 구축
		4. 의료 관광법규	1. 의료 관련법규	1. 의료법 2. 의료분쟁 사례
			2. 관광관련법규	1. 관광진흥법 2. 출입국관리법(출입국 절차 및 비자 발급 등) 3. 재외동포의 출입국과 법적 지위에 관한 법률

필기과목명	문제수	주요항목	세부항목	세세항목
보건의료 서비스 지원관리	20	1. 의료의 이해	1. 건강과 질병관리에 대한 이해	1. 공중보건의 정의 및 역사 2. 건강의 이해 3. 사고 및 질병관리의 이해 4. 건강증진의 개념과 전략 5. 전염병 및 만성질환의 이해
			2. 의료체계와 의료 전달 체계	1. 의료체계에 대한 개념 2. 의료전달체계의 개념
		2. 병원서비스 관리	1. 병원의 이해	1. 병원의 정의 및 분류 2. 병원조직의 기능과 역할 3. 병원업무의 특성
			2. 진료서비스의 이해	1. 환자관리 서비스 2. 진료지원 서비스(약무, 진단방사선, 진단검사, 검사실, 재활의학실, 영양관리 등) 3. 종합검진 서비스
		3. 의료서비스의 이해	1. 의료 서비스 개념	1. 의료서비스의 정의 및 유형 2. 의료서비스의 특성 3. 국가별 의료와 문화 특성
			2. 의료 서비스 과정	1. 의료관광 프로세스 2. 초기접촉과정 3. 확인과정 4. 서비스과정 5. 매뉴얼작성법
		4. 의료 커뮤니케이션	1. 의료 커뮤니케이션의 개념	1. 의료 커뮤니케이션의 정의 2. 의료 커뮤니케이션의 이론 3. 의료 커뮤니케이션과 문화
			2. 의료 커뮤니케이션의 유형	1. 환자와의 커뮤니케이션 2. 보호자와의 커뮤니케이션 3. 동선별 커뮤니케이션

필기과목명	문제수	주요항목	세부항목	세세항목
보건의료 관광 마케팅	20	1. 마케팅의 이해	1. 의료관광 마케팅의 이해	1. 의료서비스 마케팅의 이해 2. 관광 마케팅의 이해
			2. 환경분석	1. 거시환경 분석 2. 산업분석 3. 내부환경 분석
			3. 시장분석	1. 시장 크기 분석 2. 잠재성장력 분석 3. 경쟁자 분석
			4. 고객분석	1. 고객행동 영향요인 분석 2. 고객 정보처리과정 분석 3. 구매의사 결정과정 분석
			5. STP(시장세분화, 표적시장, 포지셔닝) 및 마케팅 믹스	1. 시장 세분화 2. 세분시장 별 프로파일 생성 3. 각 세분시장 매력도 분석 4. 표적시장 선정 5. 마케팅 믹스
		2. 상품개발하기 (의료, 관광)	1. 신상품 아이디어 창출	1. 신상품 아이디어 창출 2. 기존 상품 개선방안 3. 신상품 아이디어 수집
			2. 상품 콘셉트 개발 및 평가	1. 신상품 콘셉트 개발 2. 신상품 콘셉트 평가 3. 신상품 테스트 및 사후평가
			3. 수요예측	1. 판매예측 2. 재무매력도 평가 3. 기존상품 잠식 가능성 분석
		3. 가격 및 유통 관리	1. 가격결정	1. 신제품 가격전략 2. 유사상품의 가격 분석 3. 가격조정전략 4. 공공정책과 가격결정
			2. 마케팅 경로와 공급망 관리	1. 마케팅경로 설계 2. 마케팅경로 관리 3. 공공정책과 유통경로 결정

필기과목명	문제수	주요항목	세부항목	세세항목
		4. 통합적 커뮤니케이션	1. 통합적 커뮤니케이션 이해하기	1. 커뮤니케이션 과정 2. 효과적인 커뮤니케이션 개발 3. 커뮤니케이션 예산 4. 커뮤니케이션믹스 결정
			2. 광고와 홍보	1. 의료광고의 규제와 허용 2. 광고 메시지 개발 3. 광고 및 홍보 미디어 선정
			3. 인적판매와 판매촉진	1. 인적판매 및 촉진전략 2. 인적판매자원 관리 3. 인적판매 과정 4. 판매촉진 도구 선정 5. 판매촉진 프로그램 개발
			4. 마케팅 기법	1. 마케팅 모델과 유형(다이렉트, 온라인 등) 2. 웹사이트 구축
		5. 고객만족도 관리	1. 고객만족도 조사	1. 조사계획 수립 2. 자료 수집 3. 자료 분석 4. 결과해석 및 보고서 작성
			2. 고객관계 구축	1. 고객 데이터베이스 구축 2. 고객 분석 3. 구매연관성 분석 4. 유형별 고객관계 구축전략
관광서비스 지원관리	20	1. 관광과 산업의 이해	1. 관광의 이해	1. 관광의 정의와 관련용어 2. 관광동기와 욕구
			2. 관광객의 이해	1. 관광객의 정의 2. 관광객의 유형
			3. 관광 서비스 이해	1. 관광 서비스의 정의 2. 관광 서비스의 특성 3. 관광 서비스 활동의 유형과 역할
			4. 관광 활동의 이해	1. 관광 활동의 정의 2. 관광 활동의 특성
			5. 관광 산업의 이해	1. 관광 산업의 정의 2. 관광 산업의 유형 3. 관광 산업의 시스템 4. 관광 산업의 효과

필기과목명	문제수	주요항목	세부항목	세세항목
		2. 항공 서비스의 이해	1. 항공 산업의 이해	1. 항공운송업의 정의 2. 항공운송업의 현황과 유형
			2. 항공수배업무의 이해	1. 항공수배업무의 정의 2. 항공수배업무의 특성
		3. 지상업무 수배 서비스의 이해	1. 숙박시설의 이해	1. 숙박업(호텔, 리조트 등)의 정의 2. 숙박업(호텔, 리조트 등)의 종류와 특성 3. 숙박업(호텔, 리조트 등)의 조직구성과 기능 4. 숙박업(호텔, 리조트 등)의 예약시스템 이해
			2. 관광교통의 이해	1. 관광교통 정의 2. 관광교통의 유형과 특성 3. 관광교통 예약시스템
			3. 외식업의 이해	1. 외식업의 정의 2. 외식업의 유형과 특성 3. 국가별 외식문화의 특성
			4. 관광쇼핑과 공연안내 서비스의 이해	1. 관광쇼핑 서비스의 이해 2. 공연안내 서비스의 이해
			5. 관광안내와 정보 이해	1. 관광정보의 정의 2. 관광정보의 매체유형 3. 관광지 안내와 예약시스템
		4. 관광자원 및 이벤트의 이해	1. 관광종사원에 대한 이해	1. 관광종사원의 정의 2. 관광종사원의 역할
			2. 관광자원의 이해	1. 관광자원의 정의와 개념 2. 관광자원의 유형과 특성
			3. 관광이벤트의 이해	1. 관광이벤트의 정의와 개념 2. 관광이벤트의 유형과 특성
의학용어 및 질환의 이해	20	1. 의학용어 및 질환	1. 기본구조 및 신체구조	1. 의학용어의 어근 2. 의학용어의 접두사 3. 의학용어의 접미사 4. 신체의 구분 및 방향
			2. 심혈관 및 조혈 계통	1. 해부 생리학적 용어 2. 증상용어 3. 진단용어 4. 수술 처치용어 5. 약어

필기과목명	문제수	주요항목	세부항목	세세항목
			3. 호흡계통	1. 해부 생리학적 용어 2. 증상용어 3. 진단용어 4. 수술 처치용어 5. 약어
			4. 소화계통	1. 해부 생리학적 용어 2. 증상용어 3. 진단용어 4. 수술 처치용어 5. 약어
			5. 비뇨계통	1. 해부 생리학적 용어 2. 증상용어 3. 진단용어 4. 수술 처치용어 5. 약어
			6. 여성생식계통	1. 해부 생리학적 용어 2. 증상용어 3. 진단용어 4. 수술 처치용어 5. 약어
			7. 남성생식계통	1. 해부 생리학적 용어 2. 증상용어 3. 진단용어 4. 수술 처치용어 5. 약어
			8. 신경계통	1. 해부 생리학적 용어 2. 증상용어 3. 진단용어 4. 수술 처치용어 5. 약어
			9. 근골격계통	1. 해부 생리학적 용어 2. 증상용어 3. 진단용어 4. 수술 처치용어 5. 약어

필기과목명	문제수	주요항목	세부항목	세세항목
			10. 외피계통	1. 해부 생리학적 용어 2. 증상용어 3. 진단용어 4. 수술 처치용어 5. 약어
			11. 감각계통	1. 해부 생리학적 용어 2. 증상용어 3. 진단용어 4. 수술 처치용어 5. 약어
			12. 내분비계통	1. 해부 생리학적 용어 2. 증상용어 3. 진단용어 4. 수술 처치용어 5. 약어
			13. 면역계통	1. 해부 생리학적 용어 2. 증상용어 3. 진단용어 4. 수술 처치용어 5. 약어
			14. 정신의학	1. 기본용어 2. 증상용어 3. 진단용어 4. 치료용어 5. 약어
			15. 방사선학	1. 기본용어 2. 약어
			16. 종양학	1. 기본용어 2. 약어
			17. 약리학	1. 기본용어 2. 약어

출제기준(실기)

직무 분야	보건 · 의료	중직무 분야	보건 · 의료	자격 종목	국제의료관광코디네이터	적용 기간	2013. 1. 1. ~ 2018. 12. 31.

- 직무내용 : 국제의료관광 코디네이터는 국제화되는 의료시장에서 외국인환자를 유치하고 관리하기 위한 구체적인 진료서비스지원, 관광지원, 국내외 의료기관의 국가 간 진출을 지원할 수 있는 의료관광 마케팅, 의료관광 상담, 리스크관리 및 행정업무 등을 담당함으로써 우리나라의 글로벌헬스케어산업의 발전 및 대외경쟁력을 향상시키는 직무
- 수행준거 : 1. 의료관광마케팅, 관광상담 등 의료관광을 기획할 수 있다.
  2. 진료서비스 관리, 관광관리 등 의료관광을 실행할 수 있다.
  3. 고객만족서비스를 실시하고 관리할 수 있다.

실기검정방법	필답형	시험시간	2시간 30분

실기과목명	주요항목	세부항목	세세항목
보건의료 관광실무	1. 의료관광 기획	1. 의료관광 마케팅기획하기	1. 의료관광 상품 기획 및 개발 할 수 있다. 2. 가격 및 유통관리를 할 수 있다. 3. 통합적 커뮤니케이션을 할 수 있다.
		2. 의료관광 상담하기	1. 의료관광 상담기법을 적용할 수 있다. 2. 문화별 커뮤니케이션을 할 수 있다.
		3. 의료관광 사전관리하기	1. 의료관광 상품을 관리할 수 있다. 2. 진료를 사전관리 할 수 있다. 3. 관광을 사전관리 할 수 있다.
	2. 의료관광실행	1. 진료서비스 관리하기	1. 진료서비스 관리를 할 수 있다. 2. 진료비 및 보험관리를 할 수 있다. 3. 병원생활을 관리할 수 있다.
		2. 리스크 관리하기	1. 리스크 확인 및 분석할 수 있다. 2. 의료리스크를 확인 및 관리할 수 있다. 3. 관광리스크를 확인 및 관리할 수 있다.
		3. 관광 관리하기	1. 지상업무 수배서비스를 할 수 있다. 2. 고객별로 관광서비스 유형을 알고 관리할 수 있다.
		4. 상담 관리하기	1. 의료관광서비스 단계별커뮤니케이션을 할 수 있다. 2. 환자 및 보호자와 커뮤니케이션을 할 수 있다.
	3. 고객만족	1. 고객만족도 관리하기	1. 고객만족도 관리를 할 수 있다. 2. 의료관광상품 만족도 관리를 할 수 있다.
		2. 리스크 사후관리하기	1. 리스크 유형에 따른 관리를 할 수 있다. 2. 리스크 사후관리를 할 수 있다. 3. 의료분쟁 처리를 할 수 있다.
		3. 네트워크 구축하기	1. 의료관광 관련 업체와 협력을 구축할 수 있다.

8. 국제의료관광코디네이터 자격 우대 현황

국제의료관광코디네이터 자격증은 민간자격이 아닌 국가기술자격증으로, 병원, 관광회사 등 각종 의료와 관광 관련 정부기관과 공공단체 취업 시 가산점을 인정받을 수 있다.

위 자격취득자에 대한 법령상 우대현황

순번	법령명	조문내역	활용내용
1	경찰공무원 임용령	제16조 특별 채용의 요건	특별채용의 자격
2	고등학교 졸업 학력 검정고시 규칙	제12조 과목면제	과목면제
3	공무원임용 시험령	제27조 경력경쟁채용 시험 등의 응시자격 등(별표7)	경력경쟁채용시험에 응시
4	교원자격검정령 시행규칙	제9조 무 시험 검정의 신청	실기교사 무시험 검정인 때에는 국가기술자격증 사본(해당과목에 한한다)을 첨부하여야 무 시험자격
5	교육감소속지방공무원 평정규칙	제23조 자격증 등의 가점	5급 이하 공무원, 연구사 · 지도사 및 기능직 공무원이 자격증을 소지한 경우 점수 가점 평정
6	국가공무원법	제36조의2 채용시험의 가점	채용시험의 가점
7	국가기술자격법	제14조 국가기술자격 취득자에 대한 우대	국가기술자격 취득자를 우대
8	국가기술자격법 시행규칙	제5조 응시자격(별표3,5)	국가기술자격의 응시자격
9	국가기술자격법 시행규칙	제21조 시험위원의 자격 등 (별표16)	시험위원의 자격
10	국가기술자격법 시행령	제12조2 국가기술자격의 등급과 응시자격(별표1)	서비스분야 국가기술자격의 응시 자격
11	국가기술자격법 시행령	제27조 국가 기술자격 취득자의 취업 등에 대한 우대	채용 · 보수 및 승진 등에 있어 해당 직무 분야의 국가 기술 자격취득자를 우대
12	국가를 당사자로 하는 계약에 관한 법률 시행규칙	제7조 원가계산을 할 때 단위당 가격의 기준	가격을 적용함에 있어 해당 노임 단가에 그 노임 단가의 100분의150이하에 해당하는 금액을 가산
13	국회인사규칙	제20조 경력 경쟁 채용 등의 요건	동종직무에 관한 자격증소지자를 경력경쟁 채용하는 경우

순번	법령명	조문내역	활용내용
14	군무원인사법 시행규칙	제16조 시험과목의 일부 면제 등	국가에서 실시한 각종 자격 · 면허시험에 합격한 사람의 자격이 임용예정 직급과 관련이 있는 경우에는 그 자격 · 면허시험에 이미 응시한 시험 과목에 대한 시험은 면제
15	군무원인사법 시행규칙	제27조 가산점(별표4)	승진후보자 명부 작성 시 자격증 및 면허증 소지자 가산
16	군무원인사법 시행령	제10조 특별채용요건(별표4)	특별채용시험에 의하여 신규 채용 할 수 있는 자격
17	군인사법 시행규칙	제14조 부 사관의 임용	부 사관의 자격
18	근로자직업 능력 개발법 시행령	제27조 직업능력개발훈련을 위하여근로자를 가르칠 수 있는 사람	직업능력개발 훈련교사의 정의
19	근로자직업 능력 개발법 시행령	제28조 직업능력개발훈련 교사의 자격취득(별표2)	직업능력개발 훈련교사의 자격
20	근로자직업 능력 개발법 시행령	제44조 교원 등의 임용	교원을 임용할 때 자격증 소지자 우대
21	독학에 의한 학위 취득에 관한 법률 시행령	제9조 시험과목 면제 대상	시험과목의 전부 또는 일부를 면제받을 수 있는 자
22	법원공무원규칙	제19조 경력경쟁채용시험 등의 응시요건 등	경쟁 채용시험의 응시요건
23	비상대비자원 관리법	제2조 대상자원의범위	인력자원의 정의
24	선박 직원법 시행령	제11조 시험과목	필기시험의 해당과목을 면제
25	지방공무원 임용령	제17조 경력경쟁 임용시험 등을 통한 임용의 요건	경력경쟁 임용 하려는 경우
26	지방공무원 임용령	제55조의3 자격증 소지자에 대한 신규 임용시험의 특전	6급 이하 공무원 및 기능직 공무원신규 임용시험 시 필기시험 점수 가산
27	지방공무원 평정규칙	제23조 자격증 등의 가산점	5급 이하 공무원, 연구사 · 지도사 및 기능직 공무원이 자격증을 소지한 경우 점수 가점 평정
28	지방공무원법	제34조의2 신규임용 시험의 가점	공무원신규임용 시험 시 점수 가산
29	지방자치단체를 당사자로 하는 계약에 관한 법률 시행규칙	제7조 원가계산 시 단위당 가격의 기준	지방자치단체의 장 또는 계약 담당자는 가격을 적용함에 있어 당해 노임 단가에 동 노임단가의 100분의15 이하에 해당하는 금액을 가산

순번	법령명	조문내역	활용내용
30	지방자치단체를 당사자로 하는 계약에 관한 법률 시행령	제106조 계약심의위원회의 구성	계약심의위원회의 위원
31	지역균형 개발 및 지방 중소기업육성에 관한 법률 시행령	제59조 인력의 지역 정착지원	인력의 지역정착지원
32	헌법재판소 공무원 수당규칙	제6조 특수 업무수당(별표2)	특수 업무수당 지급